ELLAS LO PENSARON ANTES

Ilustraciones de María José Cirigliano

ELLAS LO PENSARON ANTES
es editado por
EDICIONES LEA S.A.
Av. Dorrego 330 C1414CJQ
Ciudad de Buenos Aires, Argentina.
E–mail: info@edicioneslea.com
Web: www.edicioneslea.com

ISBN 978-987-718-643-7

Primera edición. Primera reimpresión. Impreso en Argentina.
Esta edición se terminó de imprimir en
septiembre de 2020 en Arcángel Maggio - División Libros,
Lafayette 1695, Ciudad Autónoma de Buenos Aires.

Femenias, María Luisa
   Ellas lo pensaron antes : filósofas excluidas de la memoria / María Luisa
Femenias. - 2a ed. - Ciudad Autónoma de Buenos Aires : Ediciones Lea, 2020.
   448 p. ; 23 x 15 cm. - (Espiritualidad & pensamiento)

   ISBN 978-987-718-643-7

   1. Filosofía. 2. Literatura Feminista. 3. Feminismo. I. Título.
   CDD 305.42

María Luisa Femenías

ELLAS LO PENSARON ANTES

Filósofas excluidas de la memoria

PRÓLOGO

Podríamos convenir que los factores que influyen en la construcción del canon filosófico, como en cualquier otro canon, en un período histórico determinado, son varios y diversos, y que por ello se incluyen unos filósofos y otros no, de ahí que no todos estén. En un sentido general cabe, sin embargo, preguntarse sobre cómo y quiénes establecen, deciden sobre el canon. Ahora bien, qué ocurre con las mujeres filósofas dado que prácticamente están ausentes, por no decir excluidas, del canon y de la historia, de las historias de la filosofía. Aquí debería ser fácil también ponerse de acuerdo, las mujeres siempre pensaron, hubo mujeres filósofas desde la Antigüedad, no obstante, como muy bien señala María Luisa Femenías en este nuevo libro suyo que tenemos en las manos, el problema no es que no existieran pensadoras, filósofas, más bien está en que sus contribuciones no nos han llegado ni han sido reconocidas, en que "a priori" sus obras han sido minusvaloradas, invisibilizadas, y no se han difundido, difícilmente pues podrían llegar a formar parte del canon. El asunto va, por tanto, más allá de un debate, más o menos académico, sobre configuración del canon y, por lo mismo, tiene más calado que la simple inclusión de las mujeres, de sus obras; apunta a mecanismos de ocultación y exclusión, así como a problemas epistemológicos y políticos, y a criterios de valoración de las contribuciones. Es decir, exige interrogarnos sobre quiénes teorizan y sobre qué se teoriza, sobre por qué se trabaja con unas fuentes y no con otras, con qué conceptos y categorías. Estamos, pues, ante un problema de reconocimiento y de transmisión de su pensamiento y de sus textos que, desde una primera etapa de crítica al canon filosófico existente, desde una relación crítica del feminismo con la tradición, continúa requiriendo nuestra atención al día de hoy, pese al camino ya recorrido. Basten dos ejemplos para comprender mejor lo que esta publicación y su cuidada selección nos aporta.

En 2009, se publica en castellano la *Historia de las mujeres filósofas* de Gilles Ménage (*Historia mulierum philosopharum* (Lyon, 1690), en su bien documentado y excelente estudio crítico introductorio Rosa Rius se pregunta: "¿Una historia de las filósofas escrita en el siglo XVII? ¿Dónde se han conservado sus nombres, sus obras o fragmentos, su pensamiento? A raíz de la traducción en francés del texto de Ménage, Umberto Eco decía haber hojeado por lo menos tres enciclopedias filosóficas actuales sin encontrar citadas (exceptuando a Hipatia) a ninguna de las pensadoras recogidas en la *Historie des femmes philosophes*. Concluía el autor italiano: "No es que no hayan existido mujeres que filosofaran. Es que los filósofos han preferido olvidarlas, tal vez después de haberse apropiado de sus ideas" (2009:12). Ménage indica que encontró setenta y cinco filósofas en los "libros de los antiguos" agrupándolas por escuelas. Ahora bien, como puntualiza Rosa Rius, el interés de la obra no está en que estemos ante la "primerísima" historia de las mujeres filósofas pues propiamente, es decir, desde la óptica moderna, no puede catalogarse como historia de la filosofía, sino más bien como un "diccionario incompleto" que tiene como referente, directo o indirecto, los catálogos de mujeres ilustres. Lo que merece ser destacado es que estamos ante un autor que "estimó a las autoras de su tiempo y reconoció su saber", pues escribió su historia en honor de sus amigas, mujeres notables en cuyos salones y en cuyo círculo se movía (Madame de Sévigné, Madame de La Fayette, Anne Lefebvre Dacier), constatando que había habido mujeres dedicadas a la filosofía, frente a la extendida y persistente idea de que no existieran, y que, lo que no deja de ser importante, las mujeres embarcadas en la aventura del pensamiento no eran excepciones. Conviene recordar también que en 1673 el filósofo Poullain de la Barre publica *De l'égalité des deux sexes*. Si se mira, entonces, hacia el pasado; si se busca con cuidado en los márgenes de la historia de la filosofía antigua se encuentran algunas mujeres filósofas —como sugería Séverine Auffret en *Melanipa la filósofa* (1994)— por más que sus textos no nos hayan llegado o estén recogidos en textos de autoría masculina. Y si se busca realmente en el pasado filosófico de Occidente, afirma Fina Birulés, "hallará con sorpresa muchos más textos y fragmentos escritos por mujeres de los que hubiera imaginado" (1997: 18).

En 2010 se publicaba también en castellano una obra mucho más reciente, *Mujeres filósofas en la historia. Desde la Antigüedad hasta el siglo XX, (Ich will verstehen. Geschichte der Philosophinnen*, Munich, 2005) de Ingeborg Gleichauf, en donde nos presenta a cuarenta y siete pensadoras agrupadas siguiendo el criterio temporal: Antigüedad (6), Edad Media (5), Renacimiento (4), siglo XVII (4), Ilustración (5), Romanticismo (4), siglo XIX (9) y siglo XX (10). En este caso, como no encontraba información en las historias de la filosofía, que parecían una "cosa meramente de hombres", va en busca, dice Gleichauf, como mínimo de una pensadora "reconocida", encontrándose con Hannah Arendt. Volvemos de nuevo al problema del reconocimiento y de la falta de transmisión: "A menudo, sólo sabemos de las mujeres filósofas a través de los relatos o las narraciones de otros. Raramente se han conservado textos originales; a veces incluso se han falsificado a conciencia o se han hecho desaparecer. La historia de las mujeres filósofas es también la historia de su lucha para que se reconozcan sus aportaciones" (2010: 7-8). Partiendo de la idea de la filosofía como una necesidad humana, sostiene que las mujeres siempre pensaron, que en todas las épocas hubo pensadoras, filósofas, y acude a los propios textos de las mujeres, entendiendo que no son marginales y que responden a los debates de su tiempo.

Así pues, no es que no hayan existido pensadoras, filósofas, la cuestión es otra y por ello no puede reducirse únicamente a dar cuenta de un catálogo o listado de mujeres filósofas, como bien señala María Luisa Femenías. No se trata simplemente de revisar el canon y añadir mujeres, es necesaria una seria revisión de las categorías conceptuales y de análisis, de criterios y temas, para que sea posible rescatar su producción, establecer sus contribuciones, sus innovaciones, examinar el estatuto epistemológico de sus obras, juzgarlas con voz propia, teniendo en cuenta las luchas y contextos históricos. Tal es lo que la autora desarrolla. Al día de hoy, en 2019, sigue habiendo un gran desconocimiento de las filósofas, por lo que libros como este tienen un inestimable valor poniendo los esfuerzos en reparar la discriminación, mostrar las desigualdades, no solo las que las pensadoras, las filósofas, han sufrido en su época y a lo largo de la historia, y que las han tenido en el olvido, sino también las que siguen perpetuándose en la actualidad al presentar visiones sesgadas, incompletas, difíciles ya de defender a estas alturas. Agradezcamos a María Luisa Femenías su excelente selección y exposición, el aproximarnos al pensamiento de algunas imprescindibles, sin perder de vista, conviene destacar, el pensamiento en español, las pensadoras hispanoamericanas.

María Xosé Agra Romero
Universidad de Santiago de Compostela

INTRODUCCIÓN

¿Hubo filósofas?

En 1987, Mary Ellen Waithe publicaba *A History of Women Philosophers* –libro no traducido aún al castellano–, obra de cuatro volúmenes que comienza con la pregunta: "¿Hubo filósofas? ¿Es posible una historia de las filósofas?"[1]. Estas preguntas, formuladas hace más de treinta años, concentran varios interrogantes que desafían el canon filosófico que, salvo escasas excepciones, hasta tiempos muy recientes excluyó a las mujeres. La reciente producción historiográfica de mujeres desveló también su ausencia de los listados de filósofos. Solo se ha hecho referencia, a modo de anécdota, a los intereses filosóficos de Cristina de Suecia en su correspondencia con René Descartes, o a los relatos platónicos de un Sócrates instruido en el amor por una mítica Diotima y al enciclopédico conocimiento de Hildegarda de Bingen, nombres con los que, por lo general, se saldaba la presencia de las mujeres en la filosofía.

Sin embargo, de la mano de las relativamente recientes historias de las mujeres y de la vida privada, por un lado, aparecidas a principios de la década de los ochenta, y de los festejos franceses por los doscientos años de la toma de la Bastilla,

---

1   Waithe, Mary Ellen, *A History of Women Philosophers*, Dordrecht-Boston-Lancaster, Martinus Nijhoff, 1987, 4 volúmenes.

cuando se publicaron muchos debates en torno del derecho de ciudadanía de las mujeres, por otro, ya cerrando la década, la situación cambió significativamente. Quizás uno de los aspectos más interesantes sea haber echado luz sobre una interesante producción escrita por mujeres, a pesar de que las condiciones socio históricas las desestimaban. Buscando donde nunca se había buscado —como relata Waithe–, en los anaqueles de misceláneas de las más variadas bibliotecas, aparecieron textos, fragmentarios en su mayoría, escritos por filósofas. Tanto es así que, en la actualidad, ya casi nadie discute la presencia de las mujeres como coagentes históricos de la producción teórica, artística y filosófica, su interlocución y su participación activa en los intereses de su época, contribuyendo a la construcción del conocimiento y al desarrollo social.

La pregunta central, por consiguiente, debe apuntar no tanto a si existieron filósofas, científicas o creadoras, sino, más bien, a *en qué condiciones desarrollaron sus contribuciones, por qué ni llegaron hasta nosotros, ni ingresaron al canon.*[2] Es decir, se trata de analizar los modos de ocultamiento o invisibilización de las empresas teóricas llevadas a cabo por mujeres y de preguntar por los sesgos que impidieron la transmisión de sus textos y, de manera particular, su incidencia en la historia general de la filosofía.

En tanto teóricas, nuestro interés específico no es solo dar cuenta de un listado de filósofas y de sus contribuciones —lo que nos sería imposible– sino de presentar algunas, a nuestro juicio relevantes y, a la vez, llevar a cabo una reflexión de

---

2   Boos Dykerman, Therese (ed.), *The Neglected Canon: Nine Women Philosophers: First to the Twentieth Century*, Boston, Kluwer Academic, 1999. Introduction.

segundo orden sobre las condiciones últimas de inteligibilidad de una disciplina[3] a la que —como bien señala Waithe— se le han restado aproximadamente la mitad de las contribuciones. Nos interesa indagar sobre la naturaleza de la producción de las filósofas y preguntarnos, al mismo tiempo, por el estatuto epistemológico de sus obras: *¿contribuyeron con una renovación teórica?*, *¿supusieron renovación metodológica?* O, simplemente, *¿se trató de un mero añadido temático?*[4] O, *¿produjeron innovaciones conceptuales, categoriales, o analíticas?* Por último, aunque las respuestas que podamos ofrecer sean solo provisorias, nos preguntamos por qué solo en tiempos recientes sus aportes se han hecho visibles y, como una cuestión no menor, *cómo evitar que vuelvan al olvido.*

Ser mujer y, además, pensar

Huelga decir que, en las diversas épocas de las que nos ocuparemos, los procedimientos de trabajo y de producción de obras filosóficas fueron radicalmente diferentes tanto para varones como para mujeres. Sin embargo, debemos señalar las mayores restricciones que padecieron las mujeres en el acceso a la educación en general. Por un lado, al igual que sucedió a los varones, históricamente solo algunos grupos estamentales más acomodados pudieron brindar una educación sistemática a sus hijos, preocupación que queda claramente plasmada en, por

---

3 Palacio, María Julia, "Una mirada crítica sobre la *Historia de las mujeres*" (inédito) gentileza de la autora; Ricoeur, Paul, *Historia y Narración*, Madrid, Cristiandad, 1987, p. 170.

4 Palacios, *ibidem.*

ejemplo, la *República* de Platón.[5] En esos casos, el objetivo era producir "*kaloskagathos*", un concepto que significa aproximadamente formar "hombres buenos y nobles", donde "hombres" es sinónimo de "varones". ¿Por qué? Pues porque hay un fuerte presupuesto, parcialmente desafiado por el propio Platón,[6] que en épocas recientes se ha denominado "sesgo sexista".

Pongamos un ejemplo: Aristóteles se ocupa de los llamados nacimientos monstruosos (*terata*) y reconoce diversos modos de monstruosidad:

1. Ser mujer y no varón, porque la mujer es un varón incompleto, una réplica imperfecta del *eidos*, cuya forma perfecta es el varón.[7]

2. Parecerse a la madre y no al padre, ya que siempre es preferible parecerse al padre como garantía de paternidad legítima.[8]

Si además este ser monstruoso es inteligente, resulta "contra-natura" (*arrenopoi*) porque desafía las leyes de la naturaleza. No es la única concepción de mujer que ofrece la Antigüedad, pero sí la que se proyectó con más intensidad sobre Occidente.

---

5   Barrow, Robin, *Plato and Education*, London-Boston-Henley, Routledge & Kegan Paul, 1978, p. 12.

6   Santa Cruz, María Isabel, "Justicia y Género en Platón, *República* V", *Hiparquia*, I, 1988, pp. 48-57; Barrow, *op.cit.*, pp. 17-19.

7   Aristóteles, *Generación de los animales*, 767 b 8.

8   Aristóteles, *Historia de los Animales*, 586 a 13-14; del mismo filósofo, *Partes de los Animales*, 767 b 27 y siguientes; Femenías, María Luisa, *Inferioridad y Exclusión (modelo para desarmar)*, Buenos Aires, Grupo Editor Latinoamericano, 1996, p. 105; Laqueur, T., *La construcción del sexo: cuerpo y género desde los griegos hasta Freud*, Madrid, Cátedra, 1994.

La tradición judeo-cristiana, por su parte, no ofreció mayores ventajas a las mujeres. Más allá de las controversias actuales sobre la autenticidad de los textos, las dificultades que ofrece su interpretación y sus contradicciones internas, la lectura de pasajes como, por ejemplo, los de Pablo a los Corintios (11, 3), expresa: "Pues bien: quiero que sepáis que la cabeza de todo varón es Cristo, y la cabeza de la mujer [es] el varón, y la cabeza de Cristo [es] Dios", y no deja dudas sobre un orden jerárquico que subordina a las mujeres a los varones. Afirmaciones como "Y toda mujer que ora o profetiza descubierta la cabeza, deshonra su cabeza; es como si se rapara" (Corintios 11, 6) o "Si una mujer no se cubre, que se rape" y "Si es indecoroso para una mujer cortarse el pelo o raparse, que se vele" (Corintios 11, 7) seguidas de "El varón no debe cubrirse la cabeza, porque es imagen y gloria de Dios; mas la mujer es gloria del varón, pues no procede el varón de la mujer sino la mujer del varón; no fue creado el varón para la mujer sino la mujer para el varón" (Corintios 11, 7-9), refuerzan el orden jerárquico y no dejan dudas sobre la dependencia de las mujeres respecto de los varones.

La subordinación y dependencia, fundada en la teología o en la naturaleza, fue también jurídica y social, y puede constatarse hasta bien avanzado el siglo XX sin, salvo excepciones, demasiadas distinciones entre científicos, ideólogos o políticos, como lo denunció Simone de Beauvoir en 1949. Tomemos dos ejemplos, ambos de 1801, del ala progresista del bonapartismo. Por un lado, la afirmación del médico-científico Pierre-Jean-Georges Cabanis:

"La materia del cuerpo femenino se caracteriza por la blandura de la carne, la debilidad de las fibras musculares, la ausencia de densidad tanto en los huesos como en la carne, la extrema sensibilidad nerviosa y una gran movilidad de la actividad cerebral /…/ producida por la presencia del útero y los ovarios /…/".[9]

Por otro lado, la del ideólogo reformista Sylvien Maréchal que, en forma de versos, sentencia:

"A las mujeres: Si os está prohibido el árbol de la ciencia / Conservad sin lamentos vuestra dulce ignorancia / Guardianas de vuestras virtudes y madres de los placeres / A los juegos inocentes, consagraos y recreaos".[10]

Las afirmaciones precedentes, repetidas durante los siglos de modo más o menos reelaborado, dejan a las mujeres en un terreno poco fértil para construir autoestima y confianza en sus capacidades intelectuales. *Por supuesto, muchas mujeres desafiaron los lugares de inferioridad a los que estaban destinadas.* No obstante, como muy bien lo señala Waithe, "los monstruos siguen sin integrar el canon"; y ella misma tuvo que buscar en archivos poco frecuentados para encontrar tanto su producción filosófica cuanto literaria.

---

9   Cabanis, Pierre-Jean-Georges, *Rapport du physique et de moral de l'homme*, París, 1802 (traducción de la autora). Disponible en https://gallica.bnf.fr/ark:/12148/bpt6k77029t.texteImage

10   Marechal, Sylvien, *Projet d'une loi portant défense d'apprendre à lire aux femmes* (1801). *Textes présentés par Bernard Jolibert*, París, L'Harmattan, 2007 (traducción de la autora); Fraisse, Geneviève, *Musa de la razón*, Madrid, Cátedra, 1989, pp. 175-176.

Mujeres filósofas

Es difícil evaluar la calidad de la producción de las mujeres. En principio, contamos con textos fragmentados, que responden a diferentes épocas, y que no siempre es posible adscribir genealógicamente –en términos foucaultianos– a una determinada escuela. A pesar de ello, un dato interesante es que, desde la Antigüedad, hubo mujeres dedicadas a la filosofía: los pitagóricos incluyeron muchas mujeres entre sus miembros y otro tanto sucedió con los neoplatónicos; el Siglo de las Luces francés contó con numerosas intelectuales, mientras que el Romanticismo, de la mano de las enseñanzas de Jean Jacques Rousseau, las apartó nuevamente al papel de frágiles musas de las obras de poetas, artistas plásticos y filósofos.

¿Hicieron aportes las mujeres? ¿Cuáles? En primer término, desafiaron la condición de "inferiores", "incapaces" o "dependientes" a que las destinaba su *esencia* femenina. A iguales posibilidades educativas por pertenencia de clase, estamento social u oportunidad educativa, y disponibilidad de tiempo propio muchas eligieron la literatura, la ciencia y la filosofía. Tal como afirma la filósofa contemporánea Martha Nussbaun, para la mayoría de ellas, la forma literaria no era separable del contenido filosófico; es más, formaba parte del contenido; una parte integral de la búsqueda y del establecimiento de la verdad.[11] En consecuencia, literatura y filosofía fueron modos que les permitieron constituirse en un "sujeto intelectual mujer" y, con ello, contribuir a

---

11   Nussbaum, Martha, *Love's Knowledge*, Oxford, Oxford University Press, 1990, p. 3; de la misma autora, *Justicia poética: la imaginación literaria y la vida pública*, Barcelona, Andrés Bello, 1997: 44; Abellón, Pamela M., "Feminismo, filosofía y literatura. Simone de Beauvoir, una intelectual comprometida", en *Mora*, UBA, vol.19 nro. 2, Ciudad Autónoma de Buenos Aires, jul./dic. 2013.

la construcción no solo del conocimiento sino también de una conciencia positiva respecto de sus capacidades, apartándose de definiciones peyorativas, descalificaciones "edificantes" e inferiorizaciones "científicas". Incluso, en los períodos más adversos debido a la censura pública, muchas de ellas teorizaron en diarios íntimos o epístolas como el espacio que les permitía construir un yo narrativo y posicionarse críticamente ante su situación y ante sí mismas. Otras, como Christine de Pizán (siglo XV), proyectaron un futuro utópico en el que la libertad y la equidad primara sobre el supuesto destino que la sociedad patriarcal les prescribía inexorablemente.[12]

En los casos en que pudieron entrar a universidades o escuelas superiores, produjeron obra en la que disputaron los problemas teóricos de sus respectivos contextos histórico-filosóficos, entablando debate con sus colegas varones. Así lo hicieron, por ejemplo, Hipatia de Alejandría (siglo V), de la academia platónica,[13] Anne de Conway (siglo XVII), quien discutió la teoría de los cuerpos de Thomas Hobbes o Mary Astell (siglos XVII-XVIII) quien señaló el hiato teórico en que incurrió el mismo filósofo en el *Leviathan* respecto del lugar de las mujeres en la sociedad civil; que retomaría a finales del siglo XX por la politóloga Carole Pateman (siglo XX).[14]

Muchas veces se les prohibió el uso de la palabra y de la pluma, como a Christine de Pizán o a Sor Juana, o simplemente fueron asesinadas como Hipatia, por proseguir sus investigaciones

---

12   Pernoud, Régine, *Christine de Pizán*, Barcelona, Medievalia, 2000.

13   González Suárez, Amalia, *Hipatia*, Madrid, Ediciones del Orto, 2009; Waithe, *op.cit.*, vol. 1, pp. 169-195.

14   Pateman, Carole, *El contrato sexual*, Barcelona, Anthropos, 1996, pp. 57, 127, 167-174, 300.

"paganas" sobre astronomía. También a muchos varones se les prohibió la libertad de expresión, como al Marqués de Sade, el libertino (1791), o fueron quemados como el astrónomo y teólogo Giordano Bruno (1600), pero por algún motivo, a pesar de que su obra se prohibiera o se quemara en acto público, subsistió alcanzando amplia difusión y prestigio. No sucedió lo mismo con las obras de las mujeres. La respuesta más habitual apunta a la calidad de sus contribuciones, lo que es altamente debatible, pero excede las posibilidades de esta introducción.

Lo cierto es que la mayoría de las filósofas tuvo que esperar hasta el siglo XX para que sus obras fueran rescatadas del anonimato. Por un lado, durante largos períodos de la historia, no les fue permitido firmar con nombre propio sus textos, bajo el precepto de que haciéndolo deshonraban a sus familias; figurando en consecuencia la mayoría de sus textos como de "autor anónimo", ocultando como lo señalara alguna vez Virginia Woolf, a una mujer. Por otro lado, superada la etapa de anonimato forzado, la mayoría de las mujeres firmaba con su inicial y su apellido paterno o marital, o un pseudónimo masculino, desdibujándose su autoría. Pensemos en George Sand. Incluso hoy se debate, con buenos argumentos, si *La sujeción de la mujer* (1869) de John Stuart Mill la escribió efectivamente el filósofo utilitarista inglés, su esposa Harriet Taylor, o si fue una contribución entre ambos aunque sólo Mill la hubiera firmado.[15]

Las mujeres llevaron a cabo un debate interesante respecto de la no-sexuación del alma.[16] Se trata de un argumento esgrimido de modo directo o indirecto por todas las filósofas, no

---

15   De Miguel, Ana, *Cómo leer a Stuart Mill*, Madrid, Júcar, 1994.

16   Schiebinger, Londa, *¿Tiene sexo la mente? Las mujeres en los orígenes de la ciencia*, Madrid, Cátedra, 2004.

materialistas. Desde la Antigüedad, la mayoría de los filósofos varones sostuvieron una concepción dualista del ser humano. Esto es, caracterizaron a los seres humanos en términos de la unión del cuerpo y el alma; o el cuerpo y el alma racional o mente. Entendieron ambas entidades como separadas o separables, aunque unidas de algún modo durante la vida. Fueron defensores del dualismo, Platón y Aristóteles en la Antigüedad, los filósofo-teólogos medievales, relevantes filósofos modernos como Descartes o Leibniz, y contemporáneos como Soren Kierkegaard o Gabriel Marcel.[17]

Desde la Antigüedad clásica algunos filósofos y científicos sostenían que la carne (la materialidad del cuerpo) limitaba el alma (la razón), pues los cuerpos de las mujeres sufren procesos que no controlan −menstruación, embarazo, lactancia− lo que muestra que no alcanzan la perfección del *eidos*, como vimos en los argumentos de Aristóteles o de Cabanis, haciéndolas más débiles, fofas y frágiles.

Las mujeres, sin embargo, siempre entendieron al "alma" (*psyché*) o "razón" (*nous*) como a-sexuada y al "cuerpo" (*soma*) como portador de las marcas del sexo, de la raza u otras. Es decir, en principio, un mismo argumento les valió para desmontar la jerarquización de los sexos y de las razas. A modo de ejemplo, contra la advertencia de Fray Luis de León de que la naturaleza no hizo a la mujer buena para las ciencias ni para los negocios sino solo para el "oficio doméstico", María de Zayas (siglo XVII) responde en uno de sus textos "las almas ni son hombres ni son mujeres, ¿qué razón hay para que ellos sean

---

17   Anzoátegui, M. *et alii*, *Antropología Filosófica (para no filósofos)*, Buenos Aires, Walthuter, 2016, pp. 249-295.

sabios y presuman que nosotras no podemos serlo?".[18] Deducción implacable del concepto de "alma" como entidad neutra.

Los filósofos materialistas, por lo general contrarios a aceptar entidades no materiales o de tipo espiritual, dejaron a las mujeres más frecuentemente atadas a los límites de su materia imperfecta, hasta tiempos muy recientes.[19]

Volverse visibles

Trabajos como el de Mary Waithe y su equipo volvieron a poner en el tapete los aportes filosóficos de muchas mujeres.[20] Curiosamente, ya en otros períodos históricos había sucedido algo similar, para luego volver a quedar sus contribuciones sepultadas en el olvido. Aunque no podemos ni precisar ni examinar detenidamente ahora, las causas parecen variadas y de algún modo vinculadas a vaivenes históricos, crisis político-económicas y de fe. Lejos de proponer que son los tiempos de consolidación económico-social y de bonanza política los que benefician la situación de las mujeres en general y de las filósofas en particular, de modo provisorio, proponemos que son los tiempos de crisis los que iluminan las acciones y las teorías de las mujeres. Celia Amorós advierte que la conciencia "feminista" (el entrecomillado me pertenece) difícilmente surge en un medio en el que nada se pone en cuestión; surge, por el contrario, cuando *la opresión más ancestral* se hace visible y deja de ser aceptada como lo más obvio,

---

18   Solana Segura, Carmen, "Las heroínas de las novelas amorosas y ejemplares de María de Zayas frente al modelo femenino humanista", *Lemir*, 14: 2010, pp. 27-33.

19   Laqueur, *op.cit.*

20   Waithe especifica sus fuentes entre las páginas IX a XV de la introducción de su obra.

como aquello que es natural.[21] Es decir, *esa naturalidad* solo se pone en cuestión al final de un largo camino de reflexión y de deconstrucción. En otras palabras, la conciencia de la subordinación surge como culminación de un largo proceso de revisiones y exámenes críticos, que establecen muchas zonas teóricas y prácticas de debate. En esos segmentos de crisis, la voz de las mujeres ve incrementado su volumen.

Entonces, cabe preguntarnos: ¿se trabaja con nuevas fuentes o se trabaja con otras categorías de análisis que permiten rescatar la producción de las mujeres? Los defensores de la objetividad de la historia de la filosofía, suponen que solo las obras que merecen la pena son consignadas en el canon filosófico. Por eso, probablemente dirán que el descubrimiento de nuevas fuentes no obliga a revisar la historia de la filosofía, porque si no fueron transmitidas por el canon es porque muy probablemente carecen de la calidad necesaria para hacerlo. Otros, en cambio, han cuestionado la "objetividad de la ciencia" y el rigor del canon. Muchas filósofas, por ejemplo, critican el doble criterio que lo determina. Como subraya Evelyn Fox Keller, haciendo historia de la ciencia (o de la disciplina que fuere) de lo que más se aprende es de cómo se "construye la ciencia misma" y de su historia.[22] En otras palabras, *la histórica exclusión de las mujeres de las prácticas científicas o filosóficas es sólo un síntoma de un rasgo mucho más profundo, que articula no sólo las relaciones asimétricas entre los sexo-géneros, sino la estructura social y política en su totalidad.* La crítica feminista de los saberes situados favorece la tarea de desnudar las raíces,

---

21   Amorós, Celia, *Hacia una crítica de la razón patriarcal*, Barcelona, Anthropos, 1985, pp. 313-314.

22   Fox Keller, Evelyn, *Reflexiones sobre género y ciencia*, Valencia, Alfons el Magnànim, 1989, p. 11.

el funcionamiento y las consecuencias de esa red dinámica que —nuevamente según Fox Keller— constituye el "sistema ciencia-género"; construcción interactiva entre género, ciencia y sociedad que sesga las diversas producciones.[23]

Un problema no ajeno es que la organización del saber y su transmisión suele hacerse según pares dicotómicos opuestos regidos por la dupla varón/mujer.[24] Estos pares no conservan un equilibrio valorativo y ponderan uno de sus lados, el masculino, sobre el que se moldea el conocimiento, como si fuera su eje ideal, único y modélico.[25] La fuerte asociación entre naturaleza, dominio y femineidad asimila las concepciones de la femineidad a la naturaleza, impidiéndole a las mujeres constituirse en sujetos cognoscentes plenos y legitimados.[26] Consecuentemente, las cadenas dicotómicas de significados, asocian lo masculino, al poder, a la objetividad y a la universalidad, es decir al conocimiento, la ciencia, la filosofía, y lo femenino, a lo subjetivo, las emociones, el amor y lo particular.

La crítica más reciente ha mostrado que tanto la ciencia como la filosofía son prácticas culturales que se suman a la construcción de un imaginario social generizado, según una compleja red de valoraciones organizadas jerárquicamente, que se sostienen unas a otras. Se ha mostrado también que incluso el conocimiento considerado más "riguroso", se articula en redes metafóricas, metonímicas u otras figuras retóricas, en las que se inscriben tanto los discursos

---

23 Fox Keller, *op.cit.,* p. 16.

24 Femenías, 1996, pp. 95; 111.

25 Spadaro, María & María Luisa Femenías, "Subvirtiendo las estructuras de los saberes: Algunas reconsideraciones sobre sus presupuestos", *Labrys*, 23, Janeiro-Junho, 2013, Universidade de Brasília. Disponible en: www.unb.br/ih/his/gefem/labrys

26 Amorós, *op.cit.,* p. 31; Fox Keller, *op.cit.*, p. 127 y ss.

modernos como posmodernos, encubriendo múltiples nudos de significados y tramas metafísicas genéricamente sesgadas.[27]

Por eso, nos parece sumamente oportuno apelar a dos ejemplos provenientes de las denominadas "ciencias duras" para ilustrar cómo funcionan las redes de pre-conceptos. Primer ejemplo: rara vez cuando recitamos que "La suma de los ángulos interiores de un triángulo es igual a 180°" especificamos que esto es así, si y solo si rige la geometría desarrollada por Euclides (III° a. C.). El resultado mencionado sería incorrecto si lo aplicáramos a cualquier geometría que negara el famoso Quinto Postulado.[28] Segundo ejemplo, que tomo de una tesis de Física.[29] En el proceso de seguimiento de un hecho científico se estiman ciertas características de un "objeto", utilizando como punto de partida la información "observable" del mismo. Ahora bien, ¿qué sería "observable" para partículas subatómicas en movimiento? ¿Qué entendemos por "objeto" en ese caso? Ahora, el conocimiento está condicionado por la naturaleza del "objeto" pero, más aún, por los modelos posibles de seguimiento y/u observación, que implican la aplicación de diferentes "filtros", que permitan ver y corregir observaciones pasadas y predecir, con mejor resolución, los nuevos estados de dicho "objeto", léase en este caso, una partícula. Es decir, los "filtros" (las grillas, las categorías) son las que permiten "ver", "observar" y "comparar" un "objeto". En otras

---

27   Bach, Ana María *et alii*, "Las apariencias engañan: metáforas filosóficas", en Santa Cruz, María Isabel *et alii, Mujeres y Filosofía*, Buenos Aires, CEAL, 1994, vol. 2, pp. 184-193.

28   Femenías, María Luisa, "Epistemología feminista: la falacia del conocimiento objetivo", en *CEIIBA-ARPEGE*, Université de Toulouse Jean Jaurès, 10 de febrero de 2017. Disponible en Canal U: https://www.canal/.tv/video/universite_toulouse_ii_le_mirail/epistmologia_feminista_la_falacia_del_conocimiento_objetivo_maria_luisa_femenias.34761

29   Tesis de A. Corral, en Femenías, *op. cit.*

palabras, el mejoramiento de "los resultados" en el conocimiento del "objeto" depende del filtro o grilla conceptual que se utilice; no del objeto mismo.[30]

Más allá de estos ejemplos o de los conocidos "anteojos azules" a los que alude Imanuel Kant en su *Crítica de la razón pura*, nuestra aproximación a la historia de la filosofía no puede ser ingenua. Por eso, con Celia Amorós apelamos, en dosis prudentes como ella propone, al método de la sospecha.[31] En principio, no hay conocimiento que no esté construido desde un cierto lugar y punto de vista; incluso aquel que, como el saber científico, se considera a sí mismo como la abolición de todos los puntos de vista en aras de la objetividad.

Entonces, ¿no deberíamos reconocer ya la importancia del sesgo sexista como parte del filtro, del marco conceptual o de la grilla en virtud de la cual se ha construido históricamente el saber filosófico como racionalidad masculina?[32] Y, por tanto, ¿no debemos examinar sus condiciones y sus límites? ¿No debemos acaso mostrar también que la dicotomía razón/varón – emoción/mujer siempre ha sido rebasada y solo subsiste como marco prejuicioso de conductas estereotipadas?[33]

Intentar responder estas preguntas y otras tantas del mismo carácter exige considerar las obras escritas por las filósofas, pero también ponerlas en diálogo con la producción de la época, práctica y simbólicamente en manos de varones, y los registros de su transmisión. Como ya hemos advertido, esto no implica ignorar que muchos varones sufrieron censuras y persecuciones. Tampoco

---

30   Tesis citada, en Femenías, *op. cit.*

31   Amorós, *op.cit.*, p. 178.

32   Lloyd, Genevieve, *The Man of Reason*, London, Routledge, 1993, p. xvii

33   Lloyd, *ibidem*.

quiere decir que ninguno de ellos no haya reconocido la capacidad de muchas mujeres en pie de igualdad. Simplemente queremos señalar que, por múltiples y diversas razones, la producción de las mujeres se ha visto opacada, negada o minusvalorada *a priori*, es decir, antes de que se la examinara exhaustivamente. Debido al prejuicio de su inferioridad natural, es preciso que tengamos en cuenta que *a priori* se han minusvalorado sus actividades filosóficas, y además se ha evitado la difusión de sus obras.

Algunas precisiones

Lo que ahora podemos ofrecer bajo el rótulo de "filósofas" es diverso. En un sentido, la respuesta más inmediata y sencilla sería decir que cada una escribió según "su posición de sujeto", vinculado al conjunto de relaciones histórico-sociales en las que se hallaba inscripta y a los discursos hegemónicos que las definían. Como escritoras y como filósofas debieron establecer su derecho a serlo, y constituirse como portadoras de reflexión, especulación teórica o capacidades suficientes para expresarse por escrito.

En una segunda aproximación, debemos reconocer que las teorizaciones en torno a quiénes fueron filósofas y a cómo se desenvolvió su naturaleza intelectual, debe al menos dar cuenta de dos factores fundamentales. El primero, qué se entendió por filosofía en cada época y lugar. El segundo −en estrecha relación con el anterior− que, dada la extendida prohibición que impedía que las mujeres ingresaran a las universidades y el prejuicio social −resumido en el refrán popular "Mujer que sabe latín…. no tiene marido ni buen fin"−,[34] la gran mayoría de ellas recurre a la

---

34   Castellanos, Rosario, *Mujer que sabe latín*, México, FCE, 2009.

narración epistolar, el ensayo moral de tipo filosófico, la novela y hasta la poesía y el teatro para expresar sus ideas. Esto sucede repetidamente; por ejemplo, en Christine de Pizán, María de Zayas, Juana Inés de la Cruz e incluso en Simone de Beauvoir, solo por dar algunos ejemplos. En razón de esto, no resulta siempre fácil responder a la pregunta *¿qué clase de filosofía escribían las mujeres?* Pocas escribieron tratados; muchas escribieron diálogos o cartas, dándole a la cuestión filosófica un matiz intimista e introspectivo.

Podría concluirse, entonces, que no se trata solo de "incluir" a las mujeres en la larga lista de filósofos que ofrece cualquier diccionario especializado. No solo hay que incorporar en la historia de la filosofía los nombres faltantes de las mujeres para solucionar el problema. Por el contrario, es evidente que buena parte de las reflexiones de las filósofas desmiente esa alternativa. La propuesta no apunta a la *mera* inclusión de algunas mujeres para dejar intactos los criterios generales de selección canónica, sino que es necesario revisar criterios, temas, categorías conceptuales, con el interés de incorporar el papel que jugaron las mujeres en la dinámica social de inclusión/exclusión que les permitió (o no) abrirse un espacio en la reflexión filosófica.

Algunos sesgos, desvíos y omisiones exigen explicaciones más amplias, más completas, más esclarecedoras de los procesos de construcción de las sociedades, de sus estereotipos y del conjunto de mujeres que contribuyeron, aun oponiéndose, a ello. Este tipo de explicación exige que se preste atención a las mujeres, pero también y de modo fundamental, que se explicite las diversas modalidades en que asumieron su papel de pensadoras de su época, bajo las limitaciones del caso. Porque, con las variaciones que las épocas y las restricciones socio-históricas les impusieron, todas ellas reflexionaron sobre las relaciones entre los sexos, los modos diferenciados de educación, la diversidad de los criterios morales, los modos de subordinación y obediencia y las maneras en que las reglas socio-culturales las afectaban diferenciadamente. Todo ello demandó esfuerzos a nivel teórico y metodológico que claramente no tuvieron que hacer los filósofos varones, pues respondían *naturalmente* a los modelos de racionalidad que se exigía de ellos.

Los nuevos métodos

Nuevos sujetos, nuevos objetos, *¿suponen nuevos métodos?* Es difícil responder ya que "método" no tiene un valor unívoco. Si por método entendemos una "lógica implacable de investigación", habría que responder negativamente.[35] Solo en tiempos recientes y a partir del ingreso masivo de las jóvenes a las universidades, después de la Segunda Guerra Mundial, al menos en Occidente, y de ciertos planteos del feminismo, las mujeres accedieron a los métodos rigurosos y sistemáticos de la formación filosófica, pudiendo formar una masa crítica enteramente novedosa.

En cambio, si por método nos referimos a procedimientos particulares, técnicas y perspectivas propias para acceder al conocimiento filosófico, la cuestión exige otro análisis y otra respuesta. Parece ineludible reconocer que la generación de nuevas categorías conceptuales, como "género", la revisión de los preconceptos incluidos en los análisis tradicionales y la incorporación de una dimensión política en las relaciones entre los sexos, implica cuanto menos una propuesta metodológica que privilegia y amplía la

---

35   Palacio, *op.cit.*

noción de lo público y sitúa en un nuevo espacio aquello que en la filosofía política tradicional se consideró lo privado.[36] Esta nueva dimensión política se presenta como uno de los ejes de análisis más ricos, que articulada con la categoría de género, expresa una manera recurrente de manifestación del poder.[37]

Pero el eje de la controversia se halla en si se agrega una historia de las filósofas en "paralelo" y de carácter autónomo, a la manera en que lo hace Mary Waithe, o si se entreteje una nueva forma de transmitir la historia de la filosofía incorporando al debate filosófico de cada época la voz de las mujeres. No es este un problema menor, aunque no podamos darle solución ahora. Por nuestra parte, y dado que la obra de la mayoría de las filósofas es aún desconocida, aunque aspiremos a la segunda opción, nos limitaremos a ofrecer un panorama incompleto de algunas filósofas que por su importancia consideramos imprescindibles para cualquier historia de la filosofía que quiera construirse sobre bases no sexo-sesgadas.

En *La raison en procés* (1986), un libro poco difundido en nuestro país, Louise Marcil-Lacoste apunta al modo en que la incorporación de los textos de las mujeres habría incidido en los nuevos postulados de racionalidad, sus criterios y sus vinculaciones.[38] La filósofa propone tres preguntas fundamentales de tipo epistemológico: si los estudios de la mujer producen sistema; si constituyen un nuevo modelo y, por último, si conforman un nuevo

---

36 Farge, Arlette, "La Historia de las mujeres. Cultura y poder de las mujeres: ensayo de historiografía", en *Historia Social*, nro. 19, 1991, p. 98.

37 Scott, Joan, "El género, una categoría útil para el análisis histórico", en Cangiano, María Cecilia y Dubois, Lindsay (comps.) *De mujer a género*, Buenos Aires, CEAL, 1994, p. 37.

38 Marcil-Lacoste, Louise, *La raison en procés*. París, Livrerie des femmes, 1986, pp. 176-190.

paradigma. A todas esas posibilidades, retóricamente planteadas, responde negativamente. En principio, porque consideraba que, los estudios de la mujer son fundamentalmente sintomáticos.

Marcil-Lacoste retoma una herramienta conceptual de Althusser, para quien, como se sabe, leer ya es un problema. En principio, porque no existe lectura inocente y porque, sea cual fuere esa lectura, somos culpables y responsables de ella. Para Marcil-Lacoste, confesar esta falta inevitable, esta culpa necesaria, implica abandonar la ilusión de la lectura inocente, objetiva y neutra, como la que históricamente ha asumido el paradigma patriarcal, instituyéndose en parte y todo.[39] La lectura implica, por el contrario, una responsabilidad intelectual que no podemos dejar de asumir y la denuncia del sesgo excluyente de la "objetividad tradicional" implica la apropiación de una "lectura sintomática", que denuncia y rompe con las "junturas" *naturales* de la complicidad que "olvida" la producción filosófica de las mujeres.[40]

Por eso, el feminismo filosófico y la teoría de género rompieron la complicidad entre la realidad y sus definiciones hegemónicas para implementar una mirada *desde los márgenes* y, desde ahí, examinar los modos en que el discurso *dice* y *no dice*, *advierte* y *no advierte*, de manera ambigua e imprecisa, el lugar de las mujeres y de las minorías excluidas. Ese discurso exige una hermenéutica; el feminismo filosófico y la teoría de género vienen contribuyendo a superar la continuidad entre el texto

---

39   Así lo denuncia Simone de Beauvoir en *El Segundo Sexo*, Buenos Aires, Siglo XX, 1968. Introducción.

40   Amorós, Celia, "Cartesianismo y feminismo: olvidos de la razón, razones de los olvidos", en Johnson, Roberta y Zubiaurre, María Teresa (coord.) *Antología del pensamiento feminista español*, Madrid, Cátedra - Universidad de Valencia, 2009, pp. 462-474.

y la realidad, iluminando otras relaciones no inmediatamente visibles, no obvias, no *naturalizadas*. Ante todo, porque se ha irracionalizado la visión hegemónica y establecida de la realidad, llevándonos a ver cosas, situaciones e inequidades que, sin las nuevas categorías comprensivas no podríamos ver. Como advierte Marcil-Lacoste, los escritos de las filósofas son relevantes en número, especialmente críticos y miran/leen desde un lugar descentrado, marginal, que ilumina las condiciones de apreciación de una realidad *otra* que exige una nueva forma de escritura. Estas miradas desde los márgenes invitan, como lo advirtió Sandra Harding, a la deconstrucción de la mirada/lectura hegemónica, favoreciendo la instalación de la duda sobre el "significado único de un texto", definido siempre unívocamente desde el centro. Por eso, mirar y escribir desde los márgenes supuso para las filósofas prestar atención a su propio margen y a sus características, habitualmente consideradas poco relevantes. Observaron y vieron atentamente todo aquello que quedaba fuera del núcleo central e intentaron hacer visible lo que, de otro modo, hubiera quedado oculto, sin subvertir el margen por el centro para repetir la secuencia, porque el centro y el margen se manifiestan siempre juntos, en un espacio único de significados compartidos y vinculados que se niegan y se confirman mutuamente.[41]

Según Marcil-Lacoste, los textos de las filósofas aportan como novedad una nueva racionalidad, un nuevo campo de problemáticas y, por último, una importante estrategia colectiva para la resolución de conflictos. Nos interesan sobre todo

---

41 Femenías, María Luisa, *Laberintos intelectuales: los caminos del sujeto*, Córdoba, Facultad de Lenguas, Universidad Nacional de Córdoba, 2018, pp. 30-31.

las dos primeras aportaciones. Para la investigadora, la racionalidad que aparece en los escritos y las acciones de las mujeres da cuenta, más bien, de sujetos que se oponen a la razón hegemónica, denunciando su pseudo-neutralidad y, en general, su restringida representación de la racionalidad humana. Los textos y las acciones de esas mujeres expresan, más bien, una forma extendida de racionalidad y un nuevo modo de enlazar los sistemas de ideas, que organizan la capacidad de examinar, criticar e interrogarse, también, de modo novedoso. En palabras de Marcil-Lacoste, promueven un "nuevo modo de credibilidad", que camina hacia una manera propia de definir la racionalidad; no ya, como La Razón, sino como modelizaciones de la razón humana.[42] Por eso, la considera una racionalidad extendida, que incluye aspectos abandonados por la caracterización tradicional (como las emociones), y que incluye también los modos colectivos de razonamiento. Ambas concepciones han influido muy recientemente en la filosofía de la mente, la teoría de las emociones, las éticas del cuidado, entre otras ramas filosóficas.

Este enfoque, abre un campo de problemas también novedoso, que contribuye a la toma de conciencia de que hasta el momento la historia de la filosofía era específica de los intereses de los filósofos varones. Esto ha derivado a que, en las últimas décadas se hayan incorporado algunas mujeres a los programas de enseñanza: por lo general, Hannah Arendt y Simone de Beauvoir. Otras, se citan como eruditas expertas en algunos campos filosóficos, más que como filósofas *en sentido estricto*, entre ellas, Martha Nussbaun, Barbara Cassin, Giulia Sissa, o Adriana Cavarero, por poner unos pocos ejemplos.

---

42   Femenías, *op.cit.*, pp. 32-33.

Nuevos temas, nuevos problemas

Como vimos, para Marcil-Lacoste, los escritos de las mujeres son originales y novedosos, en cuanto instauran, por un lado, una forma de racionalidad ampliada y, por otro, una serie de problemas, temas, cuestiones y nudos teóricos que involucran aspectos no desarrollados o sumergidos en las teorizaciones tradicionales.

En primer término, se ha denunciado la extraordinaria brecha que se abre entre las teorías y su puesta en práctica, tanto ética como política. Paradigmáticamente, se trata de los modos materiales de exclusión/discriminación, que habitualmente pasan desapercibidos o se bloquean bajo el argumento de que la filosofía no se hace cargo de sus derivas prácticas. El feminismo, los estudios de género y los más recientes análisis de las disidencias sexuales, entre otros, ponen precisamente el acento en esa indiferencia; en el modo indolente y las estrategias con que históricamente se ha desatendido esa relación que algunos autores actualmente denominan fantasmal.[43] En ese lugar, emergen "los nuevos problemas" y se analizan los "olvidos de la memoria y de la razón", detectándose su sistematicidad.[44] Se abre entonces la pregunta por las condiciones del olvido tanto como por las de la memoria y el recuerdo individual y colectivo. Se revisan los modos de construir las cadenas genealógicas de la historia de la filosofía y cuáles son sus zonas oscuras.

Sobre todo, se plantea la pregunta por los modos en que se construye un objeto de investigación y las implicancias del sujeto que lo investiga. ¿Cómo se determina lo "realmente

---

43 De Sousa Santos, Boaventura, *Crítica de la razón indolente: Contra el desperdicio de la experiencia. Para un nuevo sentido común*, Bilbao, Desclée de Brauwer, 2003, pp. 61-70.

44 Amorós, *op.cit.*, p. 466.

importante" en la investigación? ¿Para quién es importante el trabajo doméstico, el voluntariado, el cuidado, las temporalidades disímiles de varones y mujeres, los derechos humanos de las mujeres, los problemas medioambientales, la distribución de los recursos, la atención a personas con capacidades diferentes, los derechos de los más débiles, las identidades e identificaciones no paradigmáticas? ¿Cómo juegan en estos casos las relaciones de poder?

La eclosión de esos u otros temas, o mejor dicho de los temas tradicionalmente ocultos, obligó a revisar paradigmas científicos y de conocimiento.[45] De la mano de los nuevos abordajes, resurgió el problema de los sustratos ontológicos que aún sostienen las viejas teorías y sus estructuras, debatiéndose, al mismo tiempo, el compromiso intelectual de los *sujetos* de investigación, en el uso más ambiguo de la preposición *de*. En un extremo, la propuesta es reconstruir una ontología; en el otro, aceptar, sin más, un antifundacionalismo a ultranza. Para Marcial-Lacoste, superar la dicotomía racional/irracional implica desplegar una extensa gama de racionalidades alternativas y contrahegemónicas, que pone en juego lo que denomina *epistemodramas*.[46] Ante el conjunto de estos desafíos y el juego de roles de los sujetos de conocimiento, nos preguntamos: ¿se ha conmovido el discurso tradicional?

Abordaje propuesto

Para quienes quieran leer en paralelo los diversos movimientos feministas y los trabajos de las filósofas que hemos

---

45   Harding, Sandra, & Hintikka, Merrill, *Discovering Reality*, Holland, Reidel Publishing Company, 1983, p. 9.

46   Marcil-Lacoste, L., *op.cit.*, p. 188.

seleccionado, sugerimos una breve sistematización que les resultará, sin duda, de gran utilidad teórica. Se la debemos a la filósofa española Ana de Miguel y la consignamos resumidamente a continuación.[47] Su artículo, dividido en tres partes, hace en primer término una presentación general que denomina "feminismos pre-modernos" para luego centrarse en el "feminismo moderno". En ese apartado distingue entre las raíces ilustradas y la Revolución Francesa (que corresponden a los siglos XVII y XVIII), el denominado feminismo decimonónico en el que destaca el movimiento sufragista (sobre todo el inglés y estadounidense), el feminismo socialista (centrado en figuras como Charles Fourrier y Flora Tristán), el marxista (que surge a partir de los escritos de Friedrich Engels y toma relevancia con Alejandra Kollontai), cerrando el apartado con el feminismo anarquista (representado, fundamentalmente, por la activista Clara Zetkin). En el tercer y último apartado presenta al feminismo contemporáneo. Distingue al que denomina neofeminismo de los años sesenta y setenta, destacando figuras como la socióloga liberal Betty Friedan, para dar cuenta a continuación de los movimientos radicales en EE.UU., con feministas políticas y activistas. Ese amplio movimiento se produjo a la par que el denominado "feminismo socialista" estadounidense o la nueva alianza de los feminismos y los movimientos por los derechos civiles de la población de color, en especial contra las políticas de Douglas MacArthur. De Miguel dedica un apartado para el feminismo en la España postfranquista y una breve referencia a los feminismos de la

---

47   de Miguel, Ana, "Feminismos", en Amorós, Celia (dir.) *Diez palabras clave sobre mujer*, Pamplona, Verbo Divino, 1995, pp. 217-255.

diferencia, en especial el francés y el italiano. Bajo el rubro de "Últimas tendencias" menciona el feminismo estadounidense postfundacionalista de Judith Butler.

Por nuestra parte, haremos en primer término una presentación conjunta de las filósofas de la Antigüedad, a los efectos de mostrar que, si bien las hubo, las dificultades para acceder a sus trabajos exceden los objetivos de esta introducción, y nos centraremos, luego, en Hildegarda de Bingen y Oliva Sabuco a las que pondremos en diálogo con Ana Comnene. Dedicaremos un capítulo a pensadoras que, por diversas circunstancias, están ubicadas en el frágil límite entre filosofía y literatura, como Christine de Pizán, María de Zayas y Juana Inés de la Cruz. En el capítulo siguiente nos ocuparemos de la Vizcondesa Anna de Conway y a continuación de la obra de Émile de Chatelet, enmarcada en los debates de los Salones. Cerraremos el siglo XIX con un capítulo dedicado a Mary Wollstonecraft y su obra, para abrir el siglo XX con los escritos de Alejandra Kollontai.

Nos interesa dejar constancia de la activa presencia en Argentina de un fuerte movimiento de mujeres desde finales del siglo XIX, pero nos centraremos solo en la filósofa Elvira López. Tras la Segunda Guerra Mundial, y concedido el voto a las mujeres en la mayor parte de los países occidentales, el replanteo de que ese logro más que un punto de llegada lo era de partida, se lo debemos a Simone de Beauvoir, a quien le dedicaremos el capítulo siguiente, vinculándola además con algunas otras pensadoras de su época, como, por ejemplo, Simone Weil. En paralelo, no podemos menos que dedicar un capítulo a la obra de Hannah Arendt. En la misma época, pero en el Reino Unido, desarrolló sus actividades una de las lógicas más importantes del siglo XX, Elizabeth Anscombe. Luego repasaremos algunos desarrollos del feminismo en la España postfranquista, centrándome en la figura de Cèlia Amorós, y su influencia en el pensamiento hispanoparlante americano. En la década de los sesenta, como una voz solitaria, Lucía Piossek defiende desde Tucumán, en nuestro país, la reflexión filosófica de las mujeres. En México, se destaca la figura de Graciela Hierro, cuya influencia en las filósofas feministas postdictadura de nuestro país debemos destacar. Cerramos el volumen con tres capítulos referidos nuevamente a filósofas estadounidenses, de gran presencia en nuestro país: Nancy Fraser, Seyla Benhabib y Judith Butler.

Sabemos que no agotamos la extraordinaria lista de filósofas ni actuales, ni históricas; pero son los límites que nos impone nuestro conocimiento sobre el tema, por un lado, y la extensión de este libro, por otro. Esperamos incentivar la curiosidad de nuestros lectores y lectoras y estimularlos para que sigan profundizando en esta línea de investigación.

CAPÍTULO 1

FILÓSOFAS EN LA ANTIGÜEDAD CLÁSICA

Gilles Ménage (1613-1692), latinista, filólogo y gramático de extensa fama, publicó la primera edición de su *Historia de las Mujeres Filósofas*, en Lyon, 1690, dedicada a Mme. Anne Le Fèbvre Dacier "la más sabia de las mujeres actuales y del pasado", traductora y editora responsable de las obras clásicas "para uso del delfín", el futuro Luis XV de Francia.[48] Se dice que Ménage escribió esa obra para satisfacer tres objetivos: por un lado, tomar posición en defensa de la capacidad de las mujeres de alcanzar la "sabiduría" (y en contra de comediantes que, como Molière (1622-1673), las ridiculizaban); por otro lado, honrar a sus discípulas y amigas de los Salones, en especial a Mme. de Sévigné y a Mme de La Fayette y, por último, escribiendo en latín (no en francés), influir en los eruditos de la época para predisponerlos a favor de reconocer los vastos conocimientos que eran capaces de adquirir las mujeres.

Sea como fuere, en esa primera edición consignó sesenta y cinco sabias y filósofas clásicas, agregando algunas más en su

---

48   Ménage, Gilles, *Historia mulierum philosopharum*, Trad. del latín de Mercé Otero Vidal, Introducción y notas de Rosa Rius Gatell, *Historia de las Mujeres Filósofas*, Barcelona, Herder, 2009.

edición de 1692. Según declara Ménage en su introducción, se sirvió de sus conocimientos de griego y de latín para rastrear y encontrar en las fuentes, los léxicos y las bibliotecas a "las mujeres [que] cultivaban la filosofía".[49] Según Rosa Rius Gatell, los criterios que utilizó para seleccionarlas fueron los siguientes: si la mujer fue llamada filósofa o sabia ya en la Antigüedad (como Diotima, por ejemplo, a quien Platón hace maestra de Sócrates en cuestiones amorosas, aunque su existencia real sea altamente dudosa);[50] si tuvo vínculos familiares, fue amiga o discípula de un filósofo reconocido (como Teano, esposa de Pitágoras); si llevó a cabo alguna actividad vinculada a la filosofía (como Hipatia, de quien se sabe que fue directora de la Academia en Alejandría).[51]

Para la redacción de la obra, Ménage tomó como modelo las *Vidas de filósofos ilustres* de Diógenes Laercio (s° II-III d.C.).[52] Esto significa que no debemos entender "historia" en un sentido contemporáneo sino, por el contrario, como un relato de aspectos más anecdóticos que teóricos. El esquema general de Diógenes Laercio, que sigue nuestro filólogo, es indicar filiación o pertenencia a escuela, siglo u acontecimiento histórico de referencia, ciudad de origen o de actuación destacada, alguna anécdota del filósofo que ponga de relieve sus cualidades más relevantes y poco más. En ocasiones se

---

49   Ménage, *op. cit.*, pp. 33; 45. Cf. también, Meyer, Úrsula y Bennet-Vahle, Heidemarie, (comps.) *Philosophinnen Lexicon*, Berlín, ein-Fach-Verlang, 1994; Didier, Béatrice, Fouque, Antoinette, Calle-Gruber, Mirelle, *Le Dictionnaire universel des Créatrices*, París, Des femmes, 2013, 3 volúmenes.

50   Platón, *Banquete*, 208d8 "y bien sapientísima Diotima ¿es esto así en verdad?". También, Waithe, *op.cit.*, pp. 83-116; Wider, Katheleen, "Women Philosophers in the Ancient Greek World: Donning the Mantle", *Hypatia* 1,1, 1986, pp. 21-62.

51   Ménage, *op.cit.*, pp. 78-84; González Suárez, Amalia, *Hipatia*, Madrid, Ediciones del Orto, 2002.

52   Diógenes Laercio, *Vitae Philosophorum* en García Gual, Carlos, "Introducción, traducción y notas" a Diógenes Laercio, *Vidas de filósofos ilustres*, Madrid, Alianza, 2007.

consigna seguidores o detractores notables. Este esquema hace que, leídos hoy, tanto una como la otra obra nos parezcan poco rigurosas y hasta carentes de aquello que más nos interesaría leer: las teorías, posturas filosóficas y los debates argumentales, en especial en el caso de las mujeres sabias consignadas, de las que poco se sabe.

Precisamente Mary E. Waithe apunta a esta carencia cuando consigna los pocos fragmentos que han quedado, siempre de segundas o terceras fuentes, de las filósofas en cuestión. Además, denuncia que, ya en la Antigüedad, se utilizaron diferentes criterios para distinguir filósofos y filósofas. Waithe se pregunta: ¿qué criterios se deberían utilizar para identificar qué trabajos de mujeres son *realmente* filosóficos?[53] Según nuestra investigadora, comentando la tarea que se había propuesto desarrollar a colegas varones, estos consideraron que muchos de los textos que había hallado (toma como ejemplo textos de filósofas pitagóricas) carecían de interés filosófico en tanto trataban "cuestiones de economía doméstica". Con agudeza, Waithe inscribe esos textos en el marco del concepto pitagórico de "armonía" y muestra cómo microcosmos (el hogar-*oíkós*) y macrocosmos (la ciudad - *pólis*) se complementaban. A partir de ahí, argumenta cómo el interés de los textos de Teano (*ca.* 600 a.C.) desarrollan lo que actualmente denominaríamos una filosofía de la educación; una psicología del desarrollo moral y una teoría de las obligaciones familiares y de la responsabilidad respecto de las generaciones más jóvenes. ¿Recoge acaso Platón en su famosa *República* textos como estos para plantear el problema de la educación de los jóvenes, en general, y de los futuros gobernantes, en particular?

Dejemos abierta la pregunta. No nos interesa, por cierto, enumerar las sesenta y siete filósofas reconocidas en la segunda

---

53   Waithe, *op.cit.*, XI-XII.

edición de la *Historia* de Ménage sino que seleccionaremos las que —a nuestro juicio— son las más significativas, en dos sentidos: o bien porque nos han llegado textos originales filosóficamente interesantes; o bien porque su influencia e importancia se pondera en la Antigüedad y su renombre ha llegado hasta nosotros.[54]

Hiparquia, filósofa cínica

En primer término, queremos mencionar a la única filósofa que registra Diógenes Laercio en su *Vidas de filósofos ilustres*, Hiparquia.[55] La figura de la cínica Hiparquia (aproximadamente 300 a.C.), encarna el rechazo a todo convencionalismo, unido a un gran sentido del humor.[56] De ella dice Diógenes que era nativa de Maronea, en la costa del mar Egeo; actualmente situada en la periferia de Macedonia Oriental y Tracia (Grecia). También señala que "quedó prendada" de las palabras, las doctrinas y el modo de vida de Crates cínico, con quien se casó, sin prestar atención a ninguno de sus pretendientes, ni a su riqueza, ni a su nobleza, ni a su hermosura, pues "Crates lo era todo para ella". Incluso, continúa Diógenes Laercio, llegó a amenazar a sus padres con quitarse la vida, si no le permitían casarse con él. Crates, a quien los padres de la muchacha llamaron para que la disuadiese, hizo todo cuanto

---

54 Para una presentación general de la situación de las mujeres en la Grecia Clásica, cf. García Gual, Carlos, *Audacias femeninas*, Madrid, Nerea, 1991, pp. 11-24; Madrid, Mercedes, *La misoginia en Grecia*, Madrid, 1999.

55 Diógenes Laercio, *op.cit.*, VI 96-98.

56 La revista *Hiparquia* transcribe el texto de Diógenes Laercio en la portadilla de todas sus ediciones, p. 2. Cf. Repositorio de la Facultad de Humanidades y Ciencias de la Educación, UNLP, Disponible en: https://www.google.com/search?source=hp&ei=qPIxXJH0BsiTwgTg3rjQDg&q=hiparquia+fahce+repositorio&oq=Hiparquia&gs_l=psy-ab.1.1.35i39l2j0l8.1054.2653..5495...0.0..0.89.722.10......0....1..gws-wiz.....0..0i131j0i10.3BXZpvxGlrw

pudo; incluso, como no lograba persuadirla, se puso de pie y se despojó de sus ropas frente a ella, diciéndole: "He aquí el novio, éstos son sus bienes; piensa bien en ello, pues no serás mi compañera si no tomas mis mismos hábitos". Y continúa Diógenes: "Escogió la muchacha y adoptó las mismas maneras; andaba a todas partes con su esposo, con él se unía en público y asistía a los festines". Cuenta también Diógenes, que un día fue a un banquete en casa de Lisímaco, y rebatió allí a Teodoro, de sobrenombre "el ateo", quien la criticaba ácidamente. Le propuso el siguiente sofisma: «Lo que no podría considerarse una falta si lo hiciera Teodoro, tampoco podría considerarse una falta si lo hiciera Hiparquia. Ahora bien, si Teodoro se golpea a sí mismo, no comete falta. En consecuencia, tampoco Hiparquia comete una falta al golpear a Teodoro».[57] Teodoro no respondió pero le levantó el vestido, y le dijo: "Es esta la que dejó la lanzadera en el telar?". Sin inmutarse, Hiparquia le respondió: "Soy yo, Teodoro, pero ¿crees tú que no he tomado una buena decisión al dedicar a mi educación el tiempo que iba a perder en el telar?".[58] Diógenes Laercio concluye: "Esta y otras innumerables historias se cuentan de la filósofa".

Las anécdotas que consigna Diógenes sobre Hiparquia deben leerse más allá del mero relato anecdótico: la determinación, el carácter independiente y la clara afirmación de sí, hacen que Hiparquia desafíe las convenciones para elegir ella misma con quién casarse, qué tipo de vida llevar, y además enfrentar en una suerte de "silogismo práctico", a Teodoro, que la trataba con desprecio, rechazando claramente su forma de vida. La referencia al telar —tarea propia de las mujeres, paradigmáticamente representadas por

---

57   *Ibidem.*
58   *Ibidem.*

Penélope, quien sumisamente teje y desteje mientras espera que Ulises regrese a Ítaca–, muestra el valor que le concedió a su propia educación. Ménage transcribe también un epigrama de Antípatro (s° II a.C) dedicado a Hiparquia, que tituló[59] "A las mujeres":

Yo, Hiparquia, no seguí las costumbres del sexo femenino, sino que, con corazón varonil, seguí a los fuertes perros. No me gustó el manto sujeto con la fíbula, ni el pie calzado y mi cinta se olvidó el perfume. Voy descalza, con un bastón, un vestido me cubre los miembros y tengo a la dura tierra en vez de lecho. Soy dueña de mi vida para saber tanto y más que las ménades para cazar.

Nuevamente Antípatro destaca la autonomía y la independencia de Hiparquia, del mismo modo que subraya el valor que le confiriera al conocimiento. Contrariamente a la crítica de Teodoro, valora también el hecho de que para ella la filosofía es más una forma de vida que una teoría, característica que guarda en común con "los perros", es decir, los filósofos cínicos conocidos como pertenecientes a "la secta del perro".[60] Como se sabe, el Cinismo fue un movimiento amplio que negó los valores de una civilización en crisis, denunciando la falta de libertad auténtica y reivindicando la autonomía del individuo frente a la familia, la ciudad y la moral del compromiso. Hostiles a todas las convenciones, utilizaron un humor corrosivo, satírico, y la desvergüenza como armas para ejercer su crítica, tal como lo señala García

---

59   *Op. cit.*, p. 96; Waithe, *op.cit.*, pp. 207-208, quien consigna otras fuentes que repiten las mismas anécdotas; Didier, *et alii. op. cit.*, vol. 2, p. 1192; Meyer, *op.cit.*, p. 174.

60   García Gual, Carlos, *La secta del perro*, Madrid Alianza, 1987.

Gual.[61] Todas esas características quedan perfectamente reflejadas en el retrato que Diógenes hace de Hiparquia. Que Antípatro haya exhortado indirectamente a todas las mujeres a que le den prioridad a su educación y opten más que por las convenciones, por una forma de vida "filosófica", no es un dato menor.

2. Las pitagóricas

La lista de filósofas pitagóricas que presenta Ménage (veintisiete nombres) es sin duda la más extensa, e incluye a la ya mencionada Teano, esposa de Pitágoras.[62] Nuestro filólogo se demora en eruditas comparaciones de fuentes y pone de relieve la precariedad de los datos que rodean las obras de las mujeres y los prejuicios que las acompañan. A modo de ejemplo, menciona el asombro que causó tan extensa lista de pitagóricas, acreditada por fuentes cruzadas y confiables, dado que, y cito:

> … siendo que los pitagóricos guardaban silencio durante cinco años y no les era permitido divulgar los muchos secretos que tenían, y siendo que la mayoría de las mujeres son habladoras y apenas pueden guardar un secreto.[63]

Quedan a la vista los prejuicios según los cuales las mujeres no podían ser pitagóricas. Por su parte, con criterio cronológico, Waithe distingue dos grupos de pitagóricas: las antiguas (Temistoclea, vinculada a Pitágoras, que también aparece como Teoclea o Aristoclea, Teano, Arignote, Mía y Damo) y las tardías (Aesata

---

61 *Ibidem.*
62 Ménage, *op. cit.*, pp. 109-136.
63 *Idem*, p. 109.

o Sara de Lucania, Fintis de Esparta y Perictione Primera); en todos los casos las grafías sufren alteraciones.[64]

Respecto de las pitagóricas antiguas, Waithe recoge la versión de Diógenes Laercio que hace de Temistoclea una sacerdotisa del templo de Delfos, iniciadora de Pitágoras en la sabiduría. Otros la consideran su hermana mayor, pero también la responsable de iniciarlo en la filosofía. Ménage, con buen criterio, recuerda la tradición antigua que señalaba a algún dios, templo u oráculo como responsable de la sabiduría de los filósofos o sabios, en calidad de don de los dioses.[65]

Por su parte, Teano de Crotona (VI a.C.), la más famosa de las pitagóricas según Porfirio, "descubrió las circunvoluciones y enlaces de las líneas geométricas y calculó la esfera de éter que rodeaba el mundo y todas las cosas".[66] Ahora bien, mientras que Waithe distingue a dos mujeres de nombre Teano, que denomina Teano I y Teano II; Ménage, por su parte, reconoce una Teano, como esposa de Pitágoras y otra Teano, como esposa de Brontino (IV o III a C.). Se conserva de Teano II (esposa de Brontino), un cuerpo acéfalo de siete cartas dirigidas a amigas y amigos, escritas en prosa, que fueron editadas en griego por Henri Estienne en Génova en el año de 1570, con el título de *Cartas de Teano, hija de la sabiduría pitagórica* (*Lettres de Theano, fille de la sagesse Phitagoricienne*), como apéndice a una edición de Diógenes Laercio. El resto de las

---

64 Waithe, *op. cit.*, pp. 11-74, con importantes referencias a los problemas de las Fuentes y la autenticidad de los fragmentos hallados; Didier, *op. cit.*, no recoge a la mayoría de ellas; Meyer, *op.cit.*, p. 322.

65 Waithe, *op. cit.*, p. 11; Ménage, *op. cit.*, p. 110. Jufresa, Montserrat, "¿Què és ser dona en la filosofia pitagòrica?, en Vilanova, Mercedes, (comp.) *Pensar las diferencias*, Barcelona, Universitat de Barcelona, 1994, pp. 85-93.

66 Ménage, *op. cit.*, p. 112; Waithe, *op.cit.,* pp. 12-15; Guriérrez, Mercedes, Jufresa, Montserrat, Mier, Cristina y Pardo, Felix, "Teano de Crotona", *Enrahonar*, 26, 1996, pp. 95-108. Estos estudiosos mencionan una sola Teano, que sería esposa de Pitágoras.

cartas, encontradas en un manuscrito de la Biblioteca Apostólica Vaticana, fueron publicadas en 1630, en griego, como apéndice de *Vida de Pitágoras* de Porfirio por Lucas Holbstein.[67] En ellas se tratan cuestiones filosóficas; por ejemplo, la objeción de que las "cosas materiales" no podían derivar de los números (ser generadas por los números), como sostenían los pitagóricos, ya que estos no son corpóreos y carecen de peso, color y materia, argumento que siglos más tarde esgrimió Aristóteles contra Platón sin que, al parecer, conociera el argumento de Teano.[68] En la carta a Ébule, por ejemplo, Teano retoma el tema de la armonía del hogar, la fidelidad al esposo y la crianza de los hijos en la moderación y el equilibrio de carácter, lejos de la vida licenciosa y placentera; tema recurrente en los textos que restan de la mayoría de las pitagóricas. Estobeo le atribuye también haber escrito una obra *Sobre la piedad*.[69]

Entre las pitagóricas tardías, la mayor parte de los testimonios remiten a Perictione, y como los léxicos antiguos consignan también dos pitagóricas de ese nombre, Waithe las distingue como Perictione I y II.[70] Asimismo, hay dos documentos atribuidos a Perictione bajo los títulos de *Sobre la armonía de las mujeres* y *Sobre la sabiduría*, que respectivamente corresponden –según Waithe– a cada una de las mencionadas pitagóricas. Dado que la madre de Platón se llamaba Perictione, hay una fuerte tendencia a asimilarla a Perictione I, a pesar que de que no hay pruebas conclusivas al respecto hasta el día de hoy.[71] Los trabajos de ambas Perictione responden a épocas diferentes y están escritos en griego jónico y

---

67   Gutiérrez, *et alii*, *op.cit.*, p. 97.
68   Waithe, *op. cit.*, p. 13; Gutiérrez, *et alii*, *op.cit.*, p. 103.
69   Ménage, *op. cit.*, p. 115.
70   Waithe, *op. cit.*, pp. 5; 32-39; Meyer, *op.cit.*, p. 253.
71   Ménage, *op. cit.*, p. 132; Waithe, *op. cit.*, p. 32.

dórico respectivamente. La primera obra, probablemente del siglo IV o III a.C., trata de las responsabilidades de las mujeres en el hogar, el matrimonio y para con sus padres e hijos, temas que hoy identificamos como ética del cuidado, y revisan la noción de armonía del microcosmos, cuestión como vemos recurrente. La segunda, datada en el siglo III o II a.C., ofrece una definición filosófica de "sabiduría" y argumenta a favor de que las mujeres se dediquen a la filosofía, y las ventajas que ello conlleva. Pues, "contemplar" (hacer teoría), analizar y examinar son las funciones fundamentales de los seres humanos.[72] Los seres humanos vienen al mundo para contemplar el orden armónico de la naturaleza como un todo; la geometría, la aritmética y todas las demás ciencias contribuyen a alcanzar la sabiduría que abarca todo lo visible y todo lo audible. Algunos atributos de las cosas son compartidos universalmente, otros solo los tiene cada individuo. Por eso es propio de la sabiduría ver y contemplar los atributos que pertenecen universalmente a todas las cosas y los que solo pertenecen a algunas. Es propio de la filosofía lo primero y de las ciencias naturales ocuparse de lo particular. Incluso algunos saberes se ocupan de lo individual.[73] Entonces la "armonía" es el principio de todas las cosas que son, incluyendo la geometría y la aritmética, la música y el cosmos. Por eso, las mujeres que entienden sobre las relaciones en la *oikía* (casa-hogar), la fidelidad, la crianza, la piedad respecto de los padres, la religión y los deberes públicos, por un lado, y la naturaleza del alma, por el otro, son mejores en tanto actúan conforme a ese principio; porque al contemplar y analizar la naturaleza identifican sus principios

---

72 Waithe, *op. cit.*, pp. 55-57; Plant, Ian M., *Women Writers of Ancient Greece and Rome: An Anthology*, University of Oklahoma Press, 2004, pp. 76-77.

73 Waithe, *op. cit.*, p. 56.

normativos, matemáticos, metafísicos y estéticos.[74] La armonía es pues un principio metafísico, matemático y estético de todas las cosas que son, es una ley de la justicia y de la psicología humana.[75] Sobre estas bases, tanto Teano II, como Fintis (III a.C.) construyeron lo que Waithe denomina una "ética práctica", más que un desarrollo teórico, entendiendo a la filosofía como una forma de vida.

3. Estoicas romanas

Ménage consigna un número interesante de estoicas romanas.[76] Entre ellas menciona a Porcia, segunda esposa de Brutus, que se suicidó después del trágico asesinato de Julio César (siglo I a.C.) del que participó su marido. En este caso la fuente es la *Vida de Brutus* de Plutarco. Menciona también a Arria mayor, cuya referencia en las *Cartas* de Plinio el Joven la vinculan a su suicidio, su hija Arria menor, Fania, nieta de la primera, las tres activas durante el mandato del emperador Claudio.[77] Las referencias sugieren que adhirieron a las enseñanzas estoicas, y el relato de sus respectivos suicidios confirma al menos su vínculo con esa Escuela. Para los estoicos, el suicidio era una decisión individual y racional, si la persona no estaba afectada por la influencia de la "melancolía" (es decir, en la teoría de los humores, el predominio de la bilis negra).[78] En opinión de Séneca (siglo I d.C.), por ejemplo, el suicidio es la

---

74   Waithe, *ibidem*.

75   Waithe, *op. cit.*, p. 57.

76   Ménage, *op. cit.*, pp. 105-107; Waithe no las menciona.

77   Meyer-Bennet-Vahle, *op. cit.*, p.129.

78   Rist, J. M., *La filosofía estoica*, Barcelona, Crítica, 1995, pp. 27, 139-140, 240, 164.

expresión última de lo que está dentro de las propias capacidades y la libertad última de la voluntad humana.[79]

Por último, Ménage menciona a Teófila (IV-III a.C.), filósofa y poeta, a la que también vincula a los epicúreos sobre la base de las referencias "al jardín" de Marcial en sus *Epigramas*.[80] En efecto, como se sabe, los filósofos epicúreos denominaban "Jardín" a un lugar tranquilo, alejado del bullicio de la urbe, en el que tenían lugar sus charlas, convivencias, celebraciones y debates. Los epicúreos, al igual que los estoicos, admitían personas de todas las clases sociales, mujeres y hasta esclavos, lo que no era habitual en otras escuelas de filosofía. Waithe no recoge a ninguna de estas filósofas, pero todas ellas figuran en el léxico de Meyer-Bennet-Vahle.

4. Escuelas eclécticas

Entre las filósofas de "escuela incierta", Ménage incluye, entre otras, a Cleobulina de Rodas (siglos VI-V a. C.),[81] también llamada Eumetis, eximia creadora de enigmas y composiciones que propiciaban, mediante el juego y el ocultamiento de lo evidente, el conocimiento de sí y del mundo. Aristóteles la ubica entre los retóricos, refiriéndose a sus acertijos en *Poética*, 1458ª y en *Retórica*, 1405b. El *Banquete de los siete sabios* de Plutarco aporta un testimonio importante debido a la complejidad de la representación que se hace de ella, a quien asocia a la tradición del enigma, del saber gnómico y de la fábula. Desprovistos de contexto, llegaron hasta nuestros días tres de sus enigmas: el de la ventosa,

---

79   Séneca, *Epístolas*, 70.16; Rist, *op.cit.*, 140.

80   Ménage, *op.cit.*, pp. 103-104; Sierra González, Ángela, "Las mujeres como sujetos de conocimiento en Epicuro", *Laguna*, 20, 2002, pp. 121-131.

81   Ménage, *op.cit.*, pp. 47-53; Waithe, *op. cit.*, pp. 206-207.

el del buen ladrón y el de la flauta.[82] Acertijos que parecen haber sido excusa y vehículo para mantener vivos, mediante el ejercicio de la memoria y de algunos juegos de palabras, conocimientos gnómicos. Los testimonios sobre su figura y su labor permiten repensar el lugar de las mujeres en la tradición intelectual griega incorporando, como señala Ian Plant, los textos de las mujeres.[83]

En esta categoría, Ménage incluye también a Aspasia de Mileto (ca. 470-410 a. C.), segunda esposa de Pericles, de origen Tracio.[84] De Aspasia tenemos referencias de que se la conocía como retórica y miembro del círculo de filósofos que rodeaban a Pericles. Platón, en el *Menéxeno*, la toma como modelo de discurso retórico. Ese diálogo es un epitafio o discurso fúnebre enmarcado en dos partes dialogadas, que sirven de preámbulo y epílogo, entre Sócrates y el joven Menéxeno interesado por la retórica.[85] De modo irónico, Sócrates ensambla distintos discursos atribuidos a Aspasia, para desmitificar ante el joven Menéxeno la tarea del orador. Diálogo altamente controvertido, el *Menéxeno*, a pesar de su brevedad, hace acopio de exageraciones, anacronismos y errores, probablemente para desprestigiar la tarea de los retóricos en general (cosa que Platón hace también en otros diálogos, como el *Gorgias*), y los discursos de Aspasia, en particular. En el *Menéxeno*, las observaciones filosóficas son marginales y carecen de la solidez que presentan en otros diálogos; además, no guarda

---

82   Gardella, Mariana y Juliá, Victoria, *El enigma de Cleobulina*, Buenos Aires, Teseo, 2018; Capellà i Soler, Margalida, *Poetes gregues antigues*, Barcelona, Publicacions de l'Abadia de Montserrat, 2004, pp. 42-45.

83   Plant, *op.cit.* Introduction.

84   González Suárez, Amalia, *Aspasia*, Madrid, Ediciones del Orto, 1997; Waithe, *op.cit.*, pp. 9, 75-81, 83, 92-93, 105, 108, 126; Ménage, *op.cit.*, pp. 49-53; Didier, *op.cit.*, vol.1, p. 292; Meyer-Bennet-Vahle, *op. cit.*, p.31.

85   Acosta, E., "Introducción al Menéxeno", en Platón, *Diálogos II*, Madrid, Gredos, 1983, pp. 149-150; González Suárez, *op.cit.*, pp. 39-46.

el esquema característico de los discursos fúnebres. Por su parte, Waithe, basada en fuentes antiguas, considera que había unanimidad respecto de la calidad de los discursos de Aspasia, su estilo y la profundidad de sus sentencias; por eso, desvía la atención de los ataques que padecía a los detractores de Pericles.[86]

Las razones por las que Aspasia casi desapareció de la historia de la filosofía y de la retórica, como sugiere González Suárez siguiendo a Cheree Carlson, son las comunes a toda la producción de mujeres y específicas de su figura. Entre las primeras, sabemos que era muy difícil que se tomaran en serio los textos de las mujeres, razón por la cual, en el mejor de los casos, se las registraba como miembros de una escuela, se consignaban solamente las ideas más afines a ella, no se marcaban sus disidencias críticas por considerárseles particularmente irrelevantes y, por lo general, no se transmitían (copiaban) sus obras, hallándose hoy la mayoría de ellas perdidas o incompletas.

Respecto del caso particular de Aspasia, fue blanco de las críticas indirectas a Pericles. Inválidos como sabemos que son los argumentos *ad hominem*, las críticas a su persona dividían aguas en Atenas. Mientras que se atribuye a Eurípides haber escrito una obra titulada *Melanipa, la filósofa*, en la que se dibuja la figura de Aspasia como una mujer fuerte, valiente, inteligente y de alma indómita, se atribuye a Aristófanes, a partir de las mismas cualidades, una imagen descalificada de la misma.[87] Aspasia fue llevada a juicio por impiedad, acusada de proporcionar mujeres a su esposo Pericles para fines eróticos, según cuenta Plutarco, recogiendo testimonios de Antístenes. Ese juicio, como los llevados a cabo contra el filósofo Anaxágoras y el escultor Fidias, se

---

86   Waithe, *op.cit.*, pp. 77-78.

87   González Suárez, *op.cit.*, pp. 58-60. Auffret, Séverine, *Mélanippe la philosophe*, Paris, Des Femmes, 1987.

inscribieron en el fuerte movimiento de oposición a las políticas democráticas de Pericles, y aunque Aspasia fuera exonerada, su reputación se dañó severamente.[88]

Debemos sumar a todo eso un conjunto de prejuicios, algunos de los cuales llegan hasta nuestros días. Tanto fue así que Dionisio de Halicarnaso (I a. C.), por ejemplo, para ilustrar la distancia que mediaba entre la retórica ática y la asiática apelaba a la diferencia entre una mujer casta y una hetaira, en remota alusión a la asociación de Aspasia a los burdeles donde se decía que había aprendido y enseñado retórica antes de asociarse con Pericles.[89] Tucídides, por su parte, la considera instigadora del desencadenamiento de la guerra del Peloponeso, como Helena lo había sido de la guerra de Troya. Sobre la base de textos de Aristófanes, que convirtieron el problema del uso de los puertos de Atenas por los megarenses, más que en una cuestión comercial y de tráfico de granos, en un problema vinculado a los prostíbulos del Pireo, el puerto de Atenas, de los que se decía que Aspasia era dueña, consejera o responsable, Tucídides desacredita su figura como retórica y filósofa.[90]

Basándose en tradiciones antiguas habitualmente no consideradas, Madeleine M. Henry —cuyo libro *Prisionera de la Historia* es el primer estudio detallado de la vida y la obra de Aspasia— recoge no solo el retrato peyorativo que se hizo de ella sino, sobre

---

88   González Suárez, *op.cit.*, pp. 68-69; Gastaldi, Silvia, "Reputazione delle donne e carriere degli uomini in Atene. Opinione pubblica, legislazione politica e pratica giudiziaria", *Storia delle donne*, 6/7, 2010/11, pp. 63-88; Montuori, Carolina, "Aspasia e la libertà delle donne nell'Atene classica", *Altmarius, Cultura e spiritualitate*, 3 aprile 2018.

89   González Suárez, *op.cit.*, pp. 23-24; Carlson, Cheree, "Aspasia of Miletus: How one Woman desappeared from the History of Rhetoric", *Women's Studies in Communication*, 1994, pp. 26-44.

90   González Suárez, *op.cit.*, p. 56.

todo, las controversias que se suscitaron a partir de su defensa política del proyecto democrático de Pericles.[91] Atada más a los prejuicios que a su filosofía, habría que esperar hasta el siglo XI de nuestra era, para que se viera reivindicada por Heloísa (1098-1164), quien puso de manifiesto –en el marco de los prejuicios que rodearon sus relaciones con Abelardo– que Aspasia había sido desacreditada por haberse destacado actuando, pensando y ejerciendo su libertad, aun en cuestiones de orden sexual.[92]

En Roma, las opiniones sobre las mujeres cultas también fueron controversiales y el tema de su educación fuente de sentimientos encontrados que iban de la admiración al disgusto y la retracción.[93] En ese marco, una figura singular fue Julia Domna (170-217 de la era actual).[94] Segunda esposa del emperador Septimio Severo, madre del emperador Marco Aurelio Antonino, conocido como Caracalla, ocupó transitoriamente el trono de emperatriz, pero aparentemente presionada por las habladurías, abandonó la vida pública refugiándose en la filosofía.[95] Ménage recoge de la *Historia Romana* de Dión Casio que se la consigne como filósofa, se la describa rodeada de sofistas, cercana al médico Galeno y experta en la filosofía de Filóstrato, quien había escrito precisamente una *Vida de los Sofistas*. Como ha sucedido con la obra de muchas estudiosas,

---

91 Henry, Madeleine M., *Prisoner of History: Aspasia of Miletus and Her Biographical Tradition*, Oxford University Press, 1995 en Didier, *ibidem*.

92 González Suárez, *op.cit.*, pp. 88-89: Meyer, *op.cit.*, p. 165.

93 Hemelrijk, Emily A., *Matrona Docta. Educated Women in the Roman élite from Cornelia to Julia Domna*, London, Routledge, 1999. Disponible en: https://books.google.com.ar/books?id=pPwDo83kCQoC&pg=PP1&lpg=PP1&dq=Matrona+Docta&source=bl&ots=p_wwkuxnBZ&sig=3wb01Wf3NuVtA5bWYMUnJ-pRraY&hl=es-419&sa=X&ved=2ahUKEwjy0dOi4eDfAhXDCpAKHbkuDmcQ6AEwCXoECAAQAQ#v=onepage&q=Matrona%20Docta&f=false.

94 Ménage, *op.cit.*, pp. 55-58, quien se detiene en su origen sirio y en la etimología del nombre "Domna"; Didier, *op.cit.*, vol. 2, p. 2221; Meyer, *op.cit.*, p. 186.

95 Hemelrijk, *op.cit.*, p. 103.

sus escritos están dispersos, su registro es incompleto y su preservación, dudosa. Tras conocer la noticia del asesinato de su hijo Caracalla, se suicidó en Antioquía, como lo hicieron muchas estoicas.

5. La escuela neoplatónica: Hipatia de Alejandría

Ménage incluye siete filósofas platónicas entre las que se destaca la extraordinaria figura de Hipatia (¿?-415 de nuestra era).[96] Contamos con tres fechas diferentes para su nacimiento: 355, 370, 375 todas ellas sostenidas argumentativamente por diferentes estudiosos. Sí, en cambio, hay certeza sobre la fecha de su trágica muerte en marzo de 415:

> Una multitud de hombres mercenarios y feroces que no temían el castigo divino ni la venganza humana mataron a la filósofa, y así cometieron un monstruoso y atroz acto contra la patria.[97]

Esta es una de las descripciones menos virulentas; otras explican el modo en que fue arrastrada por las calles de Alejandría hasta que murió, y fue descuartizada para finalmente quemar su cuerpo. Hipatia, hija del filósofo y matemático Teano, seguidora de Plotino, fue directora de la Escuela neoplatónica de Alejandría (el Museo), desde el año 400 y hasta su muerte y cierre definitivo de la Escuela.

---

96   Ménage, *op.cit.*, pp. 78-84. Waithe, *op.cit.*, pp. 173-174; curiosamente no figura en Didier, *op.cit.*, Meyer, *op.cit.*, p. 177. Pedro Gálvez escribió una vida novelada de Hypatia, sobre la que se basó la película *Ágora* de Alejandro Amenábar, Cf. *Hypatia* Barcelona, Mondadori, 2009.

97   *Damascio*, Vida de Isidoro, citado por González Suárez, *Hipatia*, Madrid, Ediciones del Orto, 2002, p. 13; García Gual, Carlos "El asesinato de Hipatia", *Claves de razón práctica*, N° 41, 1994, pp. 61-65.

Fue filósofa, matemática, astrónoma y, sobre todo, para la tumultuosa época en que le tocó vivir, pagana. El enfrentamiento entre Orestes, cristiano tolerante de la cultura clásica y representante del poder civil, y Cirilo, representante del poder eclesiástico, también cristiano, es el trasfondo de un conjunto complejo de tumultos y revueltas. Los parabolanos, además de realizar obras de misericordia, eran guardaespaldas del Obispo de Alejandría, Cirilo. Nunca fueron numerosos, y el Códice Teodosiano de 416 (XVI, 2, 42) los restringía en Alejandría a quinientos. No obstante, actuaban activamente; las crónicas los describen como un grupo fanático, que tendía a dirimir de modo violento las tensiones vinculadas al poder civil y al eclesiástico. Los tumultos culminaron con la muerte de Hipatia, y el posterior cierre de las escuelas paganas. La mentada Biblioteca de Alejandría fue objeto de diversos saqueos, algunos incluso anteriores a la época de Hipatia, hasta que finalmente ardió completa. Etapa cruenta que marca el paso de la Edad Antigua a la medieval; de la cultura de la razón a la de la fe.[98]

De acuerdo con el léxico *Suda* —suerte de enciclopedia bizantina del siglo X, escrita en griego, de carácter histórico con más de treinta mil entradas, que trata de la historia y la cultura del mundo mediterráneo—, Hipatia fue autora de tres obras: un comentario a la *Aritmética* de Diofanto de Alejandría, un comentario a la *Sintaxis Matemática* de Ptolomeo Soter, y un comentario a *Las secciones cónicas* de Apolonio de Perga.[99] Precisamente, basada en sus estudios sobre las secciones cónicas, Hipatia negó

---

98   Waithe, *op.cit.*, p. 191; para una posición diferente, cf. Martínez, Antonio, "Hipatia: vista desde el cristianismo", *El Manifiesto*, 11 de noviembre de 2009.

99   Waithe, *op.cit.*, pp. 176-192, quien traduce varias secciones de los comentarios que nos han llegado, entre otros, a través de Sócrates Escolástico y Miguel Psellus; Gónzalez Suárez, *op.cit.*, pp. 42-54, quien incluye veintiséis fragmentos atribuidos a Hipatia, por diversas fuentes.

que la tierra girara circularmente alrededor del sol, a pesar de que la circunferencia fuera considerada la figura geométrica perfecta, y defendió en cambio que la tierra giraba en elipse alrededor del sol, estando este en uno de sus focos, como se comprobó muchos siglos después.[100]

Se conjetura que sus obras y apuntes perdidos, a los que los eruditos antiguos hacen referencia, se corresponden a sus enseñanzas e investigaciones. Su discípulo más importante, Sinesio, escribió con la aprobación de Hipatia, una obra titulada *Dion*, en defensa de la filosofía e indirectamente contra los ataques que sufría la Escuela, tratando de mostrar que la matemática y la filosofía no se oponían ni al cristianismo ni al paganismo, y que se trataba de desarrollos independientes propios de la razón humana. Sinesio murió poco antes que Hipatia, por lo que no quedó ningún discípulo avanzado encargado de la biblioteca, que finalmente junto con los papeles, apuntes e instrumentos astronómicos, fue quemada. Los restos de las obras de Hipatia atravesaron varias plumas de comentadores y detractores, y dependen de reconstrucciones posteriores altamente especializadas que aún no han concluido.

En suma, nacida en Alejandría, la comunidad intelectual más pujante de la Antigüedad tardía, comentadora crítica del universo cerrado de Ptolomeo, considerada inventora del "hidróscopo", instrumento científico para medir el peso de los líquidos, experta en Platón, en cuya filosofía se basaba para dar fundamento a sus desarrollos astronómicos y matemáticos, con parte de sus escritos aún sin analizar, Hipatia debió esperar casi quince siglos para alcanzar un más que merecido reconocimiento.[101]

---

100   Waithe, *op.cit.*, p. 184.
101   Waithe, *op.cit.*, pp. 192-193.

Anna Comnena
Bizancio. 1083 - 1148 o 1153

Hildegarda de Bingen
Sacro Imperio Romano Germánico
1097 - 1179

CAPÍTULO 2

ANNA COMNENA E HILDEGARDA DE BINGEN

Bizancio: Anna Comnena

Las vidas de Anna Comnena y de Hildegarda de Bingen se desarrollan casi en paralelo, a ambos lados de la frontera del antiguo Imperio Romano. Anna Comnena (o Comneno o Komnena) en Constantinopla, sede del Imperio Bizantino, Hildegarda de Bingen en el Sacro Imperio Romano Germánico.

Anna Comnena (1083-1148 o 1153), hija primogénita del emperador Alejo I Comneno (o Alexis Komneno) y de la emperatriz Irene Ducás (Doukás o Doukaina), fue una mujer de gran cultura, mecenas de las artes, las ciencias y la filosofía, considerada la primera gran historiadora por su obra *La Alexíada*.[102] Casada muy joven con Nicéforo Brionio, luego de varios intentos fallidos por instalarse como heredera del trono,

---

102 Ménage, *op.cit.*, p. 72; Meyer, *op.cit.*, pp. 98-99; Didier, *op.cit.*, vol. 1, pp. 170-171. Laiou, Angeliki, "Why Anna Komnene?" p. 1-4; Gouma-Petersdon, Thalia, "Gender and Power: passages to the Maternal in Anna Komnene's *Alexiad*", pp. 107-124 en Gouma-Peterson, Thalia (ed.), *Anna Komnene and her Times*, New York-London, Garland Publishing, 2000.

al fallecer Alejo I, se retiró al monasterio / convento de Kecharitomene, que había fundado Irene en 1107, según consta en manuscritos de la época.[103]

Acogida allí con su hermana Eudoxia y su madre permaneció hasta su muerte rodeada de sabios y eruditos en cultura clásica. Dedicado a Cristo Filántropo, el monasterio estaba emplazado al noroeste de Constantinopla, muy cerca de donde Juan Comneno II levantaría el famoso monasterio de Cristo Pantocrator. Tanto el documento editado por Thomas y Constantinidis Hero como el estudio de Talbot proporcionan un interesante relato de la liturgia, las obligaciones, las tareas piadosas y los hechos históricos que rodearon la fundación. De las rutinas prescriptas, se puede inferir la amplia disponibilidad de tiempo de sus internas y los beneficios de que gozaban.[104] Por eso, quizá deberíamos entender esa vida conventual como una respuesta de la época a la demanda de Virginia Woolf de "un cuarto propio".

Desde la muerte de Alejo I en 1118, Ana empleó su tiempo en la promoción de sabios y filósofos versados en filosofía clásica, porque, como ella misma dice en el Proemio de la *Alexíada*:

[…] no soy inculta en letras, sino incluso he estudiado la cultura helénica intensamente, que no me despreocupo de la retórica, que he releído bien las artes aristotélicas y los diálogos de Platón y he madurado en el comodrivium de las ciencias […][105]

---

103   Thomas, John and Constantinidis Hero, Angela, *Byzantine Monastic Foundation Documents* [extract], Washington D. C., Dumbarton Oaks Research Library & Collection, 2000, pp. 648-661.

104   *Ibidem*.

105   Comneno, Ana. *Alexíada* (Introducción, traducción y notas de Emilio Díaz Rolando), Sevilla, Universidad de Sevilla, 1989. Proemio § 2.

La tradición filosófica clásica se había recuperado con Miguel Pselles (1018–1078), su discípulo Juan Ítalos (c. 1025–después de 1082) –a quien Anna hace referencia en su *Alexíada* considerándolo un lógico notable–, y su sucesor, Teodoro de Esmirna (mitad del siglo XI- ca.1112), todos excepcionales intérpretes y comentadores de Aristóteles.[106] Ahora bien, preocupada especialmente por la retórica, la educación bizantina conservó una amplia diversidad de formas literarias para fines filosóficos, entre los que se destacaron los "comentarios exegéticos", que tipificara Alejandro de Afrodisia. Los filósofos que rodearon a Anna, la cultivaron ampliamente, destacándose Miguel de Éfeso y Eustrato de Nicea (este último discípulo de Ítalos), quienes continuaron una serie de extensos comentarios a la obra aristotélica que había iniciado la misma Anna.[107]

Si bien algunos de esos comentarios hoy están perdidos, traducidos en su época también al latín, jugaron un papel fundamental en el desarrollo y difusión de la obra aristotélica en Occidente, a partir del siglo XIII. En esos comentarios se parafrasearon debates y argumentaciones de filósofos antiguos, que solo se conocen gracias a ellos. Contribuyeron también a la cristianización de muchos textos clásicos. Incluso Eustrato, erudito en teología, participó en varios debates con los representantes de la Iglesia Latina hasta que finalmente fue condenado por herejía en 1117. Eximio conocedor de Aristóteles, defendió la utilización del silogismo en cuestiones religiosas, y comentó la

---

106   Ítalos fue condenado por la Iglesia en 1082, por utilizar el análisis filosófico y la razón para explicar cuestiones teológicas. Cf. Ierodiakonou, Katerina y Bydén, Börje "Byzantine Philosophy" en *The Stanford Encyclopedia of Philosophy*, 2018. Disponible en: https://plato.stanford.edu/entries/byzantine-philosophy/
107   *Ibidem.*

Ética Nicomaquea, y los *Primeros Analíticos*. Por su parte, Miguel de Éfeso escribió comentarios, conservados solo parcialmente, a la *Ética Nicomaquea*, la *Metafísica*, las *Refutaciones Sofísticas*, las obras biológicas y la *Política* de Aristóteles. Comentó también una obra pseudo-aristotélica, *De coloribus*.[108] Teodoro Prodromos (ca. 1100–c. 1170) continuó la tradición de los comentarios y las traducciones, escribiendo varios ensayos sobre la *Isagoge* de Porfirio. Por su parte, Nicolás de Metone (siglo 12th – ca. de 1160/66), redactó una detallada refutación a los *Elementos de Teología* y hasta Isaak Sebastokrator, el menor de los hermanos de Anna, dejó comentarios sobre Homero y Proclo. La contribución de este círculo en la preservación de las obras clásicas, como reconoce Anthony Preuss, es invalorable.[109]

Respecto de la *Alexíada*, si Nicéforo Brienio había escrito sus crónicas siguiendo el austero estilo de Jenofonte, Anna adoptó un estilo épico.[110] En efecto, continuó las crónicas iniciadas por su esposo –*Hyle Historías*– e interrumpidas a su muerte en 1137, centrándose bajo el nombre de "Alexíada" (en paralelo con "Ilíada") el relato de la carrera política y militar de su padre, desde 1069 hasta su muerte. Laiou, por ejemplo, advierte sobre el desdoblamiento entre "autora" y "héroe" (su padre, Alejo), que marca además una distancia reflexiva interrumpida por citas de Homero, referencias a Aristóteles, Heráclito u otros filósofos, y a hechos presenciados por ella misma siendo niña, lo que la aleja de

---

108   *Ibidem.*

109   Preus, Anthony, *Aristotle's and Michael of Ephesus on the movement and the progression of animals* (Translation, Commentary, and Notes), New York, Geaorge Olms, 1981. Introduction, pp. 1-25.

110   Laiou, *op.cit.*, p. 6; Díaz Rolando, Emilio, "La *Alexíada* de Ana Comnena", *Erytheia*, 9.1, 1988, pp. 23-33.

lo que en la actualidad se considera el trabajo del historiador.[111] Las opiniones expertas marcan precisamente esta cuestión: algunos ponen el acento en la parcialidad de sus opiniones, siempre en defensa de su padre, y otros ponderan su uso de fuentes clásicas, documentos, memorias y hasta relatos de soldados expedicionarios a fin de dar base "objetiva" a sus palabras.[112]

En general, se señala la influencia de Tucídides y de la historiografía antigua del mundo bizantino. Por ejemplo, Georgina Buckler registra citas de Tucídides y el paralelo correspondiente en la *Alexíada*. Para ella, según lo retoma Díaz Rolando, su influencia se ve en el uso de recursos narrativos, enumeración de causas, aforismos y descripción de movimientos bélicos, descuidando la economía y otros aspectos también históricos. Sin embargo, destaca cómo describe la "psycologia" de los personajes, aspecto en el que Anna seguiría a Plutarco. Con todo, el *Proemio*, a su criterio, sigue los rasgos estereotipados de autores clásicos como Heródoto o Tucídides.[113]

Sea como fuere, una Anna Comnena, casi anciana, escribió una historia de la que no es protagonista, pero que, a la vez, utiliza para reivindicar su frustrado derecho al trono, vía primogenitura, que ocupó su segundo hermano varón Juan, vía genealogía patriarcal, sin mayor gloria. Puede verse en esa lucha, primero explícita y luego solapada, la reivindicación de Anna a ser emperatriz *por derecho propio a pesar de ser mujer*; después de todo, el Imperio de Oriente había tenido

---

111 Laiou, *op.cit.*, p. 7; Díaz Rolando, *op.cit.*, p. 23; y Díaz Rolando, Emilio "Ana Comnena y la historiografía del período clásico: aproximación a un debate", en *Erytheia*, 13, 1992, pp. 29-44.

112 Laiou, *op.cit.*, pp. 1-7; Díaz Rolando, *op.cit.*, pp. 29-30.

113 Díaz Rolando, *op.cit.*, p. 31.

numerosas emperatrices y podía mostrarlas como antecedente. El apoyo de su madre, la educación "para el mando" que le diera su suegra, el acompañamiento de su hermana Eudoxia a la reclusión del convento, permiten conjeturar que estaba en juego algo más que la "ambición desenfrenada" de Anna: era una clara pérdida de poder de los linajes femeninos, aún cuando su capacidad superara la de su marido e incluso la del futuro sucesor del trono.[114]

El *Proemio* comienza con "Yo, Anna, hija del emperador Comneno...". Es decir, desde el inicio se identifica como autora, de cuna real ("nací en el púrpura"), y un individuo que, como advierte Díaz Rolando, está dispuesto a gobernar.[115] Precisamente Gouma-Peterson destaca esta construcción de un yo narrativo fuerte, claramente individuado, con conciencia plena de su papel en la historia y del relato que dejará a la posteridad, sobre la vida y las acciones de su padre, y a través de él, de la suya propia.[116] Sus reflexiones filosóficas muestran así una edificación de sí misma centrada en la conciencia de poseer, como vimos, una cultura esmerada y un lugar de privilegio.

Desde un punto de vista estructural, la obra está organizada en quince libros y un Proemio, sobre el que ya hemos hecho algunas observaciones. Agreguemos que reflexiona también sobre las dificultades de escribir la historia que se propone, y el problema de la objetividad y la veracidad de los acontecimientos relatados. En el libro 1 relata la juventud de Alejo y

---

114   Gouma-Petersdon, *op.cit.*, p. 117.

115   Proemio, 42; IV, 1; Díaz Rolando, *op.cit.*, p. 23. Lamentablemente "individuo" no tiene femenino.

116   Gouma-Peterson, *op.cit.*, pp. 107-108.

la denominada "revuelta de Urselio", ese "celta envalentonado" que atacó el imperio de los romanos (es decir, el imperio romano de Oriente), devastando casi todos los dominios hasta que Alejo, nombrado estratega autócrator por el emperador, le hace capitular.[117] El libro 2 comienza con un pormenorizado relato de los orígenes de Alejo, sus rasgos de carácter, su valor y habilidad en la lucha, su capacidad de negociación para valerse de los "favores del gineceo", en referencia a María de Alania, entonces emperatriz,[118] y cómo gracias a "su sagacidad" finalmente Nicéforo III abdicó a su favor.[119] Alejo fue coronado por Cosme, el Patriarca de Constantinopla, el 4 de abril de 1081, a la edad de 33 años, y el libro 3 lo muestra como *imperator*, enfrentando problemas internos con la familia Ducas. Estos finalizaron cuando "se unieron en aclamación" los nombres de Alejo e Irene (de once años de edad), concertando una boda cuya consumación se realizaría cuando ella tuviera aproximadamente quince años. Ningún comentario le merece a Anna este tipo de arreglos matrimoniales.[120] Las descripciones físicas y "psycologicas" de Anna benefician a la pareja imperial aunque siguen el patrón típico de las descripciones y metáforas clásicas. Irene es comparada con Atenea[121] y todos sus atributos físicos e intelectuales al punto de que "hasta el famoso canon de Políccleto se convertiría a todas luces en un objeto carente de gracia". Más esfuerzo

---

117   Comneno, *op.cit.,* pp. 88-89.

118   Comneno, *op.cit.,* p. 138.

119   Comneno, *op.cit.,* pp. 166-168; el relato histórico está fuertemente atravesado por citas homéricas.

120   Comneno, *op.cit.,* pp. 176-178. Otras fuentes señalan 14 años; mientras tanto Alejo vivió con su amante la princesa María Bagrationi (de Georgia), cuyo hijo fue el primer prometido de Anna.

121   Comneno, *op.cit.,* p. 181.

debió hacer para pintar satisfactoriamente a Alejo, quien "no levantaba mucho del suelo", obligándose a valorar otros aspectos, "el terrorífico resplandor de sus ojos", su mirada "terrible y delicada a la vez", su "capacidad de mando".[122]

Sea como fuere, Anna destaca que, tras varios reinados débiles, Alejo supo hacerse cargo de su autoridad imperial, deteniendo al este a los turcos y al oeste a los normandos. Los libros 4, 5 y 6 relatan la guerra de Alejo contra los normandos, incluyendo sus propias derrotas y la habilidad con que había reorganizado sus ejércitos, hasta vencerlos definitivamente en 1085, en parte, gracias a la muerte de Roberto Guiscardo debido a la peste. La descripción de Guiscardo, sus rasgos de carácter y las consideraciones médicas que consigna, permiten conjeturar que había leído a Galeno y estaba familiarizada con la medicina de su época, mucho más que con la geografía o las ciencias naturales.[123]

Anna relata también las persecuciones a las herejías cristianas y evalúa cuestiones de ortodoxia religiosa, para volver en los libros 7, 8 y 9 a desarrollar temas vinculados a las guerras, los triunfos de su padre, y la recuperación de los territorios del este. No obstante, los libros que han despertado mayor interés son el 10 y el 11, en los que relata la Primera Cruzada: una de las crisis más importantes que su padre debió enfrentar. En el Concilio de Piacenza, Alejo había pedido ayuda para detener a los Turcos Seléucidas, a resultas de lo cual el Papa Urbano II, tras el Concilio de Clemont, hizo un llamamiento a rescatar

---

122 Comneno, *op.cit.,* pp. 180-181.

123 Iommi Echeverría, Virginia, "La medicina bizantina en los siglos XI y XII a partir de la *Alexíada* de Ana Comnena", en *Byzantion Nea Hellás*, 23, 2004, pp. 1-36.

Tierra Santa. En el marco de un examen de las herejías, Anna relata vívidamente la entrada a Constantinopla de más de cien mil cruzados que, con el objetivo de recuperar Tierra Santa, avanzaron sobre su ciudad pequeña, culta y sofisticada. Su lectura es descarnada: "Las gentes simples querían ir a Tierra Santa, pero los líderes de los Cruzados, querían tomar el Imperio Bizantino" y "fue mi padre quien defendió Constantinopla negociando días y días con los Cruzados, arruinando su salud,"[124] lo que le permite nuevamente hacer algunas observaciones médicas. El final del libro 11, muestra a un Alejo nuevamente triunfante, tanto en el Asia Menor como en el Mediterráneo, tras vencer a Bohemundo, el hijo de Guiscardo. El libro 12 se ocupa de conflictos domésticos, la organización de la defensa de Occidente y de la primera invasión Normanda. El siguiente, trata de la segunda invasión Normanda, de las hábiles estratagemas de Alejo para que Bohemundo pida la paz, y con la firma del tratado de Devol (o Diabolis) en 1108, se convierta en su vasallo. Los dos últimos libros narran las postreras victorias de Alejo, el nombramiento de Juan I Comneno sucesor al trono –poniendo punto final a sus propias aspiraciones imperiales– y finalmente la muerte de Alejo.

Las opiniones sobre la *Alexíada* no pueden ser más divergentes. Por un lado, su traductor al español, Emilio Díaz Rolando, considera que "Ana Comneno no sólo ensalza a su padre con la falta del sentido histórico que supone, sino al mundo al que ella pertenece. Se erige en ponderadora de todo lo bizantino: la ortodoxia frente al cristianismo occidental y al papa de Roma,

---

124 Gouma-Peterson, *op.cit.*, p. 117; el lapso de las Cruzadas difiere, Anna indica 1097-1104.

personaje siniestro; [y] los romanos frente a los latinos." Además, respecto de su escritura, sostiene que:

La lengua en la que desea escribir su obra es un ático puro. Su defensa del purismo es extrema. Pero contaba con muchos elementos en contra. Debió emplearse a fondo en el estudio del griego antiguo, dado que la lengua que ella hablaba presentaba ya divergencias con respecto de aquél. De esa forma, recalca bien Krumbacher, lo que estudió fue una lengua extraña [...] cometiendo muchos errores.[125]

Curiosamente, Díaz Rolando recoge también otra afirmación de Krumbacher: "[...] verdaderamente, una percepción histórica de los acontecimientos no podemos esperar de nadie en el siglo XII y, mucho menos, de una mujer historiadora".[126] Sin comentarios. En el extremo opuesto, Ménage, que como dijimos también era filólogo, sostiene, citando a Zonaras, "hablaba a la manera ática, con un griego exquisito".[127] Esta opinión la comparte Marina Detoraki, quien pondera su "uso de la lengua sin vano purismo", en "una obra personal, innegablemente particular e ineludible".[128] Anna murió aproximadamente a los setenta años de edad, abrazando el monacato en su mismo lecho de muerte.[129]

---

125   Díaz Rolando, *op.cit.*, p. 27.
126   *Ibidem*.
127   Ménage, *idem*, p. 72.
128   Detoraki, Marina, "Anne Comnène", en Didier, *op.cit.*, p. 171.
129   Existe una Oración fúnebre en su homenaje. Cf. Browning, Robert, *Georgios Tornikēs: An unpublished funeral oration on Anna Comnena*, London, Trübner, 1962.

Hildegarda de Bingen

Es problemático –sostiene Elisabeth Grössmann– referirse a Hildegarda de Bingen como filósofa, aunque estuviera familiarizada con las corrientes filosóficas de su época y pudiera tomar posición activa frente a ellas. Casi de modo más preciso, deberíamos considerarla teóloga, aunque probablemente, ella misma lo negara.[130]

En efecto, sus trabajos, incluyendo sus cartas,[131] pertenecen al género de la literatura "visionaria", según los esquemas biográficos escritos poco antes de su muerte por los monjes Gottfried y Teodorico, y no es casual que eligiera ese estilo. De modo que tuvo un punto de mira teológico-filosófico del mundo, que a veces enfatiza polemizando, y otras, desafiando a los lectores con preguntas que influyeron mucho en el siglo XII.[132]

Hildegarda nació en el año 1097 y murió en 1179, en el por entonces Sacro Imperio Romano Germánico; su vida transcurrió durante casi todo el siglo XII; un siglo de gran vitalidad, colorido y bullicioso, místico y guerrero, estudioso y poético. Recorrámoslo con paso rápido y breve mirada, para encontrar

---

130 Grössmann, en Waithe, *op.cit.*, p. 27. La Academia Nacional de Ciencias ha organizado varias Jornadas dedicadas a la obra de Hildegarda de Bingen, fundamentalmente en su faz teológica.

131 Alic, Margaret, "La sibila del Rin", en *El legado de Hipatia*, México, Siglo XXI, 2014, pp. 80-96; Epiney-Burgard, Georgette y Zum Brunn, Emilie, *Mujeres Trovadoras de Dios: Una tradición silenciada de la Europa medieval*, Barcelona, Paidós, 1998, pp. 53-62; Hildegarda de Bingen, *Cartas de Hildegarda de Bingen. Epistolario Completo*, (Introducción, traducción del latín y notas de Azucena Fraboschi, Cecilia Arenatti de Palumbo y María Ester Ortiz), Buenos Aires, Miño y Dávila, 2015.

132 Waithe, *Ibidem*; Cf. también, Feldman, Christian, *Hildegarda de Bingen: una vida entre la genialidad y la fe*, Madrid, Herder, 2009.

en él a quien fuera conocida como la "Sibila del Rhin".[133] Así suele presentarse la extraordinaria figura de Hildegarda, décima hija de Hildeberto de Bermersheim y de Mechtilde de Merxheim. Hildegarda, religiosa benedictina, abadesa, música, científica, filósofa y visionaria, cuya obra es de un volumen extraordinario, aún no completamente estudiado.[134] Al año siguiente de su nacimiento "el mundo se pone en marcha" porque al llamado de Urbano II, las masas se agitan para "socorrer a sus hermanos de Oriente, para reconquistar Jerusalén, la ciudad santa."[135] En ese marco de ciudades bulliciosas, caminos que vinculan ciudades y caballeros y escuderos en busca de aventuras, se desarrolla la infancia de Hildegarda.[136] Como décima hija, sus padres la entregan a la iglesia, y confían su formación a Jutta, hija del conde de Spanheim, en 1106. Desde los tres años había tenido visiones que no podía expresar con propiedad, hasta que finalmente la recluyen en el monasterio benedictino de San Disibodo. Aproximadamente en 1115, a la edad en que la mayoría de las muchachas contraía matrimonio, Hildegarda profesó votos perpetuos recibiendo su velo del obispo Otto Bamberg.[137] Poco se sabe de las siguientes dos décadas de su vida.

---

133 Epíteto de Enrique de Langenstein recogido por Azucena A. Fraboschi en *Hildegarda de Bingen: la extraordinaria vida de una mujer extraordinaria*, Buenos Aires, UCA, 2004, p. 21; Cf. también, Meyer, *op.cit.*, pp. 171-173; Waithe, *op.cit.*, vol. 2, pp. 27-65.

134 Dronke, Peter, *Las escritoras de la Edad Media*, Barcelona, Crítica, 1995, p. 200.

135 Pernoud, Régine, *Hildegarda de Bingen, la conciencia inspirada del silgo XII*, Barcelona, Paidós, 1998, p. 13. Nótese la contrastante mirada respecto de la de Anna Comneno.

136 Fraboschi, *ibidem*.

137 Waithe, *op.cit.*, p. 28; Fraboschi, *op.cit.*, pp. 139-47; Pernoud, *op.cit.*, pp. 19-20; Epiney-Burgard, *op.cit.*, pp. 35-36.

En 1136 murió su mentora, Jutta, y su comunidad eligió a Hildegarda como *Magistra*, convirtiéndose en la responsable de la instrucción de las jóvenes novicias. Hacia 1141, comenzó a escribir la trilogía *Liber Scivias* en la que trabajó durante muchos años, alentada por el Papa Eugenio III, al que le había presentado la primera parte. Al mismo tiempo, entre 1147 y 1152, se empeñó en la construcción de su propio convento en el Monte Rupert, cerca de Bingen, independizándose así de la tutela masculina de la orden y manifestando no solo gran fortaleza al exigir además la devolución de las dotes de las monjas para proseguir con la construcción de su convento, sino también al distanciarse de los problemas políticos y teológicos involucrados.[138] Sin embargo, estos la siguieron casi hasta su muerte, ya que en 1178 desoyendo la orden de exhumar el cadáver del Caballero Anónimo, que había permitido enterrar en el suelo consagrado de su Monasterio, desacreditó su orden.[139]

En 1150, trabajó en el *Liber vitae meritorum* o *Libro de los merecimientos de la vida*.[140] Hay constancia de que, con fines píos, realizó al menos cuatro viajes, el primero, aproximadamente en 1160 y el tercero en barco. Predicó en el espacio público e incluso se atrevió a denunciar arbitrariedades eclesiásticas. Durante su tercer viaje enfrentó a los Cátaros, ignorando la clausura y el silencio prescriptos a las mujeres en general y a las monjas en particular, forzando las normas benedictinas.[141] Cinco años más tarde, fundó un segundo convento, posiblemente

138   Waithe, *op.cit.*, p. 29; Pernoud, *op.cit.*, p. 19. Fraboschi, *op.cit.*, pp. 59-65.

139   Dronke, *op.cit.*, p. 271.

140   Hildegarda de Bingen, *El libro de los merecimientos de la vida*, (Introducción, traducción del latín y notas de Azucena A. Fraboschi), Buenos Aires, Miño y Dávila, 2011; Pernoud, *op.cit.*, pp. 21-34.

141   Pernoud, *op.cit.*, pp. 99-121.

para niñas menos pudientes, en Eibingen, del que también fue su directora. Poco después comenzó el tercer volumen de su trilogía en el que trabajó, hasta poco antes de morir. Tras una larga enfermedad, falleció en su convento en 1179. Para ese entonces, recibido "el regalo de la visión divina", había alcanzado la talla de "profeta".[142]

Contrariamente a Anna Comneno, quien se presenta como una mujer culta y se construye en un yo narrativo fuerte, Hildegarda se refería a sí misma como "una mujer iletrada" y "desdichada":

Yo, desdichada y más que desdichada, en mi nombre de mujer, desde mi niñez, vi grandes maravillas, que mi lengua no podía expresar, [...] ¡Oh padre segurísimo y dulce! Escúchame a mí, tu indigna sierva, en tu bondad, a mí, que jamás desde mi niñez he vivido en seguridad.[143]

¿Por qué, si era reconocida como una mujer en muchos sentidos "excepcional"?[144] Elisabeth Grössmann –siguiendo a Alois Dempf– construye el siguiente razonamiento.[145] En *I Timoteo*, 2. 11-14, leemos:

[11] La mujer aprenda en silencio, con plena sumisión. [12] No consiento que la mujer enseñe ni domine al marido, sino que se mantenga en silencio, [13] pues el primero fue formado

---

142   Waithe, *op.cit.*, p. 31; Fraboschi, *op.cit.*, pp. 47-58.

143   Pernoud, *op.cit.*, p. 66, en carta a Bernardo de Claraval.

144   Waithe, *op.cit.*, p. 32; Epiney-Burgard, *op.cit.*, pp. 40-41; Fraboschi, *op.cit.*, pp. 32-36.

145   Waithe, *op.cit.*, pp. 33-34.

de Adán, y después Eva. [14] Y no fue Adán el seducido sino Eva, que seducida incurrió en la transgresión.

Entonces, Hildegarda, como mujer solo podría mantenerse en silencio porque no tenía autoridad legítima para atribuirse a sí misma ni capacidad para enseñar ni conocimiento que pudiera ser enseñado. Cancelada la palabra teológica y la filosófica solo le quedaba el don de la profecía; el reino de las visiones místicas, la interpretación simbólica de lo que Dempf denominó "sistema de visiones". Según lo recoge Grössmann, esas visiones no eran un "puro ver" sino relaciones calculadas, detalladas, minuciosas, no estáticas de "iluminación espiritual". [146] Es claro el esfuerzo de Dempf para comprender dentro de parámetros racionales modernos los textos de Hildegarda: la adscribe al movimiento simbolista germano —opuesto al racionalismo de Abelardo— que culminó con Joaquín de Fiore, y enmarca sus "visiones" en las numerosas referencias del Viejo y del Nuevo Testamento sobre la capacidad de las mujeres de profetizar, comparándola con Débora, la profeta, única jueza que tuvo la nación de Israel en la antigüedad. [147] La concepción que Hildegarda tiene de la mujer difiere según el tenor de la obra; así, conserva la oposición Varón = fuerza / Mujer =debilidad; pero también si resalta el pecado de Eva es para engrandecer la figura de María como redentora, y concluye: "En plena igualdad, el varón mira a la mujer y la mujer mira al varón". En sus obras de medicina, su perspectiva es más bien clínica y naturalista. [148]

---

146   Waithe, *op.cit.*, pp. 32-33; Epiney-Burgard, *op.cit.*, pp. 42-44.
147   Libro de los Jueces, IV y V; Waithe, *op.cit.*, pp. 34-35.
148   Epiney-Burgard, *op.cit.*, pp. 47-48; Fraboschi, *op.cit.*, pp. 75-76.

Escribe sus visiones sistematizándolas en tres conjuntos de escritos: *Scivias* o *Conoce los caminos del Señor*, compuesto entre 1141 y 1141; El *Liber Vitae Meritorum*, o *Libro de los méritos de la vida*, redactado entre 1158 y 1163 y, por último, el *Liber divinorum operum*, o *Libro de las obras divinas*, escrito entre 1163 y 1174. Consigna en ellos un conjunto de visiones que describe minuciosamente antes de explicarlas.[149] En el primer volumen describe y explica seis visiones, que tratan del Creador, la creación y las relaciones entre Dios, el cosmos y el hombre. El segundo registra siete visiones, y trata sobre la historia de la salvación. El tercero, más extenso, reúne trece visiones, y se centra en el Espíritu Santo para edificar, con las virtudes, el Reino de Dios, donde las últimas visiones anticipan el Juicio Final, la llegada del Anticristo y la creación de un nuevo cielo y una nueva tierra.[150]

Ahora bien, Hildegarda no solo escribe visiones místicas. En su *Libro de las obras divinas* (estrito entre 1163-1174) describe la creación como una obra de arte en términos de macrocosmos y al ser humano como un microcosmos, relación que ya habían

---

149 Waithe, *Ibidem*; Fraboschi, *op.cit.*, pp. 129-150; Hildegarda de Bingen, *op.cit.*

150 La editorial Trotta (Madrid, 1999) ofrece una traducción del *Scivias* realizada por Antonio Castro Zafra y Mónica Castro, en cuya introducción enumera y sistematiza las visiones de la siguiente manera: Primera: Visión del Señor sobre el monte santo; Destierro del Paraíso; El universo; El hombre en su tabernáculo; La Sinagoga; Los coros de los Ángeles. Segunda: La Palabra Encarnada; La Trinidad; La Iglesia; La confirmación; Las órdenes de la Iglesia; El sacrificio de Cristo y la Iglesia; La antigua serpiente. Tercera: El que en su trono está sentado; El edificio de la salvación; La torre de la premonición; La columna de la Palabra de Dios; La ira de Dios; El muro de la Antigua Alianza; La columna de la Trinidad; La columna de la salvación; La torre de la Iglesia; El Hijo del Hombre; Venida del Impío y plenitud de los tiempos; Siega y vendimia de las naciones; Cánticos de júbilo y celebración. Cf. también, Fraboschi, *op.cit.*, pp. 129-149, con descripción y comentario de cada visión, y la extensa introducción que realiza a Hildegarda, *op.cit.*, pp. 11-66.

explorado los filósofos clásicos y que encontramos también en Anna Comnena.

Sin embargo, dos conjuntos de piezas llaman poderosamente la atención de la crítica actual: sus obras sobre lo que podría denominarse la "filosofía natural" y sus composiciones musicales. Formando parte del primer conjunto, puede incluirse la *Physica* o *Historia Natural*, conocida también como *Libro de la medicina sencilla*, donde describe los vegetales, animales y minerales que contribuyen a la salud del hombre; es decir, es un texto en general de herboristería. En su *Causae et Curae* (o *Libro de las Causas y los Remedios*), conocido también como *Liber Compositae Medicinae* o *Libro de la medicina compleja*, estudia las causas de las enfermedades, el funcionamiento interno del cuerpo humano y la aplicación de posibles remedios.[151]

El conjunto de sus obras musicales y sus poemarios abarca *Synphonia Armonie celestium revelacionum* (*La sinfonía de la armonía de las revelaciones celestiales*), escritas entre 1140 y 1150, que incluye unas setenta y siete piezas musicales, un coro y un auto sacramental.[152] A ello debemos agregar su correspondencia, que como informa Dronke, comprende más de trescientas cartas, muchas de las cuales aún no han sido estudiadas. Dirigidas a emperadores, como Conrado III Hohenstaufen, a Papas, como Eugenio III o Anastasio IV, quien se dirige a ella con admiración y a quien sorpresivamente le responde de modo inesperado y audaz: "¡Oh! hombre que por atender tu ciencia has dejado de reprimir la jactancia del

---

151   Fraboschi, *op.cit.*, pp. 79-84; Pernoud, *op.cit.*, pp. 89-97; Waithe, *op.cit.*, pp. 40-51.

152   Algunas de ellas pueden escucharse en YouTube: https://www.youtube.com/watch?v=Q8gK0_PgIgY

orgullo de los hombres puestos bajo tu protección".[153] Mantuvo también correspondencia epistolar con nobles, como Felipe de Alsacia, conde de Flandes, quien le pedía opinión sobre su participación en la Segunda Cruzada.

Una mención aparte merece su correspondencia con Bernardo de Claraval, monje cisterciense francés y abad de Claraval, con quien intercambia correspondencia sobre cuestiones doctrinales y dogmáticas, en oposición a la posición racionalista de Abelardo, tan bien descripta por Umberto Eco en *El nombre de la rosa*. La "complicidad teórica y el afecto entre ambos" queda reflejado en su correspondencia, donde, al menos en las cartas estudiadas, trata de cuestiones vinculadas a la administración del convento, su salud personal (siempre precaria), problemas doctrinales y disquisiciones breves, que a veces se han separado en calidad de "tratados".[154]

Otras obras de Hildegarda son la *Explanatio Regulae San Benedicti*, o *Explicación de la Regla de San Benito*, escrita posiblemente entre 1053 y 1065; la *Explanatio Symboli San Athanasio* o *Explicación de los Símbolos de San Atanasio*, que se conjetura escribió hacia 1065, y muchas otras consideradas "menores". Asimismo, desarrolló una "lengua ignota", que no ha sido completamente descifrada, y que se conjetura que o bien se relaciona con la lengua romance del Mosela, o con un latín medieval "inventado" que utilizaba para cuestiones de fe. Por muchos motivos, la obra de Hildegarda es extraordinaria. Sólo en los últimos años, sus tratados visionarios y sus cartas han sido traducidos del latín al castellano, contando con

---

153   Dronke, *op.cit.*, pp. 254-270; Pernoud, *op.cit.*, pp. 59-72.
154   Dronke, *ibidem*; Pernoud, *ibidem*; Fraboschi, *op.cit.*, pp. 67-74.

un aparato crítico y explicativo. Menos atención han recibido en nuestro idioma el resto de sus obras. Agreguemos a modo de curiosidad, que sus manuscritos cuentan con ilustraciones (miniaturas e iluminaciones) que la muestran o bien estudiando con sus compañeras de claustro o bien a ella misma describiendo sus visiones.

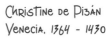
Christine de Pizán
Venecia, 1364 - 1430

Juana Inés de la Cruz
México, 1648 - 1695

Capítulo 3

CHRISTINE DE PIZÁN Y JUANA INÉS DE LA CRUZ

Los límites impuestos a las mujeres para acceder al conocimiento y, en caso de alcanzarlo, transmitirlo y difundirlo, aguzaron su imaginación. Encontraron así vías alternativas para expresarse, siendo las más frecuentes la vía epistolar, la redacción de piezas literarias, más adelante el diario íntimo, y, en el excepcional caso de Christine de Pizán, la novela y la utopía. Se borraron así, en estos y otros tantos casos, los supuestamente claros límites entre filosofía y literatura, creándose una relación abierta pero enigmática, con vínculos determinados durante muchos siglos por la discusión y las exclusiones recíprocas.[155] Si en algún momento filosofía y literatura estuvieron tajantemente separadas en sus contenidos y en sus formas, actualmente mucho/as filósofos/as modernos y posmodernos/as, rechazan esa distinción y sostienen que un concepto filosófico puede expresarse legítimamente en un texto tradicionalmente entendido como literario.

---

155   Castro Santiago, Manuela, "La filosofía y la literatura como formas de conocimiento", *Diálogo Filosófico*, 60, 2004, pp. 491-500.

Históricamente, las mujeres en general, pero no solo ellas, recorrieron y se apropiaron del espacio literario porque, como señala Simone de Beauvoir, "La literatura aparece cuando algo en la vida se descompone. Para escribir [...] la primera condición es que la realidad haya dejado de darse por sentada; solo entonces uno es capaz de verla y hacerla ver."[156] Por eso, aun escrita en primera persona, la literatura, no representa una empresa individualista; por el contrario, exhibe otros modos de existencia y de acción. Las mujeres que tradicionalmente han estado vedadas a formas de vida que les permitieran desarrollar y exhibir sus conocimientos, han abierto sus mundos escribiéndose a sí mismas; recuperando sus "yo" narrativamente para constituirse en sujetos de palabra y acción. Nuevamente, en palabras de Beauvoir, "Si quiero definirme, me veo obligada a decir, en primer lugar, 'Soy mujer'. Esta verdad constituye el fondo sobre el cual se yergue toda otra afirmación".[157] Así, gracias a la escritura, pudieron elaborar un "sujeto-mujer" y, con ello, construir una conciencia propia de su sexo-género, como en las dos filósofas-literatas que veremos en este capítulo.

Christine de Pizán

Popularmente, se conoce a Christine de Pizán (o Pisán) como la primera persona que se solventó a sí misma escribiendo novelas, aunque —como veremos— no sólo escribió novelas de

---

156 Beauvoir, Simone de, *La plenitud de la vida*, Buenos Aires, Sudamericana, 1961, p. 381.

157 Beauvoir, Simone de, *Le deuxième sexe*, París, Gallimard, 1949, vol. 1, p. 11.

caballería.[158] Se conjetura su nacimiento en Venecia hacia 1364 y su muerte en el monasterio de Poissy, aproximadamente en 1430. Recibió una esmerada educación en la corte de Carlos V Valois, rey de Francia, de quien su padre, Tommaso de Pizzano de la Universidad de Bologna, era astrólogo y astrónomo. Carlos Valois falleció en 1380, con lo que los Pizán perdieron el beneplácito real. Un año antes, Christine había contraído matrimonio, a la edad habitual de quince años (en 1379), con Étienne du Castel, Notario Real, con quien tuvo una hija y dos hijos. La epidemia de peste acabó con la vida del marido (aproximadamente en 1389 o 1390), dejándola en una situación económica precaria; poco después murió también su tercer hijo.[159]

Christine comenzó a escribir y publicar para mantener a su familia y pagar a sus acreedores. Primero, produjo baladas de amor, pero luego se dedicó a temas relacionados a la política, la justicia militar, la historia, los valores morales y sobre todo la condición de la mujer, su temática principal. Sus obras más destacadas son *Cent Ballades* (escritas antes de 1389, y publicadas después de la muerte de su esposo), *Rondeaux* (una

---

158   Waithe, *op.cit.*, vol. 2, pp. 312-313; Meyer, *op.cit.*; Didier, *op.cit.*, vol. 1.

159   La epidemia de peste negra o peste bubónica llegó a Europa desde Asia a mediados del siglo XIV, siendo uno de los brotes más virulentos de la historia. Según se conjetura, solo en Europa, murieron por lo menos cincuenta millones de personas, el 60 % de su población. Cf. Benedictow, Ole. J. "La Muerte Negra. La catástrofe más grande de todos los tiempos" (Traducción y notas de Susana Suárez) en *Estudios históricos*, Montevideo, Universidad de la República, CDHRP- Año II, 5. 2010. El *Decameron* de Boccacio y *Narciso y Goldmundo* de Herman Hesse tienen como trasfondo esta epidemia.

colección de poemas breves) escritos tras la muerte de su esposo para canalizar su duelo:

> Soy viuda, estoy sola de negro vestida
> con triste mirada, con sencillo y extraño atuendo;
> sumida en la desesperanza y el dolor
> llevo el duelo amargo que me mata.

Probablemente acompañada con algún instrumento musical, con veinticinco años, Christine escribía esos versos a la par que reflexionaba sobre los cambios en la Rueda de la Fortuna, reflexiones que más adelante plasmaría en un libro.[160] Su siguiente obra es *Enseignements Moraux* (1400), *Le Livre des Epistres du debat sur le Roman de la Rose* (1401-1403), sobre el que volveremos, *Le Livre de La Mutacion de Fortune* (1403), *Le Livre de La Cite des Dames* (1405),[161] *Le Livre de Trois Virtues* (continuación del anterior donde insiste en la misoginia y las presiones sociales que sufren las mujeres que quieren ejercer la virtud), *L'Avision de Christine* (1405), *L'Espistre à la Reine Isabeau* (de Baviera, 1405), y *Le Livre des Fais d'Armes et de Chevalerie* (1410), y un alegato sobre la paz.[162]

De inicio, podemos hacer algunas observaciones interesantes. En primer término, escribió en francés. Conocedora del italiano, el latín y posiblemente de la *langue d'Oc*, utilizó el francés para sus obras, idioma al que muchas veces modificó

---

160 Pernoud, Régine, *Cristina de Pizán*, Barcelona, Medievalia, 2000, p. 36.

161 Pizán, Christine de, *El libro de la ciudad de las damas*, (Traducción del francés medieval, notas e introducción de Marie-José Lemarchand), Madrid, Siruela, 2000.

162 Waithe, *op.cit.*, p. 313.

para adoptar una sintaxis y un estilo latino, siguiendo las convenciones de la época. Sin duda, escribir en francés ampliaba el rango de sus lectores; y escribía al mismo tiempo que se encargaba de la producción y distribución de sus obras, lo que era una empresa novedosa para una mujer palaciega. En sus libros incluyó además ilustraciones en miniatura, y muchas veces hasta consignó el nombre de sus copistas e ilustradoras, todas mujeres. Por ejemplo, pondera el trabajo de Marcia y de Anastasia por su habilidad para hacer "argamasa" (tinta).[163] Quizá debido a esto, existe una extensa iconografía que la muestra tanto en la acción de escribir cuanto en la de entregar alguno de sus libros a, por ejemplo, la reina de Aquitania rodeada de sus damas, lo que da cuenta de la importancia y difusión de su trabajo.[164]

Nos detenemos brevemente en *El libro de la ciudad de las Damas*. Christine comienza su obra confesando a su público que consultó a Dios si era lícito que ella "en un cuerpo de mujer" escribiera esa obra. La respuesta fue positiva y se encaminó hacia "las letras",[165] tomando como modelo *La Ciudad de Dios* de San Agustín (basada a su vez en la *República* de Platón) para comenzar su tarea. Los estudiosos consideran que probablemente también se haya inspirado en *De Claris Mulieribus* de Boccaccio, al que indirectamente responde.[166] En *El Libro de la Ciudad de las Damas*, Christine recorre los hilos del pensamiento de su época,

---

163 Agós Díaz, Ainoha, *Christine de Pizán: un nuevo modelo de mujer medieval a través de las imágenes miniadas*, Tesis de Máster en Patrimonio, Universidad de la Rioja, La Rioja, España, 2012, pp. 23, 24 y 25, donde se reproducen y se analizan las obras.

164 *Ibidem.*

165 Nótese que consulta directamente a Dios, y no a ningún miembro de la jerarquía eclesiástica.

166 Pizán, *op.cit.*, p. 5; Lemarchand, *op.cit.*, p. 21.

centrándose en el Derecho, la Justicia y el Poder y apostando a la educación, lo que significativamente la distanció de quienes sostenían que todo conocimiento se alcanzaba por iluminación divina. Por el contrario, reconoce haber transitado "un largo camino de estudio" y la descripción que realiza no puede ser más vívida:[167]

> Yo, Christine, sentada un día en mi cuarto de estudio, rodeada toda mi persona de los libros más dispares, según tengo costumbre, ya que el estudio de las artes liberales es un hábito que rige mi vida, me encontraba con la mente algo cansada, después de haber reflexionado sobre las ideas de varios autores.[168]

La narración de sí de Christine como mujer culta porque ha estudiado las artes liberales, que se complace en estar rodeada de libros, le informa en dos renglones a sus lectores del vasto conocimiento que posee, herramienta con la que fundamenta y da credibilidad a las páginas que siguen. La trama de *El Libro de la Ciudad de las Damas*, es alegórica y en sentido estricto constituye una utopía; solo que aún no se había inventado el término que se atribuye a Sir Thomas More (1516). El libro comienza en su estudio, donde Christine recibe la visita de tres damas: Razón, Derecho (a veces entendida como la Rectitud) y Justicia, mientras ella misma estaba sumida en dudas sobre su condición de "mujer leída", frente a la misoginia generalizada del ámbito intelectual de su época. Christine hace de la mítica

---

167 Pernoud, *op.cit.*, pp. 49-67.
168 Pizán, *op.cit.*, p. 63. Nótese el "aire de familia", por tomar prestadas palabras del filósofo Ayer, con el comienzo de las *Meditaciones Metafísicas* de Descartes.

Reina Semíramis la piedra angular de su Ciudad, y apelando a una suerte de genealogía femenina, que veremos repetirse en otras filósofas, escucha que la Dama Razón le dice:

> [...] Queremos sacarte de esa ignorancia que te ciega a tal punto que rechazas lo que sabes con toda certeza para adoptar una opinión en la que no crees... porque solo está fundada sobre prejuicios de los demás [...][169]

A continuación, las tres Damas se proponen ayudar a Christine en la tarea de construir una Ciudad en la cual todas las mujeres ilustres y virtuosas tengan refugio. Cada Dama tiene con ella un emblema: la Razón un espejo que muestra la profundidad del alma; el Derecho (o la Rectitud) lleva una vara para delimitar el bien del mal, lo justo de lo injusto; y, por último, la Justicia tiene una copa de oro fino, que permite devolver medida por medida, lo que le corresponde a cada uno.[170] Estas figuras alegóricas la ayudan a edificar los muros (simbólicos) de virtudes que poseen las mujeres, para que los virtuosos e ilustres en su ciudad no padezcan infortunios. ¿Referencia a sí misma? ¿Referencia a su hija que por carecer de dote debió profesar?

Cèlia Amorós hace un interesante análisis de esta obra de Christine de Pizán.[171] En primer término distingue entre lo que denomina "memoriales de agravios" y "vindicaciones". Instalada en una lógica estamentaria, respetuosa del orden feudal, para Amorós, Christine no habría superado el nivel de los memoriales

---

169 Pizán, *op.cit.*, p. 66.

170 Nótese que el argumento es platónico. Cf. Santa Cruz, María Isabel, "La idea de la justicia en Platón", *Anuario de Filosofía Jurídica y Social* 2, 1983, pp. 71-96.

171 Amorós, Cèlia, *Tiempo de Feminismo*, Madrid, Cátedra, 1997, pp. 55-84.

de agravios, sin haber puesto en juego principios como el de igualdad, para hacer sus reclamos de reconocimiento y derechos legítimos. Desestimando la extendida opinión de que se constituyó en la primera "mujer-sujeto", haciendo uso público de la palabra, Amorós interpreta que, aguijoneada intelectualmente por la misoginia extrema de Jean de Meun, reaccionó ante la idealización de "la Dama" y el amor cortés, como si de mujeres reales se tratara. Si bien rescata la vena polémica de nuestra escritora-filósofa, retomando palabras de Agnes Heller, a su juicio, Christine queda atrapada en un "alborear sin mañana", con argumentaciones que no pueden desplegarse a futuro.

A raíz de lo que acabamos de decir, nos interesa detenernos en *Le Livre des Epistres du debat sur le Roman de la Rose* (1401-1403). Como se sabe, *Le Roman de la Rose*, el libro de las artes del amor, fue una de las obras literarias más populares de la Edad Media. Como se sabe también, se trata de un extenso poema alegórico atribuido a Guillaume de Lorris, compuesto en francés a principios del siglo XIII.[172] Alrededor de 1275 o 1285, Jean de Meun decidió añadirle, como antífrasis, una segunda parte. El autor, que se personifica como "el amante", viaja a la huerta del Placer, junto con Juventud, Riqueza, Júbilo y Belleza, es decir, los ideales del amor cortés, y relata sus aventuras.[173] La obra no solo es una sátira al celibato, las órdenes mendicantes y el papel del Papa, sino que también ridiculiza a las mujeres, el matrimonio y el amor. Pero, sobre todo —y este es

---

172 Pernoud, *op.cit.*, pp. 85-107; Amorós, *op.cit.*, pp. 57-67.

173 Rougemont, Denis, *El amor y Occidente*, México, Leyenda, 1945, pp. 277-290; Valero Moreno, Juan M., "Denis de Rougemont: La invención del amor", *El texto infinito. Tradición y reescritura en la Edad Media y el Renacimiento*, Salamanca, Estudios medievales y renacentistas, 2014, pp. 1019-1045.

el punto fuerte de la interpretación de Amorós–, Jean de Meun es un hombre que sospecha de los orígenes de los príncipes y de la nobleza, intentando desprestigiar "el antiguo orden", instalando "los estamentos" en el marco de la naturaleza, el discurso de la razón y la lucha por el poder.[174] Entonces, para Amorós el problema, lejos de girar en torno al amor y las Damas (objetivo explícito), gira en torno a la sucesión real que enfrenta a los Plantagenet con los Valois (objetivo implícito), en el que Christine habría entrado en el juego, tomando partido por los "viejos valores" representados por los Valois. Hacia 1399, Christine de Pizán decide terciar en el debate, respondiendo a un tratado que considera insultante para las mujeres.[175] Pero, lo cierto es que la Universidad de París ("clave de la Cristiandad" para de Meun) rescata la Ley Sálica, que prohíbe a las mujeres la sucesión al trono, y desata una reacción misógina, que abre paso a la *La querelle des femmes*.[176] Siempre en la interpretación de Amorós, y siguiendo a Levy Strauss, Christine habría sido "el objeto transaccional" a partir del cual ambas facciones redimirían sus desacuerdos.

En la misma línea de defensa de las mujeres, de Pizán escribió *L'Épistre au Dieu d'amours*, 1399 (*La Epístola al Dios de Amores*), criticando el amor cortesano, y en *Dit de la Rose*, 1402 (*Dicho de la Rosa*), hizo nuevamente lo propio con los escritos de Meun

---

174 Pernoud, *ibidem*. Rougemont, *op.cit.,* pp. 327-344; Amorós, *op.cit.,* pp. 60-61.

175 Pernoud, *ibidem*; Amorós, *op.cit.,* pp. 58-59.

176 Viennot, Elianne "Revisiter la *Querelle des femmes*. Mais de quoi parle-t-on?", Saint Étienne, Publications de l'Université de Saint Étienne, 2012, p. 1-20; Puleo, Alicia "El paradigma renacentista de autonomía", en *Actas del seminario permanente de Feminismo e Ilustración*, Madrid, Universidad Complutense, 1992, pp. 39-45; Kelly, Joan "Early Feminist Theory and *The Querelle des Femmes*, 1400-1789", *Signs*, 8.1, 1982, pp. 4-28; de la misma autora, *¿Tuvieron Renacimiento las Mujeres?*, Amelang, J. y Mary Nash (ed.) *Historia y género: Las mujeres en Europa Moderna y Contemporánea*, Valencia, Alfons el Magnàni, 1990, pp. 93-126.

y sus seguidores. En 1405 redactó una suerte de autobiografía, *L'Avision de Christine*, 1405 (*La visión de Christine*), en réplica a sus detractores, algo inusual para una mujer de su época.[177]

Sea como fuere, también en defensa de las mujeres, de Pizán redactó un texto que envió a Goutier de Col, vinculado a la Cancillería Real. Irónicamente Christine se dirige a él con estas palabras:

> Muy querido señor y maestro, prudente en costumbres, amante de la ciencia, fundamentado en clerecía y experto en retórica: Yo, Christine, mujer ignorante de entendimiento y sentimientos ligeros, que vuestra sabiduría no tenga en ningún desprecio la pequeñez de mis razones, sino quiere suplir en consideración de mi debilidad femenina y mi pequeña inteligencia [...][178]

Sus argumentos que incluyen cuestiones teológicas, como la capacidad redentora de María, y filosóficas como que el alma carece de los límites de la carne, tal como en Hildegarda, se repetirán nuevamente en Juana Inés. Ignoramos si Christine conoció la Epístola de la abadesa de Bingen; lo cierto es que la admonición de Goutier no se hizo esperar, instándola a:

> [...] enmendarse del error manifiesto, locura o denuncia que ha llegado por presunción u otro motivo, y como mujer apasionada en esta materia [...] le ruego y aconsejo y requiero [...] que corrijas tus palabras y enmiendes tu error hacia

---

177 Pizán, *op.cit.* Introducción de Marie-José Lemarchand.
178 Pernoud, *ibidem*. Introducción de Marie-José Lemarchand.

el muy excelente e irreprensible doctor en la Santa Divina Escritura, gran filósofo y profundo letrado al que tan horriblemente te atreves a corregir y reprender [...] e igualmente hacia el Preboste de Lille, y yo y los otros [...] te pido que confieses tu error. [...] Sólo entonces tendremos compasión y misericordia de ti, dándote penitencia saludable [...][179]

El silencio de aproximadamente diez años que siguió a este conjunto polémico de obras, hace suponer que se le prohibió el uso público de la palabra.[180] En fecha incierta, su otro hijo varón había muerto en batalla, así que hastiada, hacia 1412, avanzada la Guerra de los Cien Años contra Inglaterra, se refugió en el monasterio de Poissy, donde había profesado su hija. En Poissy, unos diez años después, escribió tres obras muy representativas de la situación política de Francia: *La Lamentation sur les Maux de la France* (alrededor de 1412, *Lamentaciones sobre los males de Francia*); *L'Epitre de la Prison de Vie Humaine* (1414, *Epístolas sobre la prisión de la vida humana*) y el *Livre de la Paix* (1415 *Libro de la Paz*). Nuevamente, tras un largo silencio dedicó su última obra (poética) a Juana de Arco, *Ditié de Jeanne d'Arc* (1429, *Elogio a Juana de Arco*), muriendo al año siguiente en su lugar de retiro.[181] Al día de hoy, sólo *El libro de la Ciudad de las Damas* y un conjunto de epístolas están traducidos al castellano.[182] Compuso también numerosas baladas y

---

179 Pernoud, *ibidem*.

180 Pernoud, *ibidem*. Viennot, *op.cit.*, pp. 3; 10-11.

181 Pernoud, *op.cit.*, pp. 5-21; Waithe, *op.cit.*, p. 313; Didier, *op.cit.*, p. 904.

182 Pizán, Christine de, *La rosa y el príncipe: voz poética y voz política en las epístolas*, Madrid, Gredos, 2005.

piezas musicales,[183] considerándosela la mejor representante del "feminismo humanista".

Juana Inés de la Cruz

Cuando, a fines del siglo XIX, se revalorizó la poesía del barroco español, la audacia y la calidad literaria de los escritos de Juana Inés sobresalieron entre los de sus contemporáneos, y más recientemente comenzó a examinarse el carácter filosófico de sus escritos. La novohispana Juana Ramírez de Asbaje (1648-1695),[184] sor Juana Inés de la Cruz, considerada la "Décima Musa", también es, como la denomina Octavio Paz, la "Primera feminista de América".[185] En este apartado, revisaremos solo los aspectos filosóficos de sus obras, que se pueden organizar en tres grupos: uno de contenido popular, de denuncia satírica, en obras de teatro y redondillas dedicadas, por ejemplo, a santa Catalina de Alejandría; otro en su *Respuesta a sor Filotea*, donde la argumentación filosófico-teológica es más elaborada y, por último, en *Primero Sueño* (publicado en 1692), donde sus argumentos no

---

183 Como ejemplo, escuchar *Dueil engoisseus*, en https://www.youtube.com/watch?v=wPbFuycR7V4 ; y *L'une tresbelle clere lune*, https://www.youtube.com/watch?v=GMMAgl7hs48, ambas con música de Gilles Binchois (1400-1460) y letra de Christine de Pizán; interpreta el Ensemble VocaMe (Berlín).

184 Morkovsy invierte el orden de sus apellidos. Cf. Morkovsy, M. C. "Sor Juana Inés de la Cruz", en Waithe, *op.cit.*, vol. 3, p. 59. Cf. Didier, *op.cit.*, vol. 2, pp. 2218-2219.

185 No vamos a seguir la interpretación de Octavio Paz, pues disentimos, por diversas razones, de sus conjeturas. Paz, Octavio, *Sor Juana Inés de la Cruz o las trampas de la Fe*, Buenos Aires, F.C.E. 1992; cf. mis "Philosophical Genealogies and Feminism in Sor Juana Inés de la Cruz" en Salles, A. & Millán-Zaibert, E. (ed.) *The Role of History in Latin American Philosophy: Contemporary Perspectives*, New York, SUNY Press, 2005, pp. 131-157; "Oí decir que había Universidades y Escuelas. (Reflexiones sobre el feminismo de Sor Juana)". *Orbis Tertius* (UNLP), 2/3,1996 y "Las filosofías de cocina o acerca del feminismo de Sor Juana Inés de la Cruz" *Deva 0*, (Oviedo), Marzo, 1995.

solo se vinculan a los de la *Respuesta* sino que además constituyen una elaboración poética donde, a la inversa que en Platón, su forma literaria opacó su contenido filosófico.

Ahora bien, como en Pizán, el espacio de la mujer/poeta/erudita/filósofa es un lugar simbólico inexistente.[186] Por eso, Juana Inés apela a un número interesante de estrategias. En principio, se apropia genealógicamente, tanto en la *Respuesta* como en *Primero Sueño*, de una cadena de mujeres sabias, muchas santificadas por la Iglesia, en una maniobra legitimadora de su propia condición.[187] Además, apela a técnicas retóricas de reducción de su persona, de su saber, de su dedicación, de su voluntad, de su libertad, restándole autonomía a sus escritos, cuando afirma que escribe "borrones" y "papelillos", y que ni siquiera lo hace por gusto. Es decir, que, a la par que se empequeñece, se escuda en la obediencia y en la necesidad. Lejos de deleitarse en escribir, se ve obligada a hacerlo o bien por encargo de los poderosos (obispos, virreyes), o bien por necesidad y de manera inevitable cumpliendo su vocación (como mandato divino.)[188] Esta (aparente) obediencia, la sitúa como subordinada de un lector privilegiado (posiblemente un censor inquisitorial), a la vez defiende aquello

---

186   Aunque despliega estrategias semejantes a las genealogías de Pizán, no hemos podido determinar si conoció su libro; aunque nos inclinamos a pensar que sí, ya que en el siglo XV estaba muy difundido. Cf. Hicks, Eric y Moreau, Thérèse "Introduction" en Pizan, Christine de, *Le Livre de la cité des Dames*, París, Moyen Âge, 1986. También, Didier, *op.cit.*, vol. 2, pp. 2218-2219.

187   Santa Cruz, María Isabel, "Filosofía y feminismo en Sor Juana Inés de la Cruz" en Santa Cruz, María Isabel *et alii, Mujeres y Filosofía*, Buenos Aires, CEAL, 1994, vol. 2, p. 175, considera el "catálogo de mujeres" que sor Juana elabora en la *Respuesta* parte de "argumentos teóricos" de naturaleza doxográfica. También, Amorós, Cèlia, *Hacia una crítica de la razón patriarcal*, Barcelona, Anthropos, 1985, pp. 80-82. Citaré las obras de Juana Inés según la numeración fijada por Méndez Plancarte en *Obras Completas*, edición a cargo de A. Méndez Plancarte y A. Salceda, México, F.C.E., 1950.

188   *Respuesta*, p. 444 *et pass.*

que debiera callar: su escritura y su conocimiento. Esta escritura vigilada,[189] a la manera de un salvoconducto, le permite desdoblar la forma como obediencia y el contenido como desafío, diciendo lo que desea de modo fingidamente ingenuo: "tiemblo de decir alguna proposición malsonante" –afirma– porque "no quiero ruido con el Santo Oficio".[190] Consciente de que el conocimiento es un arma peligrosa ante los modelos aceptados para las mujeres de su época y, en especial, para las monjas, Juana Inés se ve a sí misma dividida y, a veces, ambivalente. Alejada del misticismo, la mayor parte de su obra, y en especial la *Respuesta*, son ejercicios de autoafirmación de su condición de mujer y de erudita, ya que estaba convencida de que una vida que mereciera ser vivida –como lo quería el Sócrates de Platón– implicaba los recursos de la mente y su capacidad crítica.

A modo de descargo de responsabilidades, uno de sus ademanes de autodefensa es apelar a la *necesidad* que la lleva a escribir. Dios se la impone, pero le es ajena: su disposición a la versificación no es voluntaria, es innata; es un don divino que no puede eludir, y no es culpable al usarlo. Juana se presenta como sujeto pasivo, que recibe órdenes y disposiciones ajenas. Disimula su voluntad con fórmulas impersonales, y parece ingenuamente preguntarse ¿cómo podría yo, pobre mujer, dominar impulso tan mayúsculo, eludiendo el mandato de Dios? Por eso, solo reconoce obedecer la luz que puso en ella; en consecuencia, ¿cabe a sor Filotea pedirle que la desoiga? En una maniobra retórica notable, Juana invierte el lugar de los desobedientes a la voluntad divina, y coloca a los que le solicitan que abandone las letras profanas en

---

189   Tomo la noción de "escritura vigilada" de Arriaga Flórez, Mercedes, *Mi amor, mi juez*, Barcelona, Anthropos, 2001, pp. 89-92.

190   *Respuesta*, p. 444.

el lugar de quienes cometen pecado de soberbia. Tampoco puede desobedecer a sus señores, que le encargan versos, porque esta necesidad es jerárquicamente dependiente de la anterior: Juana se sitúa en el lugar del obediente súbdito; doble humildad en la que se cobija.

En la *Carta de sor Filotea de la Cruz*, el obispo de Puebla, Manuel Fernández de Santa Cruz, bajo el lenguaje de la tolerancia, le recuerda a Juana los límites que convienen a una religiosa y le enumera las reglas a seguir con una serie de admoniciones que incluyen pares de contrarios irreconciliables: sacro / profano; erudición / salvación; modestia / soberbia. La forma dicotómica y excluyente del planteo conlleva tácitamente una valoración y, en consecuencia, la jerarquización del juicio moral implícito. Es decir, más que de un consejo se trata de la firme prescripción de una norma. La *Respuesta a la Carta* que elabora Juana pone de manifiesto su dominio de la técnica retórica y la riqueza de su argumentación. En lugar de prestar oídos a la censura, escribe una biografía intelectual en la que sobresale su construcción de un sujeto *moderno*. Como Pizán, comienza con un exordio o *captatio benevolentia* del lector. Se percibe con claridad su esfuerzo para lograr una modestia afectada; se coloca en actitud humilde y suplicante, y reiteradamente alude a su debilidad ("mi torpe pluma", "mi justo temor", "mi poca salud").[191] Se empeña en usar el diminutivo al hablar de sí misma, disfrazando sus dimensiones reales y poniendo énfasis en su pequeñez. Apela a las técnicas de reclusión de su propia figura,

---

191 *Respuesta*, p. 440.

que contrasta con la firmeza de su argumentación y la audacia de la *apología* que desarrolla más adelante.[192]

El tema y la fundamentación filosófica son los mismos en la *Respuesta* [p. 405] que en *Primero Sueño* [p. 216]: Dios ha hecho racionales a varones y mujeres, el sexo no tiene nada que ver en cuestiones de entendimiento. De ese modo, sor Juana quiebra la polaridad varón / razón - mujer / pasión para abrir un nuevo espacio: la razón es patrimonio igualitario entre varones y mujeres y, paralelamente, la pasión también lo es; solo la educación a la que acceden es diversa como diversas son las obligaciones a las que socialmente se los somete. Es decir, denuncia el tradicional doble criterio con que se juzgan los rasgos y actividades de los sexos, y la construcción cultural que los envuelve.

La posición filosófica de sor Juana en *Primero Sueño* ha sido menos estudiada y a ella nos dedicamos a continuación.[193] Como se sabe, *Primero Sueño* es una silva de estilo gongorino de 975 versos. Centrémonos en dos aspectos que revisten especial interés: la apertura crítica a la modernidad con que construye su sujeto epistemológico y la tensión del fundamento filosófico del feminismo. La mexicana Laura Benítez sostiene que se debe interpretar a *Primero Sueño* o bien como una reflexión filosófica en verso o bien como una versificación sobre la aspiración humana

---

192   Santa Cruz considera que la *Respuesta* sigue el modelo de una *apología*. Cf. Santa Cruz, María Isabel, "Filosofía y Feminismo en sor Juana Inés de la Cruz", en Santa Cruz *et alii*, *Mujeres y Filosofía*, Buenos Aires, CEAL, 1994, pp. 157-182, y "Filosofía y Feminismo en Sor Juana" en: Amorós, C. (comp.) *Actas del Seminario Feminismo e Ilustración*, Madrid, Universidad Complutense, 1992, pp. 277-289. Cf. también Ludmer, Josefina "Las tretas del débil", en *La sartén por el mango*, Puerto Rico, 1984.

193   Zanetti, Susana E., *Sor Juana Inés de la Cruz: Primero Sueño y otros textos*, Buenos Aires, Losada, 1995.

al conocimiento.[194] De cuño marcadamente neoplatónico, el poema trata del ascenso del alma al conocimiento; más precisamente de una reflexión crítica sobre las posibilidades y límites de los métodos para llegar al conocimiento verdadero.[195] Es decir, se trata de una reflexión epistemológica acerca del método y de las estructuras anímicas y fisiológicas que permiten alcanzar el conocimiento, tema moderno sin lugar a dudas. El "sueño" remite a la duermevela en la que todo reposa y, a la vez, a la ilusión de quien cree alcanzar el saber en la vigilia de la vida cotidiana y en la multiplicidad del mundo sensible. De ese sueño solo despertamos cuando "vemos la Luz" del entendimiento. En primer lugar, la preparación y los pasos de este viaje intelectual suponen la separación del alma y del cuerpo, pero –posiblemente bajo influencia aristotélica– no se trate en Juana de una total desconexión platónica entre ambos, sino que, aunque suspendida, el alma nunca pierde contacto con su cuerpo, donde encuentra la base fisiológica de las operaciones del conocimiento. Estas operaciones son por tanto mixtas: "el cuerpo siendo, en sosegada calma, / un cadáver con alma, / muerto a la vida y a la muerte vivo, /" (vv.201-206) es un ejemplo claro de lo que acabamos de decir. Este proceso del alma no completamente separada del cuerpo se refuerza con la presencia fuerte de un humanismo de tipo renacentista: "el hombre, digo, en fin mayor portento / que discurre el humano entendimiento" (vv. 690-691; también vv. 403-408). Aparece así la imagen del microcosmos (el hombre) en un macrocosmos (el

---

194 Benítez, L., "Sor Juana Inés de la Cruz y la reflexión epistemológica en el *Primero Sueño*", Heredia, A. y Alvarez, R. (comp.) *Filosofía y Literatura en el Mundo Hispánico*, Salamanca, Universidad de Salamanca, 1997, pp. 315-324.

195 Sobre el neoplatonismo de sor Juana y la influencia del hermetismo en su obra, cf. Santa Cruz, *op.cit.*

universo) y una conciencia que aspira a conocerlo, tal como en las filosofías de tipo estoico, aunque sor Juana no se satisface con la actitud resignada del estoicismo y deja asomar una cierta actitud escéptica, tras el fracaso del método inferencial:

"Estos grados discurrir quería / unas veces, pero otras disentía / excesivo juzgando atrevimiento / el discurrirlo todo, / quien aun la más pequeña, / aun la más fácil parte no entendía / de los manuales / efectos naturales" (vv. 704-711). Es decir, los efectos y las causas del mundo natural se nos escapan, la investigación se torna agobiante: "del difícil certamen que rehúsa / acometer valiente / porque teme –cobarde–/ comprenderlo o mal o nunca o tarde, / (vv.766-769).

Esto significa que al reconocer los límites de la intuición sensible, Juana supone que el alma debe alejarse de la multiplicidad y de la diversidad porque "por mirarlo todo, nada veía, / ni discernir podía" (vv. 480-481), y replegarse sobre sí misma: "Más juzgó conveniente / a singular asunto reducirse, / o separadamente / una por una discurrir las cosas / que vienen a ceñirse / en las que artificiosas / dos veces cinco son categorías: / reducción metafísica que enseña /.../ ciencia a formar de los universales" (vv. 576-587). Este repliegue es el punto de partida de un segundo ascenso al conocimiento, hacia la unidad y el orden, al que reconoce producto "artificioso" de las categorías. Según Benítez, Juana Inés describe dos formas de inferencia, deductiva e inductiva, y del lugar que ocupa esta combinación: "... haciendo escala, de un concepto / en otro va ascendiendo grado a grado" (vv. 592-593), reducción metafísica que hace posible la formación de los universales, por abstracción.

Sin embargo, la conclusión es desalentadora: no se puede conocer lo singular, pero tampoco podemos alcanzar la unidad de todos los efectos del mundo natural. Su búsqueda de la clave del conocimiento, de un *ars* que le permita acceder a la ciencia de la causa de los efectos naturales fracasa: ¿implica esto que es imposible conocer la Causa Primera y la *quididad* por el entendimiento y la razón y que a los seres finitos nos está vedado alcanzarlas? ¿Cae sor Juana en el escepticismo que combate Descartes en su *Primera Meditación*? ¿A los ojos de su confesor, fue este su mayor pecado? Sea como fuere, su búsqueda de un método que le permita acceder a la ciencia de las causas de los efectos naturales la aúna sincrónicamente a las búsquedas de los filósofos de su época. Este análisis que aproxima a sor Juana a la modernidad filosófica, especialmente a Juan de Huarte y a René Descartes, la aleja del neoplatonismo y del hermetismo ortodoxo, para mostrar un sincretismo superador, que la pone al borde de la herejía.[196]

Muchas de las interpretaciones de *Primero Sueño* –la de Paz, por ejemplo– entienden que el alma que asciende al conocimiento no tiene nombre, ni edad, ni sexo: es simplemente el alma humana. Desde cierto punto de vista, al alma es efectivamente el sujeto del enunciado, referido siempre en tercera persona. Sin embargo, al preguntarnos quién habla en *Primero Sueño*, reparamos en el repetido uso que hace Juana Inés del deíctico. En efecto, a lo largo del poema aparece un sujeto textual, o de enunciación, un yo referido en primera persona. Así, Perelmuter intenta probar que Juana Inés tiene siempre presente

---

196   Cf. mi artículo "La mujer sin ingenio en el *Examen de Ingenios*" en Amorós, C. (comp.) *Actas del Seminario de Feminismo e Ilustración*, Madrid, Universidad Complutense de Madrid, 1992.

un "alma femenina", que no se descubre solamente al final del poema, cuando afirma en el último verso "el mundo iluminado, y yo despierta" (v. 975), sino que la narradora figura en otras partes del poema de manera decisiva.[197] Insistentemente utiliza Juana el "digo", que en su terminación de primera persona del singular señala quién enuncia: "contra el Sol, digo, cuerpo luminoso, /cuyos rayos castigo son fogoso" (vv. 460-61, también vv. 47, 226, 328, 399, 795, 947). Pero el planteo es más complejo. Si interpretamos la afirmación de Juana desde un marco neoplatónico, "lo racional" no es, en verdad, ni mujer ni varón pues pertenece a otro orden que la materia, como lo sostuvieron Hildegarda o Pizán. Desde este supuesto es imposible un "alma femenina". En cambio, si aceptamos con Benítez, que Juana usa categorías aristotélicas, la separación alma-cuerpo no es completa y por tanto la sensibilidad que mantiene es la propia de la corporalidad femenina, y la hipótesis de Perelmuter sobre el uso del deíctico se ratificaría.

Ahora bien, sus intereses —como ella misma confiesa en la *Respuesta*— son universales y no estudia por saber, "sino por menos ignorar". Alejada de las corrientes filosóficas que renuevan Europa (aunque es claro que no las ignoró) intenta distinguirse del neoescolasticismo predominante de un Suárez, acercándose críticamente al neoplatonismo renacentista, que da base filosófica a sus reivindicaciones sobre la universalidad de la razón y las capacidades de las mujeres, a la vez que la acerca a la modernidad en cuanto concepción de sujeto.

---

197   Perelmuter Pérez, R., "La situación enunciativa del *Primero Sueño*", *Revista Canadiense de Estudios Hispánicos*, vol. XI, 1986, 1.

Asimismo, se puede considerar a sor Juana feminista en la medida en que traspasó las limitaciones que su época imponía a las mujeres en general y a las monjas en particular; defendió la igual capacidad racional de mujeres y varones, denunciando la feminización de la ignorancia, rechazó el mandato de silencio y advirtió sobre el uso de doble-criterio en las acusaciones que se hicieron. Sor Juana se apropió del discurso político y palaciego, e incluso del teológico controversial, al desafiar la interpretación del obispo Vieyra, en su famoso *Sermón del mandato*, sobre las finezas de Cristo. Desplegó, además, argumentaciones sutiles y eruditas, y en su *Respuesta* (tanto como en la *Carta de Monterrey*) se defendió argumentativamente desde la novedosa intersección intelectual-mujer. Organizó sus argumentos alrededor de tres ideas centrales que desarrolla extensamente en la *Respuesta*: la sabiduría como realización humana; la vinculación del orden del ser y del orden del saber, y la necesidad de educación de las mujeres.[198]

Bordeando la herejía, Juana sugirió la separabilidad del cuerpo y del alma, y la capacidad de esta última de acceder a los máximos conocimientos. Pero probablemente por influencia de concepciones aristotélicas, las otras dos funciones del alma (vegetativa y sensitiva), quedan vinculadas al cuerpo e indisolublemente ligadas al él; por tanto, no son ajenas ni a su materialidad ni a una de sus marcas más específicas: el sexo. La distinción ontológica jerarquizada entre alma racional y cuerpo fundamenta las relaciones sociales y políticas de subordinación. El alma sojuzga al cuerpo; por tanto, si el argumento sorjuaniano apelara solo a la separabilidad del alma para fundar la capacidad racional de las mujeres y, consecuentemente, fundamentar su feminismo, se

---

198   Santa Cruz, *op.cit.*, pp. 172-178; *op.cit.*, pp. 283-286.

habría movido en una sutil y compleja tensión gracias a la cual se "liberaría" en tanto que "alma cognoscente" o "intelectual" pero, al mismo tiempo, quedaría atrapada en su materialidad de cuerpo-mujer. Si el alma racional es asexuada, como sostiene, y conoce tanto encarnada en un cuerpo varón como mujer, la materialidad de las mujeres quedaría invisibilizada y subsumida a una racionalidad neutra. Si esto fuera así, su reivindicación de las mujeres *como mujeres* sería subsidiaria o accidental. Sin embargo, continuamente se afirma como mujer. La resolución vía las categorías aristotélicas es más satisfactoria, pero depende de un supuesto no-aristotélico: que las marcas del cuerpo femenino no impiden el ejercicio de la razón.

¿Introduce sor Juana el principio de igualdad como un elemento moderno? Apela a la separabilidad del alma racional propia del platonismo en una versión sincrética y peculiar, para sustentar filosóficamente la igual capacidad de mujeres y varones para acceder al conocimiento. Bajo la apariencia de la materia-mujer (o de la materia-varón) hay un sujeto racional (alma racional), independiente y capaz de elevarse al conocimiento más Bello, a la Luz. Las bases de esta argumentación y de sus virtualidades explicativas sobre la igualdad ante el conocimiento constituyen, al mismo tiempo, el avance y el límite del feminismo de sor Juana. Al declarar (implícitamente) la superioridad del alma sobre el cuerpo, reivindica la racionalidad del alma para todos los humanos, pero, a la vez, hace caso omiso de la definición social de las mujeres como materia/cuerpo. En esta interpretación, conocer supone algún modo de "asexuarse", un requisito que solo deberían cumplir las mujeres sabias. Sor Juana separa así el alma del cuerpo, y jerarquiza la dicotomía. A su vez, acepta una versión moderada de que el cuerpo, aquello que en definitiva sostiene las diferencias sexuales y que hace de una mujer una mujer y de un varón un varón, es prescindible. Tal jerarquización es solidaria con la del amor espiritual / amor físico, como variante del amor cortés.

En síntesis, en *Primero Sueño* sor Juana rompe la dicotomía tradicional sujeto racional = varón / sujeto emocional = mujer, y produce una nueva clase de sujeto: el sujeto racional = mujer. Nada en la América Colonial de esos tiempos se asemeja a la reflexión filosófica de sor Juana y a la libertad con que construye su filosofía por fuera de los cánones de la época. Pero sor Juana no fue leída como filósofa; ese espacio no le pertenecía.

Oliva Sabuco
España, 1562 - 1622

María de Zayas
España, 1590 - 1661

CAPÍTULO 4

OLIVA SABUCO Y MARÍA DE ZAYAS

Oliva Sabuco

En 1587 se publicó en Madrid la *Nueva Filosofía de la Naturaleza del Hombre*.[199] Su autora, Oliva Sabuco le dedica la obra a Felipe II, y le explica de qué trata:

"Del conocimiento de sí mismo y la doctrina para conocerse y entenderse el hombre a sí mismo y a su naturaleza, y para saber las causas naturales, por qué vive y por qué muere o enferma".

La primera edición de la obra figura bajo el nombre de autor de Oliva Sabuco de Nantes Barrera, y a su nombre está también

---

199 Sabuco de Nantes Barrera, Oliva, *La Nueva filosofía de la Naturaleza del Hombre, no conocida ni alcanzada de los grandes filósofos antiguos, la que mejora la vida y la salud humana*. Madrid, Pedro Madrigal, 2da. Edición, 1588, en Biblioteca Dioscórides, Universidad Complutense de Madrid. Cf. Didier, *op.cit.*, vol. 3, p. 3794; Waithe, *op.cit.*, pp. 261-284.

impresa la autorización del Rey para su publicación. La obra de inmediato fue elogiada por sus méritos y alcanzó gran prestigio:

Como tal fue alabada doña Oliva por sus contemporáneos,[200] desde el naturalista y protofeminista Cristóbal de Acosta, que cinco años después de su publicación, en su Tratado en loor de las mujeres (Venecia, 1592), ya conoce la obra y habla del saber extraordinario "de una donna Oliva Sabuco, dama española natural destos reynos y que oy vive", hasta Lope de Vega, que la hace "Musa Décima" y "heroica matrona". Y más tarde la siguen elogiando desde médicos como Martín Martínez y Boix y Moliner, que la titulan "heroína" y "doctriz", a Benito Jerónimo Feijoo, que la convierte en símbolo del pasado científico español (no digamos ya nada de Pérez de Pareja, su paisano y puede que pariente, que la calificó de "ornato de su género"), y otros muchos autores desde entonces.[201]

---

200   Téngase en cuenta que, en su versión original, la obra viene precedida de dos sonetos escritos por el Licenciado Juan de Sotomayor: Poema I: *Oliva de virtud y de belleza / Con ingenio y saber hermoseada / Oliva do la ciencia está cifrada / Con gracia de la suma eterna alteza: // Oliva de los pies a la cabeza / De mil divinos dones adornada, / Oliva para siempre eternizada / Has dexado tu fama y tu grandeza // La Oliva en la ceniza convertida / y puesta en la cabeza nos predice / Que de ceniza somos y seremos: / Mas otra Oliva bella esclarecida // En su libro nos muestra y significa / Secretos que los hombres no sabemos.* Poema II: *Los antiguos filósofos buscaron / Y con mucho cuidado han inquirido / Los sabios que después dellos han avido / la ciencia y con estudio la hallaron, // Y cuando ya muy doctos se miraron / Conocerse a sí propios han querido, / Mas fue trabajo vano y muy perdido / Que deste enigma el fin nunca alcanzaron. // Pero pues ya esta Oliva generosa / Da luz y claridad y fin perfecto / Con este nuevo fruto y grave historia, / Tan alto que natura está envidiosa / En ver ya descubierto su secreto, / Razón será tener del gran memoria.*

201   Pretel Marín, Aurelio "Los últimos «enigmas» en torno a Doña Oliva Sabuco y el Bachiller Sabuco" Albacete, Instituto de Estudios Albacetenses, 2018, pp. 197-225. Ferviente defensor de que la obra fue escrita por el Bachiller, apela al argumento de que honraba a la hija al poner en la portada su nombre; lo que, dadas las actividades del Santo Oficio, que unos años antes había puesto en

Oliva Sabuco había sido bautizada el 2 de diciembre de 1562, en Alcaraz (un año antes de la clausura del Concilio de Trento), y figura en el Acta de Bautismo como hija del Bachiller Miguel de Sabuco (posiblemente boticario) y de Doña Francisca de Cózar, siendo la hija quinta de ocho niños. Dos años después, Felipe II aceptó para el Reino de España el catálogo de libros prohibidos por el Concilio de Trento, y autorizó la "visita y control" de las librerías. Oliva, discípula del humanista Pedro Simón Abril (1530-1595), quien le enseñó latinidad, griego, filosofía y retórica, a los diecisiete o dieciocho años se casa con Acacio de Buedo, un pequeño comerciante, y se calcula que publicó su libro cuando tenía alrededor de veinticinco años.[202]

La obra "vino a revolucionar" la manera en que se concebía la medicina.[203] En palabras de Rosalía Romero Pérez,

---

el Index la obra y la persona de Juan de Huarte (1529-1588), parece un flaco favor. Cf. mi trabajo: "Juan Huarte de San Juan: Un materialista español del siglo XVI", *Actas del IIº Congreso de la AFRA*. Salta, UNSa, 1991. También, Fernández Sánchez, José, *Ediciones de la obra de Miguel Sabuco (antes doña Oliva)*, Biblioteca Nacional de España, Edición de 1587, catálogo 1963.

202   Llama la atención que aún persista una exacerbada controversia sobre la autoría; no obstante, cada día más académicos suscriben Oliva, y no su padre, fue la autora del texto. Considero que cabe invertir el argumento de Pretel Marín y considerar que, para proteger a la hija, el Bachiller Sabuco, al reeditar el libro, lo hizo a nombre propio, ya que en su supuesto "lecho de muerte" poco podía hacer la Inquisición en su contra. En defensa de la autoría de Oliva, cf. Didier, *op.cit.*, vol. 3, p. 3794; Waithe, *op.cit.*, pp. 261-284; Vintró, María y Waithe, Mary Ellen, "¿Fue Oliva o fue Miguel? Reconsiderando el caso «Sabuco»", *Boletín del Instituto de Investigaciones Bibliográficas* (México), vol. V.1 y 2, 2000, pp. 11-37; Balltondre, Mònica, "La nueva filosofía de la naturaleza del hombre de Oliva Sabuco", *Athenea Digital*, n° 10, 2006, pp. 259-262; Romero Pérez, Rosalía, *Oliva Sabuco (1562-1620)*, Ciudad Real, Universidad de Castilla-La Mancha, 2008; Steele, Kathryn Mary, *Feminismo, Avicena y Francisco Vallés en la Nueva filosofía de la naturaleza del hombre de Oliva Sabuco*, Tesis de Master of Arts, Graduate program in French, Italian and Spanish, Calgary University, Alberta, September, 2014.

203   Steele, *op.cit.*, p. 7; Waithe, *op.cit.*, p. 261; Romero Pérez, *op.cit.*, p. 13.

aunque en la versión latina del libro, Oliva Sabuco hubo de retractarse por haber sostenido que varones y mujeres tenían igual participación en la reproducción biológica humana, "[contribuyó] fundamentalmente en la ruptura con la imagen aristotélica del mundo. Pero, además, [soportó] un plus de pecadora: la ruptura afectaba al orden genealógico patriarcal."[204] Escrito en español, el libro consta de cinco capítulos en forma de extenso diálogo, y dos, que están escritos en latín, que tienen forma de epístola. Sus personajes protagónicos son tres pastores-filósofos, que conversan sobre temas de moralidad, medicina psicosomática (el gran aporte de Oliva Sabuco), la ley, la medicina en general y la historia natural. Sus nombres son Antonio, (que representa a la propia Oliva), Veronio y Rodonio. Para su época, el libro era atrevido y provocador; uno de los primeros textos modernos que relacionaron el sistema nervioso con la naturaleza de algunas enfermedades, exploración preliminar que también había ocupado, en Baeza, a Juan de Huarte.

Los cinco primeros capítulos se titulan: "Coloquio del conocimiento de sí mismo", "Coloquio en que se trata la compostura del mundo", "Coloquio de las cosas que mejorarán este mundo y sus repúblicas", "Coloquio de los auxilios o remedios de la vera medicina" y, el último, "Vera medicina y vera filosofía, oculta a los antiguos". Las formas epistolares se titulan; "Dicta brevia circa naturam hominis, medicinae Fundamentum" (*Breve discurso acerca de la naturaleza del hombre, fundamento de la medicina*) y "Vera philosophia de

---

204 Romero Pérez, *ibidem*. En cuestiones vinculadas a las mujeres, su referente polémico es Juan de Huarte.

natura mitorum, hominis et mundi, antiquis oculta" (*Filosofía verdadera sobre la naturaleza de los mitos, del hombre y el mundo, oculta a los antiguos*). El libro representa la voz de la autora y da consejos, ofreciendo primero una versión simplificada de su teoría, con un objetivo pedagógico que implica ilustrar a sus potenciales lectores, no solo poco versados en medicina, sino que —muy probablemente— sumidos también en teorías desactualizadas o supersticiosas. El quinto capítulo está dirigido a un público más especializado. Allí, el pastor-protagonista Antonio debate y defiende sus ideas, dialogando con un (supuesto) médico anónimo con quien critica la medicina tradicional aristotélica, la de Hipócrates y la de Galeno. A continuación, presenta "la nueva filosofía sobre la medicina".

Forma parte de la organización retórica del extenso diálogo, la toma de posición de uno de los interlocutores, que se sorprende de cómo un pastor se atreve a desafiar a autores de tal renombre como Galeno e Hipócrates, sin haber estudiado medicina. Tomando de modo encubierto la posición de Oliva, el humilde médico anónimo responde que observa el mundo sin ser adoctrinado sólo por "la doctrina de la educación formal". Recordemos que ya Juan de Huarte había sentenciado: "no creer que algo es verdad porque lo dijo Aristóteles" —socavando el principio de autoridad, uno de los baluartes de la educación tradicional— y por ese entonces en el Index.[205] Probablemente junto con Huarte, otra influencia, según Waithe, fue la de Gómez Pereira (1500-1567 o 1568), claro retractor de la

---

205   Huarte de San Juan, Juan de, *Examen de Ingenios para las ciencias*, Madrid, Jordán & hijos, 1963; Femenías, *op.cit.*, p. 24.

medicina medieval, que proponía métodos empíricos y escribía también sobre "la nueva filosofía del hombre". Asimismo, como Abril, era un humanista de orientación nominalista y, junto con Huarte, un claro precedente del cartesianismo.[206] El pastor Antonio, por tanto, además de criticar el contenido de las teorías antiguas, hace lo propio con el uso del latín, porque el idioma limita el acceso de las personas comunes a la medicina y a la ley, e incluso a las personas que estudian esos idiomas pero no logran entender los textos por completo: "Dexemos el Latín, y Griego, y hablemos en nuestra lengua, que hartos daños ay en el mundo por estar las ciencias (especial las leyes) en Latín" (p. 227), oponiéndose así a académicos que, como Francisco Vallés, en controversia con Abril, consideraba fundamental ante todo dominar los clásicos.[207]

Los aportes más interesantes de la obra de Sabuco son: primero, la identificación y denominación del "jugo blanco" o "chilo" y sus funciones; segundo, su opción por lo que denominó teoría cerebro-espinal, como variante de la corriente cefalocéntrica (en oposición a la hemocéntrica, sostenida por Aristóteles y San Agustín),[208] y tercero, la interacción entre la mente, el cuerpo y la salud humana.

---

206 Waithe, *op.cit.*, p. 262; Waithe, Mary Ellen (b) "Oliva Sabuco's Philosophy of Medicine: Freedom from False Paradigma", Birulés, Fina y Peña Aguado, María Isabel, *La Passió per la Llibertat*, Barcelona, Universidad de Barcelona, 2004, pp. 225-229.

207 Transcribimos los textos de Oliva Sabuco en el castellano de la época.

208 Sobre el debate clásico entre cefalocéntricos y hemocéntricos, cf. Femenías, María Luisa, *Inferioridad y Exclusión: Un modelo para desarmar*, Buenos Aires, Grupo Editor Latinoamericano, 1996, pp. 83-120; Waithe, Mary Ellen (c), "Freedom is just another Word for Nothing left to lose: Oliva Sabuco's Philosophy and Life", en Bergès, Sandrine y Sianni, Alberto (eds.) *Women Philosophers on Authonomy: Historical & Contemporary Perspectives*, New York, Routledge, 2018.

Veamos primero, brevemente, su "teoría" del "chilo" y sus funciones.[209] En *Nueva Filosofía*, sostiene:

> [...] chilo [...] ò jugo es un jugo blanco, que se nombra chilo, el comol toma efta raíz del cerebro en tres maneras: por compresion, como en lagar, o moliendo y apretando, que fe hace en la boca mientras se mafca, y por evaporación, como en el alambique ò alquitara, suviendo el vapor comondo los alimentos yà eftan en el eftomago [...] donde los alimentos se cuecen [...] (p. 229)

Es decir, el cerebro produce "chilo", en principio, como un desecho (79) que colabora en la digestión. Pero este nuevo concepto es mucho más amplio; en la *Nueva Filosofía* lo utiliza aproximadamente unas quinientas veces, siendo central en su concepción del sistema nervioso. A veces, lo denomina "succo nerveo" y afirma que se encuentra siempre con los nervios, revistiéndolos. Si bien identifica al cerebro como fuente del chilo y a su "pia mater" como la membrana que recubre los nervios y lo distribuye en todo el cuerpo, reconoce diferentes formas de chilo (79), en términos de "jugos blancos". Recuérdese que tradicionalmente, en la teoría de los cuatro humores, de origen hipocrático, solo se mencionaba la linfa como jugo blanco o transparente. Sabuco enumera como formas de chilo, la saliva (p. 194), la eructación (194), las lágrimas (76, 214), el sudor (76, 214), el moco (76), el cerumen (76) la linfa (114), el semen (206) y las secreciones vaginales (206). Esta última

---

209   Actualmente, "quilo"; líquido blanco lechoso que se forma en el intestino
        delgado durante la digestión compuesto de líquido linfático y grasas. Waithe (c),
        op.cit., supra.

cuestión, muy debatida en los tratados médicos, previos a las investigaciones de Gabriele Falloppio (1523-1562) de Ferrara en la Escuela de Medicina de Padua. En efecto, defensora de la "teoría biseminal", Sabuco argumenta a favor de la "actividad" de las mujeres; es decir, las mujeres lejos de ser "pasivas" como las definen las obras médicas tradicionales, aportan secreciones vaginales.[210] En relación, Sabuco desarrolla además lo que denomina "salud selenocéntrica", tomando como punto de partida una posición filosófica próxima al materialismo estoico y a una visión del hombre como microcosmos situado en un macrocosmos armónico: así explica la influencia de la luna (Selene) en los ciclos menstruales y en la duración de la gestación (diez meses lunares), apuntando también a la influencia lunar en el carácter y en el estado de ánimo.[211]

Con su teoría cerebro-espinal, Sabuco refuerza investigaciones previas sobre el papel del cerebro y de la médula —en la línea de Abril y de Huarte— y, lindando con la herejía, hace del cerebro la base del alma racional.[212] Sabuco reconoce las tres funciones habituales del alma: vegetativa, sensitiva y racional. Pero su desafío consistió en hacer del cerebro la sede del alma racional, lo que no solo contravenía la más sólida tradición de los médicos-filósofos, sino que confrontaba el dogma de la Iglesia. Además, de ello Sabuco dedujo la interacción mente-cuerpo y su importancia para la salud humana, en lo que se

---

210   Romero Pérez, *op.cit.*, pp. 75-76.

211   Waithe (a) *op.cit.*, pp. 270-271; Alberó Muñoz, María del Mar, "Las pasiones del alma según Sabuco en su *Nueva Filosofía de la Naturaleza del Hombre*", *Imafronte*, 18, 2006, pp. 7-18. La autora opta por referirse siempre a "Sabuco", aunque todo permite inferir que considera a Miguel como el autor del libro.

212   Recuérdese que, debido a una concepción afín, Huarte fue confinado al Index, retractándose su hijo numerosas veces y publicando expurgada su obra. Femenías, *op.cit.*

considera fueron las primeras incursiones en un modelo psicosomático de la enfermedad y de la salud. Con esta mirada holística, aboga por la necesidad de armonía de los diferentes compuestos del cuerpo entre sí (microcosmos), y con el universo (macrocosmos). Sin embargo, a diferencia de su vanguardismo médico, sigue considerando al universo según el modelo ptolemaico, es decir, cerrado. Su objetivo es que no solo los seres humanos puedan prolongar sus vidas sino, además, que las puedan vivir bien, saludablemente.[213]

Ahora bien, Oliva Sabuco despliega en casi la mitad de las páginas de su libro sobre la "nueva filosofía", una suerte de tratado sobre las pasiones del alma. Analiza "los movimientos" del alma, su repercusión en la vida de las personas, y examina distinguiendo con claridad los sentimientos de miedo, tristeza, placer u odio. En un ambiente bucólico y pastoril, que invita a la reflexión sobre el alma humana, los tres pastores-filósofos que conocemos, desarrollan su conversación. Ya en la carta al Rey, Oliva había anunciado que su obra trataba de un "coloquio sobre el conocimiento de sí mismo, en el comol se dan grandes avisos". Presentándose como "Una humilde sierva y vasalla, hincadas las rodillas en ausencia, pues no puede en presencia [del Rey]", Oliva osa afirmar que –gracias a su libro– el hombre entenderá las "causas naturales" de por qué vive y por qué muere o enferma. De ese modo podrá evitar una muerte temprana o violenta, y podrá vivir feliz hasta que le llegue su muerte natural en paz y sin dolor.[214]

---

213 Waithe (a) *op.cit.*, pp. 271-272.
214 Alberó Muñoz, *op.cit.*, pp. 9-10.

Por cierto, muchos fueron los autores que en el siglo XVI escribieron para comprender la verdadera naturaleza del hombre. Creían que el conocerse a sí mismo era un paso imprescindible para poder ser felices. También ese es el punto de partida de Oliva Sabuco, para quien el "conócete a ti mismo", inscripción del templo de Delfos, y la adopción de la "fisiognómica", le permite desarrollar una teoría médico-psicológica del carácter de las personas, los rasgos de su rostro, su salud y su moral.[215] Para ella, el tratamiento de las pasiones, como enfermedades del alma que acarrean males físicos, y su explicación de cómo se producen, le confiere una originalidad comparable a la de su coetáneo Juan de Huarte. Ahora bien, más allá de sus particularidades, en tanto discurso de época, la obra de Sabuco permite entender mejor cómo operan en el gobierno "de uno mismo" las pasiones humanas, y así conocer el importante papel que jugaron en la ruptura del marco tradicional de la antropología cristiana.[216]

Una primera ventaja de su trabajo fue precisar cuál era la naturaleza de las pasiones para poder identificar enfermedades corporales y espirituales; cómo se reflejaban en el cuerpo y cómo podían transmitirse.217 Ya en "Coloquio del conocimiento sobre sí mismo", la autora agrupa las pasiones entre "las que son la mala bestia del género humano" y las que "dan vida y salud". Considerando al hombre un "árbol invertido" cuyas

---

215 Pseudo-Aristóteles, *Fisiognomía*, Madrid, Gredos, 1999; Balltondre Pla, Mònica, "El conocimiento de sí y el gobierno de las pasiones en la obra de Sabuco", *Revista de Historia de la Psicología*, 27, 2/3, 2006, p. 107-114. Balltondre Pla argumenta a favor de la autoría de Oliva.

216 Recuérdese que más tarde, en 1649, Descartes también escribe un tratado sobre las pasiones del alma.

217 Alberó Muñoz, *op.cit.*, pp. 11-12; Balltondre Pla, *op.cit.*, p. 110.

raíces nacen en el cerebro, sostiene que las pasiones son la causa principal de las enfermedades y de la muerte, cuando esta sobreviene antes de la vejez; de ahí que fuera fundamental para un médico estudiarlas y así prever sus efectos, "porque las pasiones pueden matar a un espíritu sensible".[218] Ahora bien, por un lado, Sabuco parte de la doctrina aristotélica de la trifuncionalidad del alma, en la relectura de Galeno y, por otro, de la *Historia Natural* de Plinio. Afirma que todos tenemos "tres especies de alma; residiendo una en el hígado, otra en el corazón y otra en el cerebro":

> "[...] la sensitiva, con los animales; la vegetativa, con las plantas; y la intelectiva, con los ángeles, para sentir y entender los afectos del cuerpo y considerar que es en la parte sensitiva donde se padecen las pasiones o movimientos del alma, que son los generadores de las enfermedades".[219]

En su interpretación de las pasiones a partir de gestos y rasgos faciales, la precisión y la claridad en la descripción son notables, y se adelanta a los estudios de Charles Le Brun (1619-1690), de la Academia Real de Pintura y de Escultura de París. Esa correspondencia entre cerebro-alma-gesto o expresión, lleva a Sabuco a justificar su objetivo: mostrar que las enfermedades más frecuentes en los hombres, parten de las pasiones, y son ellas las que permiten diferenciar las enfermedades propias de los hombres de las de los animales, ya que los primeros pueden rememorar, entender, razonar y

---

218 Waithe, *op.cit.*, p. 273.
219 Alberó Muñoz, *op.cit.*, p. 11.

tienen voluntad, y los segundo no. Sitúa además a esas pasiones en la cabeza, a la que denomina "el miembro divino." A lo largo del texto, Sabuco describe distintos movimientos del alma, los "afectos": el enojo, la ira, la tristeza, el miedo, el amor, el deseo, el placer, o la alegría, analizando su influencia en el cuerpo humano, y explica cómo varían los rasgos de un rostro y qué efectos producen. Por ejemplo, describe los cambios en la fisonomía de la siguiente forma:

> [...] y así se demuda el color del rostro cuando ven aquella persona a quien tienen odio y enemistad, daña al cuerpo, pero más al alma, pues deseando mal a su prójimo y semejante, están en pecado mortal.[220]

Incluso advierte que, en algunos casos, hay "afectos", como la tristeza de la mujer que se considera mal casada, que solo aparece en las mujeres y solo ellas la detectan cuando aparece en otras [mujeres].[221] Sin embargo, junto a los "afectos" negativos se pueden revelar otros positivos, en especial "en las buenas almas", por ejemplo, en los niños. Así describe el rubor, que "provee a los niños de mucha vergüenza", lo cual es "señal de gran virtud".[222] En suma, la pregunta última que guía su análisis es ¿cuáles son las consecuencias morales de las pasiones humanas? De ahí el fuerte encadenamiento entre

---

220 Sabuco, *op.cit.*, p. 32. Sabuco no utiliza la analogía zoológica, que se desarrollará más adelante.

221 Sabuco, *op.cit.*, p. 22.

222 Sabuco, *op.cit.*, p. 34.

cuerpo-pasión y moral, o lo que Waithe denomina, "base médico-psicológica de la moral."[223]

Esas teorías –severamente criticadas por los círculos dogmáticos cristianos–, se difundieron extensamente y fueron muy valoradas por la sociedad de finales de siglo XVI. Es fácil detectar la influencia de la obra de Sabuco –y la de Huarte– en algunos de sus contemporáneos, por ejemplo, en la figura y descripción del Quijote de Cervantes, pero también en Quevedo, Góngora, María de Zayas y Lope de Vega.[224] Casi todos los escritores de su época replicaron sus descripciones fisiognómicas. Con todo, Oliva Sabuco insistió en la moderación, el equilibrio y la armonía del cuerpo a fin de preservar la salud, y llegar a la vejez mental y físicamente bien. La incertidumbre que rodea la fecha de su muerte hace presumir que, también como en Huarte, tuvo que escabullirse de los "ruidos del Santo Oficio", por usar las palabras de Juana Inés.

María de Zayas y Sotomayor

Claramente, quien toma como modelos los tipos tanto descriptos como criticados por Oliva Sabuco es la escritora María de Zayas, su coetánea. No pudiéndosela incorporar entre las autoras de poesía religiosa, ascética o mística –como a Santa Teresa de Jesús– y considerándose "impropios" sus temas, María de Zayas y Sotomayor ha permanecido ignorada por la

---

223 Waithe, *op.cit.*, p. 273.

224 Quiñones, E. *et alii* "Huarte de San Juan y Sabuco de Nantes: Dos visiones psicológicas en el Renacimiento español", en Manuel de Valera y C. López Fernández, *Actas del V Congreso de la Sociedad Española de Historia de las Ciencias y de las Técnicas*. Murcia, Vol. III, 1991.

mayor parte de los libros de literatura del Siglo de Oro. Sin embargo, con su obra aún en estudio, ya se la considera una de sus representantes más significativas. Nacida en Madrid (ca. 1590 -1650 o 1661), participó, con éxito, en numerosos certámenes literarios, y dejó a la posteridad un conjunto de novelas, obras de teatro y dos series de relatos breves de corte amoroso, de gran éxito en su época.[225] La evocamos aquí porque recoge y pone en boca de sus protagonistas los argumentos tanto misóginos como vindicativos difundidos en su época, tomando clara posición en defensa de la igualdad de las mujeres, y apartándose de debates teológicos y de consideraciones clasistas.[226]

Zayas publicó una colección de diez novelas que iba a llamarse *Honesto y entretenido sarao,* pero acabó titulándose *Novelas amorosas y ejemplares* y diez años más tarde (1647) se imprimieron diez novelas más, sin supervisión de su autora. Esta nueva colección recibió el título de *Parte segunda del Sarao y entretenimiento honesto* y, posteriormente, *Desengaños amorosos.*[227] Entre sus obras de teatro, que en general son comedias, publicó *La traición en la amistad* y dos series de relatos breves de corte amoroso.

La obra narrativa de María de Zayas se integra al género de la novela corta que tanto éxito tuvo, sobre todo a partir de las *Novelas ejemplares* de Cervantes en 1613. Sin embargo,

---

225 Didier, *op.cit.*, vol. 3, pp. 4695-4696.

226 Presenta sus obras, Solana Segura, Carmen, en "María de Zayas", *Lemir*, 16, 2012; Zayas y Sotomayor, María de, (a) *Novelas amorosas y ejemplares*, Julián Olivares (ed.), Madrid, Cátedra, 2010.

227 Cortés Timoner, María del Mar, "María de Zayas y el derecho a ser de las mujeres", *Biblioteca Virtual Miguel de Cervantes*. Disponible en: http://www.cervantesvirtual.com/obra-visor/maria-de-zayas-y-el-derecho-a-ser-de-las-mujeres-888791/html/2ed84456-d065-45a9-9e99-7bbd20dde843_4.html#PagFin

suelen perjudicar a las mujeres por el modo en que son des-
criptas desde, por lo menos, obras al estilo del *Decamerón* de
Boccaccio. La primera colección se inicia con la presentación
de un elegante y refinado espacio, en el que cinco hermosas
mujeres[228] y cinco galanes se van a convertir en narradores de
diez relatos sentimentales y, a veces, en protagonistas de sus
propios amores, durante cinco noches. La segunda colección,
de tono más sombrío, pretende desenmascarar las trampas de
la realidad, por lo que se narran «desengaños», en el contexto
simbólico de las fiestas de Carnaval; es decir, en el festejo de las
máscaras y de las falsas apariencias. Las narradoras –todas las
mujeres– comunican sus quejas y se hacen oír en la sociedad.[229]
En los relatos que agrupan las *Novelas amorosas y ejemplares*, se
defiende primero la autonomía de la mujer, y se la insta a que
tome decisiones sobre su destino; por el contrario, en la segunda
parte, se retratan mujeres víctimas de una sociedad violenta,
injusta y sorda a sus necesidades. La mayoría de los *desengaños*
tienen un final triste, que muestra que las mujeres solo pueden optar por el matrimonio o el claustro religioso, aunque sea
como seglares.[230] Los relatos de Zayas tienen algunos rasgos
característicos, como dar relieve a los elementos extraordina-
rios, recrear escenas violentas, destacar el componente erótico,
contra todo retrato de época de la mujer casta, subrayar que las

---

228 Navarro Durán, Rosa, «La "rara belleza" de las damas en las novelas de María
de Zayas y de Mariana de Carvajal», en Carabí, Ángels y Segarra, Marta (eds.)
Bellesa, dona i literatura. Barcelona, PPU, 1997, pp. 79-86. Versión electrónica
de 2013. Disponible en http://diposit.ub.edu/dspace/bitstream/2445/34251/1/
Belleza_escrita_femenino.pdf

229 Solana Segura, Carmen, "Las heroínas de las *Novelas amorosas y ejemplares* de
María de Zayas frente al modelo femenino humanista", *Lemir*, 14, 2010, pp. 27-
33.

230 Cortés Timoner, *ibidem*; Solana Segura, *ibidem*.

mujeres también desean y, sobre todo, eludir los finales felices que culminen en boda. En sus novelas se suele ver en el matrimonio el comienzo de una vida desgraciada para las mujeres, quienes deben enfrentar, en general, una unión concertada sin amor y una sociedad hostil. Es decir, Zayas toma el *tópico* de "la mal casada" en clave dramática y no de comedia, como en el Barroco, siguiendo en parte observaciones de Sabuco.

Con argumentos en boga en defensa de las mujeres, rechaza la sátira misógina, muy popular en su época, y produce obras en las que sus protagonistas "acusan" a los varones de limitar su existencia y sus capacidades, y de encerrarlas en el ámbito doméstico, "obsesionados" por la honra. De ese modo las obligan a vivir preocupadas por su apariencia, imposibilitadas de mostrar sus conocimientos o ignorantes, y obligadas a desarrollar una moral hipócrita y engañosa que afecta su salud. En un horizonte de mayor igualdad, donde las mujeres pudieran cultivar su intelecto y decidir sobre su destino, Zayas juzga que las relaciones entre varones y mujeres mejorarían y se evitarían los matrimonios forzados, los engaños para proteger la honra, la muerte de esposas por maltrato físico y psicológico y, en términos generales, la infelicidad a la que se ven sometidas.

Así en el *Desengaño Tercero*, la narradora Nise, sostiene:

> [...] la culpa de las mujeres la causan los hombres. Caballero que solicitas doncella, déjala no la inquietes, y verás cómo ella, aunque no sea más de por vergüenza y recato, no te buscará a ti. Y el que busca y desasosiega la casada, no lo haga [...] Y el que inquieta a la viuda, no lo haga [...] Y si las buscas y solicitas, y las haces caer, ya con ruegos, ya con

regalos, ya con dádivas, no digas luego mal de ellas, pues tú tuviste la culpa de que ellas caigan en ella.[231]

Asimismo, Zayas aboga por el derecho de las mujeres a una buena educación. En el *Desengaño Cuarto*, Filis se lamenta:

> [...] en empezando a tener discurso las niñas, pónenlas a labrar y hacer vainillas, y si les enseñan a leer es por milagro, que hay padre que tiene por caso de menos valer que sepan leer y escribir sus hijas, dando causa que de saberlo son malas, como si no hubiera muchas más que no lo sabe y lo son, y esta natural envidia y temor de que los han de pasar [...][232]

Y en la introducción, Zayas ya había proclamado que:

> [...] si en nuestra crianza, como nos ponen el cambray en las almohadillas y los dibujos en el bastidor, nos dieran libros y preceptores, fuéramos tan aptas para los puestos y para las cátedras como los hombres, y quizá más agudas [...][233]

Su argumento es que:

---

231 Zayas y Sotomayor, María de, (b) *Desengaños amorosos*, Alicia Yllera (ed.), Madrid, Cátedra, 1993, p. 200. Compárese con *Hombres necios que acusáis/ a la mujer sin razón/sin ver que sois ocasión/de lo mismo que culpáis* de Juana Inés de la Cruz. No sabemos si Juana Inés estuvo influenciada por Zayas, sí sabemos, en cambio, que en la biblioteca que ideó Octavio Paz, estos libros no figuraban.

232 Zayas (b), *op.cit.* p. 22; "labrar y hacer vainillas", es decir, bordar y hacer un cierto diseño de bordado.

233 Zayas, (b) *op.cit.* p. 160; "cambray", tela muy fina de algodón blanco y almohadilla para el bordado.

Si esta materia de que nos componemos los hombres y las mujeres, ya sea una trabazón de fuego y barro, o ya una masa de espíritus y terrones, no tiene más nobleza en ellos que en nosotras; si es una misma la sangre, los sentidos, las potencias y los órganos por donde se obran sus efectos, son unos mismos [...] porque las almas ni son hombres ni mujeres: ¿qué razón hay para que ellos sean sabios y presuman que nosotras no podemos serlo?

Zayas potencia y pone a disposición del gran público argumentos que ya nos son conocidos. En *El prevenido engañado*, insiste en que prohibir el desarrollo intelectual de las mujeres es perjudicial para ellas, pero también para los varones, posición interesante que se retomará en los salones literarios franceses.[234] Su teatro incursiona además en los límites de los modelos de mujeres de su época: en *Aventurarse perdiendo*, Jacinta antepone su deseo sexual al honor y al decoro, al entregarse sin dudarlo a los hombres que ama. Y en *La burlada Aminta y la venganza del amor*, Flora reconoce sentirse atraída por Aminta, la hermosa dama que ha enamorado a su amante don Jacinto:

[...] tengo el gusto y deseos más que de galán de dama, y donde las veo y más tan bellas, como esta hermosa señora, se me van los ojos tras ellas y se me enternece el corazón.[235]

---

234   Cortés Timoner, *ibidem*.
235   Zayas (a) *op.cit*. p. 223.

La idea de Zayas es que mediante relatos «verdaderos» y con «testigos de vista» las jóvenes ingenuas se prevengan contra los engaños y la brutalidad, al tiempo que los varones admitan que las mujeres son buenas, y que si se malician es precisamente por culpa de ellos, y así le "den a cada una lo que ella merece, sin ponerlas a todas en el mismo saco".[236] En conclusión, María de Zayas denuncia en sus novelas la minusvaloración del sexo femenino que sostienen la mayoría de los varones de su tiempo y los irrazonables límites que le impone la sociedad al desarrollo humano de las mujeres. Pide para ellas el derecho a elegir su destino, a satisfacer sus deseos y a recibir una educación que no las vuelva víctimas fáciles de pasiones, engaños y desprecios. Pero por la audacia de tus textos, permaneció durante siglos en las sombras.

236 Nota editorial: "María de Zayas y el feminismo que nació en España en el Siglo de Oro", Madrid, *El País*, 22 de mayo de 2018, en ocasión de la Feria del Libro de Madrid, y de la puesta en escena de *Desengaños amorosos* por la compañía de Silvia de Pé.

Anna Finch
Inglaterra. 1631 – 1679

CAPÍTULO 5

ANNA FINCH, VIZCONDESA DE CONWAY

La ausencia de las mujeres de las historias «oficiales» de la filosofía, que Celia Amorós ha caracterizado como «razones de los olvidos de la razón», se sustentan en una concepción sesgada de su historia, de modo que solo fragmentariamente y tras ardua indagación bibliográfica, llegamos a saber que existieron filósofas y pensadoras que propusieron, comentaron, dialogaron y examinaron críticamente las obras de los filósofos varones de su época. Entre ellas, Lucrezia Marinella, Marie de Jars de Gournay, Anna Maria von Schurman, Margaret Cavendish, Marie Winckelmann von Kirch, Anne Finch Conway o Émilie du Châtelet tuvieron una extensa producción literaria, filosófica y científica, de la que solo una pequeña parte ha llegado hasta nosotros, a veces, bajo el rubro peyorativo de «filosofía de mujeres», o «filosofía para damas».[237] En

237 Roldán, Concepción, (b) "Transmisión y exclusión del conocimiento en: Filosofía para damas y *Querelle des femmes*", *Arbor, Ciencia, Pensamiento y Cultura*, nº 731, mayo/junio, 2008, pp. 82-94; Frankel, Lois, "Anne Finch, Viscountess Conway", en Waithe, Mary Ellen, *A History of Women Philosophers*, vol. 3, Univeristy of Minnesota, 1991, pp. 41-55; Alic, Margaret, *El legado de Hipatia*, México, Siglo

este capítulo y el siguiente, revisaremos los aspectos fundamentales de la obra de Anne Finch Conway y de Émilie du Châtelet.

Anne Finch –*la Condesa Olvidada*– fue una filósofa atípica del siglo XVII.[238] Hija póstuma de Sir Heneage Finch y de su segunda esposa Anne, creció en el Palacio de Kensington, y recibió una educación sumamente esmerada, porque su hermano John disfrutó de un preceptor particular durante toda su infancia y adolescencia –el prestigioso Henry More (1614-1687), profesor del Christ College de Cambridge– a cuyas clases ella se sumaba en silencio. Así aprendió desde muy pequeña francés y latín, más tarde griego e incluso hebreo. Al parecer, John le pasaba a su hermana menor sus textos y compartía con ella polémicas y debates, generando en la niña gran interés y entusiasmo por el conocimiento, en especial, por la filosofía. Más adelante, en la adolescencia, John la contactó directamente con More, con quien mantuvo una fluida relación epistolar hasta su muerte.[239] Fue More quien la introdujo en la filosofía de Aristóteles, Plotino, en la escolástica y en el humanismo inglés, así como en la filosofía cartesiana —que More estudiaba por aquella época–, a la que criticó desde su mirada platónica, aunque sin renunciar a sus presupuestos dualistas, como sí

XXI, 2014, pp. 15-22, 103, 108, 122, 177, 233, 240; Roldán, Concepción, (a) "La filosofía de Anne Finch Conway: bases metafísicas y éticas para la sostenibilidad" en Puleo, Alicia (comp.) *Ecología y género en diálogo interdisciplinar*, Madrid, Plaza y Valdés, 2015, pp. 101-123; Amorós, *op.cit.*, cap. II. Existe un retrato muy bello de Anne Fich Conway estudiando mientras camina por el palacio, realizado por Samuel van Hoogstraten, c. 1662-1667.

238 Alic, *op.cit.*, p. 15; Meyer, *op.cit.*, pp. 131-134; Didier, *op.cit.*, p. 1048; Roldán, (a) *op.cit.*, p. 101.

239 Roldán, (a) *op.cit.*, pp. 102-104; Merchant, Carolyn, (a) "Anne Conway: Comoker & Philosopher", en Stoneburner, Carol O., Theodor Benfey, Robert Kraus (eds.), *Perspectives on the Seventeenth Century World of Viscountess Anne Conway*; Special issue of the *Guilford College Review*, 23, 1986, pp. 1-13; de la misma autora, (b) *The Death of Nature*, San Francisco, Harper-Collins, 1983.

más tarde haría Anne. A los diecinueve años, Anne se casó con Edward Conway, tercer vizconde de Conway –heredero de Warwickshire, Ragley Hill, y del condado de Antrim en Irlanda–, cuya familia poseía una de las mejores bibliotecas privadas de la época.[240]

Desde aproximadamente los catorce años, Anne había comenzado a padecer una enfermedad indeterminada, que le producía importantes cefaleas. En el intento, si no de curar, al menos sí de paliar su dolencia, Anne entró en contacto con los médicos y físiólogos más importantes de su época: William Harvey le recomienda una trepanación, Robert Boyle le prepara su *Ens veneris*, y también la visita Thomas Willis que, en 1662, fue cofundador de la *Royal Society of Medicine* de Londres, y precursor de la neurología actual. Como fuere, la experiencia del dolor y el sufrimiento físico y mental (su hijo menor murió tras una larga enfermedad), tuvo una importante incidencia en su filosofía, sobre todo después de entrar en contacto, en 1670, con Francis Mercury van Helmont, hijo del famoso paracelsista Johann Baptist van Helmont.[241] More e Isabel de Bohemia convencieron al joven van Helmont de visitar a Anne para proporcionarle algún remedio que, en su caso, fue de tipo espiritual, bajo el supuesto de que "si el alma enferma, enferma el cuerpo y viceversa",[242] como se sostiene en el único libro que Anne escribió.

---

240 Roldán, (a) op.cit. p. 108; Roldán, (b) ibidem; Mechant, (a) y (b); Hutton, Sarah, "Lady Anne Conway" Stanford Encyclopedia of Philosophy, revised, Fri, Mar 7th, 2014.

241 Paracelso (1493-1541) En torno a 1570 se inició en el mundo de lengua alemana un vigoroso movimiento paracelsista que muy pronto se extendió a toda Europa. Las obras de Paracelso fueron editadas a partir de entonces numerosas veces en alemán y traducidas a otros idiomas.

242 Merchant (a), *op.cit.*, p. 3; van Helmont permaneció en Ragley ocho años hasta la muerte de Anne.

Sara Hutton consagró a Anne Finch Conway un muy documentado libro, en el que da cuenta de sus investigaciones sobre la vida y la obra de la vizcondesa. En el primer capítulo relata pormenorizadamente la infancia de Anne, en el sofisticado ambiente que la rodeó desde niña, encausándola al estudio, y la estrecha relación que tuvo con su hermano John, hijo del primer matrimonio de su padre.[243] En el segundo capítulo explora los antecedentes filosóficos de la excepcional educación de Anne, una niña a la que, por su condición de mujer, le estaba vedada la educación formal que recibieron un Descartes o un Locke, por citar solo unos ejemplos. Sin embargo, su formación no solo fue esmerada sino, sobre todo, respondió a un interés y una capacidad inusual, a pesar de que los datos con que se cuenta son parciales, y que Hutton reconstruye a partir de su correspondencia.[244] Es sumamente interesante el capítulo que la investigadora dedica a la religión de Conway.[245] En efecto, en un siglo que busca afanosamente un método que provea de explicaciones causales racionales, la posición de Conway, afín a la de los grupos platónicos de Cambridge, nuevamente la coloca en un lugar inusual. En sus cartas, la discusión sobre cuestiones religiosas –como muestra Hutton– es central, y esos intereses la llevan primero al encuentro del movimiento cuáquero y, más tarde, al estudio del hebreo y de la Kabala. Incluso su acercamiento a Francis Mercury van Helmont y otras corrientes inconformistas y milenaristas, se vio favorecido por sus intereses religiosos y por la búsqueda

---

243   Hutton, *op.cit.*, pp. 14-35.

244   Hutton, *op.cit.*, pp. 36-52.

245   Hutton, *op.cit.*, pp. 53-72. La "Sociedad Religiosa de los Amigos", generalmente conocida como cuáqueros, es una comunidad religiosa disidente de la iglesia anglicana. Fue fundada por George Fox (1624-1691), uno de cuyos grupos estaba radicado en las proximidades de Ragley Hill.

incesante de un paliativo para sus cefaleas. La fusión que realiza entre religión y filosofía no es compatible con la ortodoxia de las interpretaciones cristianas, pero tampoco le impide mantener un compromiso pietista. Hutton analiza también la relación e influencia que Henry More ejerció sobre ella.[246] Tres personas parecen haber figurado en el círculo íntimo de Anne Conway: su hermano John, su maestro Henry More y, durante sus últimos años, F. M. van Helmont. De los tres, Hutton considera difícil no sobrestimar la presencia de More en la formación de Anne, a pesar de la disidencia filosófica que existía entre ambos, ya que More era claramente dualista y ajeno al movimiento cuáquero, religión a la que finalmente Anne Conway se convirtió. Incluso, sus cartas muestran que fue muy crítica de la filosofía de More, a pesar de que la acompañara constantemente en sus reflexiones.[247]

Conway, independientemente del grado de elaboración del propio pensamiento filosófico no-dualista, era plenamente conciente de las implicancias de la posición mecanicista de un Hobbes o un Descartes, y de los problemas teóricos que conllevaba su aceptación, al mismo tiempo, de conceptos tales como "alma" o "mente" (*mind*); es decir, de su dualismo. Esto la enfrentó (teóricamente) a la otra gran intelectual de su tiempo, Margaret Cavendish (1623-1673, Duquesa de Newcastle), teóricamente más próxima al círculo hobbesiano, aunque enfrentada tanto a Descartes como a Hobbes.[248]

La dolencia que padeció Anne toda su vida[249] la obligó a meditar también sobre un conjunto de cuestiones metafísicas

---

246   Hutton, *op.cit.*, pp. 73-93.
247   Merchat, (b) *op.cit.*, pp. 255-256; 258; 261;
248   Hutton, *op.cit.*, pp. 94-115.
249   Hutton, *op.cit.*, pp. 116-139.

derivadas de los "métodos científicos" de investigación y de cura que le aplicaban. Precisamente, fue la experiencia del dolor la que la obligó a negar el dualismo cuerpo-alma al modo cartesiano. En un pasaje de su obra se pregunta: "¿Cómo puede el espíritu sufrir tan intensamente el dolor del cuerpo? Porque, si no hubiera conexión entre ambos, ¿tal experiencia sería imposible? ¿Por qué entonces el espíritu sufre cuando el cuerpo duele? ¿Son acaso de naturaleza tan diferente?".[250]

Justamente estas meditaciones sobre el dolor, llevan a Conway a interesarse por la sabiduría de los arcanos, consultando a su amigo y colaborador Christian Knorr Rosenroth (1636-1689), que la aproximaron a la Kabala cristiana. Así, el receptivo círculo de intelectuales que la rodeaba, propició la traducción y publicación de textos kabalísticos –*Kabbala denudata* (1677)– que motivaron en Conway el estudio del hebreo y de la tradición mística judía.[251] Casi al mismo tiempo, se vinculó con Francis Mercury van Helmont (1614-1698), hijo del alquimista y seguidor de Paracelso Jean Baptiste van Helmont (1579–1646).[252] Van Helmont hijo, alquimista él mismo, diplomático, inventor, filósofo natural y religioso, sugirió a Conway que "hiciera amistad con el dolor". De las reflexiones sobre el dolor y de cómo integrarlo a su experiencia cotidiana, Conway da cuenta en su obra, en la que afirma que aunque "el dolor aumenta, su comprensión no disminuye".[253] Los últimos cuatro años de la vida de Anne son de intensa actividad intelectual. Contrariamente a lo que se pensó primero,

---

250 Hutton, *ibidem*.

251 Hutton, *op.cit.*, pp. 156-176.

252 Hutton, *op.cit.*, pp. 140-155.

253 Hutton, *op.cit.*, pp. 203-219.

Hutton sostiene que fue en ese período en el que redactó su *Principia Philosophiae*.

La obra *The Principles of the Most Ancient and Modern Philosophy* fue redactada en inglés –copia que se perdió casi de inmediato–; y luego traducida al latín, con el título *Principia Philosophiae antiquissimae et recentissimae*, publicada después de su muerte en Amsterdam. En los ocho volúmenes de los *Opuscula Philosophica*, publicados por Van Helmont en 1690, el segundo contenía anónimamente la obra de Conway.[254] Dos años más tarde (1692), se publicó en inglés, anunciándose en el Prefacio que el texto estaba traducido por J. C.,[255] y que la autora era "una mujer culta más allá de su sexo, muy versada en latín y griego y excesivamente conocedora de todo tipo de filosofía".[256]

En su obra, Anne Finch Conway pretende conciliar dos fuerzas en principio contrarias: por un lado, la doctrina de la emanación y el vitalismo de los antiguos (sobre todo de los griegos, los cabalistas y Filón de Alejandría), por otro, el mecanicismo de la cosmovisión moderna, y hacerlos compatibles con la teología cristiana. Por ello, desde el comienzo acepta la existencia de Dios

---

254   Publicar de forma anónima la obra de las mujeres era común, ya que regía sobre ellas la prohibición de la palabra pública y/o la censura social. Siglos más tarde se le atribuyó a Van Helmont la autoría y solo a finales del siglo XIX, tras arduas investigaciones y debates, se llegó a la conclusión de que la autora era Anne Conway. Cf. Roldán, (a) *op.cit.*, pp. 103-104; Merchant (a), *op.cit.*, pp. 3-4; Hutton, *ibidem*; de la misma autora *Anne Conway: A Woman Philosopher*, Cambridge: Cambridge University Press, 2004, pp. 220-243; Orio de Miguel, Bernardino, (Edición bilingüe. Traducción, introducción y notas) *Principia Philosophae: La filosofía de Lady Anne Conway. Un proto-leibniz*, Valencia, Universidad Politécnica de Valencia, 2004.

255   Suele conjeturarse que J. C. corresponde a John Conway; pero Nicolson (1930) y Orio (2004) atribuyen las iniciales a John Clark, discípulo y admirador de Van Helmont o de Jacobus Crull.

256   Hutton, *ibidem*; Merchant, (a) *op.cit.*, p. 4; Duran, Jane, "Anne Viscountess Conway: a seventeeth Century Rationalist", *Hypatia*, 4.1, 1989, pp. 64-79. Mi traducción.

como evidente (sin prueba ni demostración) y subraya el papel de Cristo como «mediador» entre Dios y las criaturas en el proceso de emanación y creación. El libro, sumamente complicado, es claramente un tratado de metafísica platonizante (en línea con el grupo de Cambridge), sobre la existencia y los atributos de Dios, que es suma bondad, sabiduría, justicia, fortaleza y, además, omnisciente, omnipresente y omnipotente, ajeno al tiempo, es decir, eterno. Conway enmarca su sistema en una jerarquía ontológica tripartita de "especies", siendo la más alta "Dios" fuente de todo; Cristo, de naturaleza "media" –no completamente inmutable como Dios, pero tampoco enteramente mutable como las criaturas, ya que solo lo es hacia el bien– y, por último, las "criaturas".[257] Igual que Dios, la sustancia creada es espíritu, pero a diferencia de él está constituida por "mónadas".[258] Toda sustancia creada o mónada cuenta con movimiento, percepción y está viva. Por eso, Conway niega la existencia de cuerpos materiales inertes; la vida lo atraviesa todo y la sustancia creada (mónada), aunque se diferencie de la divina es un reflejo inverso de la unidad, la inmutabilidad y la eternidad de Dios. El continuo entre Dios y las criaturas hace posible la comunicación de la vida, donde las "sustancias intermedias" comparten su naturaleza con Dios y con las criaturas, operando como un puente entre ambos.

No obstante esas afirmaciones, Conway evitó el panteísmo; el perfeccionamiento espiritual de su sistema adopta un aspecto dual: metafísico y moral. Por un lado, todas las cosas son "emanaciones" (como en Plotino) que proceden de Dios y son espíritus

---

257   Hutton, *ibidem*; Merchant (b) *op.cit.*, pp. 264-265; Orio de Miguel, *op.cit.*, "Prefacio".

258   Merchant (b) *op.cit.*, pp. 254; 264-268; Roldan (a) y (b); Orio de Miguel, *Principia*.

que forman una única sustancia: la criatura, cuyo rasgo definitorio es la mutabilidad. Cada espíritu que compone el universo es diferente a los demás y es inalterable en su individuación; pero, para obrar por sí mismo, necesita un cuerpo, que él mismo genera desde dentro, con fuerza plástica. Así, ser cuerpo es algo inevitable, es la exteriorización funcional del espíritu. Puesto que para Conway no hay dos materias (*res extensa* y *res cogitans* como en Descartes), todos los espíritus tienen un cierto grado de corporalidad y, a la inversa, todos los cuerpos tienen cierto grado de espiritualidad. Cada espíritu puede alcanzar por lo tanto infinitas formas de corporalidad y mantener su individuación; es decir, su identidad. Esto abre un espacio de horizontalidad donde las personas no son superiores al resto de los animales o de los vegetales.[259]

Con esto, Conway intenta superar el dualismo estableciendo una única sustancia corporal y espiritual, apoyando su hipótesis en dos afirmaciones: 1) nada que no sea corpóreo puede moverse y ser activo, y 2) hay ciertos grados de "condensación" (más densidad material) y de "sutilización" (menos densidad material, es decir, menos densidad corporal). La distinción es solo analítica y no del orden del ser. El grado máximo de sutilidad es Dios, y nosotros no podemos nunca llegar a él. Esta gradación implica una escala ontológica y ética a la vez, donde cada criatura consolida un cuerpo en consonancia con su grado moral, donde claramente Dios (máxima sutileza) es a la vez el máximo grado de moralidad/eticidad.[260]

Para dar cuenta de este paralelo, Conway apela a la idea de que cada partícula de materia, mónada, por pequeña que sea, tiene una fuerza interior que le permite transformarse,

---

259 Roldán, (a) *op.cit.*, pp. 119-123.
260 Orio de Miguel, *ibidem*.

ayudada por el "poder plástico", que es la capacidad de obrar que tenemos[261]. Frente a estímulos exteriores, "el poder plástico" reacciona de acuerdo con un programa interno adquiriendo diversas formas de exteriorización o de plasticidad. En otras palabras, se construye como un molde de sí mismo, en el que se transforma "a su imagen" con una nueva materialidad distinta de la originaria: el "cuerpo" del espíritu, porque los cuerpos son la "signatura", el "sello", el "grabado" exterior de los espíritus, "un trasunto natural del poder plástico",[262] proceso que se produce en todas las criaturas. Para Conway no es raro que el espíritu de un hombre pueda convertirse, literalmente, en piedra o, por el contrario, sutilizarse; pero su límite a la perfección creciente es que las criaturas se configuran por mónadas físicas, y más allá de éstas no hay posibilidad de sutilización.

La superación del dualismo no implica entonces que cuerpo y espíritu sean dos "sustancias" paralelas, sino que todo está compuesto por ambas conjuntamente, que se densifican gradualmente de modo descendente; es decir, desde Dios a las criaturas. Por tanto, nada en la naturaleza es infinitamente malo: "en la misma naturaleza de las cosas hay límites para el mal, pero ningún límite para el bien".[263] Todas las criaturas tienden infinitamente al bien que Conway conecta con la idea de mutabilidad. Otra característica de las criaturas es que son eternas; no en el sentido divino, sino en un número infinito de tiempo. Si bien las criaturas tienen un comienzo, a partir

---

261 Orio de Miguel, *op. cit.*, pp. 49-51; Merchant (b) *op.cit.*, pp. 117; 124; 153; 258-264; Hutton, *ibidem*.

262 Orio de Miguel, *op. cit.*, p. 51.

263 Conway en Orio de Miguel, *op. cit.*, p. 178.

de allí su tiempo es eterno, su cantidad es infinita, y cada una contiene sus infinitas partes.[264]

En el sistema de Conway, el "Principio de Plenitud" (*Principle of Plenitude*) y de "Armonía Simpatética" (*Sympathetic Harmony*) se combinan de modo significativo para la perfección de las criaturas. En el capítulo tercero, insiste en la plenitud: "Dios es infinitamente poderoso"; no hay ningún número de criaturas a las que no pueda agregársele una más. Incluso, Conway va más allá cuando considera que Dios puede llenar el mundo al infinito de criaturas, y también crearlas de infinitas maneras, pues otra posibilidad no expresaría la "Majestad de Dios". Así, también puede multiplicar sus esencias al infinito, pero su divinidad hace que todas se unifiquen en armonía, a partir de la *Armonía Simpatética Universal*. Esto permite comprender las causas y razones de todas las criaturas, que son inseparables y que, aun a la distancia, actúan por simpatía y antipatía unas sobre otras.[265] Entonces, *Plenitud* y *Simpatía* constituyen el gran poder de Dios infinito, que creó con sus manos a cada una y a todas las criaturas.

Conway, como una racionalista de su siglo, cree que el mundo manifiesta perfectamente la racionalidad y bondad de Dios; y que la razón humana, por sí misma, puede captar las verdades fundamentales sobre Dios y sobre el mundo.[266] Por tanto, su examen del sufrimiento se inicia con el estudio e interpretación de la pasión de Cristo, el mediador entre Dios y las criaturas.

---

264 Conway en Orio de Miguel, *op. cit.*, pp. 122-123; Lascano, Marcy y Eileen O'Neill, "Anne Conway's Metaphysics of Sympathy", en *Feminist History of Philosophy*, New York, Springer, 2015.

265 Lascano y O'Neill, *op. cit.*, p. 6.

266 Mercer, Christia, "Knowledge and Suffering in Early Modern Philosophy: G.W. Leibniz and Anne Conway" en Ebbersmeyer, Sabrina (ed.), *Emotional Minds*, Gottingen, Walter de Gruyter, pp. 179-206.

Si Dios es la Substancia Primera, de él emana Cristo como sustancia segunda. El mundo contiene infinitas criaturas y está constituido por materia vital; las criaturas se constituyen como principios activos y pasivos, cada uno diferente de las demás sólo respecto de su grado de vitalidad. Independientemente de los cambios en el mundo, Conway sostiene que "la sustancia o esencia permanece siempre igual", y que solo tiene "cambios de forma abandonando una y adoptando otra."[267] Sostiene también que el mundo creado y todas sus criaturas tienden al perfeccionamiento, y eventualmente se tornan seres moralmente conscientes; por eso, cada criatura es capaz de "toda clase de sentimientos, percepciones y conocimiento, aun de amor, poder y virtud, alegría y fruición". Para ella, incluso el polvo y la arena son capaces de alcanzar esa perfección a partir de sucesivas trasmutaciones que, de acuerdo al orden natural de las cosas, requieren largos períodos de tiempo. Aunque, si Dios quisiera podría hacer que eso sucediera en un instante. Sin embargo, los esfuerzos hacia la perfección son preferibles.[268]

En suma, Dios produce al mundo por emanación, y al emanar al mundo y sus criaturas, estas obtienen los atributos divinos y las esencias. Cada atributo de perfección es autosuficiente, unitario, y su función es tender a la perfección para alcanzar una unidad mayor. Así, Dios es un principio causal que lo explica todo, y el resultado es una jerarquía de seres cuyos niveles más altos son Ideas (por ejemplo, Justicia) y cuyas criaturas instancian el atributo, de una manera más o menos débil o inferior, en un proceso de emanación permanente.

---

267   *Principios*, VI §3.
268   *Principios*, IX §6.

Desde los primeros capítulos Conway deja en claro tanto que es racionalista como que sus objetivos son ecuménicos. Considera que Dios ha comunicado sus atributos a las criaturas[269] y que por lo tanto todas las criaturas están en condiciones de aprenderlos: "Judíos, Turcos, Musulmanes, y otros pueblos, pueden captar los atributos divinos (aunque sea parcialmente)", sostiene. Respecto de Cristo, sustancia intermedia, lo entiende como "la Palabra" o "el *lógos*" a través del cual Dios conoce todas las cosas. Por eso la palabra es "*lógos ousías*" (palabra-sustancia o esencia), que en Cristo es "*proforikos*" (palabra-real), el plan del mundo instanciado.[270] Si el primero es eterno y perfecto (inmutable), el segundo es mutable y tiene el poder de perfeccionarse.[271] La decisión de Conway de llamar a esta segunda sustancia Cristo, es una estrategia que aúna el interés tanto de cristianos como de no-cristianos, haciendo girar toda su metafísica alrededor del "excelente orden en el que aparecen todas las cosas."[272]

Ahora bien, la narración cristiana sostiene que el alma humana será inmortal gracias a la mediación del sufrimiento de Cristo. A partir de esta idea, Conway entiende que el sufrimiento es la clave del conocimiento y del mejoramiento moral. Como Cristo, el ser humano debe sufrir y como él incrementará el bien en el mundo. Pero Conway va más allá, y amplía el mejoramiento moral a todas las criaturas, sean cuales fueren, una rata, un rododendro, una cucaracha, donde el sufrimiento es el eje central

---

269 *Principios*, II §4.
270 Como en Platón, "instanciar" puede entenderse como "copiar", "replicar" en el mundo real una "Idea".
271 *Principios*, V §3.
272 *Ibidem*.

en la metafísica de Conway.[273] Sorprende que en la versión de Conway del relato cristiano, Cristo "toma la naturaleza de todo" y, simultáneamente, actúa como fermento de todo. En esta interpretación, si en Dios no hay pasión, padecimiento, sufrimiento, porque no hay mutabilidad, en Cristo en cambio el sufrimiento se torna un modo particular de vitalidad.[274] Por eso, para Conway, en el sufrimiento todas las criaturas incrementan sus conexiones mutuas y su vitalidad; y todas las partes se ordenan según la *Armonía Simpatética*, en amor mutuo y universal.

La noción de Armonía Simpatética no es exclusiva de Conway; la comparte con Henry More, Ralph Cudworth, Gottfried Wilhelm Leibniz y otros filósofos de la época. En general, para Conway implica que la bondad de alguien promueve e incrementa la bondad de otros, aunque la relación no sea necesariamente recíproca. Por eso, para Conway, cada parte de las criaturas está simpatéticamente relacionada con las otras, y por eso también las criaturas se benefician ante el sufrimiento de los otros, incrementándose metafísicamente la bondad de todas. El sufrimiento, entonces, hace que quienes lo padecen sean metafísicamente mejores: "todo dolor y todo tormento estimula la vida y el espíritu en todos los que sufren".[275] Para la tercera sustancia, las criaturas, el sufrimiento es vital y conlleva grados. El progreso de las criaturas hacia la perfección depende de ello, ya que logran el perfeccionamiento y la justicia divina gracias a él. El sufrimiento es, entonces, condición metafísica del perfeccionamiento y del bien moral y, paralelamente, del conocimiento. En efecto, el perfeccionamiento cognitivo también depende del sufrimiento, que

---

273 *Principios*, VI §6.

274 *Principios*, I §5.

275 *Principios*, VII §1

permite conocer mejor la unidad de las cosas y la justicia: "La justicia de Dios aparece gloriosamente en la transmutación de las cosas"; "la justicia de Dios brillará más maravillosamente cuanto más entiendan las criaturas cuál es su papel en el mundo.[276] Es más, si las criaturas podemos –sostiene Conway– captar el "Principio de Justicia" es porque Dios dotó al hombre de [...] un instinto de Justicia."[277]

Además de una compleja obra, Anne Conway dejó un importante número de cartas, y según la costumbre de la época, en ellas intercambia reflexiones filosóficas o religiosas con numerosos intelectuales de su tiempo.[278] La correspondencia entre Anne Conway y Henry More, por ejemplo, que se recoge en *The Conway Letters*, se inicia tras la lectura de los *Philosophical Poems* de More, dando comienzo a una larga amistad de más de treinta años, en que discuten y analizan, sobre todo, el mecanicismo de Descartes. Anne encuentra en la filosofía de Descartes a un mismo tiempo "fascinación, desconcierto y perplejidad", pero toma una posición sumamente crítica en su contra.

Sus *Cartas* –principalmente las que intercambia con su hermano John– constituyen una suerte de crónica de la Inglaterra de mediados del siglo XVII. En ellas discuten cuestiones sociales, políticas, religiosas y filosóficas, por lo que suponen un importante documento sobre el ambiente y los intereses académicos, incluida la recién constituida *Royal Society*. Los temas de debate, sobre todo en los primeros años, se relacionan con la Alquimia,

---

276 *Principios*, VI Sumario.
277 *Principios*, VI §7.
278 Conway, Anne, *The Conway Letters: The Correspondence of Anne, Viscountess Conway, Henry More and their Friends, 1642-1684*, (Edition, Translation and notes Marjorie Nicolson y Sarah Hutton), Oxford, Clarendon Press, 1992.

la Medicina y en menor medida con la Mecánica. Incluso Anne discute el caso de Valentine Greatrakes, un irlandés que "imponiendo manos", realizaba curas milagrosas de todo tipo, al que también acudió en búsqueda de solución a sus cefaleas. El debate sobre el santón alcanzó a la *Royal Society*, que llegó a la conclusión de que debía de haber una explicación natural para esas curas, aunque les fuera desconocida.

En 1977, Alan Gabbey publicó otras cuatro cartas, cuyos textos tienen un carácter autobiográfico y abarcan el período de 1650 a 1651.[279] Tres están dirigidas a More y discuten los *Principia Philosophiae* de Descartes (que escriben Des Cartes), introduciendo con este diálogo-debate la obra cartesiana en Cambridge. La cuarta carta es una suerte de comentario histórico-filosófico sobre cuestiones metafísicas, de interés histórico. Conway toma como blanco de sus críticas a Hobbes, Descartes y Espinoza; y en general se refiere a los tres, en conjunto, de modo negativo. Cuando se explaya sobre su propia teoría, lo hace tomando como referente polémico a Descartes, diferenciándose enfáticamente de su mecanicismo. Sin embargo, como han señalado varias estudiosas, desde un punto de vista metodológico es posible detectar su influencia.[280]

Descartes habría elaborado su filosofía mecanicista a principios del siglo XVII, en clara oposición a la metodología y concepción escolástica del mundo, pero también en contra de la visión neoplatónica, mágica y alquímica, cuyo elemento central era la

---

279   Gabbey, Alan, 1977, "Anne Conway et Henry More: lettres sur Descartes", *Archives de Philosophie*, 40, 1977, pp. 379-404.

280   McNamara, Alena, "Anne Conway's Intellectual Neighborhood", Mount Holyoke College, Critical Social Thought Department, Class of 2013, pp. 27, 45; Merchant, (b) *op.cit.*, pp. 258-259; 260.

naturaleza viva, no reductible a piezas inertes de materia. Esto lo oponía al círculo platónico de Cambridge, del que luego Conway formaría parte. La filosofía de Descartes diseña un cuadro del mundo consistente en partículas de materia inerte, que lo llenan todo, negando la existencia del vacío; un *plenum* cuyo movimiento está determinado mecánicamente por leyes naturales desde el primer momento de la creación, en que comenzaron a chocar continuamente las partículas de materia. Descartes suma una compleja concepción de hombre-máquina (*res extensa*) insuflada con un alma (o *mens*) racional, cuyos movimientos son ajenos a las piczas del cuerpo.[281] Conway critica este dualismo que produce un hiato entre el mundo de lo vivo y el mundo de la materia inerte; concepción que era objeto de estudio pormenorizado por el grupo de neoplatónicos del *Christ College* y, sobre todo, por Cudworth, More y ella misma, como muestra su epistolario.[282] Luego de examinarla críticamente, rechazan la obra del francés porque no deja espacio teórico para investigar los principios dinámicos y orgánicos que, a juicio de Conway, son constitutivos de la naturaleza.

No obstante sus coincidencias, More y Conway divergen en puntos importantes. More critica muchos presupuestos cartesianos, pero mantiene el dualismo entre cuerpo y espíritu (alma, mente), comprometiéndose con el posible "diseño de puentes" entre ambas entidades. Anne, por el contrario, en defensa del vitalismo, elabora un sistema filosófico en el que el monismo vitalista es central para superar el dualismo y mecanicismo cartesianos.

---

281   Como se sabe, Ryle (1949) denominó a la teoría cartesiana "el fantasma en la máquina". Ryle, Gilbert, *El problema de lo mental*, Buenos Aires, Paidós, 1973.

282   Orio de Miguel, Bernardino, "Lady Conway entre los platónicos de Cambridge y Leibniz", *Fragmentos de Filosofía*, Sevilla, 1994, pp. 59-80.

Sintéticamente, Descartes considera que Dios es una entidad suprema perfecta, existente, no corporal, y los humanos que somos mortales nacemos con la idea innata de Dios. Nuestra mente es una sustancia pensante mientras que nuestro cuerpo, por el contario, es sustancia extensa; la primera piensa, la segunda tiene movimiento y extensión. Sin embargo, son independientes aunque se unen en un punto crucial en la base del cerebro: la glándula pineal.[283] Por el contrario, Conway considera que es posible sostener que Dios es perfecto, creador de todo lo visible y de todo lo invisible, y que alma y cuerpo son una sola sustancia. Contrariamente, para Descartes Dios es más bien una necesidad causal de todo lo existente, y mente y cuerpo son dos sustancias completamente diferentes, que no se necesitan mutuamente. Para Conway, el alma siente los dolores del cuerpo y viceversa; para Descartes sólo el cuerpo siente los dolores del cuerpo, y respondiendo precariamente a la cuestión de la interacción entre ambas entidades.[284]

La heterodoxa y enigmática figura de Francis Mercury van Helmont, rodeada de leyendas y aventuras, aparece tanto en las epístolas de Conway como en las de Leibniz, la princesa Sofía de Hannover y los *Journals* de los Cuáqueros. Gracias a él, Anne de Conway conoce la tradición mágica-alquímica, una de cuyas ideas centrales fue su "Anatomía del dolor", idea que desarrolló junto con la del "valor trasmutativo" y el "efecto beneficioso", como pudimos ver. Van Helmont se mudó a Ragley Hall, la mansión de Anne, y permaneció allí hasta la muerte de esta. Juntos instalaron un laboratorio de química, uniendo la investigación

---

283 Descartes, René, *Meditaciones Metafísicas*, Buenos Aires, Charcas, 1980, *Meditación VI*.

284 Grey, John, "Conway's Ontological Objection to Cartesian Dualism", *Philosophers' Imprint*, vol. 17, 13, July 2017, pp. 1-19.

experimental al diseño racional de la filosofía natural. La *Royal Society* estaba al tanto de sus experimentos y sus miembros visitaban regularmente el laboratorio, aportando opiniones, críticas y, a veces, respaldo teórico.[285] Al mismo tiempo, trabajaban en la interpretación de los libros del Génesis y del Apocalipsis, junto con el estudio de la Kabala judía.[286] Todo perfectamente plasmado en la obra de Anne Conway y en sus epístolas.

Su influencia sobre Leibniz (1646-1716) está bien documentada.[287] En principio, en escritos de Francis Mercury van Helmont y Anne Conway, se utiliza el término "mónada", que aparece en la *Kabbala denudata* publicada por Knorr von Rosenroth entre 1677-1678.[288] El mismo Leibniz lo reconoce:

> Mi posición filosófica es muy cercana a la de la última condesa de Conway, y mantengo una posición intermedia entre Platón y Demócrito, porque sostengo que todas las cosas tienen lugar mecánicamente como lo dicen Demócrito y Descartes y en contra de la visión de H. More y sus seguidores. Pero sostengo al mismo tiempo, sin embargo, que todo tiene lugar de acuerdo con un principio vital y con causas finales, que todas las cosas están llenas de vida y conciencia, de forma contraria a la visión de los atomistas.[289]

---

285 Orio de Miguel, *op.cit.*, pp. 59, 60, 62, 64, 65 y 68.

286 Merchant (b), *op.cit.*, pp. 254-258. Orio de Miguel, *op.cit.*

287 Merchant, Carolyn (c), "The Vitalism of Anne Conway: Its impact in Leibniz's concept of Monad", en *Journal of the History of Philosophy*, Volume 17, Number 3, July 1979, pp. 255-269; Schroeder, Steven, "Anne Conway's Place: A Map of Leibniz" en *The Pluralist*, vol. 2, 3, 2007, pp. 77–99.

288 Merchant, (c), *op.cit.*, p. 255; Merchant (b) *op.cit.*, pp. 257-258; 261-263.

289 Merchant (b) *op.cit.*, p. 258. Mi traducción.

Mecanicismo *vs.* vitalismo son centro de debate y de pugna teórica durante todo el proceso de construcción de la ciencia moderna. Por un lado, los neoplatónicos de Cambrigde, físicos, miembros de la *Royal Society*, alquímicos, cabalistas y Cuáqueros; por otro, el mecanicismo con Hobbes, Descartes, Newton, en la línea de los astrónomos, que buscan una explicación racional y completa del mundo sobre la base de leyes mecánicas.

Lady Conway contribuyó claramente a la primera línea, y su concepto de mónada puede considerarse un claro antecedente del uso leibniciano. Conway trató de conformar un paradigma alternativo, ni irracional ni consecuente con el mecanicismo cartesiano, a partir de los escritos herméticos y de elementos provenientes de la Kabala.[290] Su filosofía natural mantuvo principios diferentes y líneas explicativas alternativas para dar cuenta de los fenómenos de la naturaleza, asistiendo al igual que sus contemporáneos, al surgimiento de la nueva ciencia. Se aparta de la popularidad y sencillez de la explicación mecanicista, y busca un principio que pudiera explicar lo espiritual y lo material en una unidad originaria; en un Universo entendible más como un todo orgánico y vital que como un mecanismo de relojería compuesto de piezas inertes de materia.

Durante los últimos años de su vida, Anne Finch Conway organizó múltiples reuniones filosóficas en la biblioteca de su residencia, y se dedicó a escribir su tratado, recogiendo su filosofía en un texto que ha sido calificado como «uno de los documentos filosóficos más originales escritos nunca por una mujer».[291] Filósofa y científica, consideró que existe un principio de vida que

---

290 Merchant, Carolyn, "The Vitalism of Francis Mercury Van Helmont: Its influence on Leibniz", *Ambix*, 26, 1979, pp. 170-183.

291 Nicolson citado por Roldán (b), p. 112.

no se puede explicar solamente como resultado de fuerzas físicas, promoviendo y desarrollando el vitalismo, que afirma una antítesis irreductible entre comprender la naturaleza como orgánica y vital o verla como inorgánica y producto de procesos mecánicos.

Los vitalistas tuvieron una influencia importante en los filósofos naturalistas alemanes y en el desarrollo de la biología moderna. Sin embargo, las contribuciones de Anne de Conway no fueron suficientemente reconocidas. Aunque Leibniz le dio crédito repetidas veces como fuente de sus ideas, se siguió atribuyendo su obra a Van Helmont, hasta finales del siglo XIX, y hubo que llegar al siglo XX para contar con la primera edición traducida y comentada en inglés contemporáneo; y al siglo XXI, para contar en castellano con una traducción de los *Principia*.

Émilie de Chatelet
Francia, 1706 - 1749

CAPÍTULO 6

ÉMILIE DE CHATELET

Un grand homme qui n'avait de défaut que d'être femme

Voltaire[292]

Gabrielle-Émilie Le Tonnelier de Bretetil (1706-1749) nació en París, en una familia noble, que le brindó una educación extraordinaria para una mujer de su época.[293] Como era costumbre, se casó joven con Florent-Claude, marqués de Châtelet y conde de Lomont, una familia distinguida de Lorraine. Florent-Claude era coronel cuando se casó con Émilie en 1725. Y, como era también costumbre, el casamiento tenía como fin consolidar la posición social de ambas familias, fortalecer sus finanzas y tener herederos. De modo que ambos cónyuges, a poco de cumplir el mandato de la descendencia,

---

292 Traducción: "Un gran hombre que no tuvo otro defecto que ser mujer." Carta a Federico II de Prusia, 15 octubre de 1749, en *Correspondance* (1749-1753), Paris, La Pléïade, 1976, t. III, p. 122.

293 Didier, *op.cit.*, p. 1328; Meyer, *op.cit.*, pp. 90-93; Alic, *op.cit.*, pp. 167-181; Waithe, Mary Ellen, "Gabrielle-Émilie Le Tonnelier de Bretetil", en Waithe, *op.cit.*, vol. III, 1990, pp. 127-150. Mme. de Chatelet fue retratada por Maurice Quentin de La Tour (1704-1788), al igual que Voltaire.

separaron sus vidas y se procuraron sus propias relaciones amorosas. Émilie y Florent-Claude tuvieron tres hijos.[294]

Durante unos quince años Émile convivió con Voltaire,[295] y recibió por extensión buena parte del encono y el desprecio que amplios sectores de la nobleza le dirigían, debido a la ironía, la escritura satírica, su capacidad de polemista y la iconoclasia de sus textos. Hacia 1745, Voltaire inició un romance con Mme. Denis, su sobrina, y a principios de 1748, durante una visita a la corte del duque Estanislao de Lorena, Émilie conoció a Jean-François de Saint-Lambert, poeta y oficial de la guardia del duque, padre de su cuarta hija, embarazo que la llevaría a la muerte.[296] Olvidada durante siglos, finalmente en 2006 Francia la reconoció como "La Primera Científica Francesa" y la Universidad de París-12, Val de Marne, organizó una gran exposición en su homenaje.[297]

---

294 En 1726 nació su primera hija, Gabrielle Pauline, quien se casaría con un duque italiano; al año siguiente nació su hijo Florent Louis, que moriría en la guillotina durante la Revolución. Su tercer hijo, Victor Esprit, nació en 1733 y murió al año siguiente. Ese año conoció a Voltaire. Salvador, Adela y Moledo, María, *Gabrielle Émilie de Breteuil, Marquesa de Châtelet (1706-1749)*, Madrid, Ediciones del Orto, 2003, pp. 11-12.

295 François-Marie Arouet (1694-1778), conocido como Voltaire, escritor mordaz y filósofo enciclopedista. Es difícil deslindar en algunos trabajos su obra de la de Mme. de Châtelet; en carta de Federico de Prusia reconoce que "Minerva <Émilie> dictaba y yo escribía", Gardiner Janik, Linda "Searching for the metaphysics of science: the structure and composition of Madame Du Châtelet's *Institutions de Physique*, 1737-1740", en *Studies on Voltaire and the eighteenth Century*, 201, Oxford, The Voltaire Foundation at the Taylor Institution, 1982, pp. 88; 89.

296 Saint-Lambert (1716-1803) también enciclopedista. Madre e hija murieron poco después del parto, Émilie de fiebre puerperal. Voltaire la acompañó hasta el último minuto. Alic, *op.cit.*, pp. 179-180; *Catalogue de l'exposition Emilie du Châtelet*, Université Paris 12 - Val de Marne, 2006.

297 *Catalogue, op. cit.* Es enorme la cantidad de manuscritos no clasificados, mezclados con los de Voltaire.

Su formación era notablemente sólida. Además de científica, fue filósofa, pensadora, introductora, traductora y comentadora de la obra de Isaak Newton en Francia, y de ahí a toda la Europa continental.[298] Desde muy joven, Émilie se sintió atraída por la física newtoniana, que más tarde defendió junto con Voltaire contra los cartesianos.[299] Vio en ello un estímulo para estudiar y profundizar las cuestiones científicas más polémicas de su época, aplicándose al estudio de las leyes matemáticas y de los fenómenos naturales. Si bien primero tuvo que procurarse un aprendizaje autodidacta —en Francia las universidades no admitían mujeres— su afición por el estudio, y en mayor medida por la ciencia, la llevó a contratar ilustres profesores de la época como sus preceptores particulares. Uno de los primeros fue Pierre Louis Moreau de Maupertuis, quien había estado en Inglaterra y era defensor de la Filosofía Natural de Newton. Amigo de Voltaire, entró en el círculo de amistades de Émilie, quien no dudó en elegirle como su tutor de álgebra, completando luego sus estudios con el joven matemático Alexis Claude Clairault. Posteriormente, en un tiempo relativamente breve, estudió la física y la metafísica de Leibniz con Samuel Koenig, discípulo de Christian Wolff, a su vez discípulo y seguidor de Leibniz. Para esa época, Émilie ya tenía una sólida formación en matemáticas, por lo que colaboró difundiendo la "Nueva Física". En una obra de Voltaire, *Éléments de la philosophie de Newton*, desarrolló anónimamente el capítulo

---

298 *Catalogue, op. cit.*, p. 10; Alic, *op.cit.*, p. 180; Gardiner Janik, *op.cit.*, pp. 85-113.
299 Gardiner Janik, *ibidem*.

sobre óptica, hasta que investigaciones recientes basadas en archivos y manuscritos probaron su participación.[300]

En el debate entre mecanicistas y vitalistas, optó por la primera corriente, pero criticando la mecánica cartesiana a la que consideraba obsoleta. Al mismo tiempo, trabajó intensamente para profundizar sus conocimientos de inglés y de latín. En 1735 tradujo una obra satírica de Robert de Mandeville (fallecido en 1733): *Sur la fable des abeilles de Mandeville: Les revendications d´une femme*, publicada en inglés en 1714 y nuevamente en 1729. El texto sostiene una sarcástica tesis sobre la utilidad social del egoísmo, en tanto todas las fuerzas sociales sostienen y protegen a los más fuertes. Indirectamente, se trataba de una reivindicación de los derechos de "los más débiles: las mujeres". Esa traducción que, al parecer, circuló ampliamente en manuscrito y llegó incluso a J. J. Rousseau, quien la menciona en su *Discurso sobre el origen de la desigualdad entre los hombres* (*Discourse sut l´origine de l´inégalité parmi les hommes*) de 1754.[301]

Durante 1737, Mme. de Châtelet comenzó la redacción de un ensayo titulado *Dissertation sur la Nature et la Propagation du Feu* (París, 1744: *Disertación sobre la naturaleza y propagación del fuego*), con el que participa en el concurso de 1738 de la Real Academia de Ciencias. Aunque no obtiene la

---

300 Los manuscritos de la colección Voltaire de la biblioteca de Leningrado y el ordenamiento de su archivo en Francia, en el siglo XX, permitieron encontrar dos manuscritos completos, uno inconcluso, y varias revisiones de Émilie du Châtelet al capítulo mencionado; también textos de Voltaire enmendados por ella. Cf. Wade, Ira O., "Mme. du Châtelet's translation of the «Fable of the Bees» en *Studies in Voltaire with some unpublished papers of Mme. du Châtelet*, Princeton, Princeton University Press, 1947; Gardiner Janik, *op.cit.*, pp. 86-87.

301 Wade, *op.cit.* Rousseau, Jean Jacques, *Discurso sobre el origen y los fundamentos de la desigualdad entre los hombres*, Barcelona, Península, 1973, pp. 61-62, quien remite a la fábula.

distinción, la Real Academia acepta publicárselo, junto con el ensayo presentado por Voltaire.[302]

Poco después, escribe las *Institutions de Physique*, tratado de Filosofía Natural o Física, dedicado a su hijo, en el que expone, con gran claridad y precisión, el pensamiento de Leibniz y de Newton, sin olvidarse de Descartes, Copérnico, Kepler, Gassendi, Aristóteles y Galileo, y sistematizando sus objeciones. Decir que es una obra didáctica es minimizarla; todos los críticos actuales coinciden en que se trata de un examen rico, rigurosamente desarrollado, que introdujo definitivamente en Europa una nueva concepción del mundo y de su mecánica. Publicada en 1740, la obra suscitó una fuerte polémica, sobre todo por los capítulos que siguen la línea de trabajo de Leibniz. Asimismo, los cartesianos se sintieron desplazados, lo que provocó un famoso debate con el físico cartesiano Jean Jacques Dortous de Mairan, miembro relevante, secretario de la Academia de Ciencias de París y autor de la *Dissertation sur l'estimation des forces motrices des corps* (1732, *Disertación sobre la estimación de las fuerzas motrices de los cuerpos*). El debate se centró en las tesis defendidas por Mme. de Châtelet sobre las denominadas "fuerzas vivas", hoy llamada "energía cinética". Los documentos de la disputa quedaron registrados en una carta de Mairan, desde París, y la respuesta de Châtelet, desde Bruselas, donde estaba por ese entonces. Châtelet defendía la formulación de Leibniz, contra la del cartesiano Mairan. Y, como lamentablemente Koenig había difamado su obra, acusándola de plagio, esa fue su oportunidad para desmentirlo

---

302 Alic, *op.cit.*, p. 176. El premio lo obtiene Leonhard Euler (Basilea,1707-San Petersburgo,1783).

y mostrar la magnitud de sus conocimientos, confirmándola como "experta" en el tema.[303]

Interesada por cuestiones religiosas, se conjetura que trabajó durante todo el año 1742 en la redacción del *Examen de l'Ancien et du Nouveau Testament* (*Examen del Antiguo y del Nuevo Testamento*), que circuló en forma anónima, aunque siempre le fue atribuido, y que tuvo un impacto importantísimo en la crítica bíblica.[304] El año 1745 la encuentra ocupada en la traducción al francés de los dos tomos de los *Principia Mathematica* de Isaak Newton, escritos en latín. La traducción, única hasta hoy, generó mucha resistencia en los círculos científicos cartesianos; no obstante, al año siguiente, le valió que se la nombrara Miembro de la Academia de Ciencias de Bolonia, distinción que la Academia francesa nunca le otorgó.

En 1748, escribió su *Discurso sobre la Felicidad* (*Discours sur le bonheur*), que se publicaría recién en 1779, unos treinta años después de su muerte. El 9 de septiembre de 1749, poco antes de morir, envió al Abate Claude Sallier, bibliotecario mayor de la Biblioteca del Rey de Francia y de Navarra, Luis XV, el manuscrito de su traducción y el comentario a los *Principia* de Newton. Poco antes del parto, que la llevaría a la muerte, había completado dicha traducción, que finalmente se publicó diez años más tarde.[305] Clairault revisó el manuscrito y Voltaire escribió una larga presentación, a modo de homenaje póstumo.

---

303   Gardiner Janik, *op.cit.*, p. 97.

304   Wade, Ira O., *The Clandestine Organization and Diffusion of Philosophical Ideas in Frances from 1700 to 1750.* Princeton University Press, 1938, Reseña en *ProQuest Information and Learning Company*, Columbia University, 2002, p. 205.

305   *Catalogue, op.cit.*, p. 11; Salvador y Moledo, *op.cit.*, pp. 11-12.

Si bien los intereses primarios de Châtelet se centraron en la Filosofía Natural y la Física, no descuidó ni la Ética (como lo muestra su traducción de la *Fábula de las abejas*), ni la teología bíblica ni, sobre todo, el problema de la felicidad humana y sus fuentes. Eventualmente, sus trabajos no-científicos también remiten críticamente al papel que la sociedad de su tiempo reservaba a las mujeres, y sobre todo al descuido de su educación. En la línea de Marie Le Jay de Gournay (1565-1645) y de François Poullain de la Barre (1647-1723), Émilie daba por sentada la igualdad de los sexos en materia de razón y de inteligencia, y estaba convencida de que la condición de mujer no afectaba el entendimiento. Por tanto sólo el impedimento prejuicioso a la educación convertía a las mujeres en frívolas y vacías.[306]

Dado que la única obra de Émilie du Châtelet publicada en castellano es su *Discours sur le bonheur* (*Discurso sobre la felicidad*) comenzaremos por este ensayo, revisando algunos de sus aportes filosóficos.[307] En su monumental libro sobre la idea de la felicidad en el siglo XVIII, Mauzi (1927-2006) afirma que, tras analizar más de cincuenta escritos sobre el tema, todos producidos durante ese siglo, solo uno destaca: el *Discours* de Émilie du Châtelet, que se revela como una reflexión propia y original entre "tantos trabajos en los que prima la hipocresía".[308] El planteo de Mauzi es interesante: presenta la

---

306 Le Jay de Gournay, Marie, *Égalité des hommes et des femmes* (1622); Poullain de la Barre, François, *De l'Égalité des deux sexes, discours physique et moral où l'on voit l'importance de se défaire des préjugés* (1673). No hay edición castellana.

307 *Discurso sobre la felicidad*, (Introducción de Isabel Morant Deusa), Madrid, Cátedra, 1996.

308 Mauzi, Robert, *L'idée de Bonheur dans la literature et la pensée françaises au XVIII siècle*, Genève-Paris, Slatkine Reprints, 1979, p. 9. Mauzi considera que la obra tuvo influencia en J. J. Rousseau.

búsqueda de la felicidad como el reverso de un siglo racionalista por excelencia, pero que, al mismo tiempo, se propone estudiar el "alma humana": "extraña maravillosa" que quiere afirmar que todo depende de ella.[309]

El texto de Châtelet comienza con el reconocimiento de que es creencia común que es difícil alcanzar la felicidad.[310] Por eso se propone descomponer la cuestión en los diferentes aspectos que inciden en ella: distingue así entre la felicidad individual (que depende más bien de las elecciones personales) y la felicidad colectiva (que depende del orden político). Revisar la felicidad y la condición humana, implica examinar las dificultades en la conquista de la felicidad y sus vicisitudes, el tipo de situaciones paradojales a las que nos lleva la búsqueda de la felicidad y la incidencia de la condición social.[311] Châtelet insta a reflexionar y planificar la conducta, lo que debería preceder reflexivamente a las acciones, pues caso contrario, las circunstancias arrastran, deparando la mitad de lo que de ellas se espera, porque la felicidad ni es caótica ni es espontánea.[312] Por el contrario, si no se perciben claramente, desde el inicio, los medios para alcanzarla, se tropieza con obstáculos, los propios de la edad y de las trabas que nosotros mismos y la sociedad nos imponemos: prejuicios, costumbres, imposiciones sociales. No se debe, en consecuencia, reflexionar sobre los inconvenientes y las limitaciones de la vida cuando es demasiado tarde; por el contrario, quienes sepan leer sus problemas

---

309   Mauzi, *op.cit.*, p. 12.

310   Du Châtelet, Mme., *Discours sur le Bonheur*, Édition critique et commentée par Robert Mauzi, Paris, Les Belles Lettres, 1961. Édition à BNF, p. 2.

311   Mauzi, *op.cit.*, pp. 14-16.

312   Mauzi, *op.cit.*, pp. 37-44.

anticipadamente encontrarán –sostiene Châtelet– que la edad y las circunstancias les ofrecerán posibilidades de sentir y pensar para procurarse los placeres que ese tiempo les puede dar. Es decir, Châtelet rescata, en primer término, lo que Mauzi denomina "la voluntad del sabio", que tiene como modelo al sabio estoico.[313] El ejemplo de Châtelet es significativo: no vale calafatear la nave cuando ya ha entrado el agua en ella –escribe– sino que debe hacérsele antes de iniciar la navegación.[314]

Châtelet expone su propia filosofía moral: el fin de la vida es la felicidad y ésta se alcanza por medio de la pasión a la que hay que dirigir con algunos objetivos. Como muchos otros miembros ilustrados de la Francia del siglo XVIII, Voltaire entre ellos, la posición filosófica de Châtelet puede inscribirse en el hedonismo, cuyas raíces se hallan en el período helenístico, *circa* del siglo III a. C., que implica una tendencia a la búsqueda del placer y el bienestar en todos los ámbitos de la vida.[315] Los relatos de la época muestran una literatura galante, una cierta relajación de las costumbres, sobre todo en el campo sexual, considerándose esos rasgos morales de la corte como predominantes en todo el reinado de Luis XV, sin que se deba asimilar el hedonismo de Mme. du Châtelet o de Voltaire al del Marqués de Sade (1740-1814), su joven compatriota.[316]

Si bien Mme. du Châtelet busca el placer, pasó la mayor parte de su corta vida dedicada al estudio y a la ciencia. "Placer" debe entenderse entonces de un modo bastante peculiar,

---

313   Mauzi, *op.cit.*, pp. 16-17.
314   Châtelet, *Discours*, p. 2.
315   Mauzi, *op.cit.*, pp. 16; 57.
316   Mauzi, *op.cit.*, pp. 28-35. Mauzi relativiza la imagen habitual del libertino del siglo XVIII. En su opinión se construyó como reacción a la Ilustración, con fuerte influencia de la moral cristiana y victoriana.

lo que no implica que llevara una vida monacal dedicada solo al estudio y el recogimiento. Al igual que los epicúreos, Châtelet distingue entre aquello que no depende de nosotros (salud, familia, cuna)[317] de aquello que sí depende de nosotros: el "estilo de vida mundano" y el "estilo de vida *del chateaux*", que podríamos entender como "interior", en el sentido de "doméstico" o "privado".[318] Primero, estudiar depende, en buena medida, de cada quien, pero además responde al segundo modo de vida y es en su perseverancia donde se pone de manifiesto la voluntad del sabio. Nuevamente, al igual que los estoicos y los epicúreos clásicos, Châtelet considera que el saber es lo único que una persona posee verdaderamente y que lleva con ella dondequiera que vaya.

La fórmula que Châtelet propone al inicio de su *Discurso* para lograr la felicidad amalgama dos elementos filosóficos tradicionales: despojarse de prejuicios y ajustarse a los gustos personales, las pasiones y las ilusiones. Para ser feliz, es necesario vencer los prejuicios y convertir la felicidad en un conjunto de reglas de vida.[319] Pero, como muy bien advierte Mauzi, cada regla tiene un aspecto positivo y uno negativo: solo dentro de ciertos límites la felicidad puede alcanzarse; de ahí la insistencia de Émilie de conocerlos y aceptarlos: "la naturaleza exige a cada individuo que no se exceda de esos límites".[320] Así aparece nuevamente el ideal estoico de la mesura y el equilibro armónico.

---

317   Se refiere a clase social, patrimonio; lo que hoy llamaríamos "clase social".

318   Mauzi, *op.cit.*, pp. 37-38.

319   Châtelet, *Discours*, pp. 2-3.

320   Châtelet, *Discours*, pp. 3, 5, 11, 12, 15; Mauzi, *op.cit.*, p. 112.

El estudio introductorio de Isabel Morant Deusa a la edición castellana del *Discurso*, destaca la felicidad como uno de los temas más queridos de Émilie, quien opinaba –según recupera Morant– que la felicidad se conseguía con buena salud, los privilegios de la riqueza y la posición social, pero sobre todo con el estudio, marcándose metas y luchando por ellas. Es decir, Morant destaca las condiciones externas e internas que permiten que se la alcance. Resalta la importancia que Châtelet consagra al estudio, necesario para la felicidad de las mujeres; una pasión que hace posible que la felicidad dependa únicamente de cada una, alejándola de la frivolidad. Émilie no considera –quizá a diferencia de Juana Inés– que el estudio es un refugio, como un tiempo de intimidad, sino por el contrario como una salida al mundo y a las cosas importantes que cuentan en la vida humana. Por eso, el estudio es una actividad que se le debe permitir a las mujeres; pueden satisfacerse, encontrar placeres y felicidad en él. Si una mujer tiene ambiciones de gloria, si desea esos beneficios tanto como un varón, y si tiene condiciones para ello, debe tener la oportunidad de estudiar, porque gracias al saber y el estudio puede alcanzar reconocimiento y ser feliz.[321]

Pero sin duda, su obra fundamental –cuya calidad hoy ya no se discute– fue las *Institutions de Physique*.[322] Aunque tardíamente, los historiadores de la ciencia han tenido que avalar la seriedad tanto del contenido de la obra, como de los opúsculos y capítulos dispersos que se conservan, e incluso reconocer su inestimable colaboración en los textos científicos

---

321   *Discurso*, citado por Isabel Morant Deusa en su introducción.

322   Mme. Émilie du Châtelet, *Institutions de Physique* , París, 1740, ejemplar microfilmado, signatura topográfica BH FLL 21283.

de Voltaire.[323] En breve lapso, las *Instituciones* se publicaron y reeditaron en Holanda, Alemania, Italia; por cuya traducción a esa lengua, recibió la membresía del Istituto delle Scienze de Bolonia en 1745.

Sabemos que la escritura del libro se vio repetidamente interrumpida. Linda Gardiner-Janik considera que las demoras en su redacción se debieron a un conjunto de motivos que van desde atender cuestiones familiares y de herencia –incluido el remodelamiento del castillo familiar de Cirey, donde se mudaría con Voltaire– hasta oficiar como su "secretaria", respondiendo la voluminosa correspondencia del filósofo, cuando estaba enfermo. A esto cabe agregar, viajes (sobre todo a Bélgica), la minuciosa lectura y "expurgación" de los escritos de Voltaire, por temor a que fuera encarcelado por sus enemigos, y la revisión técnica de sus manuscritos sobre cuestiones científicas, matemáticas y de mecánica, en las que ella era más versada.[324] Sólo su excepcional energía y su perseverancia le permitieron completar esa obra y la traducción de los *Principia*.

Si Voltaire había concebido sus *Eléments*, como una obra estrictamente científica, las *Institutions de Physique* de Mme. du Châtelet tienen, ya desde sus primeras redacciones, intereses metafísicos, basados en su convicción de que la ciencia sin una metafísica y una ética es peligrosa.[325] Aproximadamente, entre 1733 y 1737, en especial mientras Voltaire escribía su *Traité de métaphysique* y ella misma colaboraba en sus *Eléments*, se

---

323 Gardiner Janik, *op.cit.*, pp. 85-86; con una interesante revisión de la evolución filosófica del texto.

324 Leía sus escritos "llena de temor para mantenerlo a salvo de sus enemigos", Gardiner Janik, *op.cit.*, pp. 89-90. Mi traducción.

325 Gardiner Janik, *op.cit.*, p. 88.

fue distanciando de las interpretaciones de su compañero.[326] Gardiner-Janik, entre otros, señala sus diferencias respecto del mecanicismo newtoniano, el rechazo de Voltaire y la aceptación de Châtelet de la noción de "force vive" (mónada) de Leibniz, sus disidencias en la interpretación del platonismo, el cuestionamiento de Châtelet a la noción de realidad y de mundo exterior, el problema de la conciliación entre mecanicismo y libertad humana y, en general, la resistencia de la marquesa a aceptar a Dios, como hipótesis científica *ad hoc*. Châtelet consideraba a Dios una pseudo-explicación que era más bien una "confesión de ignorancia".[327] A consecuencia de esos disensos, Émilie comenzó a trabajar basada en sus propias concepciones, centrándose en el problema de cómo dar cuenta, en un modelo mecanicista, de cuestiones tales como la libertad humana, la causalidad "primera", el problema de las partículas indivisibles pero observables, que se seguían de la posición de Newton y sus seguidores. Consciente de que necesita fortalecer sus matemáticas, contrata a Samuel Koenig como tutor, quien le transmite también conocimientos de escolástica alemana, de la filosofía de Leibniz y la de Wolff.[328]

A partir de los manuscritos de Châtelet hallados entre los archivos de Voltaire y comparándolos con la edición definitiva, Gardiner-Janik identifica al menos tres redacciones previas de las *Institutions*: una parcialmente impresa, de 1738; una reescritura de 1739, luego de las clases tutoriales de Koenig; otra redacción que responde a la primera edición de 1740, más los cambios menores y marginales que realiza para la segunda

---

326   Gardiner Janik, *op.cit.*, p. 91.
327   Gardiner Janik, *op.cit.*, p. 94.
328   Gardiner Janik, *op.cit.*, pp. 96-97.

edición publicada en Amsterdam, en 1742. A pesar de esos cambios, la obra siguió siendo una defensa de la mecánica newtoniana contra Descartes, y una interpretación original que combinaba el mecanicismo de Newton con la metafísica leibinciana-wolffiana.

Largamente olvidada o relativizada como un mero trabajo de síntesis, las *Institutions de Physique* se componen de veintiún capítulos y una introducción (*Avant-propos*).[329] El trabajo es en buena parte responsable de la consolidación y la transformación de la mecánica de Newton y la introducción de Leibniz y Wolff en Francia. No hay aún una edición completa y crítica de esta obra, así que ofreceremos solo un esquema conceptual general de su contenido, centrándonos en cuestiones filosóficas más que matemáticas.[330]

En el primer capítulo de Châtelet, se reconocen dos principios sobre los que construye su *metafísica de la ciencia*: el principio de contradicción, en línea aristotélica, y el principio de razón suficiente, en la de Leibniz.[331] Se trata de "ciertos principios cuya verdad se conoce sin reflexión, porque son auto-evidentes". Châtelet defiende el principio de contradicción como primer principio o axioma; no se puede argumentar en su contra sin autoderrotarse, por lo que es "el fundamento de

---

329   Hagenbruger, Ruth, (director) *A History of Women Philosophers and Scientists, Madame Émile Du Châtelet*, Paderborn University, 2017. Disponible en: https://historyofwomenphilosophers.org/ruth-hagengruber/; Hagenbruger, Andrea, "How to teach History of Science and Philosophy: a digital case", en *Transversal: International Journal for the Historiography of Science*, 5, 2018, pp. 84-99.

330   Sin ánimo de exhaustividad, y dejando de lado los problemas textuales, trabajaremos con la edición de 1740, arriba mencionada, teniendo en cuenta los comentarios de Ruth Hagenbruger, cuyo vocabulario técnico adopto, y de Linda Gardiner Janik. En todos los casos, la traducción me pertenece.

331   *Institutions*, pp. 15-37.

toda certeza de conocimiento del ser humano". Incluso los pí-
rricos, a pesar de su escepticismo radical, nunca lo rechazaron;
e incluso Descartes lo utilizó en sus *Meditaciones* para probar
que existimos. Violar este principio, probaría que todo puede
probarse; mantenerlo implica que lo que es autocontradictorio
es imposible.

El problema sobre la existencia de Dios, en el capítulo dos,
se divide en dos partes. Primero presenta una "prueba de la
existencia de Dios", y luego examina sus atributos.[332] Se considera que esta "prueba" es una crítica implícita a Voltaire,
quien también desarrolla una en el *Traité de métaphysique* escrito entre 1734 y 1735 y publicado después de su muerte.
Ruth Hagenbruger reconstruye la prueba de Châtelet de la
siguiente manera:

> Algo existe, dado que existe.
>
> Dado que algo existe, algo debe haber existido por toda
> la eternidad; de otro modo <sería> nada, que no es sino una
> negación de lo que debe haber producido que todo exista, lo
> cual sería una contradicción en los términos, lo que significa
> decir que algo ha sido producido sin dar cuenta de ninguna
> causa de su existencia.
>
> El Ser que ha existido por toda la eternidad debe existir
> necesariamente y no le debe su existencia a causa alguna.
>
> Todo lo que nos rodea, ha nacido y luego morirá. Nada
> tiene el carácter de necesario; todo se sucede lo uno a lo
> otro. Por tanto, solo hay contingencia en todo lo que nos

---

332 *Institutions*, II, pp. 38-53.

rodea; <pero>, lo contrario es igualmente posible y no implica contradicción.

Todo lo que existe tiene una razón suficiente para su existencia. La razón suficiente de ser debe estar dentro o fuera <del ser>. Ahora, la razón de la existencia de un ser contingente no puede estar en él, porque llevaría en sí mismo la razón suficiente de su propia existencia, entonces sería imposible que no existiera, lo que es por definición contradictorio con la noción de contingencia. Por tanto, la razón suficiente de un ser contingente debe necesariamente estar fuera de él.

Esta razón suficiente no puede fundamentarse en un ser contingente, tampoco en una sucesión de seres contingentes, ya que se reproduciría la misma situación al infinito, fuere cual fuese la extensión de la cadena. Por tanto, debe haber un Ser que contenga la razón suficiente de la existencia de todos los seres contingentes y de sí mismo. Ese es Dios.

El argumento no es original; tiene un fuerte aire aristotélico y tanto en Voltaire como en Wolff hay argumentos similares, pero el problema es que se arriba a la necesidad lógico-epistemológica de una causa no-causada, que carece de los atributos de un Dios cristiano.[333] De ahí la necesidad de examinar, a partir del § 23, esos atributos: inteligencia, libertad, sabiduría, suma bondad y potencia infinitas. Ratifica (§ 28) la afirmación leibniciana de que "este mundo es el mejor posible", para concluir que "Dios es Maestro" absoluto de "las cosas a las que les concedió existencia, a las que puede cambiar o aniquilar, lo que un ser contingente no puede hacer (§ 31).

---

333   Gardiner Janik, *op.cit.*, p. 101.

En un sentido amplio, un ser se comprende –según Châtelet en su capítulo III– gracias a tres modos diferentes de determinaciones: esenciales, atributos y *modos*.[334] Consideremos una piedra –ejemplifica la filósofa– a veces está fría, otras caliente, pero siempre es dura y pesada y se compone de partes que también lo son. Esto significa que algunas determinaciones características del objeto son variables y otras no (§ 36). Lo mismo sucede con un triángulo. Las determinaciones esenciales no pueden faltar, no varían, son constantes, los atributos sí; todos los seres tienen atributos constantes y variables.

A partir del capítulo IV § 53, Châtelet adopta y justifica la noción de "hipótesis":

> Las verdaderas causas de los efectos y de los fenómenos que observamos están con frecuencia tan alejados de los principios sobre los cuales podríamos apoyarnos y de las experiencias <experimentos> que podemos hacer, que estamos obligados a aceptar razones probables para explicarlos: las probabilidades <hipótesis> no deben hacernos rechazar la ciencia, sino solamente su mal uso, ya que ellas hacen al camino de la verdad misma.[335]

Es decir, la ciencia solo puede progresar mediante hipótesis, y dedica los §§ 53 a 60 a justificar la importancia de su uso. Recién en el § 61 ofrece las reglas de cómo deben construirse

---

334   *Institutions*, III, pp. 54-73.

335   *Institutions*, IV, p. 54. Châtelet desconfía de lo que denomina hipótesis "imaginativas" o "arbitrarias"; de igual modo con el uso de los "Principios", de ahí que recomiende "reglas" para eliminar la arbitrariedad y las pseudo-explicaciones. Gardiner Janik, *op.cit.*, pp. 104-105. Mi traducción.

y utilizarse las hipótesis, la necesidad de precisar su alcance y sus límites, y el tipo de validez que puede lograrse.[336]

Operando a partir de hipótesis, en los capítulos siguientes, Châtelet examina las teorías de los "Filósofos antiguos y modernos" (§ 72) sobre el espacio (Capítulo V),[337] el tiempo (Capítulo VI),[338] los elementos de la materia (Capítulo VII),[339] la naturaleza de los cuerpos (Capítulo VIII),[340] la divisibilidad y sutilidad de la materia (Capítulo IX), en el que examina el atomismo (Newton), el monadismo (Leibniz) y sus presupuestos,[341] y el problema de la figura y de la porosidad de los cuerpos (Capítulo X).[342] Una vez establecido y revisado críticamente el carácter de la materia (y de la materialidad última apelando a su infinita divisibilidad), en el Capítulo XI comienza su examen del movimiento, el reposo y lo que denomina "movimiento simple, revisando definiciones previas, criticando sus limitaciones y presentando las propias".[343] Otro tanto realiza en el capítulo siguiente, dedicado al "movimiento compuesto".[344] El capítulo XIII está dedicado a la *pesanter*, que debe entenderse como "gravedad" —"la fuerza que anima un cuerpo en reposo, hace que caiga

---

336 Redacciones previas muestran que ya en 1738 se interesaba por problemas metodológicos, el uso de las hipótesis, la existencia de dios y su naturaleza, la libertad humana y la relación de los conceptos, el mundo exterior y los puntos de contacto entre física y metafísica. Gardiner Janik, *op.cit.*, p. 100-101.

337 *Institutions*, V, pp. 90-112.

338 *Institutions*, VI, pp. 113-129.

339 *Institutions*, VII, pp. 130-151.

340 *Institutions*, VIII, pp. 152-178.

341 *Institutions*, IX, pp. 179-199.

342 *Institutions*, X, pp. 200-210.

343 *Institutions*, XI, pp. 211-242.

344 *Institutions*, XII, pp. 243-254.

hacia la superficie de la tierra" (§ 295)–.[345] Brinda también una definición de lo que denomina: "fuerza muerta", cuando "los cuerpos resisten un obstáculo invencible o la fuerza no produce movimiento", actualmente la fuerza estática (§ 296). En el capítulo siguiente analiza un conjunto de problemas físicos, que van desde Galileo a Newton, pasando por algunos físicos de su época a los que refuta.[346]

Nada causó más desvelos a los filósofos que explicar el fenómeno de la gravedad y así lo declara Mme. du Châtelet, al comienzo de su capítulo XV,[347] proponiendo una explicación clara y concisa. En el capítulo XVI, parte nuevamente del principio de razón suficiente –todo debe tener una razón o causa–, y la gravedad no puede ser una excepción.[348] La explicación de Châtelet se apoya en la noción de mónada o «êtres simples» de Leibniz: "una materia capaz por su propio movimiento de producir efectos que se le atribuyen a la atracción"; materia animada por una "fuerza viva". El capítulo XVII retoma el problema de la gravedad y el movimiento en el plano inclinado (§ 402).[349] Si "de acuerdo con la ley de la gravedad, la acción gravitacional es uniforme y siempre perpendicular al centro de la tierra", ¿por qué los cuerpos cambian de dirección? De Châtelet considera que debe haber una causa que se combine con la acción de la gravedad y la denomina: "causa extranjera" (§ 401, *cause étrangére*). Relevadas las distintas formas de movimiento, en el capítulo siguiente se

---

345 *Institutions*, XIII, pp. 255-272.
346 *Institutions*, XIV, pp. 273-287.
347 *Institutions*, XV, pp. 288-314.
348 *Institutions*, XVI, pp. 315-334.
349 *Institutions*, XVII, pp. 335-353.

ocupa de las leyes del péndulo y su oscilación, remontándose a los estudios de Galileo.[350] En un capítulo más breve, trata lo que denomina "fuerza proyectil" (*force projectile*), que aplica a las piedras y a la balística en general.[351] En el capítulo XX, Châtelet distingue entre dos tipos de movimiento (§ 519): la fuerza muerta (*force morte*) o fuerza virtual (*virtuelle*) y fuerza viva (*force vive*). La primera es una simple tendencia al movimiento; la segunda es la que tiene un cuerpo en movimiento actual (§ 519-*in fine*). La pregunta crucial que hace Châtelet es cómo de una fuerza muerta se produce (*produit*) una viva (§ 528-530).[352]

En el último capítulo toma posición en la controversia sobre la *force-vive*.

La obra, lejos de ser una "vulgarización" de la física de Newton, como quiso vérsela durante siglos, es una reinterpretación de su física a partir de la ontología de Wolff, siempre confiando en el principio de razón suficiente, en los descubrimientos empíricos, y en los *phenomena bene fundata*.[353] Muchos de sus argumentos se basan en la refutación de la lógica de sus adversarios, que considera "una mala lógica". Como lo han visto los investigadores actuales, *Institutions de Physique* es un intento de conciliación entre Descartes, Leibniz y Newton. Lejos de entrar en el ácido debate entre Newton y Leibniz, Châtelet cree que es posible conciliar sus

---

350   *Institutions*, XVIII, pp. 354-386.

351   *Institutions*, XIX, pp. 387-397.

352   *Institutions*, XX, pp. 398-410. De este capítulo se carece aún de las versiones previas.

353   *Institutions*, XXI, pp. 411-450. A continuación, hay un glosario técnico (*Table des Matieres*) y las planchas (*planches*) con las figuras geométricas que ilustran los problemas de cada capítulo. Cierra la obra, el texto de la aprobación real para su publicación.

aportes y dedica esta obra a ello.[354] Curiosamente, cierra su libro con esta afirmación:

Lo que es bien seguro (*certain*) es que la fuerza no perece nunca; puede, en verdad, parecer que ella se pierde, pero siempre se la encuentra en los efectos que produce, siempre que sepamos percibirlos. (§ 590)

Estamos ya en 1748. Mme. du Châtelet consciente de que su parto no será fácil, y quizás hasta anticipando su propia muerte, días antes del alumbramiento envió al abate Sallier su traducción completa de *Principes Mathématiques de la Philosophie Naturelle de Newton* (1685), acompañada de una carta, la última que escribió.[355] Había trabajado hasta último momento y quizás esta carta sea la más conmovedora de todas sus obras. La traducción fue una empresa intelectual notable. Newton (1642/1643-1727) había escrito sus *Principia* en latín, lengua entonces todavía en uso para cuestiones académicas, y Châtelet, consciente de las dificultades de la obra, pero a la vez de su importancia para la mecánica celeste, la física y la metafísica, además de traducirla, escribió las notas explicativas con que la acompañó, e

---

354 Iltis, Carolyn, "Madame du Châtelet's Metaphysics and Mechanics", *Studies in History and Philosophy of Science*, 8.1, 1977, pp. 29-47; Judith P. Zinsser, Judith P., & Hayes, C. Julie, "Émilie Du Châtelet: rewriting Enlightenment philosophy and science", Oxford, University of Oxford Press, Voltaire Foundation, Vol. 2006, 1, pp. 1-3; Locqueneux, Robert, «Les *Institutions de Physique* de Madame du Châtelet ou d'un traité de paix entre Descartes, Leibniz et Newton», en *Revue du Nord*, tome 77, 312, Octobre-décembre, 1995, pp. 859-892.

355 *Catalogue*, p. 87; Kölving, Ulla (dir) *La Correspondance d'Émilie du Châtelet* (avec la collaboration de Andrew Brown), París, Centre International d'étude du XVIII siècle, 2018, pp. 1-109.

incluso las *Institutions*, que acabamos de presentar. La carta expresa:

> Yo, en uso la libertad que vos me habéis dado, Señor, para remitir a vuestras manos el manuscrito, que tengo gran interés que me sobreviva. Espero poder agradeceros este servicio, y me acuesto esperando que el momento no sea tan funesto como creo. Os suplico tengáis a bien agregar un número a este manuscrito y hacerlo registrar a fin de que nunca se pierda. M. de Voltaire, que está aquí conmigo, os hace llegar los más tiernos (*tendres*) cumplidos, que yo os reitero. Señor, os aseguro los sentimientos con los que jamás dejaré (*cesserai*) de ser su más humilde y más obediente servidora. Breteuil Du Châtelet a Monsieur el abad Salier (sic) de la Biblioteca del Rey en París.[356]

Elisabeth Badinter participó activamente de la Exposición de 2006 sobre Mme. du Châtelet. Hacía años, había escrito un bello libro sobre dos Émilies: Châtelet y d'Epinay, centrándose en la "ambición" femenina.[357] ¿Qué entiende Badinter por "ambición"? Su ambición era simplemente humana, como la de ellos, los caballeros ilustrados. Sin embargo, a Châtelet, las limitaciones de su época la desesperaban porque tenía clara conciencia de esos límites. Culpa a las cuestiones domésticas, de las que no se ocupan los varones; pide libertad en el uso del tiempo, del que disfrutan los varones. Las condiciones no son para ellas las mismas, no por cuestiones de "capacidad

---

356   Paris, Bibliothèque Mazarine, Ms 4344; primera página. Mi traducción.

357   Badinter, Elisabeth, *Mme. du Châtelet, Mme d'Epinay ou l'ambition féminine au XVIIIe siècle*, París, Flammarion, 1986.

mental" o de "inferioridad nata", sino porque ser mujer implica hacer difíciles equilibrios para preservar tiempo de estudio. El libro muestra cómo Émilie du Châtelet construyó una personalidad, apasionada, firme en la consecución de sus deseos, vital, intensa, deseosa de amor y de amistad; pero, sobre todo, extremadamente lúcida.

MARY WOLLSTONECRAFT
INGLATERRA. 1759 - 1797

CAPÍTULO 7

MARY WOLLSTONECRAFT

La escritora, periodista y filósofa inglesa Mary Wollstonecraft, fue testigo presencial de los primeros años de la Revolución Francesa. Nació en abril de 1759 y falleció de septicemia en 1797, a los treinta y ocho años, después del nacimiento de su segunda hija Mary; la famosa Mary Shelley, autora de *Frankenstein*, casada con el poeta romántico Percy Bysshe Shelley.[358] De una familia económicamente inestable, Wollstonecraft escribió novelas, cuentos infantiles, ensayos, tratados, y unas cartas relatando su viaje a Escandinavia. Como otras mujeres del siglo XVIII, se estableció en Londres para ejercer como escritora profesional, pero de modo independiente, lo que no era común en ese momento. Acuciada por la premura económica, junto a sus dos hermanas –Eliza y Everina– y con Fanny Blood, abrieron una escuela en Newington Green, una comunidad "inconformista"

---

358 Meyer, *op.cit.*, pp. 357-358; Didier, *op.cit.*, pp. 4612-4613; Johnson, Claudia, *The Cambridge Companion to Mary Wollstonecraft*, Cambridge University Press, 2002, pp. xv-xviii; Rowbotham, Sheila, *Mary Wollstonecraft: Vindicación de los derechos de la mujer*, Madrid, Akal, 2014; Burdiel, Isabel "Introducción" en Wollstonecraft, Mary, *Vindicación de los derechos de la mujer*, Madrid, Cátedra, 1994, pp. 7-96. Edición cartoné.

(es decir, de disidentes religiosos). A Fanny Blood (1758-1785), ilustradora sobre todo de libros de botánica, Wollstonecraft le otorgó el mérito de haberle "abierto su mente". Poco tiempo después, Blood se casó y se marchó a Lisboa, embarazada y con una salud muy precaria. Mary viajó para cuidarla, pero Fanny falleció en el parto. Conmocionada por la tragedia, a su regreso a Londres, Mary abandonó el proyecto de la escuela y escribió su primera novela, inspirada en la vida de su amiga. Decidió continuar dedicándose a la escritura y publicó una obra breve de reflexiones sobre la educación de las niñas con el título de *Infortunate Situation of Females, Fashionably Educated, and Left Without a Fortune* (1787). Luego, trabajó en Irlanda como institutriz de los niños de la familia Kingsborough, y escribió para ellos su único libro de literatura infantil, *Relatos originales de la vida real* (1788).

Nuevamente de regreso a Londres, ávida por adquirir conocimiento y participar en la vida cultural, volvió a relacionarse con los grupos más movilizados a favor de la Ilustración francesa y en apoyo de la Declaración de los Derechos del Hombre, estrechando vínculos con el grupo de los *Radicals* –que integraban también el pintor-poeta William Blake, el filósofo William Godwin (1756-1836), su futuro esposo, y precursor del anarquismo, el imprentero Joseph Johnson, quien publicaría la mayor parte de su obra, el coleccionista de arte John Bruks, el hermano de Fanny, George Blood y más tarde Thomas Paine, entre otros–. Por esa época, aprendió francés y alemán y trabajó haciendo reseñas para revistas literarias, como la *Analytical Review* (desde aproximadamente 1788 hasta su muerte) y traducciones, entre las que se destacan *Sobre la importancia de las opiniones religiosas* de Jacques Necker y *Elementos de moralidad para el trato con niños* de Christian G. Salzmann.

En 1790 escribió *Vindicación de los Derechos del Hombre*, en consonancia con la Declaración de los Derechos del Hombre y del Ciudadano, pero rápidamente comprendió –como Olympes de Gouges (1748-1793)–, que las mujeres no estaban incluidas en la categoría de "hombres", en el sentido de "seres humanos". Con el objetivo de ser testigo directa de los acontecimientos franceses, viajó a París en 1792, de donde tuvo que huir con un salvoconducto –junto con un grupo de ingleses entre los que se contaba la novelista Helen Maria Williams (1759-1827)–, debido a la expansión de la violencia, el *Terror*, y el enfrentamiento de Inglaterra con la Francia revolucionaria. En una atmósfera intelectualmente estimulante, acabó de escribir *Vindicación de los derechos de la mujer*, que Johnson publicó en Londres ese mismo año.[359]

Sus vínculos amorosos fueron tardíos y poco convencionales. Primero tuvo una compleja relación con el pintor e historiador del arte Henry Fuseli (1741-1825), quien por esa época ya estaba casado. Luego con el estadounidense Gilbert Imlay, de quien se embarazó, dando a luz a su primera hija Fanny, en 1794 en El Havre, regresando a Londres al año siguiente. A raíz de la abrupta ruptura con Imlay, Wollstonecraft intentó sucidarse. Ese año escribió *Una visión histórica y moral del origen de la Revolución francesa*. Realizó un viaje a Escandinavia, donde escribió *Cartas escritas durante una breve estancia en*

---

359   En 1793 se publicó en EE.UU., donde tuvo un éxito abrumador; en pocos meses se tradujo al alemán, al francés y hacia 1796 al holandés. Cf. Fauré, Christine (ed.) *Enciclopedia histórica y política de las mujeres*, Madrid, Akal, 2010, pp. 129; 231.

Suecia, Noruega y Dinamarca que se publicaron en 1796. De regreso en Londres, volvió a su vida literaria, relacionándose nuevamente con el círculo de Joseph Johnson y, en particular, con la novelista Mary Hays (1759-1843), la actriz y novelista Elizabeth Inchbald (1753-1821) y la actriz Sarah Siddons, a quienes conoció gracias a William Godwin, con quien luego de una larga amistad se casaría en 1797. Ese mismo año, Mary dio a luz a una niña y murió pocos días después del parto.[360]

Para Godwin, la muerte de Mary supuso un fuerte golpe emocional. Resistiendo su pena, quizá para controlarla, hizo uso de todos los papeles del estudio de Mary y, recurriendo a todas las fuentes que pudo encontrar, comenzó a escribir una breve biografía que redactó en diez semanas.[361] Su amigo Joseph Johnson la editó en enero de 1798, con el título de *Memoirs of the Author of "The Rights of Woman"*.[362] La publicación desencadenó un escándalo; ni los amigos, ni las hermanas de Mary, ni la sociedad en general estaban dispuestos a ver impresos aspectos poco habituales de la vida de Mary y

---

360 La lista completa de sus obras es: *Thoughts on the Education of Daughters* (1787), tradución: *Reflexiones sobre la educación de las hijas*, Santander, El Desvelo, 2010; *Mary: A Fiction* (1788), tradución: *La novela de María o Los agravios de la mujer*, Barcelona, Littera, 2002; *Original Stories from Real Life* (1788), cuya segunda edición estaba ilustrada por William Blake; una antología titulada *The Female Reader* (1789); *Vindication of the Rights of Men* (1790); *Vindication of the Rights of Woman* (1792), tradución: *Vindicación de los derechos de la mujer*, Madrid, Cátedra, 1994, entre otras; *An Historical and Moral View of the French Revolution* (1794); *Letters Written during a Short Residence in Sweden, Norway and Denmark* (1796), tradución: *Cartas escritas durante una corta estancia en Suecia, Noruega y Dinamarca*, Madrid, Catarata, 2003; *Contributions to Analytical Review* (1788-1797, póstuma); *The Cave of Fancy* (1798, póstuma; fragmento); *Maria: or, The Wrongs of Woman* (1798, póstuma; novela inacabada); *Letters to Imlay* (1798, póstuma); *Letters on the Management of Infants* (1798, póstuma, inacabada); *Lessons* (1798, póstuma; inacabada); *On Poetry and our Relish for the Beauties of Nature* (1798, póstuma).

361 Fernández Poza, Milagros, "Estudio Preliminar", en *Cartas*, pp. 9-54.

362 *Ibidem.*

de su grupo de amigos. En una segunda edición, a finales del mismo año, Godwin suprimió las referencias personales, agregando un capítulo sobre su dolorosa y larga agonía. Finalmente, mucho después, su nieto Percy Shelley destruyó la restante correspondencia personal de Mary.[363]

Los fuertes prejuicios sociales y su vida poco convencional opacaron sus escritos, que quedaron prácticamente olvidados hasta que, a comienzos del siglo XX, el movimiento feminista rescató su obra pionera en defensa de la igualdad de derechos de las mujeres, crítica de la femineidad convencional, y defensora de la educación igualitaria de las mujeres. Tanto Virginia Woolf (1882-1941) como Emma Goldman (1869-1940) recuperaron la vida y la obra de Wollstonecraft, celebrando los "experimentos de su vida", como los llamó Woolf en su famoso ensayo "Four Figures", dedicado a Lady Austen, Beau Brummell, Mary Wollstonecraft y Dorothy Wordsworth.[364] El feminismo de los 60 y 70 puso sus contribuciones en primer plano, y a principios de los 70 se publicaron seis biografías, que presentaron sin los prejuicios victorianos su apasionada vida y la radicalidad de su pensamiento, perfilándola como una figura paradójica e intrigante, rasgos que se conservan hasta hoy.

Prácticamente autodidacta, *Reflexiones sobre la educación de las hijas* fue la primera obra publicada por Mary Wollstonecraft, en 1787, por el imprentero Joseph Johnson. La obra es un libro "de conducta" que ofrecía asesoramiento para la educación femenina, sobre todo a las familias de la burguesía ascendente. Primaban las recomendaciones sobre moralidad,

---

363 Fernández Poza, *op.cit.*, p. 24.
364 Disponible en: https://fleursdumal.nl/mag/virginia-woolf-four-figures

consejos sobre etiqueta y relatos religiosos; contenía también instrucciones generales para la crianza de los niños y el cuidado infantil. En el siglo XVIII, este tipo de libros era muy popular y Wollstonecraft se benefició de ese mercado. Sin embargo, al parecer, el libro solo tuvo un éxito moderado, ya que si bien recibió reseñas favorables solo se reimprimió una vez. Quizá porque, a diferencia de otros libros de conducta de la época, incluía reflexiones animando a las madres de la burguesía a que enseñaran a sus hijas a pensar analíticamente, a tener autodisciplina y a ser honestas consigo mismas, aprendiendo habilidades que les permitieran trabajar y les reportaran dinero honesto para mantenerse por sí mismas. Claramente, estos objetivos revelan por un lado una deuda intelectual con John Locke, y por otro, el incipiente desarrollo de un ideario ilustrado.[365] No obstante, Wollstonecraft abogaba por la fe religiosa, a la que considera un sentimiento innato en el ser humano.

El propósito de estas *Reflexiones* es educar a las mujeres, para que puedan, si así lo desean, ser esposas y madres útiles; y de algún modo contribuir a la sociedad. Sin embargo, la obra reserva todavía un papel predominantemente doméstico a las mujeres, y paradójicamente, las confinaba a la esfera privada. No fue sino hasta el siglo XX, que se vinculó esta obra sobre la educación con las *Vindicaciones*. En su momento, las *Reflexiones* fueron enviadas a las madres, las adolescentes,

---

365   Locke, John, *Pensamientos sobre la Educación*, Madrid, Akal, 1986; Sutherland, Kathryn, "Writings on Education and Conduct: Arguments for Female Improvement", en Jones, Vivien, *Women & Literature in Britain 1700–1800*, Cambridge, Cambridge University Press, 2000; Jones, Vivien, "Mary Wollstonecraft and the literature of advice and instruction", en Johnson, Claudia, *The Cambridge Companion to Mary Wollstonecraft*, Cambridge University Press, 2002.

y las maestras, intentando sugerir cómo educar a las mujeres desde su infancia hasta el día en que se casaran, apuntando al descuido educativo en el que se hallaban las niñas. Sus veintiún capítulos mantienen un orden riguroso, y tratan una gran variedad de temas, que van desde «Enfermería» a «Disciplina moral», ofreciendo asesoramiento respecto de cómo, a partir de los rasgos de carácter, la «constitución» y el «temperamento» de los niños, favorecer, desde temprano, la formación racional de su mente. En su obra, Wollstonecraft revisó y criticó muchos libros de conducta, que consideró perjudiciales para las mujeres y las niñas por sus «maneras artificiales» y su énfasis en la moda. Así "educadas" las niñas «desaprovechan» su dinero en ropa y en banalidades: desconocen las privaciones de muchas familias pobres, son insensibles y carecen de benevolencia. Esas cualidades deben formarse desde la infancia, con lecturas adecuadas que fomenten la solidaridad y el amor.

Como en su novela autobiográfica *Mary*, Wollstonecraft incursiona en la descripción de problemas sociales, frente a la «lamentable situación de las mujeres educadas sin fortuna», clara referencia a sí misma y a las dificultades que tuvo que afrontar y donde la fe religiosa desempeñó un papel preponderante, tanto en su vida como en su plan educativo. Defendió la observancia del sábado y describió las «ventajas que surgen de las desilusiones», es decir, los beneficios que acompañan los sufrimientos enviados por Dios. De modo similar, en su *Vindicación de los derechos del hombre* (1790) y, luego, en su *Vindicación de los derechos de la mujer* (1792), Wollstonecraft abordó una y otra vez temas relacionados con la virtud que conlleva el trabajo duro y el imperativo de la mujer de aprender conocimientos útiles. La vida social y política de una nación mejoraría en gran medida –sostiene– si se permitiera que las mujeres adquirieran conocimientos valiosos en lugar de ser "meros adornos". Como sostiene Nancy Armstrong, Wollstonecraft escribe un texto seminal al respecto.[366] La obra ofrece un "ideal femenino" alternativo a los "libros de conducta" tradicionales, guiando a sus lectores no solo al "mejoramiento" de sus mentes, sino a la reflexión sobre la importancia de un programa de estudio para mujeres, basado en "nuestras facultades racionales".[367]

Vindicación de los derechos de la mujer (1792) es una mezcla de géneros literarios: un tratado político, una guía de comportamiento y un tratado educacional. Con el fin de discutir la posición de la mujer en la sociedad, Wollstonecraft examina las conexiones entre cuatro conceptos: derecho, razón, virtud y deber. Los derechos y deberes están completamente ligados, si se tienen derechos cívicos también se tienen deberes cívicos. Tal y como ella comenta brevemente "sin derechos no puede haber ninguna obligación". Por eso, en la *Vindicación* retoma y reelabora su viejo artículo sobre la educación de las jóvenes y continúa el *leitmotiv* de Poullain de la Barre y del Marqués de Condorcet: la educación que se brinda a las mujeres las hace más artificiales y débiles de carácter de lo que de otra forma podrían haber sido, deformándose los valores con "nociones equivocadas de la excelencia femenina" (Capítulo IV). La *Vindicación* consta de trece capítulos, una presentación y una dedicatoria a Charles Maurice de Talleyrand-Périgot (1754-1838), ex obispo de Autun, político activo durante la Revolución

---

366   Armstrong, Nancy, *Deseo y ficción doméstica*, Madrid, Cátedra, 1987.
367   Sutherland, *op.cit.*, p. 29.

Francesa, quien había escrito un *Rapport sur L'Instruction Publique*, que en 1791 había presentado ante la Asamblea, y que excluía a las mujeres de esa *Instruction*. Wollstonecraft escribe (irónicamente): "Tras haber leído con gran placer un panfleto que usted ha publicado recientemente, le dedico este volumen para invitarlo a reconsiderar la materia y sopesar con madurez mi propuesta respecto a los derechos de la mujer y a la educación pública".[368] En efecto, Wollstonecraft, quien dice "hablar por su sexo y no por sí misma",[369] hizo hincapié en la educación, argumentando a su favor, pero sobre todo refutando "las opiniones prevalecientes" (Capítulo II) basadas en prejuicios sexuales, "pues se asocia prematuramente y sin piedad ni examen a las mujeres con las incapacidades" (Capítulos III y V). Es la falta de formación y desarrollo de su carácter, lo que las convierte solo en "el sexo", implicando un socavamiento de la moral, con efectos perniciosos y distinciones no-naturales, establecidas únicamente por la sociedad (Capítulos VIII-IX). El Capítulo X está dedicado al "afecto paternal", que considera "el efecto más ciego del egoísmo perverso",[370] pues en muchas mentes es solamente un pretexto para tiranizar con impunidad, "porque sólo los hombres buenos y sabios se contentan con el respeto y soportan la discusión".[371] El siguiente capítulo trata de los deberes de los hijos para con sus padres y, por último, los Capítulos XII y XIII se ocupan de la educación

---

368 Wollstonecraft, Mary, *Vindicación de los derechos de la mujer*, Madrid, Cátedra, 1994, pp. 107-108.

369 *Ibidem*.

370 Wollstonecraft, *op.cit.*, pp. 327-330.

371 *Idem*, p. 328.

nacional y de las consecuencias y "necedades" que genera la ignorancia de las mujeres.[372]

Si bien su referente polémico fue Jean Jacques Rousseau, su alineación con Marie-Jean-Antoine Nicolas de Caritat, marqués de Condorcet, también es muy clara.[373] En 1790, Condorcet había publicado en el *Journal de la Société*, un artículo titulado *Sur l'admission des femmes au droit de cité*,[374] donde argumentaba que tanto filósofos como hombres comunes "todos han violado el principio de igualdad de derechos cuando la mitad del género humano que ha de concurrir a la formación de las leyes, es excluido de los derechos de ciudadanía" [...] ¿Por qué esta exclusión no se considera un acto de tiranía? [...] <para ello> es necesario probar que los derechos naturales de las mujeres no son absolutamente los mismos que los de los hombres y mostrar que ellas no son capaces de ejercerlos."[375] Este planteo implica indirectamente una tarea a realizar: probar la no igualdad natural de las mujeres y, por tanto, su legítima exclusión de los derechos. De ahí la importancia del argumento anticipatorio de Rousseau sobre la diferencia natural del carácter masculino y el femenino.[376]

---

372 *Idem*, pp. 339 y 371.

373 Amorós, Cèlia y Cobo, Rosa, "III. Mary Wollstonecraft y la Vindicación de los Derechos de la Mujer: El acta fundacional del feminismo", en Amorós, Cèlia y de Miguel, Ana (eds.) *Teoría feminista: de la Ilustración a la Globalización*, Madrid, Minerva, Tomo 1, 2005, pp. 126-144; Cobo Bedia, Rosa "Mary Wollstonecraft: un caso de feminismo ilustrado", en *Reis*, 2000, 48.89, pp. 213-217.

374 Condorcet, *Sur l'admission des femmes au droit de cité*, en *Journal de la Société de 1789*, julio de 1790. Edición facsímil, disponible en: http//oll.libertyfund.org/titles/1014; Fauré, *op.cit.*, p. 137.

375 Condorcet, *op.cit.*, pp. 1 y 2. Mi traducción.

376 Rousseau, Jean-Jacques, *Emilio, o De la educación*. Alianza, Madrid, 1998.

En general, Rousseau articula la educación de Sofía –según Rosa Cobo– sobre tres ejes: la castidad y la modestia; la domesticidad y, por último, la sujeción a la opinión; es decir que la conducta de la mujer está sometida a la opinión pública, y sus creencias están sometida a su autoridad. Una mujer debe ser casta y modesta, estar en su casa y cuidar de su familia, y tener en cuenta las opiniones de los demás.[377] Rousseau parte además de otro preconcepto: la mujer está hecha especialmente para agradar al hombre, y a las mujeres el hombre le agrada por el solo hecho de ser más fuerte; no es la ley del amor, sino la de la naturaleza, que es anterior al amor mismo.[378] De ahí que, para las mujeres, la educación se combina con "la filosofía del convento", negando que la búsqueda de verdades abstractas y especulativas, de principios y axiomas en la ciencia, esté al alcance de la mujer.

De ahí que Wollstonecraft arremeta contra Rousseau, quien a partir de la desigualdad natural que establece en su descripción del "estado de naturaleza" y de la naturaleza en general –a diferencia del de Thomas Hobbes– legitime su exclusión.[379] Wollstonecraft se propone mostrar que la "diferencia" que establece Rousseau depende de una "segunda naturaleza", que

---

377 Cobo Bedia, Rosa, *Democracia y patriarcado en Jean Jacques Rousseau.* Universidad Complutense de Madrid, Madrid, 1993, p. 315; de la misma autora: "Influencia de Rousseau en las conceptualizaciones de la mujer en la Revolución Francesa", *Actas del Seminario Feminismo e Ilustración*, Madrid, Universidad Complutense, 1992, pp. 185-192; Coole, Diana, *Women in Political Theory*, Harvest Whaeatsheaf, Lunne Reinner, 1988, pp. 103-132.

378 Rousseau, *op.cit.*, p. 535. Sobre la ambigüedad de la noción de "naturaleza" llama la atención María del Mar Valenzuela Vila en "La Educación de Emilio: naturaleza, sociedad y pedagogía", *Espéculo. Revista de estudios literarios.* Universidad Complutense de Madrid, 2009. Disponible en: http://www.ucm.es/info/especulo/numero43/emilior.html

379 Analizado por Carole Pateman en *The Sexual Contract*, Standford, Standford University Press, 2018.

como tal implica la educación que se da y que reciben las mujeres.[380] Wollstonecraft hace pie en los argumentos del mismo ginebrino, citándolo o remitiendo a su obra. Por ejemplo, le devuelve su propia afirmación de *El Contrato Social*: "quien se cree el amo de los demás es tan esclavo como ellos". Refiriéndose indirectamente a *El Emilio* –publicado en 1762–, y sobre todo a su capítulo V,[381] dedicado a la educación de Sofía, le recuerda a Rousseau que la seducción es una trampa, déspotas o esclavas, las mujeres nunca serían libres, sino simples objetos del deseo masculino: "Sofía no es más que una quimera: un sueño voluptuoso", el filósofo –sostiene– no logró superar el discurso de la galantería.[382] Habiendo denunciado lo que denomina "la paradoja del gusto",[383] tras remitir a un largo pasaje de *El Emilio*, Wollstonecraft afirma irónicamente: "No haré comentario alguno sobre este ingenioso pasaje más allá de la observación de que esta no es sino la filosofía de la lascivia".[384] Y en la siguiente página, critica duramente el plan de educación femenina, que propone Rousseau. Wollstonecraft, consciente de que su posición es minoritaria, sostiene: "Debo buscar alivio componiendo un cuadro diferente".[385] Con sus propios argumentos, elabora una "defensa" de por qué las mujeres "parecen" vanidosas y superficiales. En un estilo directo y claro, para que "sus ideas puedan alcanzar a

---

380 Cobo, Rosa "La construcción social de la mujer en Mary Wollstonecraft", en Amorós, Cèlia, (coord.) *Historia de la Teoría Feminista*, Madrid, Universidad Complutense, 1994, pp. 21-28.

381 Especialmente en Wollstonecraft, *op.cit.*, p. 157-175.

382 Fauré, *op.cit.*, p. 184.

383 Wollstonecraft, *op.cit.*, p. 161.

384 Wollstonecraft, *op.cit.*, p. 217.

385 Wollstonecraft, *op.cit.*, p. 172.

todos", Wollstonecraft presenta una posición racional, propia del lenguaje político, pero mostrando que la racionalidad y la sensibilidad pueden fusionarse armoniosamente.

Sin embargo, en 1793, cuando Condorcet presentó su *Proyecto de Constitución* ante la Convención Nacional, sin referirse al voto de las mujeres, ya había renunciado a llevar a la práctica lo que antes había defendido vehementemente. Si en el artículo que mencionamos más arriba había defendido el argumento de que si las mujeres eran seres humanos, no se las podía excluir de sus derechos,[386] neutralizó esa contundencia con una redacción más ambigua. La vibrante denuncia de Mary Wollstonecraft era una de las pocas voces que aún podían oírse en defensa de la igualdad de las mujeres.[387] Ahora bien, si las primeras feministas creían que una misma educación para varones y mujeres daría lugar a la igualdad entre ambos sexos, Mary Wollstonecraft fue más allá al solicitar poner fin a las tradiciones de subordinación femenina, y exigir al Estado que garantizara un sistema nacional de enseñanza primaria gratuita universal para ambos sexos. Incluso, retó al gobierno revolucionario francés a que instaurase una educación igualitaria que permitiera a las mujeres llevar vidas más útiles y gratificantes.

Wollstonecraft no solo aboga por los derechos de las mujeres a una educación en paridad, sino que también construye

---

386 Condorcet, *op.cit.*, p. 12, guillotinado en marzo de 1794.

387 Ya en 1792, Théroigne de Mericourt había sido acusada de apoyar a los girondinos y apaleada en público durante horas por una turba, sin que recuperara luego la cordura, falleció en 1817. Olympes de Gouges fue guillotinada el 3 de noviembre de 1793 y el 8 de noviembre del mismo año fue guillotinada Mme. Marie-Jeanne Roland. Cf. Puleo, Alicia, *La Ilustración Olvidada*, Barcelona, Anthropos, 2011.

la siguiente paradoja: "Las mujeres reclaman igualdad y, al mismo tiempo, se definen por la diferencia que las identifica: la capacidad de la maternidad". ¿Igualdad *vs.* diferencia? ¿Igualdad + diferencia? La polémica se instalaría más de un siglo después.

En su *An Historical and Moral View of the French Revolution* (1794), Wollstonecraft no solo responde a las *Reflexiones* de Burke contra la igualdad de las mujeres, sino también a su *Indagación filosófica sobre el origen de nuestras ideas acerca de lo sublime y de lo bello* (1756), en la cual el escritor argumentaba que la belleza está asociada con la debilidad y la feminidad, y que lo sublime está asociado a la fuerza y la masculinidad. Wollstonecraft le da vuelta a la retórica de Burke en *Reflexiones*, volviéndola en su contra. Burke critica el sufrimiento al que fue sometida María Antonieta –sostiene Wollstonecraft– pero no la situación apremiante de las mujeres pobres y muertas de hambre en Francia; de hecho, las desprecia abiertamente, en consecuencia, lo desafía a analizar su afirmación de que la tradición debe sostener la teoría política; si eso fuera así, continuaría la esclavitud por el simple hecho de ser una tradición ancestral. Por eso, Wollstonecraft sin rechazar la compasión en las relaciones humanas que Burke enfatiza, escribe: "Una miseria semejante pide algo más que lágrimas —me detengo para recordarme a mí misma— hay que analizar siempre cualquier situación racionalmente".

En 1796, nuevamente Johnson le publica *Cartas escritas durante una corta estancia en Suecia, Noruega y Dinamarca*; cartas que le había escrito a Gilbert Imlay durante su viaje a Escandinavia –a un escaso mes de su intento de suicidio– en un desesperado intento por recuperarlo. Se trata de veinticinco cartas que siguen un estilo de redacción íntima, espontánea, que Fernández Poza caracteriza como "desborde de vida".[388] En general, Wollstonecraft explora su propia relación con la sociedad, y evalúa subjetivamente su experiencia de viaje, la educación de las mujeres y los efectos del comercio en las sociedades. Las *Cartas* se hicieron muy populares y el libro se vendió muy bien; pero sobre todo ejerció una importante influencia sobre los poetas románticos, en especial Wordsworth y Coleridge, ya que su descripción de los paisajes –de la naturaleza– desplegaron una nueva sensibilidad, aunque no está presente aún esa deificación de la naturaleza, que ocurriría décadas más tarde.[389]

Mucho se discutió sobre el extraño itinerario de Mary. Fernández Poza retoma la hipótesis de Per Nyström, quien sostiene que el recorrido de Mary habría obedecido a su necesidad de localizar ciertos personajes para entrevistarlos y difundir su *Vindicación*; es decir, aparentando ser una mera turista, convirtió un "viaje de negocios" en una "revelación poética".[390] En 1980, el mismo investigador Nyström descubrió documentos en Suecia y Noruega, fechados en 1794, que revelaron que las verdaderas y encubiertas razones del viaje de Mary se vinculaban con negocios de Imlay, a quien tacha de "aventurero".[391] En efecto, en Gotenburgo, Wollstonecraft hizo contacto con Elias Backman, socio de Imlay, para seguir la pista de un barco desaparecido con un tesoro consistente en lingotes y vajillas de oro y plata con el escudo de los Borbones. Su capitán

---

388 Fernández Poza, *op.cit.*, p. 27.
389 Fernández Poza, *op.cit.*, pp. 38-39.
390 *Ibidem*.
391 Fernández Poza, *op.cit.*, p. 35.

era noruego y había hecho desaparecer el barco (más bien la carga, en connivencia con su primer oficial inglés) de bandera noruega, cuyo propietario era Imlay.[392] Según Nyström, las instrucciones que Imlay le había dado a Mary eran que llegara a un acuerdo y tratara de conseguir una reparación de la Corte de Apelaciones de Copenhague. Las cartas terminan de modo abrupto, razón por la que no se sabe cuál fue el resultado de las negociaciones, pero se conjetura que las tratativas de Mary no fueron en vano, ya que el tesoro se recuperó meses más tarde, pero en conjunto todo el episodio concluyó "misteriosamente como había comenzado".[393]

Sea como fuere, durante el transcurso del viaje, Mary figuraba como Mrs. Imlay y su pequeña hija como Fanny Imlay. La biografía de Godwin reveló que en realidad Mary nunca se había casado con Imlay y que Fanny era "hija natural", lo que desató el escándalo. Lo cierto es que en las *Cartas*, además de observaciones políticamente interesantes, Mary desarrolló una indagación de su propio yo en el descubrimiento de un mundo interior, de otra dimensión de su ser que hizo decir a Armstrong que "el primer hombre moderno era mujer".[394] Si a primera vista, las *Cartas* parecen un "diario de viaje" más, la fusión que hace Wollstonescraft entre diario de viaje, biografía, descripción de la naturaleza y observación sociopolítica, convierten a la obra en un híbrido novedoso, rico y reflexivo: "Los viajeros que pretenden que cada nación se parezca a la suya propia, harían mejor en quedarse en casa", sentencia Mary, quien nunca perdió la mirada racionalista

---

392 *Ibidem.*
393 Fernández Poza, *op.cit.*, pp. 36-37.
394 Armstrong, *op.cit.*, p. 20.

(observaciones y reflexiones), la sensibilidad romántica y el interés por las cuestiones sociales.[395]

En suma, es objeto de debate hasta qué punto creía Wollstonecraft en la igualdad de mujeres y varones. Ciertamente no fue una feminista en el sentido moderno de la palabra (que existió después de 1890). Pero, por muy grandes que sean sus diferencias, a finales del siglo XVIII, Condorcet y Olympes de Gouges en Francia, Wollstonecraft en Gran Bretaña, Theodor von Hippel y Amelia Holt en Alemania, entre otros, ofrecen un sólido análisis político de la diferencia sexual. Sus argumentos reclaman igualdad y libertad para las mujeres en nombre de la razón, la justicia, la felicidad y el progreso de la civilización.[396]

---

395 *Carta V*, en Fernández Poza, *op.cit.*, p. 89.
396 Fauré, *op.cit.*, p. 514.

Alejandra Kollontai
Rusia. 1872 - 1952

CAPÍTULO 8

ALEJANDRA KOLLONTAI

Un cierto número de autores ha estudiado de manera sistemática la obra de Alejandra Kollontai por la relevancia de sus debates sobre la "cuestión femenina", tanto respecto de sus derechos y del reconocimiento jurídico de los mismos como en torno a la situación posrevolucionaria de las mujeres en Rusia y en Europa en general.[397] La originalidad de sus trabajos radica en que centra su interés en la inclusión de las mujeres en la revolución socialista y analiza las condiciones específicas en las que las propias mujeres podían hacer su revolución en la revolución socialista. Según Kollontai, las mujeres deben disponer de una teoría y unas prácticas políticas que las liberen de la opresión material y de la "esclavitud cultural", que no les permite acceder a la igualdad real. En este sentido, Ana de Miguel destaca la originalidad de Kollontai cuando intersecta marxismo y feminismo en esto que denomina "feminismo materialista". Kollontai denuncia que la "abolición de la propiedad privada" y la inclusión de las

---

397 Meyer, *op.cit.*, pp. 199-201; Didier, *op.cit.*, p. 2353; Fauré, Christine (ed.) *Enciclopedia histórica y política de las mujeres*, Madrid, Akal, 2010; pp. 419-433; Weinbaum, Batya, *El curioso noviazgo entre feminismo y socialismo*, México, Siglo XXI, 1984, pp. 13-22; Sierra, Ángela, "Alejandra Kollontai"; María José Guerra-Ana Hardisson (eds) *20 Mujeres del siglo XX*, Tenerife, Caja Canaria-Ediciones Nobel, 2006, Vol. 1, pp. 81-98.

mujeres en el proceso de producción no son suficientes, sino que, por el contrario, es fundamental producir una revolución en la vida cotidiana de las mujeres y construir una relación nueva entre los sexos.[398]

Alejandra Kollontai nació en San Petersburgo en 1872, en el seno de una familia de la nobleza terrateniente. En su *Autobiografía* da cuenta de su rebeldía y de que desde muy pequeña notó ciertas anomalías que la rodeaban: "Experimenté –relata– la estentórea contradicción del hecho de que todo me era ofrecido mientras que tanto les era negado a los demás niños".[399] Rechazando un matrimonio "de conveniencia", su primera gran batalla, en 1894 se casó "por una gran pasión" con su primo Vladimir Ludvigovich Kollontai, estudiante de ingeniería, pobre y rechazado por su familia. En 1896 se afilió al Partido Socialista y se dirigió a Zurich a estudiar en la Universidad, donde además se entrevistó con Clara Zetkin, de quien se convertiría en discípula, y con Rosa Luxemburgo. Había dejado atrás a su esposo y a su niño pequeño. En el tren, le escribe a una amiga:

Aunque mi corazón no aguante la pena de perder el amor de Kollontai, tengo otras taras en la vida más importantes

---

398   De Miguel, Ana, "La articulación del feminismo y el socialismo: el conflicto clase-género", en Amorós, Celia y de Miguel, Ana (eds), *Teoría Feminista: de la Ilustración a la Globalización. De la Ilustración al Segundo Sexo*, Madrid, Crítica, 2005, vol. 1, pp. 295-332; *Alejandra Kollontai (1872-1952)*, Madrid, del Orto, 2000; de la misma autora: "El conflicto clase-sexo-género en la tradición socialista", en Amorós, Cèlia, (coord.) *Historia de la Teoría Feminista*, Madrid, Universidad Complutense, 1994, pp. 96-105 y *Marxismo y Feminismo en Alejandra Kollontai*, Madrid, Universidad Complutense, 1993.

399   *Autobiografía de una mujer sexualmente emancipada*, Barcelona, Anagrama, 1980, p. 25; de Miguel, 1993, *op.cit.*, p. 11. Recién en la década de los 70 comenzó a traducirse su obra al francés, al inglés y más recientemente al castellano. Cf. "Introducción" a *Kollontai, Alexandra, Mujer, Historia y Sociedad*, México, Fontamara, 1989, p. 11.

que la felicidad familiar. Quiero luchar por la liberación de la clase obrera, por los derechos de las mujeres, por el pueblo ruso.[400]

A partir de la década de 1890 militó en las organizaciones clandestinas antizaristas y en 1896 ingresó al Partido Obrero Socialdemócrata, por ese entonces también ilegal, de facción menchevique; allí trabajó con entusiasmo como propagandista. Defendió el derecho al trabajo de las mujeres, a igual salario que los varones, al propio control de la fertilidad y a la libertad sexual.[401]

Durante la Revolución bolchevique de octubre de 1917, las mujeres lucharon en ambos bandos tal como sucedió en la guerra civil que se desató después, entre 1917 y 1921. Fue la primera mujer elegida para el comité ejecutivo del soviet de Petrogrado, miembro del comité central del partido bolchevique y, en el año 1917, Lenin (1870-1924) la nombró Comisaria del Pueblo para la Asistencia Pública,[402] promoviendo una gran cantidad de reformas vinculadas a la maternidad y el cuidado. Con mirada sociológica, Kollontai ya había escrito varios libros sobre madres y niños y había colaborado en la organización del *Primer Congreso de Mujeres Trabajadoras y Campesinas* en el que Lenin, en su inauguración, destacó la necesidad de acabar con los viejos hábitos, "cada cocinera debe aprender a gobernar". Ese Congreso creó la Zhenotdel u organización de mujeres del nuevo gobierno,

---

400 Citado por: de Miguel, 1993, *op.cit.*, p. 12; de Miguel, 2005, p. 304-309.

401 Anderson, Bonnie y Zinsser, Judith, *Historia de las Mujeres: Una historia propia*, Barcelona, Crítica, Serie mayor, 2007, pp. 892-893; Stora-Sandor, Judith, *Alexandra Kollontai: Marxisme et révolution sexuelle*, París, Maspero, 1973, "Introduction".

402 Anderson y Zinsser, *op.cit.*, pp. 794-794, 892; Bryant, Louise, *Seis rojos meses en Rusia*, Ituzaingó, Cienflores, 2018, capítulo 12. Otras traducciones denominan al cargo "Comisaria de Bienestar Popular".

a la que se afiliaron mayormente campesinas y obreras industria-les.[403] Se legalizó el divorcio y en enero de 1918, Kollontai creó el Departamento de Protección a la Maternidad y la Infancia,[404] y otras reformas sociales como las licencias pagas por maternidad, antes y después del parto, la obligación de los padres (varones) de contribuir a la manutención de los hijos, entre otras; ese mismo año se sancionó la Ley de Matrimonio Civil. Ahora bien, una de las mayores preocupaciones era el trabajo doméstico que, en palabras de Lenin, convertía a las mujeres en "esclavas", en tanto las mujeres hacían un trabajo impago y mezquino que "aplasta, estrangula, idiotiza, degrada y encadena a la cocina, <y a> la crianza", convirtiéndose en una "esclavitud improductiva".[405] En 1919, Lenin prometió:

---

403 Anderson y Zinsser, *ibidem*; Rowbotham, Sheila, *Women, Resistence and Revolution*, New York-London, Penguin Press, 1972, pp. 128-129; Bryant, *op.cit.*, relata las diferencias entre la actitud de Kollontai y la de su antecesora la Condesa Sofía V. Panina (1871-1956), como viceministra de Bienestar y Educación durante el gobierno provisional, que siguió a la Revolución de febrero de 1917.

404 De inmediato, la Revolución estableció el matrimonio civil y permitió el divorcio a petición de cualquiera de los cónyuges. En octubre de 1918, el gobierno ratificó un Código sobre el Matrimonio, la Familia y la Custodia basado en derechos individuales e igualdad entre los sexos. La duración del matrimonio estaría definida por la mutua aceptación de los cónyuges. Sin embargo, la tradicional responsabilidad de la mujer para con los niños se mantuvo aun cuando el código de 1918 eliminó la distinción entre hijos "legítimos" e "ilegítimos", reemplazándola por "hijos cuyos padres no tengan registrado el matrimonio", las mujeres pudieron reclamar manutención infantil del padre. Tomado de una publicación anónima atribuida a Kollontai "The Immorality of the Bolsheviki" en *The Revolutionary Age*, February 22, 1919. Disponible en https://www.marxists.org/archive/kollonta/1918/immoral.htm

405 Anderson y Zinsser, *ibidem*. Como para Marx, la actividad doméstica era "trabajo improductivo"; solo en la década de los setenta, Christine Delphy mostró los "beneficios" del supuesto trabajo improductivo, en términos de "condición de posiblidad de la producción de los varones", Delphy, C., *L'ennemi principal. Économie politique du patriarcat, L'ennemi principal, Penser le genre*, París, 1975.

La República Soviética no dejó piedra sobre piedra de las leyes que colocaban a la mujer en una situación de sometimiento. Y al decir esto me refiero en particular a las leyes que aprovechaban especialmente la situación más débil de la mujer, para privarla de derechos y colocarla con frecuencia en condiciones humillantes; es decir, a las leyes sobre el divorcio, los hijos ilegítimos y el derecho de la mujer a demandar judicialmente al padre del niño para que asegure su sustento.[406]

Sin embargo, aunque en 1920 se legalizó el aborto, los intentos por reformar la familia y las tareas vinculadas al trabajo del hogar fueron infructuosos.[407] La vida y el trabajo doméstico comunitario que proponía Kollontai habían fracasado y su visión del futuro de las mujeres en el socialismo no logró convertirse en realidad.[408] Sin apoyo de la mayoría política (toda de varones), Kollontai seguía en el poder básicamente por el apoyo de Lenin, pero ese año, al unirse junto con Alexander Schlyapnikov a la Oposición Obrera perdió toda influencia.[409] Con la desaprobación de Lenin por su conducta política y las decisiones de su vida privada, en 1922 la corriente fue derrotada y al año siguiente, el partido aprobó una resolución en la

---

406   Lenin, V., "Las tareas del movimiento obrero femenino en la República Soviética". Discurso pronunciado el 23 de septiembre de 1919, publicado en *Pravda* No. 213, septiembre 25, 1919. Versión digital del Partido Comunista Revolucionario de la Argentina, marzo de 2004.

407   Stora-Sandor, Judith, *Alexandra Kollontai: Marxisme et révolution sexuelle*, París, Maspero, 1973, pp. 49-96.

408   Anderson y Zinsser, *op.cit.*, p. 895.

409   de Miguel, 1993, *op.cit.*, p. 15; Stora-Sando, *op.cit.*, pp. 20-21.

que se advertía del peligro de "las tendencias feministas" que debilitaban la lucha de clases.[410] Como consecuencia, Alejandra Kollontai fue destituida de su cargo y se le concedieron una serie de "misiones diplomáticas", que algunos entendieron como "un exilio de lujo". Luego de la muerte de Lenin, se la consideró "una víctima más del estalinismo" que –se dice– deformó sus teorías, presentó fragmentariamente su obra y, finalmente, se olvidó de ella.[411] En 1927, aparece una novela titulada *Un gran amor*, inspirada en la relación de Lenin con Inéssa Armand. El silencio sobre ella se rompe a fines de la década de los cincuenta con dos artículos, y en 1964 aparece una historia de su vida, más o menos romantizada, que finalmente se edita en 1970, para el centésimo aniversario de su nacimiento.[412]

Mucho antes, la propia Clara Zetkin (1857-1933) se había quejado ante Lenin porque las reformas tal como habían sido diseñadas y prometidas no llegaban.[413] Las dificultades de implementar una igualdad material, tanto como formal-legal eran manifiestas. Poco a poco, las asociaciones independientes de mujeres se abolieron: el Secretariado Internacional de las Mujeres en 1926 y la Zhenotdel en 1930. Las mujeres en general comenzaron a abandonar el mercado de trabajo debido al peso de la "doble jornada", con lo que la estructura social tradicional

---

410   El argumento sigue a Engels: las mujeres no necesitan una lucha propia. Cf. Kollontai, Alejandra, *Mujer y lucha de clases*, Barcelona, El Viejo Topo, 2016; Anderson y Zinsser, *op.cit.*, p. 897; de Miguel, 1993, *op.cit.*, pp. 15-20; Hartmann, Heidi "Un matrimonio mal avenido: hacia una unión más progresiva entre marxismo y feminismo", *Zona Abierta* 24, 1980; pp. 85-113.

411   Cf. "Nota Editorial" e "Introducción" a Kollontai, *op. cit.*, pp. 9-10; de Miguel, 1993, *op.cit.*, pp. 12-13; Anderson y Zinsser, *op.cit.*, p. 895.

412   Stora-Sando, *op.cit.*, p. 22.

413   Zetkin, Clara "Lenin on the Women Question", *International publishers*, 1934, p. 34. Zetkin remite a su entrevista con Lenin, en 1920, durante la que se queja de la insuficiencia de las reformas.

se mantuvo más o menos en pie. Sin embargo, ingresaban al mercado laboral con plenos derechos, y otros beneficios importantes: su posibilidad de acceso a la educación, a la salud propia y la de sus hijos, y a cargos jerárquicos en las estructuras del partido, esto último con mayor dificultad.[414]

Vamos a revisar el legado de Kollontai, centrándonos solo en tres líneas fundamentales de su pensamiento: el origen de la "cuestión de la mujer"; el papel de las mujeres y del feminismo en la lucha de clases y la "mujer nueva".

Sin que tengamos precisión respecto de la fecha en que fue compuesta, en la denominada 7° Conferencia sobre "Los orígenes de la cuestión de las mujeres", Kollontai parte de la aceptación plena de las particularidades naturales de cada sexo y además de cada persona.[415] Dada la diversidad natural, lo importante es que cada quien "tenga la oportunidad real para su más completa y libre autodeterminación y la mayor capacidad para el desarrollo y aplicación de todas sus aptitudes naturales".[416] Para Kollontai, la histórica subordinación de las mujeres, en la vida real y en las teorías que la justifican a partir de factores secundarios, obedece a cuestiones económicas específicas: las mujeres, a nivel mundial, realizan tareas impagas que solo, si se redistribuyen entre todos los individuos, generando nuevas "líneas sociales y productivas" las liberarán de la "esclavitud doméstica". Contra Marx y Engels argumenta que, aunque todas las clases sociales están integradas por varones y mujeres, las mujeres sí tienen una "lucha propia para alcanzar la igualdad

---

414 Anderson y Zinsser, *op.cit.*, pp. 896-897; Rowsthorne, *op.cit.*, pp. 140-141.

415 Kollontai, Alejandra, "Los orígenes de la cuestión de las mujeres" en *Mujer, Historia y Sociedad*, México, Fontamara, 1989, pp. 147-162.

416 Kollontai, *op.cit.*, p. 147.

de derechos reales".[417] Los prejuicios de la sociedad burguesa las han cargado de mandatos que es necesario rectificar. Además – retomando la tesis de Engels– sostiene que la propiedad privada no habría llevado a la esclavitud de las mujeres si ya antes no hubieran perdido importancia para la tribu como responsables principales del sustento.[418] Esto no impide que las "reformas que sirvan para satisfacer los intereses más urgentes del proletariado" deban llevarse a cabo. Pero, no son suficientes para conducir a "la humanidad hacia el reino de la libertad y la igualdad social: cada derecho que gana la mujer le acerca a la meta fijada de su emancipación total".[419] Y para ello hay que reemplazar la "legislación burguesa" y remover "sus prejuicios", para lo que la libertad política es un requisito previo. Pero la demanda de igualdad exige además que la consigna de "acceso a las profesiones", la participación directa en el gobierno y la propia determinación sobre la vida sexual y la fecundidad, sean un hecho.[420]

El primer paso es, pues, la independencia económica, pero no es suficiente, aunque sí necesario. Se entrecruzan en "el mundo de las mujeres" intereses y aspiraciones próximas a los de la clase burguesa, por un lado, y al proletariado por otro. Y ambos bandos entienden la "liberación de la mujer" de modo diferente, porque cada grupo de manera inconsciente responde a sus "intereses de clase": las burguesas exigen derechos civiles y las

---

417 Kollontai, *idem*, pp. 148-157. Analiza la participación de las mujeres en la Revolución Francesa y cómo fueron excluidas finalmente de los derechos.

418 Contra la tesis de Engels en *El origen de la propiedad privada, la familia y el Estado*. Beauvoir retoma a Kollontai en *El segundo sexo*, Buenos Aires, Siglo XX, 1972, pp. 75-82. Kollontai, pp. 14, 16, 136.

419 Kollontai, *ibidem*.

420 Kollontai, *idem*, pp. 148-149; de Miguel, 2001, pp. 69-70.

obreras rechazan convertirse en "esclavas asalariadas al servicio del capital".[421] Incluso, se debe tener en cuenta que la "fuerza creadora de la máquina" desplaza el valor de la fuerza humana "volviendo a las obreras y a los obreros material y políticamente dependientes de la burguesía",[422] lo que hace que la "transformación fundamental" de la estructura económica y de las circunstancias sociales difiera en ambos bandos; la igualdad de derechos de la mujer proletaria es solo un medio para avanzar en una reforma social más profunda, en especial, en la familia.[423] ¿Cuál es entonces –se pregunta Kollontai– la "cuestión femenina" de la que hablan tanto las feministas? Para ella, esta cuestión por sí sola no existe ni puede existir y su solución solo es posible con la participación de todos los partidos y de todas las mujeres. Las condiciones y las formas de producción han subyugado a las mujeres durante toda la historia de la humanidad, y las han relegado gradualmente a la posición de opresión y dependencia en la que la mayoría de ellas ha permanecido hasta ahora. Es necesario un cataclismo colosal de toda la estructura social y económica para que las mujeres puedan comenzar a recuperar la importancia y la independencia que han perdido.[424]

Para Kollontai, las mismas fuerzas que durante miles de años esclavizaron a las mujeres deben reconducirlas por el camino de la libertad y de la independencia.

Ahora bien, Kollontai dirige la atención no solo a la estructura económica, sino fundamentalmente al orden privado, por lo

---

421 Kollontai, *idem*, p. 159; también en la Conferencia 8 "El movimiento feminista y el papel de la mujer trabajadora en la lucha de clases", Kollontai, *idem*, pp. 163-186.

422 Kollontai, *idem*, p. 160.

423 Kollontai, *idem*, p. 161; Rowbotham, *op.cit.*, p. 141.

424 Kollontai, *idem*, pp. 159-160.

general carente de análisis en las propuestas teóricas y políticas de su época: analizar la familia implica mostrar las desigualdades que se reproducen en su propio seno.[425] Sostiene que aunque las mujeres se emancipen económica y políticamente, obtengan doctorados y logren iguales salarios, si siguen atadas a "las cadenas y la opresión de la familia" y "la esclavitud del trabajo doméstico", su liberación será imposible: es necesario una "mujer nueva".[426]

Con eliminar las bases materiales que perpetúan la opresión de las mujeres no es suficiente, es necesaria también una auténtica revolución en el ámbito de las relaciones sexuales.[427] Deben establecerse unas nuevas relaciones personales basadas en el compañerismo, la igualdad entre los sexos y la solidaridad fraternal de la clase trabajadora. Al igual que ocurre con otras facetas de la vida, del arte o de la cultura, gran parte de las relaciones personales están también mediadas y condicionadas por el tipo de sociedad que genera el capitalismo.[428] El hecho de que aún hoy sigan existiendo la prostitución y los abusos sexuales –sostiene Kollontai– es un síntoma más de la existencia de una crisis sexual.[429]

---

425 Kollontai, *idem*, pp. 13-18, 271-283 y Conferencia 14 "El trabajo de las mujeres en el presente y en el futuro"; un análisis de la familia burguesa, Rowbotham, *op.cit.*, pp. 26-27, 29, 35, 113; Lozano Rubio, Sandra "Las causas de la subyugación femenina: lecciones del feminismo marxista" *Estrat Crític*, any 6 n° 6, 2012, pp. 213-227; Petty, Leia, "Kollontai Rediscovered", Disponible en http://socialistworker.org/2014/08/27/kollontai-rediscovered

426 Sobre la disolución de la familia patriarcal, cf. Kollontai, *idem*, pp. 16, 40, 161, 194, 265.

427 De Miguel, 1994, pp. 97-102; De Miguel, 2001, pp. 71, 81, 82-84; Stora-Sandor, *op.cit.*, pp. 52-70.

428 Kollontai, Alejandra, "Las relaciones sexuales y lucha de clases" en *Marxismo y Revolución Sexual*, Madrid, Castellote, 1976. Disponible en https://www.fundacionhenrydunant.org/images/stories/biblioteca /Derechos%20 Sexuales%20y%20Reproductivos/Alexandra%20Kollontai%2020-Les%20 relaciones%20 sexuales%20y%20la%20lucha%20de%20clases.pdf. También *La mujer nueva y la revolución sexual*, Madrid, Ayuso, 1977.

429 Sobre la prostitución, Stora-Sandor, *op.cit.*, pp. 71-77.

Precisamente, unas de las causas de esa crisis es el egoísmo, el sentimiento de posesión de la pareja, como si fuera una cosa, y la subordinación de un sexo (la mujer) al otro (el varón). El problema de las relaciones personales y la sexualidad debe, pues, adquirir centralidad. Pesa sobre ellas una doble opresión: por un lado, "la sociedad burguesa encierra a la mujer en un intolerable cepo económico, pagándole un salario ridículo por su trabajo" y "la priva del derecho de defender sus intereses" y, por otro "el yugo conyugal" y "la prostitución, abiertamente menospreciada y condenada, pero secretamente apoyada y sostenida",[430] la mantienen en un lugar de inferioridad, que refuerza su dependencia.

El proletariado necesita, por tanto, crear nuevos valores y nuevos hábitos de vida, tarea que –según Kollontai– no puede posponerse y que, de hecho, ya comenzaron a realizar las mujeres. Un primer paso fue preguntarse por las condiciones de su opresión y las estrategias para finalizarla.[431] Por eso también es preciso mostrar que la opresión social se manifiesta en la enajenación del trabajo doméstico y la opresión masculina en la enajenación de la libertad sexual de las mujeres.[432] La disolución de la familia –y describe "los sombríos aspectos de la vida conyugal"– es fundamental para Kollontai.[433] Por eso sostiene que:

> Sobre las ruinas de la antigua familia, veremos erigirse de nuevo otras cuyas relaciones entre varones y mujeres serán muy diferentes, y se establecerán sobre la base de una

---

430 Kollontai, *ibidem*.

431 Desarrolla el tema en *La nueva moral de la clase obrera*, escrito aproximadamente en 1918, cf. Stora-Sandor, *op.cit.*, p. 25; De Miguel, 2005, p. 311.

432 Sierra, *op.cit.*, p. 93; este tema lo desarrolla recién en 1989 Carole Pateman. Cf *El contrato sexual*, Madrid, Ménades, 2019.

433 Kollontai, 1980, p. 178; Sierra, *op.cit.*, pp. 93-94.

unión de afecto y de camaradería de dos individuos iguales en la sociedad comunista, dos libres, dos independientes.

Kollontai reconoce la doble opresión de la estructura social y de la estructura familiar, que, cada una a su modo, no son sino instituciones de sustracción de derechos a las mujeres, laborales y sexuales, ambas a beneficio de los varones: "Si la crisis sexual es en tres cuartas partes resultado de las relaciones socioeconómicas externas, el otro cuarto está acoplado a nuestra «refinada psiquis individualista», fomentada por la ideología burguesa imperante".[434]

En 1910, Grete Meisel Hess (1878-1922), periodista y escritora austríaca, había publicado *La crisis sexual*[435] donde, tras una severa crítica a *Sexo y carácter* de Otto Weininger (1880-1903),[436] establecía que las normas morales que reglamentan la vida humana tienen dos finalidades: asegurar una descendencia humana sana y contribuir al enriquecimiento de la psicología humana fomentando sentimientos de solidaridad y de camaradería. Según Ana de Miguel, el propósito de Kollontai en su examen crítico al matrimonio y la sexualidad de su época es mostrar que la segunda de las finalidades no se cumple. Porque el amor "no es un hecho aislado y excepcional" ni un "acto individualista", es necesario que las mujeres se independicen del "amor romántico", que causa incontables tragedias

---

434 Kollontai, *ibidem*.

435 Meisel Hess, Grete, *The sexual crisis; a critique of our sex life*, Toronto, Robarts, 1917; Marchand, Suzanne & Lindenfeld, David, (ed.) *Germany at the fin de siècle: Culture, Politics and Ideas*, Baton Rouge, Louisiana State University, 2004, pp. 81-128.

436 Weininger, Otto, *Sexo y Carácter*, Barcelona, Península, 1985, p. 9. Calificado como "panfleto apologético de la misoginia" por Carlos Castilla del Pino, autor de la introducción a la edición castellana que tituló "Otto Weininger o la imposibilidad de ser".

en el alma femenina.[437] Se puede abolir la reglamentación del matrimonio –argumenta Kollontai–, pero si los varones siguen sustrayendo a las mujeres sus derechos a su propia vida sexual, controlan su fertilidad, su placer y su deseo, ¿no ocurriría con la mujer lo que ha ocurrido con los obreros? La supresión de las trabas causadas por los reglamentos corporativos, sin que nuevas obligaciones hayan sido instituidas para los patrones, ha dejado a los obreros a merced del poder incontrolado capitalista, y la seductora consigna de "libre asociación del capital y del trabajo" se ha trocado en una forma desvergonzada de explotación del trabajo a manos del capital.[438]

Si Marx había propuesto "un hombre nuevo", Kollontai propone "una mujer nueva", reivindicando además la necesidad de una "renovación psicológica de la humanidad". Únicamente con una serie de reformas radicales tanto en el ámbito de la ley como en el de las relaciones sociales, del Estado y de la familia, se crearía una situación favorable para que el principio del "amor libre" pudiera realizarse. Kollontai analiza, en consecuencia, el matrimonio legal, la prostitución y el amor libre.[439]

El análisis de Kollontai subraya que el matrimonio legal "envenena" la relación intersexual, produce confusión y desorden en las costumbres sexuales porque esconde la subordinación de las mujeres y alimenta la idea de que la mujer es una propiedad del cónyuge varón. Su indisolubilidad obliga a permanecer unidos, contra toda variabilidad de la psiquis humana e impide que las mujeres se enriquezcan con otras relaciones amorosas,

---

437 Kollontai, *ibidem*; Jónasdóttir, Anna, "¿Qué clase de poder es el del amor? *Sociológica*, año 26, nro. 74, 2011, pp. 247-273.
438 Kollontai, *ibidem*.
439 Sandor, *op.cit.*, pp. 153-205.

bloqueando la "fuerza creadora" del amor y llevando a la indiferencia. Como contrapartida, la prostitución refuerza en los varones la idea de propiedad sobre las mujeres y, retomando palabras de Engels, "envilece el carácter masculino". Al mismo tiempo, degrada a las mujeres a su mero cuerpo sin tomar en cuenta sus necesidades y sus deseos. Sus "efectos son nefastos", concluye Kollontai, porque deforma la conciencia erótica del varón y fomenta dos criterios morales: uno para las mujeres y otro para los varones, atentando contra toda solidaridad de clase y camaradería.[440]

Engels había reparado en que la sexualidad adquiere gran centralidad durante las revoluciones: "es un hecho curioso que con cada gran movimiento revolucionario la cuestión del amor libre pasa a un primer plano". Kollontai retoma esta observación y se pregunta si la "unión libre" es una alternativa válida al individualismo burgués. Sin embargo, reconoce que "los problemas sexuales no pueden resolverse sin una reeducación radical de nuestra mentalidad". Por esto, se pregunta: "¿Pero no es esto pedir demasiado? ¿No es acaso la sugerencia utópica sin fundamento, la noción ingenua de una idealista soñadora?". Y su respuesta es que mientras no cambie la psicología de los individuos esta alternativa está irremediablemente condenada al fracaso, sobre todo porque "los celos arañan incluso a los mejores espíritus".[441]

La contribución teórica de Kollontai suscitó un amplio debate en la historia de la emancipación femenina, tanto en Europa como en EE.UU., y sobre todo revolucionó la idea de "libertad

---

440 Kollontai, Alejandra, *El amor y la mujer nueva* (textos escogidos), Ituzaingó, ·Cienflores, 2017; Stora-Sandor, *op.cit.*, pp. 97-152, 251-282; Foremann, Ann, *Feminity as Alienation: Women and Family* in Marxism, London, Pluto Press, 1977, pp. 38-4.

441 Sandor, *op.cit.*, pp. 183-186; De Miguel, 2005, p. 319.

sexual" en términos de igualdad para las mujeres. Kollontai afirmó que en la sociedad comunista, la igualdad, el reconocimiento recíproco de los derechos y la comprensión fraternal debían constituirse en principios rectores de las relaciones entre varones y mujeres, pero no lo logró, o no al menos en el nivel en que ella lo había soñado. Aún así, siempre sostuvo en todos sus escritos que las mujeres debían compartir en total paridad y por derecho propio con los varones la vida social, familiar, sexual y económica.

Elvira López
Argentina

CAPÍTULO 9

ELVIRA LÓPEZ

En este capítulo vamos a hablar de la primera doctora en filosofía de Argentina: Elvira V. López.[442] La hemos elegido porque, a nuestro juicio, representa un importante hito temporal y cultural sobre el que se ha echado no poca sombra, sobre todo a partir de la situación política que se consolidó a fines de los años veinte del siglo pasado y que culminó en la Revolución del Treinta.[443] Sólo a partir del artículo de María Spadaro a principios de la década de los noventa (siglo XX), la figura de Elvira López comenzó a valorarse.[444] Estos "olvidos de la razón" –repitiendo palabras de Cèlia

---

442 Didier, *op.cit.*, pp. 2633-2634; Lavrin, A., *Latin America Women*, West Point, Greenwood Press, 1978; Femenías, María Luisa, "Mujeres (olvidadas) en la historia del pensamiento: Elvira López" en Guerra, María José y Ana Hardisson (eds) *20 Mujeres del siglo XX*, Tenerife, Caja Canaria-Nobel, 2006, vol. 1, pp. 99-109.

443 Navarro, M., "Research Work on Latin American Women", *Signs*, 5.1, 1979; de la misma autora "Cambiando actitudes sobre el rol de la mujer: la experiencia del cono sur a principios de siglo", *Revista europea de Estudios Latinoamericanos y el Caribe*, 1997. 62, pp. 71-92.

444 Spadaro, María, "Elvira López y *El Movimiento Feminista*", *Hiparquia*, IV.1, 1991; de la misma autora, "Diálogo con Elvira López: la educación de las mujeres", en Femenías, María Luisa (comp.) *Perfiles del Feminismo Iberoamericano*, Buenos Aires, Catálogos, 2002, pp. 27-40 y "La Ilustración: un triste canto de promesas olvidadas". *Revista de Filosofía y Teoría Política*, Anexo 2005. Disponible en: http://www.memoria.fahce.unlp.edu.ar/trab_eventos/ev.132/ev.132.pdf. Como advierte Spadaro, se trata de la "primera persona" que se doctora en filosofía en la Facultad de Filosofía y Letras de la UBA.

Amorós– generan importantes dificultades, incluso para localizar datos sobre la vida de Elvira López y buena parte de su obra.

Hacia fines del siglo XIX, en 1896, bajo la presidencia de José E. Uriburu, se creó la Facultad de Filosofía y Letras de la Universidad de Buenos Aires –en la calle Viamonte 430, hoy sede del Rectorado– y se conformó el Primer Consejo Académico integrado por Bartolomé Mitre, Bernardo de Irigoyen, Ricardo Gutiérrez, Rafael Obligado, Joaquín V. González, Paul Groussac, Carlos Pellegrini y Lorenzo Anadón.[445] Se admitió una primera camada de alumnos, varones y mujeres, ellas amparadas por la Ley 1420 de Educación Común, Libre y Gratuita.[446] La creación de esa Facultad, pensada para formación de profesores/as, tenía como objetivo consolidar educadores/as con conciencia de pertenencia nacional, dado que en poco más de diez años, la población extranjera se había duplicado debido a las políticas de inmigración implementadas a partir de 1880.

En esa primera cohorte, se inscribieron en la Facultad 29 alumnos: 26 varones y 4 mujeres, entre ellas, Elvira López y su hermana Ernestina, algo menor que ella. La ficha de inscripción (manuscrita con pluma cucharita, en tinta negra sobre cartulina verde) de Elvira López consigna su fecha de nacimiento en Buenos Aires.[447]

---

445   Cf. http://www.uba.ar/historia/contenidos.php?id=4&s=41

446   Cf. *Anales de la Universidad de Buenos Aires*, tomo XI-XII, p. 10 (creación de la Facultad), pp. 113-114 (Plan de estudios).

447   Registra como dirección: Andes 172 y en la *Revista del Consejo* consigna primero la anterior y luego Callao 450. "Andes", es la actual Balcarce, entre México y Chile. Cf. *Revista del Consejo Nacional de Mujeres*, nro. VI, nro. 1906 y VII, 1908, respectivamente; Sosa de Newton, Lily, *Diccionario Biográfico de Mujeres Argentinas*, Buenos Aires, Plus Ultra, 1986 no la incluye, aunque sí registra a su hermana Ernestina, de amplia actuación en educación junto con su esposo Ernesto Nelson. Sosa de Newton sostiene que Ernestina fue hija de Adriana Wilson y del pintor Cándido López; también Barrancos, Dora, en *Mujeres en la sociedad argentina*, Buenos Aires, Sudamericana, 2007, p. 124. Se carece de datos sobre la fecha de su muerte.

Elvira y su hermana cumplieron con todos los requisitos al uso en ese entonces y presentaron sus respectivas tesis de doctorado en 1901.[448] Ernestina sobre literatura latinoamericana, con el sugestivo título de "¿Existe una literatura propiamente latinoamericana?" y Elvira en Filosofía, con una tesis titulada "El movimiento feminista", que más adelante publicó con el mismo título.[449]

Elvira fue apadrinada por el neokantiano Rodolfo Rivarola, abogado y famoso penalista, por entonces profesor de Ética y más tarde Decano de la Facultad de Filosofía y Letras. Rivarola era también profesor en la Facultad de Derecho y fundó, junto con Estanislao Zeballos, el *Bulletin Argentine de Droît International Privée* (1903-1909), publicado en Buenos Aires en idioma francés. Era sensible a la situación legal de las mujeres y es de creer que, con ese interés, alentó y respaldó a Elvira en la presentación de su tesis.[450] Más tarde, en 1910, fundó también La *Revista Argentina de Ciencias Políticas*, de gran prestigio, que se publicó hasta 1928.[451] El co-director de tesis de Elvira fue Antonio Dellepiane,

---

448 *Anales de la Universidad de Buenos Aires*, Buenos Aires, Coni Hermanos, 1902, tomo XV, pp. 45-46. Se consignan cuatro mujeres (100 % de las inscriptas) y 4 varones (15,384 % de los inscriptos).

449 López, Elvira V., *El movimiento feminista. Tesis presentada para optar por el grado de Doctor en Filosofía y Letras*, Buenos Aires, Facultad de Filosofía y Letras-Imprenta Mariano Moreno, 1901, 264 páginas; Lorenzo, María Fernanda "Reflexiones en torno al feminismo de comienzos del siglo XX. Las primeras tesis de las graduadas de Filosofía y Letras: María Isabel Salthu, "El problema feminista en la Argentina", *Revista Mora*, vol. 23, nro. 2, 2017, pp. 69-83.

450 Rivarola introdujo el kantismo en Buenos Aires y trabajó el tema del Derecho de Nacionalidad de las mujeres, por entonces ligada a la del marido. Rivarola Rodolfo, "Nationalité de la femme Argentine mariée avec un étranger" en *Bulletin Argentine de Droît International Privée*, II.1, 1906. Cf. también, Augustine-Adams, Kif, "«Ella consiente implícitamente»: La ciudadanía de las mujeres, el matrimonio y la teoría política liberal en Argentina a finales del siglo XIX y comienzos del XX" en *Mora*, 11, 2005.

451 La publicación, ya dirigida por dos de sus hijos, desaparece "sin despedirse" y "sin explicar su cierre". Cf. Auza, Néstor, *Revista argentina de ciencias políticas: Estudio e índice general 1910-1920*, Buenos Aires, Academia Nacional de Ciencias, p. 69.

también conocido defensor de los derechos de las mujeres, catedrático de Historia Universal. Bajo esta guía, Elvira adopta como punto de partida el concepto kantiano de ley universal. En tanto no se aplicaba a las mujeres, esto constituía, sin más, una exclusión ilegítima. Es decir, o bien el "universal" no es tal o bien debe necesariamente incluir a las mujeres: en síntesis, ese es el hilo conductor de la tesis, arropada con argumentos "audibles" para un tribunal que incluía posiciones opuestas.

Como lo viene mostrando la investigación actual, el feminismo rioplatense había comenzado a mediados del siglo XIX, si no antes, y tenía fuerte arraigo en las diversas corrientes progresistas que van, por un lado, desde el anarquismo de *La voz de la mujer* al progresismo –considerado "prudente"– de las socialistas y de las radicales.[452] Por otro, desde Montevideo a Buenos Aires, pasando por La Plata y Rosario.[453] Es decir, Elvira López no escribe en soledad, sino avalada por un movimiento más amplio de feministas activas, vinculadas sobre todo al partido socialista, de las que la médica Cecilia Grierson fue probablemente su primer referente, junto con un conjunto de varones progresistas que las apoyaban.[454]

---

452 Por ejemplo, Terán, Oscar (ed.), *La voz de la mujer*, edición facsímil, Bernal, UNQui, 1997; Royo, Amelia, *Juana Manuela mucho papel*, Salta, El Robledal, 1999; Batticuore, Graciela, *La mujer romántica. Lectoras, autoras y escritores en la Argentina: 1830-1870*, Buenos Aires, Edhasa, 2005; Chikiar Bauer, Irene, *Eduarda Mansilla Entre-Ellos*, Buenos Aires, Biblos, 2013; Gago, Verónica "Elvira y la vanguardia prudente del feminismo" *Anfibia*, 8, Disponible en: http://revistaanfibia.com/ensayo/elvira-vanguardia-prudente-feminismo

453 Lavrín, *op.cit.*; Soza de Newton, *op.cit.*; Barrancos, *op.cit.*, de la misma autora: "Maestras, librepensadoras y feministas en la Argentina (1900-1912) en Altamirano, Carlos, *Historia de los intelectuales en América Latina*, Buenos Aires, Katz, 2008, pp. 465-490.

454 Feijoó, María del Carmen, *Acerca de los orígenes del feminismo en la Argentina*, Buenos Aires, Centro Feminista, 1985. En general, disentimos de la interpretación de Amanda Gómez en "Elvira López: pionera del feminismo en la Argentina", *Cuyo. Anuario de Filosofía Argentina y Americana*, v. 32, nro. 1, 2015, pp. 17-37.

La tesis y los pocos artículos conservados de Elvira López responden, más bien, al interés de fundamentar teóricamente el conjunto de demandas políticas y sociales, que luego se plasmaron en el Congreso Femenino de 1910, del que fue su secretaria.[455]

La tesis está compuesta por dieciséis capítulos, una introducción y una conclusión. Los capítulos I y II tratan de la mujer en diversas épocas históricas, donde al igual que muchas de sus predecesoras, elabora una larga cadena de mujeres sabias. El siguiente capítulo es un interesante examen de qué es ser "feminista" y qué implica para una mujer ser "antifeminista". El capítulo IV es una suerte de balance de las mujeres juzgadas por ellas mismas. Los capítulos siguientes (V y VI) se centran en la cuestión de la necesidad de educar de las mujeres, donde resuenan los argumentos utilizados por las feministas ilustradas y las socialistas francesas e inglesas. Perfectamente ensamblados con los derechos educativos, en consonancia con el ideario socialista, en los capítulos VII y VIII defiende derechos económicos, y luego, en el capítulo siguiente, los civiles. Este punto es importante porque en esa época las mujeres perdían los pocos derechos que tenían al entrar "en la sociedad conyugal" (tema del capítulo X), que Elvira López examina con cuidado y fuerte influencia de Harriet Taylor. En el capítulo siguiente realiza un prolijo examen de los derechos políticos reclamados por las mujeres. Revisa luego el movimiento feminista en general (capítulos XII y XIII) y el de EE.UU., (capítulo XIV), que considera el más avanzado, luego de la Declaración de

---

455 Primer Congreso Femenino, *Historia, Actas y trabajos, Buenos Aires, 1910*, Córdoba, Universidad Nacional de Córdoba, 500 p.; Femenías, María Luisa "Balance del Bicentenario al ideario feminista del Centenario" en Varg, M. S. (comp.) *Las mujeres y el bicentenario*, Salta, UNSa-Municipalidad de la Ciudad de Salta, 2010, pp. 269-280. En 1911, Elvira López publica "Cultivemos el ideal" en *Revista Argentina de Ciencias Políticas*, tomo III, 1911, pp. 197-213.

Seneca Falls en 1848. El capítulo XV es un balance de la situación de las mujeres en la Argentina y, por último, en el capítulo XVI consigna todos los Congresos y Asociaciones de mujeres, para ilustrar los beneficios que brindan a la humanidad. Sorprende la amplitud y precisión de la información que posee.

Buena conocedora de la obra de John Stuart Mill (a quien remite extensamente) adopta, sin embargo, un punto de partida diverso al del utilitarismo. En primer término, adopta el dictum retórico de que a distintas personas se las persuade de distinta manera y, en consecuencia, desarrolla argumentos que van desde rastreos históricos que remonta hasta Babilonia, a relevamientos jurídicos nacionales e internacionales, siempre apelando a la bibliografía más actualizada. Con todo, dos son las fuentes bibliográficas que más influyen en ella: por un lado, la escuela de los laboristas ingleses, paradigmáticamente, John Stuart Mill y –como ya hemos dicho– Harriet Taylor, a quien cita por su nombre repetidamente.[456] Por otro, a los socialistas utópicos franceses, en especial a Charles Fourrier, Flora Tristán, Alexandre Dumas (h). Contraargumentando, "dialoga" con posiciones neotomistas como la de Alfred Fouillée, quien en *Temperamento y Carácter* fija en la naturaleza los rasgos de los sexos y de las razas.[457]

Tampoco desconoce la literatura divorcista de la época (cita en especial a Alfred Naquet), y denuncia que algunos socialistas

---

456 Stuart Mill, J. & Harriet Taylor, *The Subjection of Women*, 1869, en *Works* of J. S. Mill, Toronto, 1984.

457 Fourier, Charles, *Le Nouveau monde amoureux*, Simone Debout-Oleszkiewicz, s/f.; del mismo autor, *Théorie des comotre mouvements et destinées génèrales*, Paris, 1808; Tristan, Flora, *Union ouvrière*, París, Daniel Armogathe et Jacques Grandjonc, 1848; Dumas, Alexandre (f), *Les femmes qui tuent et les femmes qui volent*, Paris, Calman-Levy, 1880; Fouillée, Alfred, *Temperament et caractére selon les individus, les sexes et les races*, París, Félix Alcan, 1895.

—como Pierre-Joseph Prudhom— se comportan como los varones más tradicionales en temas relativos a las mujeres.[458] Nuevamente nos sorprende la actualidad de las obras que consulta en sus lenguas originales y la firmeza con que toma posición al respecto. Tengamos presente que, en esa época, los barcos tardaban casi dos meses en cruzar el Atlántico y otro tanto las cartas de encargo y los catálogos de "novedades". En consecuencia, además de su dominio del francés y del inglés, debemos subrayar su interés por estar *bibliográficamente al día*, a la par de los investigadores más reconocidos de su tiempo.

Toma una clara posición en defensa de las mujeres apelando al ideal igualitarista ilustrado en clave socialista. Siguiendo a Spadaro, esto significa una fusión de horizontes y un intento de dar visibilidad, a la par que de construir, una genealogía propia de las mujeres latinoamericanas, en un marco que no es ajeno al tema de la recuperación de la memoria y de la consolidación de la identidad.[459] Cuando apela a la cadena genealógica de mujeres célebres, ingrediente indispensable del acto que Amorós denominó "ceremonia de adopción genealógica", se inserta en una tradición de la que se hace heredera y transmisora. En ese sentido, Elvira López es tan consciente como nosotras de la estrategia que está implementando cuando, en sus primeros capítulos, enumera una lista histórico-mítica de mujeres notables de la historia, la literatura y la filosofía. Tal como lo hicieran Christine de Pizán y Juana Inés de la Cruz, Elvira se inserta en la serie, advirtiendo

---

458   Cita a Naquet, Alfred, *Le divorce*, París, E. Denter, 1877 y Prudhom, Pierre-Joseph, *La pornocratie ou les femmes dans les temps modernes*, París, Lacroix, 1875. Igual denuncia que las anarquistas, cf. Terán, *op. cit.*

459   Spadaro, M. C., "Elvira López y su tesis sobre el movimiento feminista: la educación de las mujeres" *Mora*, 8, 2002.

que las mujeres habitualmente están silenciadas; debiéndose entonces, completar la historia "de la que, en el presente, sólo se enseña y se transmite la mitad".[460]

Pero no sólo de esa estrategia es consciente Elvira. La segunda maniobra que nos interesa señalar es el registro en el que está escrita su tesis. Conocedora del Tribunal Evaluador al que va dirigida, adopta un tono, tanto en sus argumentos como en sus comentarios críticos, de sutil ironía. Independientemente de los usos retóricos de la época, es clara su adopción consciente y estratégica de lo que Josefina Ludmer, respecto de Sor Juana, denominó "las tretas del débil".[461] Actitud propia de la escritura de las mujeres, la *captatio benevolentia* del interlocutor al mismo tiempo que representa la cara escondida del estilo, genera la ilusión de la autenticidad, de la sinceridad y de la ingenuidad, en clara apelación a la *complicidad* del interlocutor. Controla de modo indirecto la situación narrativa y receptiva, partiendo de la minimización de la hablante, en tono de "falsa modestia", que pone en el oyente (juez) la carga de la prueba de su saber. Así, Elvira apela constantemente al "progresismo", al "entendimiento esclarecido" y al "conocimiento" de los miembros del Tribunal de Tesis, a los que indirectamente compromete en el respaldo de sus propias posiciones. Argumentadas con sutileza y modestia (tal como se espera de una señorita culta, de "buena familia" y alumna destacada), sus afirmaciones son firmes y contundentes. Elvira se sitúa en el lugar de la interlocutora a la que hay que oír sin agredir y aceptar sin enojarse, con los beneficios del caso.

---

460 López, *op.cit.*, pp. 81-85.

461 Ludmer, J., "Las tretas del débil", *La sartén por el mango*, Puerto Rico, 1984; Arriaga Florez, M., *Mi amor, mi juez*, Barcelona, Anthropos, 2001, pp. 60-61 *et pass.*

No es, por tanto, si bien militante, una tesis panfletaria o enardecida, como los artículos de *La voz de la mujer*. Por el contrario, sigue el canon de las tesis de su época, es firme, elegante, cuidada, meticulosamente argumentada y bibliográficamente fundada.[462] Como su género exige, se trata de un ejercicio de argumentación teórica en defensa –contra el modelo escolástico vigente–, del universal kantiano, del que en todo caso sólo se beneficiaban los varones. La lectura de la tesis de Evira López permite reconocer que no sólo domina los fundamentos del liberalismo político (que podemos asimilar al contractualismo y al universalismo formal), sino que tiene clara conciencia de las dificultades materiales que implicaría su cumplimiento. Para esto, recurre a bibliografía socialista, que presenta con sumo cuidado, siempre –creemos– con su mirada puesta en el Tribunal, donde no todos los "probos varones" que lo conformaban comparten sus simpatías, ni las de sus directores, por la causa.[463] No desconoce –como ya dijimos– ni a Mill, ni a Taylor ni a Engels. Cita profusamente bibliografía francesa, cuya actualidad nuevamente nos hace pensar en el buen librero que la proveía de las últimas novedades sobre el tema. Incluye autores que hoy carecen de relevancia, pero que a fines del siglo XIX fueron portadores de la razón progresista.[464]

En la primera parte, teórica y conceptual, distingue con precisión los diversos modos en que suele entenderse "igualdad", y

---

462   Por esa época, Miguel Cané, entonces Decano y poco afecto a "estos temas", había explicitado los requisitos que una tesis de doctorado debía seguir en un Reglamento de Uso interno de la Facultad.

463   Recordemos que Miguel Cané estaba teórica e ideológicamente enfrentado a Rivarola. Cf. Bosch, G., "De los *gentleman and Scholars* al campo intelectual filosófico", *Revista de Filosofía y Teoría Política*, Anexo 2005. Disponible en: http://www.memoria.fahce.unlp.edu.ar/trab_eventos/ev.132/ev.132

464   Para su perfil, cf. Fraisse, Genèvieve, *Les deux gouvernements: la famille et la Cité*, París, Gallimard, 2000.

sentencia: "Sólo los varones inadvertidos confundirían ambas acepciones".[465] La "igualdad" que las mujeres reclaman por derecho propio es la que lleva a una sociedad más justa y más equitativa. No se trata de una igualdad que implique *asimilación* de las mujeres al varón, lo que además de ser un imposible implicaría para las mujeres construir una nueva esclavización. A partir de la afirmación de la igualdad formal en tanto "ser humano", deriva ciertos derechos de los que las mujeres estaban excluidas, tanto en general, como en Argentina. Por ejemplo, los derechos de ciudadanía, el derecho a trabajar, a administrar sus propios bienes, a ganar su propio salario dignamente y no para invertirlo en alhajas, "como se dice que hicieron las romanas" en la época de la República, sino para dar de comer a sus hijos, a sus padres ancianos, y a sí mismas sin caer en el matrimonio obligado para sobrevivir.[466] Así, cita repetidamente el lema socialista "igual trabajo igual salario" (que aún no se cumple), denunciando que la crisis económica del siglo –provocada por las guerras de unidad nacional– no debe pagarse con el trabajo no-reconocido y malpago de las mujeres y de los niños. Sobre todo, porque "ya hacen bastante en sus casas", organizándolas, cosiendo, limpiando y criando niños: clara denuncia de lo que más tarde se llamaría *doble jornada*.

Como la mayor parte de los reformistas y de los políticos progresistas de la época, pone en manos de la educación toda esperanza posible de mejora social. Así, apela a la sensibilidad de los varones y de las mujeres cultos, tal como lo había hecho poco más de cien años antes Mary Wollstonecraft en su *Vindication* y

---

465 López, *op.cit.*, p.15.

466 López se interesa por la situación de las mujeres casadas "por conveniencia". Para el problema remite a Guizot, F., *L'amour dans le mariage*, París, Hachette, 1858; Michelet, J., *L'amour*, París, Hachette, 1858.

unos cincuenta, Flora Tristán en su *Unión Obrera*. El objetivo es comprometer a los varones en la causa de las mujeres, la equidad y la vida solidaria. Establece una clara diferencia entre "beneficencia" y "filantropía", sobre la que escribirá más tarde varios artículos.[467] El acento en la educación, la lleva no sólo a defender el ingreso de las mujeres a la educación formal, sino, sobre todo, a alentarlas a estudiar y desarrollar sus capacidades intelectuales. Sabe que de las mujeres se espera solamente que sean "fregonas"; por tanto se las debe fortalecer para que superen las barreras de lo que se espera de ellas y muestren que "sus cabezas contienen ideas".[468] Con suma lucidez reconoce que con que "puedan acceder formalmente a la educación no basta". Es necesario estimular su inteligencia y "acabar con que en los hogares se disponga de ellas para atender a hermanos menores, padres ancianos o hijos", contabilizando crudamente esta "ayuda" de las niñas en términos de "trabajo infantil". Cuando una niña "ayuda", ni juega ni estudia: acarrea agua, cría hermanos, limpia, hace mandados, etc. Más aún, el tema woolfiano del "cuarto propio" aparece en alusión simbólica al espacio que toda niña y toda joven debe tener como lugar de reconocimiento para sí y para su propio proyecto como persona, porque "antes que esposa y madre es persona". En todo caso, la educación debe compensar la mayor debilidad física y respaldar a las mujeres

---

467 A partir del Congreso de 1910, es claro su enfrentamiento con la "Sociedad de Beneficencia" y las "damas" que la dirigían; junto con su hermana, se acercó más a los grupos socialistas liderados por Grierson primero, y Alicia Moreau, después. Se retiran también del "Círculo de Mujeres" y de la redacción de su revista.

468 La creación del Liceo de Señoritas, del que su hermana Ernestina fue la primera Rectora, lo hace posible.

psíquicamente para que sean fuente de fortalecimiento y mejoramiento de la sociedad.[469]

Esto la lleva nuevamente a reforzar el tema del trabajo asalariado como uno de los modos de autorrealización de las mujeres, de automanutención y de independencia. Como todos los socialistas, Elvira valora altamente la independencia económica como vía de acceso a la propia libertad y como condición necesaria aunque no suficiente para el propio desarrollo y autoestima de las mujeres como personas.[470] Si en Roma las mujeres dilapidaron sus herencias fue simplemente porque no pudieron crear libertades para construir espacios de reconocimiento en la sociedad: no tenían espacio político y poco o ningún espacio sociocultural. Por eso, sólo integrándose como iguales podrán volcar sus virtudes sociales al fortalecimiento y la promoción de una sociedad mejor.[471]

Una de las virtudes de las mujeres (ni femeninas ni esenciales) que Elvira López valora más es la solidaridad. En la línea de los utopistas franceses, y dando por supuesto el marco formal de la igualdad, la solidaridad es la única que –a su juicio– habrá de generar "un entramado social-ético" tal que sea el "mejor escudo contra las guerras". En esto, al menos, la educación debería "feminizarse", es decir, abandonar la pedagogía del "vencedor" para promover la responsabilidad, el cuidado y la solidaridad. Especialmente

---

469   López, *op.cit.*, p. 71, argumentos similares desarrolla el filósofo uruguayo Carlos Vaz Ferreira unos veinticinco años más tarde en *Sobre feminismo*, Montevideo-Buenos Aires, Ediciones de la Sociedad de Amigos Rioplatenses, 1933. Cf. Oliver, Amy "El feminismo compensatorio de Vaz Ferreira" en Femenías, M. L., *Perfiles del Feminismo Iberoamericano*, Buenos Aires, Catálogos, 2002; Andreoli, M., "El feminismo de Vaz Ferreira", *Mora* 11, 2005.

470   López, *op.cit.*, p. 87.

471   López, *op.cit.*, pp. 80-83.

preocupada por la Gran Guerra de 1914, participó de campañas pacifistas, viajando a EE.UU., sede del movimiento.[472]

Anticipándose a la noción de "invisibilización", denuncia todos los lugares en los que las mujeres *no* están y *deberían estar* o *han estado* y no se las nombra (por ejemplo, en las guerras de la independencia). Las mujeres por *derecho propio* y no por beneficencia o caridad, deben ser consideradas personas iguales que los varones, no son más, pero tampoco son menos.[473] Con un argumento hipotético, desestima que la única vía de sobrevivencia de las mujeres sea el matrimonio. Este señalamiento de Elvira López es importante porque, sin hacer demasiadas menciones explícitas, alude a su posición no confesional. En consecuencia, no acepta el principio de indisolubilidad del matrimonio, argumentando sobre la necesidad de contemplar el divorcio, e incluso de que la mujer elija (como ella misma) no desear casarse.[474]

En el último capítulo, tras evaluar positivamente algunas actividades de la Sociedad de Beneficencia, sobre todo su tarea filantrópica en diversos hospitales y asilos, critica a "las damas" de esa Sociedad, donde "señoras bienintencionadas" invierten sus vidas "más en la caridad que en la denuncia de la injusticia y en la búsqueda de formas de justicia distributiva", cerrando un círculo vicioso que "incluye la tranquilidad de sus conciencias".[475]

---

472   López estuvo vinculada a los movimientos filantrópicos, cuya defensa hace en: "Una escuela de filantropía", *Revista de la Universidad*, (UBA), tomo IV. El artículo está firmado por ella y fechado en julio 16 de 1905. Agradezco a María Spadaro esta referencia.

473   López, *op.cit.*, pp. 87-101, sobre la educación.

474   López cita a De Bonald, L., *Du divorce, considéré au XIX siécle relativement à l'état domestique et á l'état public de société*, París, 1801 en *OEuvres Complètes*, París, 1839.

475   López, *op.cit.*, pp. 242-243.

Con todo, la propuesta final de Elvira López no debe entenderse como una apelación a la utopía, sino como la presentación de los lineamientos generales de un proyecto socialista que, en ese momento, contaba con fuerte adhesión y dinamismo en numerosos sectores cultos de la sociedad porteña. Para la época de su tesis, Elvira cree firmemente en el mejoramiento ético de la sociedad, con la convicción de que el siglo que se iniciaba traería a los argentinos la ansiada paz y la distribución equitativa de las cuantiosas ganancias que el campo proporcionaba.[476] Prueba de ello es el conjunto de asociaciones feministas creadas por ese entonces, incluyendo la Asociación de Universitarias Argentinas (1904) de la que fue cofundadora junto con su hermana.[477]

En suma, Elvira López consideró la condición de las mujeres durante la historia y de las geografías como injusta *per se*. Más aún si, a partir de la Ilustración, gracias a cuya noción de universal y de igualdad se proporcionaron las herramientas necesarias para descubrir y poner en evidencia la injustificable situación que padecían las mujeres, poco o nada se había hecho tanto formal como materialmente para revertir su situación, que se presentaba como el desafío de su tiempo. Tras la Primera Guerra y la reorganización de los grupos filonacionalistas, los ideales de la solidaridad del socialismo que Elvira López defendió vehementemente, se hacen cada vez más inalcanzables. Poco a poco, los escritos de

---

476   En 1912 publica un artículo sobre el "Primer Congreso Internacional de Eugénica", en *Revista Argentina de Ciencias Políticas*, T. V. 1912, pp. 64-74. Según el catálogo de Auza, es la única mujer que publica en la revista. Auza, *op.cit.*, p. índice.

477   En 1902, las hermanas Fenia y Mariana Chertkoff y Raquel Camaño fundaron el *Centro Feminista Socialista*; un año más tarde comenzó sus actividades la *Unión Gremial Feminista*, en 1904 Cecilia Grierson, Elvira Rawson (primera y segunda médicas), Sara Justo (primera odontóloga), Elvira y Ernestina López (primeras doctoras en Filosofía y en Letras respectivamente), fundaron la *Asociación de Universitarias Argentinas*.

la época dejan ver las huellas del desencanto. De proponer un horizonte ético-político para alcanzar una sociedad más justa y equitativa, no se sigue que los gobiernos y los grupos de interés acepten ceder sus beneficios y prebendas: la sociedad solidaria e igualitaria por la que bregaban Elvira y los miembros de la *Revista Argentina de Ciencias Políticas* estaban muy lejos de realizarse.

Resulta evidente señalar que, transcurridos más de cien años, muchos son los logros alcanzados, aunque aún son insuficientes. Recordar propuestas como la de Elvira López nos permite hacer un balance del camino andado en la reconstrucción de nuestras propias memorias, nuestros logros y las deudas que aún tenemos pendientes.

Simone de Beauvoir
Francia. 1908 - 1986

CAPÍTULO 10

SIMONE DE BEAUVOIR

En el año 1999, la reedición de una nueva traducción de *El segundo sexo* (1949),[478] puso otra vez en primer plano la obra más significativa de la teoría feminista del siglo XX; un *hito clave de una tradición*, según Cèlia Amorós.[479] En una operación desnaturalizadora, Beauvoir procedió a desmontar y denunciar la lógica de la opresión sexual y estableció, como pocas veces se había hecho antes, el carácter de constructo cultural del eterno femenino, alineándose no solo con los existencialistas en su rechazo a las esencias, sino también en una línea genealógica, que inicia en el siglo XVII con François Poullain de la Barre.[480]

Simone de Beauvoir nació en París el 8 de enero de 1908 y murió el 14 de abril de 1986. Un halo polémico rodeó siempre su figura, tensándose entre la admiración y el rechazo. Todos los datos de su infancia y juventud los relata en sus *Memorias de una joven formal*. Por esa obra sabemos que a los quince años decidió

---

478 Cagnolati, Beatriz, Femenías, María Luisa y Vucovic, Jovanka, "Simone de Beauvoir en Argentina: el rol de las editoriales y de las traducciones en la recepción de su obra", en *Belas Infiéis*, 2019 (en prensa).

479 Amorós, Cèlia, "Simone de Beauvoir: un hito clave de una tradición", *Arenal*, 6.1, 1999, pp. 113-134; Meyer, *op.cit.*, pp. 55-58; Didier, *op.cit.*, pp. 439-440.

480 Femenías, María Luisa, "Simone de Beauvoir: hacer triunfar el reino de la libertad", en *Oficios Terrestres*, RFPCC, (UNLP), XIV.23, Primer Semestre 2008, pp. 32-45.

que sería escritora, aunque completó su formación en matemáticas además de literatura y latín. En 1926, se dedicó a estudiar filosofía y obtuvo su certificado de filosofía general al año siguiente. Finalmente se licenció en letras, con mención en filosofía, en la primavera de 1928, concluyendo sus estudios universitarios en 1929, con una tesis sobre Leibniz. En esa etapa conoció a Simone Weil (1909-1943), aunque solo indirectamente hacen referencia una a la otra,[481] y a Jean Paul Sartre, de quien nunca se separaría aunque mantuvieron siempre una relación abierta y libre, lo que les permitió a ambos mantener "amores ocasionales", que Beauvoir relata en sus memorias.[482] Durante el año 1929, fue agregada en Filosofía y más tarde ejerció en Ruán. Poco antes del inicio de la Segunda Guerra Mundial, ambos lograron trasladarse a París. En 1943, publicó su novela *La Invitada*, en la que elabora una reflexión filosófica sobre la lucha de conciencias y la posibilidad y límites de la reciprocidad.[483] Durante la guerra trabajó en la Radio Vichy, radio libre. Fundó junto a Sartre, Raymond Aron, Maurice Merleau-Ponty y Boris Vian la revista *Les Temps Modernes*, que difundía el Existencialismo tanto en la filosofía como en la literatura. Entabló una relación muy duradera con el escritor estadounidense Nelson Algren, con quien intercambió alrededor de trescientas cartas.[484]

---

481 Femenías, María Luisa, "Simone-Simone: De la *praxis* obrera a la intelectual marxista", *Actas de las Primeras Jornadas CINIG de Estudios de Género y Feminismos*, FaHCE, (UNLP), octubre 29 y 30 de 2009, CDRom.

482 Beauvoir, Simone de, *La fuerza de las cosas*, Buenos Aires, Sudamericana, 1964.

483 Agencia EFE, "Se cumplen 70 años de *La invitada*, el debut literario de la humanista Simone de Beauvoir", disponible en: https://www.20minutos.es/noticia/1887314/0/cumplen-70-aniversario/la-invitada-debut-literario/simon-beauvoir-humanista-francesa/#xtor=AD-15&xts=467263 /

484 Beauvoir, Simone de, *Cartas a Nelson Algren: un amor transatlántico, 1947-1964*, edición y prólogo Sylvie Le Bon-de Beauvoir, Barcelona, Lumen, 1999.

Beauvoir se inscribe en filosofía existencialista, que se desarrolló desde finales de la década del treinta y hasta poco después del Mayo Francés. Sus miembros más relevantes fueron Sartre, Merleau-Ponty, Camus y ella misma, pero también Jaspers, y Marcel, entre otros, lo que implica una pluralidad de posiciones y, a la vez, una fuerte interdependencia conceptual. Ante los ojos de la crítica y del público en general, como compañera sentimental de Sartre, Beauvoir fue considerada una seguidora fiel de sus enseñanzas, y una mera sombra de la filosofía de aquel. Incluso, en 1986, Judith Butler la interpreta de ese modo.[485] Esa singular relación *como* varón y mujer, fue percibida como dependencia y subsidiariedad de la mujer (de Beauvoir) respecto del varón (Sartre). En una explicación estructural de la teoría de la dominación, Iris M. Young advirtió con agudeza que, más allá del sistema de ideas, símbolos, modos de concienciación y variables singulares de las mujeres y los varones involucrados, siempre era necesario indagar y explicitar las maneras concretas en que los varones se apropian de beneficios concretos que toman de las mujeres de modo real, simbólico o supraestructural.[486] El análisis de Young pone de manifiesto la densidad del problema y muestra cómo, con independencia de rasgos individuales de carácter psicológico, las estructuras sociales se mantienen por una suerte de *ideología metafísica*, que genera desigualdad valorativa a la hora de abordar los aspectos sociales de la realidad y de los *lugares* que ocupan varones y mujeres, entendidos como *naturales*. De modo

---

485 Butler, J., "Sexo y género en *El segundo sexo* de S. de Beauvoir", en *Mora*, 4. F. F. y L. (UBA), 1998.

486 Young, Iris M. "Is Male Gender Domination the Cause of Male Domination?", en Trabilcot, Joyce (comp), *Mothering: Essays in Feminist Theory*, New Jersey, Rowman & Allenheld, 1983, pp. 129-147.

que pasaron décadas hasta que la figura de Beauvoir comenzó a investigarse por sí misma; recién entonces pudieron "verse" sus singulares aportes y la influencia conceptual que ejerció sobre el pensamiento del mismo Sartre. El "Castor" (nombre que le daba Sartre) no fue meramente una "musa inspiradora" sino que entre ellos, además del vínculo afectivo y personal, había también debate, influencia recíproca, coincidencias y disensos. El excelente trabajo de Teresa López Pardina hizo evidente que la filosofía de Beauvoir desenreda los hilos de la situación de las mujeres y presenta una suerte de plan de trabajo, que guiará los desarrollos teóricos del feminismo del siglo XX.[487]

"¿Qué es una mujer?" se pregunta Beauvoir en *El segundo sexo*; la respuesta en primera persona es: "Yo soy una mujer".

Es significativo que yo lo plantee; a un hombre nunca se le hubiera ocurrido escribir un libro acerca de la situación singular que ocupan los varones en la humanidad. Si quiero definirme, me veo obligada a decir, en primer lugar «Soy mujer». Esta verdad constituye el fondo sobre el cual se yergue toda otra afirmación.[488]

---

487 López Pardina, Teresa, *Simone de Beauvoir: Una filósofa del siglo XX*. Cádiz, Universidad de Cádiz, 1998; de la misma autora, *Simone de Beauvoir (1908-1986)*, Madrid, del Orto, 1999; también, Simons, Margaret, *Beauvoir and the Second Sex: Feminism, Race, and the Origins of Existencialism*, Lanham, Rowman & Littlefield, 1999; Cagnolati, Beatriz y Femenías, María Luisa (eds.) *Simone de Beauvoir: Las encrucijadas de "El Segundo Sexo"*, La Plata, Edulp, 2000; Bauer, Nancy, *Simone de Beauvoir, Philosophy and Feminism*, New York, Columbia University Press, 2001; Delphy Christine et Chaperon, Sylvie, *Cinquantenaire du Deuxième Sexe, Colloque International Simone de Beauvoir*, París, Syllepse, 2002.

488 Beauvoir, S. de., *Le deuxième sexe*. París: Gallimard, v. I y II. 1949; Citaré por la traducción castellana de Pablo Palant: *El segundo sexo*, Buenos Aires, Siglo XX, 1962, vol. I, p.11.

Y más adelante agrega la repetida frase: "No se nace mujer, se llega a serlo". Se trata de un "vaivén" entre extremos que van, por un lado, del "dato biológico" del sexo "que da vida" y, por otro, de la "mujer femenina" y "eterno femenino", cuya construcción social esencialista Beauvoir rechaza. Desde la infancia, el mundo se le ha revelado como masculino, de ahí que su punto de partida es su propia experiencia en el mundo. Así, Beauvoir distingue entre el "dato" y el "constructo social". El feminismo de los sesenta, denominó a lo segundo "género", término que Beauvoir no utilizó. Para Beauvoir el cuerpo "no puede ser vivido como un dato en bruto sino por la mediación de las definiciones culturales".[489] Distingue entre la naturaleza o biología, y los modos en que las diferentes sociedades han instrumentado "ese dato" generando la "esencialidad" de ciertos rasgos. Beauvoir firmemente afirma: "la naturaleza no es destino". En efecto, "nada en la naturaleza obliga a un orden social determinado" y menos aún si es discriminatorio. El orden social que confina a las mujeres a ciertos roles "naturales" lo es en la medida en que es un impedimento para el ejercicio de su libertad, de su proyecto, de su trascendencia.[490] Por eso, afirma también la autonomía económica como prioritaria, y la igualdad de derechos como base para su emancipación. No obstante, Beauvoir tiene claro que la sola ley no es suficiente: hay que cambiar costumbres ancestrales. Sostiene que "pueden existir diferencias (materiales) en la igualdad (formal)". Esto significa, entablar relaciones simétricas y recíprocas entre varones y

---

489 Amorós, *op.cit.*, p. 120.

490 Guadalupe dos Santos, Magda, "A ambigüidade ética da aventura humana em Simone de Beauvoir", en *Cuadernos de Filosofia*, F.F. y L (UBA), 52, 2009: 57-88.

mujeres, incluyendo las de deseo, posesión, amor, aventura, proyecto, que para ella conservan sentido.[491]

Respecto de su concepción de "mujer", dos fueron las críticas más extendidas que se le formularon: por un lado, su rechazo a la maternidad, que entiende como una decisión individual y libre dependiente del propio proyecto de vida de cada quien. Por otro, su aceptación del dimorfismo sexual con base biológica,[492] que para Beauvoir no incide en la decisión del objeto de deseo; de hecho, en sus memorias da cuenta de su bisexualidad: "Entre ambos sexos no existe una distinción biológica rigurosa [...]", sostiene y agrega: "ninguna sexualidad está determinada" por ningún "destino anatómico".[493] Es decir, la existencia de un cuerpo biológico es un "dato" de la situación pero, para Beauvoir, es independiente de las elecciones individuales de los objetos de deseo.

Escribe *El Segundo Sexo* (1949) tras la finalización de la Segunda Guerra Mundial. Las mujeres ya habían obtenido el voto en la casi totalidad de los países occidentales, logro que parecía dar por terminadas las luchas sufragistas y feministas. Beauvoir muestra que queda mucho por hacer y propone lo que denominaremos un *programa feminista*, donde muestra por qué y cómo las reformas legales son necesarias –ineludibles– pero no suficientes: todavía hay que construir una fundamentación teórico-filosófica que explique cómo se ha desarrollado la historia, excluyendo a las mujeres de la memoria. Más aún, sigue ocurriendo. Filosóficamente, Beauvoir resignifica la dialéctica hegeliana en términos de Uno (varón) Otra (mujer). Entiende que históricamente "mujer"

---

491 Beauvoir, (1949), II: 508 ss.

492 Butler, Judith, "Variaciones sobre sexo y género: Beauvoir, Wittig y Foucault", en *Teoría feminista y teoría crítica*. Valencia, Alfons el Magnànim, 1990, 193-211.

493 (1949) I. Capítulo IV.

funcionó como un "segundo" sexo en tanto que la interpretación tradicional supone que el primer sexo "creado" fue varón, y de él fue formada la mujer. Beauvoir toma la dialéctica de Hegel aportándole un juego propio y original. Si en la dialéctica de la autoconciencia de Hegel el "otro" está representado en la figura del siervo, momento que atraviesa el Espíritu en su recorrido autocognoscitivo y autorreproductivo para alcanzar el saber Absoluto, Beauvoir, al asimilar a la mujer al "otro", en la (hipotética) lucha por el reconocimiento, toma conciencia de su experiencia de desigualdad, dominación y servidumbre. Ya Engels había dicho que las mujeres fueron las primeras esclavas de las sociedades patriarcales, por su capacidad productiva y reproductiva. Con esto presente y simplificando mucho, en la lucha a muerte por el reconocimiento, quien teme perder la vida (y experimenta que le es tan esencial o más que la autoconciencia) se convierte en siervo. En cambio, quien la arriesga (porque ser conciencia de y para sí es más importante) se vuelve amo: ha preferido la libertad.

Desde la perspectiva de Beauvoir, los varones se constituyeron en "sujetos autónomos",[494] y las mujeres no; lo masculino es, a la vez, el universal del genérico humano (hombre) y el particular (varón de la especie); con esa operación hacen invisibles a las mujeres, y las sustraen de la calidad de "sujetos"; en consecuencia, de su libertad, su proyecto, su posibilidad de ser para sí. Por tanto, para Beauvoir, es preciso que las mujeres restituyan los modos (método), los hechos (la historia), la libertad (en la calidad de sujetos de su proyecto propio), para sí mismas. Propone entonces desarticular los presupuestos que sostienen las posiciones

---

494 López Pardina, Teresa, "La noción de sujeto en el humanismo existencialista" en Amorós, Celia (ed.) Feminismo y Filosofía, Madrid, Síntesis, 2000, pp. 193-214.

fundamentales de "la mujer", y examina, entre otros, el esencialismo, la objetividad de la ciencia, y la lucha de clases para su liberación. Veamos.

En términos de Beauvoir, el esencialismo –religioso o laico– ha "construido" a las mujeres sin historia, fijadas en ciertos rasgos *eternos* e ineludibles vinculados a la categoría difusa de "femineidad" o de "eterno femenino", tan cantado por los poetas. El segundo es la falsa creencia de que la ciencia –su ejemplo es el psicoanálisis freudiano– es "objetivo" y no una construcción patriarcal más de la cultura imperante. Sostiene que, bajo presuposición de su "objetividad científica" tacha de "fálicas" a las mujeres que buscan constituirse en sujetos autónomos; es decir, las considera masculinas, cuando no anormales. Por último, atenta a la experiencia de Alejandra Kollontai, anuncia que la "Revolución del proletariado" no lo fue por igual para "proletarios" y "proletarias". Las clases sociales, y la obrera no es una excepción, están atravesadas por los sexos; es decir, por las relaciones de dominación que están estructural e históricamente establecidas entre varones y mujeres atravesando todas las clases de modo estamentario. La experiencia histórica de muchas revoluciones (la Francesa, de 1789, o la Bolchevique, de 1917) muestra que las mujeres pasan de revolucionarias a sumisas amas de casa sin haber obtenido beneficio alguno de la puesta en riego de sus propias vidas.

Los polémicos problemas que acabamos de enumerar, que Beauvoir desarrolla en profundidad, le valieron las críticas de los esencialistas, pero también, y sobre todo, la crítica de las denominadas "vanguardias" defensoras del psicoanálisis, los freudomarxistas, y de los marxistas en general.[495] Tuvieron que transcurrir más de

---

495   Cf. Chaperon, Sylvie, "El Segundo Sexo 1949-1999: Cincuenta años de lecturas feministas", Travesías, 8, 2000, pp. 55-64; López Pardina (1999a): pp. 144-163.

quince años para que, a comienzos de la "Segunda Ola", algunas de sus líneas críticas cobrarán fuerza y los movimientos de mujeres las adoptaran en lo que se denominó *Women Studies, Études de femme* o Estudios de la mujer. A modo de ejemplo, recordemos que fue mérito de Kate Millet, en *Sexual Politics* (1969), retomar la idea de que las "vanguardias" también son patriarcales,[496] llevando adelante un análisis fundamental de escritores como D. H. Laurence, Henry Miller, Norman Mailer y Jean Genet. Un aspecto importante del análisis de Millet es desviar la atención de las relaciones interpersonales del ámbito privado, para examinarlas desde una categoría estructural y política, y al hacerlo, acuña la famosa frase *Lo personal es político*, que se convirtió en lema de las luchas feministas posteriores. Si bien muchos aspectos del ensayo de Beauvoir se han superado, en particular las cuestiones vinculadas a la biología, lo cierto es que su libro marcó un hito en la teoría y en las prácticas del movimiento feminista de los sesenta y setenta.

Beauvoir no sólo sistematiza los problemas vinculados a la condición de las mujeres, sino que elabora un método que le permitió, al mismo tiempo, dar cuenta de su historia y de su situación actual, desenmascarando una red conceptual y filosófica cubierta por los prejuicios.[497] Mucho se ha discutido sobre ese método, que Sartre desarrolla en su *Crítica de la razón dialéctica* (1960) como "método progresivo-regresivo". Luego de un prolijo examen, López Pardina concluye que:

> El método es, pues, primero inventado y aplicado por Beauvoir en 1949, quien, fiel a su línea de filosofía no

---

496   Traducción castellana: *Política sexual*, Madrid, Cátedra, 1995 y reediciones.
497   López Pardina, *op.cit.*, pp. 215-217.

sistemática –afín a la de un Voltaire o un Montaigne– no se pone a la tarea de explicitarlo teóricamente.[498]

En general, se lo considera un aporte heurístico del Existencialismo, llegándose a ignorar la autoría de Beauvoir. A grandes líneas, tal como Beauvoir lo emplea, constituye un modo de reconstruir y esclarecer la experiencia vivida desde la propia hermenéutica existencial, comenzando con un análisis regresivo de la situación o del hecho. Es decir, de la "facticidad en que las mujeres se ven obligadas a existir" o, en otras palabras, "de las condiciones que definen la inserción de las mujeres en lo real". La primera fase "regresiva" es la inicial e implica un análisis (histórico-fenomenológico) de las condiciones que hacen posible la existencia de las mujeres tal como es dada en una cierta sociedad actual. Por eso, el método supone dos dimensiones: diacrónica y sincrónica. Se trata, pues, de un primer momento analítico en el que se establecen los puntos de referencia conceptuales que configuran una cierta forma de vida. La segunda fase es "progresiva", sintética y reconstructiva del modo actual en que viven las mujeres como miembros de una cierta sociedad. Es decir, desde aquellas condiciones en como viven las mujeres esta vida presente.[499] Interesa a Beauvoir dar cuenta de las *instancias mediadoras* que han hecho posible un cierto estado de cosas. Tomando como base el comportamiento real de las mujeres en tanto que "resultado" de una "experiencia vivida" bajo ciertas condiciones histórico-sociales, Beauvoir pretende, con los datos

---

498   *Ibidem*. También, Casale, Rolando, "Algunas coincidencias entre Beauvoir y Sartre sobre el método progresivo-regresivo", en Cagnolati-Femenías, *op.cit.*, pp. 47-54.

499   Amorós, *op.cit.*; Casale, *op.cit.*; López Pardina, *ibidem*.

de que dispone, reconstruir cómo se llegó a este estado de cosas, desenmascarando los elementos ideológicos y los presupuestos sobre los que se funda.

Ahora explicitemos algunos conceptos, que si bien comparten todos los existencialistas, Beauvoir desarrolló de manera propia. Fundamentalmente, se distancia de Sartre en al menos dos pares de conceptos importantes para el feminismo: por un lado, la noción de cuerpo y de situación, ambas estrechamente relacionadas entre sí. Por otro, la de sujeto y libertad. Respecto de la noción de cuerpo, su posición está próxima a la de Merleau-Ponty, como lo han señalado Teresa López Pardina y Sara Heinämaa, entre otras.[500] El cuerpo de la experiencia es un cuerpo viviente, que se desarrolla en el mundo con otros cuerpos, con otros seres, y la presencia en el mundo implica rigurosamente la posición del "cuerpo en situación", la que sea, pero eso lo hace a la vez, una cosa del/en el mundo y un punto de vista único sobre el mismo.[501] Asimismo, el sujeto resulta del entrecruzamiento de actos intencionales previos y de la historia, tanto cultural como individual, que da significado y trasfondo a todos nuestros actos originales. Para Beauvoir, como para todo existencialista, el cuerpo no es una mera *cosa* sino fundamentalmente *una situación*. El cuerpo es "nuestra captación del mundo, el instrumento a través del cual captamos el mundo" y porque es un instrumento de captación del mundo, "El mundo se presenta de una forma diferente según sea aprehendido de una manera o de otra [...] desde un cuerpo

---

500 Cf. López Pardina (2001), pp. 65-72; Heinämaa, Sara, "¿Qué es ser una mujer?: Butler y Beauvoir sobre los fundamentos de la diferencia sexual", *Mora*, 4, 1998, pp. 27-44.

501 Beauvoir *op.cit.*, I, p. 32.

de varón o desde un cuerpo de mujer".[502] Si bien Beauvoir enumera las diferencias entre varones y mujeres comenzando por las anatómicas (que describe con la minuciosidad que la ciencia de la época le permitía), no es ese el punto que le interesa subrayar.

Por el contrario, pone el acento en que el cuerpo (sano, enfermo, mutilado, ante todo sexuado) constituye el elemento fundamental de la situación de cada cual, pero como Merleau-Ponty, considera que el hombre –en genérico– no es una especie "natural", sino una "idea histórica": todos somos seres históricos y, en consecuencia, no hay diferencias "naturales" que puedan subordinar a las mujeres respecto de los varones. El cuerpo es una *situación* sobre la que se han desarrollado mediaciones históricas que lo califican de "inferior" o de "superior"; de "imperfecto" o de "perfecto"; de "esclavo" o de "libre". La situación y las mediatizaciones que construyen el cuerpo restringen o amplían su captación del mundo.[503] Como lo ha subrayado Cèlia Amorós, lo biológico se redefine por lo cultural; por eso Beauvoir se opone a que la biología de las mujeres sea *un destino*. De modo que, el plano cultural y social de los "cuerpos en situación" de las mujeres ven coartada (o no) su libertad, su trascendencia, su posibilidad de constituirse en sujetos; la situación restringe o amplia su libertad mucho más que a los varones.

También respecto de la noción de sujeto, Beauvoir adopta una posición propia. En efecto, en tanto las limitaciones de las mujeres están socialmente construidas e impuestas por la sociedad que es patriarcal, es imprescindible comprender cómo funciona, desmontar sus mecanismos y generar condiciones para vivir la

---

502 *Idem*, p. 58.
503 *Ibidem*.

libertad, a partir del *locus* que a cada una le ha tocado. La situación marca de modo ambiguo formas de opresión y rechazarlas es el primer paso que aleja a las mujeres de su caída en la inmanencia. Beauvoir identifica tres razones históricas por las cuales las mujeres no pueden reivindicarse como sujetos: en primer término, no tienen medios materiales para hacerlo; en segundo lugar, tienen un vínculo de dependencia o necesidad (psicológica) que las ata al varón y, por último, porque muchas veces (psicológicamente) se complacen en su papel de *Otras*, lo que constituye, a su juicio, una "falta moral" en tanto exige negarse a sí misma el ejercicio pleno de la libertad. Como humanos, somos libertad, pero esa libertad pivota sobre el eje libertad-facticidad, propio de la realidad humana. En tanto proyecto, "no somos lo que somos y somos lo que no somos"; es decir, somos transcendencia permanente. Como no elegimos la libertad que somos, al mismo tiempo somos facticidad. Nuestra libertad es un hecho, del que tenemos que hacernos cargo porque se entreteje con la realidad humana.[504]

En su otro ensayo, *Para una moral de la ambigüedad* (1947), Beauvoir sostiene que un acto es tanto más moral cuanto más abre el horizonte de las libertades propias y ajenas.[505] La "libertad siempre surge como movimiento de liberación. Sólo prolongándose a través de la libertad de los otros se consigue sobrepasar la muerte y realizarse como unidad indefinida".[506] Por el contrario, una acción es inmoral cuando suprime o reprime las libertades de los/as otros/as. Es decir, cuando una libertad no se abre hacia

---

504 Amorós en *Investigaciones Fenomenológicas*, 4, Consulta: 10 de febrero 2008. Sitio: www.uned.es/dpto_fim/invfen/invFen4/celia/pdf

505 Guadalupe dos Santos, *op.cit.*, p. 60; de la misma autora, *Brigitte Bardot e a síndrome de Lolita & outros escritos*, Belo Horizonte, 2018, pp. 43-62.

506 En castellano: Beauvoir, S. de, *Para una moral de la ambigüedad*, Buenos Aires, Schapire, 1956, p. 33.

otras libertades sino que simplemente las coarta. Eso sucede con la libertad de las mujeres. Las relaciones asimétricas entre los sexos sólo subrayan la "falta" de un sexo respecto del otro y la "mala fe" sobre la que ambos han construido sus relaciones, explicaciones, naturalizaciones, aceptándolas. Sólo abriendo el espacio de libertad para unas, los otros también podrán ser realmente libres sin caer en la inautenticidad.

Libertad y situación se entretejen en una espesa trama. En *Phyrrus y Cineas* (1944),[507] Beauvoir considera que la situación de las mujeres es una verdadera coacción a su libertad. Desde la educación que reciben durante la infancia, hasta los usos sociales que se les imponen a las jóvenes, todo contribuye a la limitación de su libertad. En algún sentido, todo el tomo II de *El segundo sexo* es una descripción de cómo se "hace a las mujeres femeninas" según los cánones de la sociedad en que se encuentren. Porque para Beauvoir, libertad y situación no son dos caras de una misma moneda, la situación se torna el marco en el que se puede ejercer (o no) la libertad: un marco que facilita mucho, poco o nada su ejercicio. La situación es, pues, el afuera de la libertad y está constituida por el mundo, las cosas y los otros pueden ser un obstáculo infranqueable o ser los posibilitadores máximos de la libertad de cada cual. La construcción de relaciones simétricas y recíprocas es la única salida a la opresión que mengua la libertad de todos los seres humanos en general. Ese proyecto de Beauvoir (aún incumplido) sigue vigente.

Pero la obra de Beauvoir no se limita al ensayo filosófico. Su novelística ocupa un lugar significativo en la literatura francesa del siglo XX, mancomunando reflexión filosófica, novelística y

---

507   Beauvoir, Simone de, *Para qué la acción*, Buenos Aires, Siglo Veinte, 1965.

ensayo como actividades perfectamente compatibles. Puesto que la filosofía siempre se ha asumido como el dominio de pocos (y además históricamente desestimó la presencia de las mujeres), plasma los grandes temas que conciernen al ser humano en la novela o las memorias porque esas palabras abiertas "tienen un inmenso privilegio: las llevamos con nosotros".[508] Como advierte Adrián Ferrero, educada según los códigos de una época que le devuelve imágenes "inferiorizadas" de sí misma, Beauvoir no se hace víctima de las representaciones que la cultura de su época hace circular sobre ella como mujer, minusvalorándola y diseñándola por y para el ejercicio de una "libertad" delimitada por la dominación masculina. Pero tampoco acepta convertirse en cómplice funcional del patriarcado. Si la configuración del sujeto mujer sufre notables amputaciones como resultado de la formación social en la que predomina la inequidad y la inautenticidad, obras como *La Invitada* (1943), contribuyen a cuestionar el *status quo* cultural de su época.[509] El par solidario existencialismo-feminismo vertebra *El Segundo Sexo* y muy claramente también sus escritos ficcionales, incluso los cuatro tomos de su autobiografía, donde brinda datos suficientes para reconstruir el itinerario de sus ideas y de sus obras. Como observa Ferrero, ya desde su instalación en una primera persona femenina que se autoconstruye a partir de escenas, tanto de lectura como de escritura, Beauvoir se inscribe en calidad de sujeto pleno y declara "Yo soy una mujer"; "Yo soy" en primera persona femenino singular, condición fáctica

---

508 Beauvoir, Simone de, *Final de cuentas*, Buenos Aires, Sudamericana, 1972.

509 Ferrero, Adrián, "Narrar el feminismo: Teoría feminista y transposición literaria en Simone de Beauvoir", en Femenías, María Luisa, *Feminismos de París a La Plata*, Buenos Aires, Catálogos, 2006, p. 17-38; del mismo autor, "De la teoría por otros medios: Simone de Beauvoir y sus ficciones", *Clepsydra* 4, 2005, pp. 9-21.

de su existencia libre y a la vez dispositivo de enunciación y estrategia de sus obras. En efecto, al elaborar caracteres y situaciones no convencionales, Beauvoir no solo rompe estereotipos naturales para el sentido común, sino que genera modos alternativos de ver, resolver, enfrentar o inscribirse en la sociedad. Es decir, instala miradas alternativas, reestructura las relaciones varón / mujer y contribuye a abrir camino a otras formas sociales.

Incluso en *Memorias de una joven formal* y *La mujer rota* anticipa los modos deconstructivos y fragmentados que proliferarán más tarde con la postmodernidad. Más aún, al narrar y narrarse en una primera persona de ecos cartesianos se "atreve a construir(se)" y a "emerger más allá del mundo dado", construyendo el espacio de su propia libertad en la de sus personajes. Cuando ellos se narran en primera persona, alientan en los/as lectores/as a identificarse con ese estado, el seguimiento de sus tribulaciones y la novedad del derrotero finalmente elegido, tras una profunda toma de conciencia de sí y de su situación. Quizás ese trabajo esté mejor recogido en *Las bellas imágenes* (1966), exhibiendo el proceso de disolución de una conciencia femenina atada a los mandatos de la sociedad capitalista donde se encuentra permanentemente heterodesignada.[510] Solo a partir de la mirada auténtica con que enfrenta la dislocación y la angustia por el vacío de su existencia, Laurence, la protagonista, puede comenzar a perfilar las condiciones de un proyecto diferente para sus propias hijas.

En síntesis, ideología, filosofía y literatura aparecen conformando una red novedosa, creadora y característica de una búsqueda que amplía los horizontes de la propia libertad. Como ya

---

510   Beauvoir, S. de, *Las bellas imágenes*. Barcelona, Edhasa, 1984.

apuntamos, deudora del estilo de los moralistas franceses, Beauvoir trata de constituir al sujeto siempre como un sujeto moral, núcleo de imputación de acciones que se consideran libres.[511]

Porque, que las relaciones de dominación sigan existiendo, incluidas las que se mantienen entre varones y mujeres, constituye un acto moralmente condenable en tanto que merma los espacios de libertad de las mujeres en particular, pero también de los varones. Ya que:

> Todo hombre tiene algo que ver con los otros hombres; el mundo con el cual se compromete, es un mundo humano, donde cada objeto se halla penetrado por significaciones humanas; es un mundo hablante, solicitante, (...) <solo> a través de ese mundo cada individuo puede darle contenido concreto a su libertad (...) y, en todas las circunstancias (...) a libertad de todos.[512]

---

511 Amorós, *op.cit.*, p. 64.
512 Beauvoir (1956), pp. 72-73.

Hannah Arendt
Alemania, 1906 - 1975

CAPÍTULO II

HANNAH ARENDT

El canon filosófico (esto es, el modelo y sus preceptos) es el sitio, el índex y el registro de las batallas por la representación cultural y, como cualquier otra formación hegemónica, debe constantemente reafirmárselo debido a que se lo confronta continuamente.[513] Esta afirmación de Tuana abre al menos dos preguntas contrapuestas, dos caras de la misma cuestión: qué convalida la permanencia en el canon y qué excluye de él. Por supuesto que los factores que inciden son múltiples y variados; la reafirmación sistemática en el canon filosófico de "la razón masculina" en detrimento de la exclusión (también sistemática) de la "emotividad femenina" es uno de ellos,[514] y no es menor. Precisamente sobre esta variable se articula este capítulo. Sin embargo, la situación de Hannah Arendt es singular; en sentido estricto, nunca fue "excluida". Es más, siempre fue incluida entre los filósofos (vale el masculino) incluso antes que Simone de Beauvoir, Elizabeth Anscombe o Simone

---

513   Tuana, Nancy, "Preface", en Honig, Bonnie (ed.), *Feminist Interpretations of Hannah Arendt*, Pennsylvania State University Press, University Park, 1995, p. xiii.

514   Lloyd, Genevieve, *The man of Reason. "Male" & "Female"*, en *Western Philosophy*, Londres, Routledge, 1986, pp. 2-4; 24-35.

Weil,[515] de quien solo se suele estudiar su período místico, al final de su corta vida. La respuesta más inmediata es que la obra de Arendt es monumental y significativa, de lo que no hay duda alguna. Pero resulta una respuesta (a mi entender) insuficiente; la meritocracia suele alimentarse de circunstancias ajenas a los méritos mismos de una obra. Por eso, al margen de su indiscutible calidad, se suman factores contingentes difíciles de determinar y que no pretendemos despejar aquí, sino solo señalar el problema.

Hannah Arendt nació en Hannover en 1906 y falleció en New York en 1975.[516] La bibliografía sobre su vida y su obra, las polémicas en torno a sus interpelaciones al sionismo y la política en general, su interpretación del juicio a Eichmann, sus reflexiones sobre los orígenes del totalitarismo y el colapso de la esfera pública, las paradojas sobre el Estado y la Nación, sus consideraciones sobre el antisemitismo y los límites del humanismo, la violencia y las políticas revolucionarias, la moralidad y el mal, la experiencia de un mundo burocrático y su condición de apátrida, su confrontación con el estado de bienestar de las democracias occidentales[517], entre otros, son temas

---

515 A partir de la década de los setenta del siglo XX, el reconocimiento de la capacidad filosófica de las mujeres se fue modificando, gracias a su ingreso masivo a las universidades.

516 En 1924, comenzó sus estudios en la universidad de Marburgo, asistiendo a las clases de filosofía de Heidegger y de Hartmann, y a las de teología protestante de Bultmann. Pasó luego a la universidad de Friburgo, donde estudió con Husserl, y a continuación a Heilderberg. Allí se doctoró en 1928 con una tesis dirigida por Karl Jaspers acerca de *El concepto del amor en san Agustín*. Cf. Meyer, *op.cit.*, pp. 23-26; Didier, *op.cit.*, pp. 254-255; Gleichauf, Ingeborg, *Mujeres filósofas en la historia. Desde la Antigüedad al siglo XXI*, Barcelona. Icaria, 2010, pp. 139-141.

517 Baum, Devorah, Stephen Bygrave y Stephen Morton, "Introduction", en *Hannah Arendt 'After Modernity'*, London, Lawrence & Wishart, 2011, p. 6.

que han dado lugar a una tremendamente extensa colección de libros, tesis y artículos, que es imposible registrar aquí.[518]

Como Simone de Beauvoir, tampoco Arendt se consideró filósofa: "No soy filósofa", escribe en una carta a Karl Jaspers, quien en otra carta de 1964 le pregunta "¿qué significa «no ser filósofa»?".[519] Deudora de la tradición de la filosofía alemana de preguerra, Arendt considera que tiene como objeto de sus reflexiones a la experiencia. Y la piensa en lengua alemana porque, como también le confiesa a Jaspers, "Alemania quiere decir para mí lengua madre, filosofía y poesía. De esas realidades puedo y debo hacerme garante".[520] No obstante, Arendt no puede identificarse con una "esencia alemana" y, sin embargo —afirma— "soy a pesar de todo, una alemana".[521]

En principio, considera que su perspectiva de pensamiento se asemeja al de la muchacha tracia del *Teeteto* de Platón (174ª), que se burlaba de Thales quien, por ir pensando en los astros, se cayó en un pozo.[522] Como proceso de *desensorialización*, el "pensar" de Arendt establece sus propias condiciones fuera de la tradición del *bíos theoretikos* (vida contemplativa) para avocarse al espacio de "las apariencias" (en lenguaje

518 Honig, *op.cit.*, p. 1, a quien sigue Cristina Sánchez en "Hannah Arendt", en María José Guerra-Ana Hardisson (eds), *20 Mujeres del siglo XX*, Tenerife, Caja Canaria-Ediciones Nobel, 2006, vol. 1, pp. 125-146.

519 Birulés, Fina, *Una herencia sin testamento: Hannah Arendt*, Barcelona, Herder, 2007, p. 60.

520 Zamboni, Chiara, *Las reflexiones de Arendt, Irigaray, Kristeva y Cixous sobre la lengua materna*, Buenos Aires, Centro de Documentación sobre la Mujer, 2000, p. 3.

521 *Ibidem*.

522 Birulés, *op.cit.*, pp. 61, 66; Di Pego, Anabella, "Comprensión y juicio en Hannah Arendt: El camino hacia una nueva modalidad de pensamiento", en Cláudia Valente Cavalcante, Glacy Queirós de Roure *et alii*, (orgs.), *Cultura e poder: A construçao de alteridades em tempo de (des)humanizaçao*, Goiânia, Editora da PUC-Goiás, 2016, pp. 43-56.

platónico), posible gracias a la pluralidad humana.[523] Arendt enfatiza la artificiosidad de la política; los humanos edifican un mundo de civilización capaz de sobrevivirles y de proveerles de un espacio estable donde habitar porque «*el* hombre» es a-político: la política sólo nace «*entre*-los-hombres», por tanto, completamente fuera «del» hombre.[524] Este artificio humano es el que le permite la supervivencia y la estabilidad que se conquistan en lucha constante contra la muerte y la ruina. Gracias a los gestos dirigidos a estabilizar la convivencia de los seres mortales,[525] una comunidad plural se inscribe en el tiempo como una comunidad de excepciones; una comunidad preocupada por el mundo, unida por el «*amor mundi*»[526], de ahí que la natalidad (o el nacimiento) sea sin duda una categoría central en el pensamiento político de Arendt.[527] Cada nacimiento es un nuevo comienzo que adviene al mundo; es un

---

523 Birulés, *op.cit.*, p. 75; Di Pego, Anabella, *Política y filosofía en Hannah Arendt: El camino desde la comprensión hacia el juicio*, Buenos Aires, Biblos, 2006, p. 183 y ss.

524 Birulés, *op.cit.*, pp. 76-77.

525 Judith Butler examina la noción de "convivencia" (*cohabitation*) de Arendt en *Parting Ways: Jewishness and the Critique of Zionism*, New York, Columbia University Press, 2012, pp. 23-24, 43-44, 100-101, 151-154, 176-178 et pass.; Cf. *Daimon, Revista de Filosofía*, 2002, n° 26, número monográfico sobre Arendt.

526 Birulés, *op.cit.*, pp. 77-78; Collin, Françoise, "Hannah Arendt: La acción y lo dado", en Birulés, Fina (comp.), *Filosofía y Género: Identidades femeninas*, Pamplona, Pamiela, 1992, p. 24 y ss; Aguilar Rocha, Samadhi, "La educación en Hannah Arendt", en *A parte Rei*, 49, 2007, p. 4. Disponible en: http://serbal.pntic.mec.es/AParteRei/

527 Arendt, Hannah, *La condición humana*, Buenos Aires, Paidós, 2009, pp. 64, 169, 202, 227; Lamoureux, Diane, "Françoise Collin, *L'homme est-il devenu superflu? Hannah Arendt*", en *Clio*, nro. 13, 2001, pp. 7-8; Bagedelli, Pablo, "Entre el ser y la vida: el concepto de natalidad en Hannah Arendt y la posibilidad de una ontología política", en *Revista Sociedad Argentina de Análisis Político*, vol. 5, nro. 1, mayo 2011, pp. 37-58; Bárcena, Fernando, "Hannah Arendt: Una poética de la natalidad", en *Daimon, op.cit.*, pp. 107-123.

nuevo mundo que viene virtualmente al ser.[528] El nacimiento o la natalidad se constituyen así en categorías comprensivas fundamentales. Si una de las condiciones del hombre es ser mortal, continuamente nuevos seres nacen mientras otros desaparecen. Para Arendt, los hombres no han nacido "para" morir (en alusión al *ser-para-la-muerte* de Martín Heidegger)[529] sino para comenzar: nacer es entrar a formar parte del mundo; un mundo que ya existía antes que nosotros naciéramos y que continuará más allá de nuestra muerte. Nacer es aparecer, irrumpir, interrumpir: es acción humana e inicio, por tanto es libertad para hacer aparecer lo inesperado, porque siempre actuamos en un mundo que ya estaba antes o que continuará estando después de nosotros.[530] Es constitutivo de la condición humana, y en esa pluralidad que significa distinción, diferenciación, se revela la individualidad de cada quien; la identidad y la capacidad de acción y de respuesta a la pregunta "¿Quién eres tú?".[531]

Precisamente, Arendt inicia *La condición humana* (1958) con un hecho que, en la actualidad, ya no parece extraordinario: el lanzamiento de un satélite artificial. "Se va a lanzar al espacio un objeto fabricado por el hombre y durante una cuantas semanas va a circunvalar la tierra, según las mismas leyes de la gravedad que hacen girar y mantienen en movimiento

---

528 Collin, Françoise, *L'Homme est ir devenue superflu?: Hannah Arendt*, París, Odile Jacob, 1999, p. 187.

529 Heidegger, Martin, *Ser y Tiempo*, México, FCE, 1974, Segunda Sección. § 45. I. p. 258.

530 Birulés, *op.cit.*, p. 83.

531 Birulés, *op.cit.*, p. 84; Collin, *op.cit.*, p. 185; Judith Butler retoma esta pregunta en *Dar cuenta de sí mismo*, Buenos Aires, Amorrortu, 2009, pp. 48-49, donde además de analizar la versión de Arendt, la contrasta con la interpretación de Adriana Cavarero.

a los cuerpos celestes: el sol, la luna, las estrellas".[532] Lo que la sorprende es la reacción frente a ese hecho que muestra la capacidad de la ciencia y de la tecnología, y que no será de orgullo ni de temor, sino un sentimiento diferente: la sensación de escapar de la reclusión terrenal, la alegría de sentirse libre de esa limitación.[533] Escapar a la "condición humana", vivir más allá de los límites fijados. El hombre cambia la existencia humana de "lo dado" por alguna otra cosa "que ha hecho él mismo". Esta idea es central en la reflexión de Arendt sobre un problema que cree consustancial al mundo moderno: ¿de qué modo —se pregunta— el artificio separa la existencia humana del mundo animal y de la tierra?[534]

"Nunca está nadie más activo que cuando no hace nada, nunca está menos solo que cuando está consigo mismo." Con esta sentencia, cierra Arendt *La condición humana*,[535] frase que le sirve a Neus Campillo para iniciar su examen de la apuesta arendtiana por un "pensamiento activo" que se abra a "los tiempos de oscuridad", a su revisión de los regímenes totalitarios y a su interés por esclarecer la relación entre la filosofía y la política.[536] Para Campillo, el pensamiento de la filósofa alemana tiene una guía propia dentro de la cual enmarca su comprender, como forma de la política en búsqueda de sentido. La comprensión hace posible que los sujetos que actúan acepten lo ocurrido y se reconcilien con lo que existe: en este

---

532 Arendt, *op.cit.*, p. 13.

533 Campillo, Neus, "Hannah Arendt, tècnica i política", *Mètode*, Universitat de València,10/04/2013, Disponible en: http://metode.es/revistas-metode/article-revistes/hannah-arendt-tecnica-y-politica-html

534 *Ibidem.*

535 Arendt, *op.cit.*, p. 349.

536 Campillo, Neus, *Hannah Arendt: lo filosófico y lo político*, Valencia, Universidad de Valencia, 2014.

nuestro mundo político, implica un camino que no evita dificultades.[537] Campillo revisa la compleja relación entre la filosofía y la política en Arendt, mientras constata las terribles verdades que acechan a los seres humanos.[538] No obstante eso, no tiene que hacernos renunciar a una cultura crítica, de ciudadanía responsable. Para Campillo, *La condición humana* recorre un pensamiento intrínsecamente político, singular e inclasificable al que no considera ni aristotélico, ni heideggeriano, ni kantiano, como la mayoría tendemos a considerar. Campillo rescata la "reflexión constante" de "sus experiencias personales y políticas" y su confrontación con la tradición occidental. En la primera y la tercera parte de la obra, el diálogo de Arendt con Heidegger –según Campillo– muestra a la filosofía como un espacio de aparición. Del mismo modo, el diálogo que mantiene con Marx es fundamental para distinguir "labor" de "trabajo", y es deudor de la distinción entre público / privado,[539] que ha merecido la crítica de las filósofas materialistas.[540] Por su parte, en el diálogo de Arendt con Kant, Campillo encuentra elementos que le permitieron, en una línea benjaminiana, avanzar sobre su afirmación de lo político frente a la filosofía teorética. Para la valenciana Campillo, Arendt tuvo la enorme capacidad de plantear los problemas cruciales del siglo XX, confrontando la tradición, lo que

---

537 Campillo, *op.cit.*; Birulés, *op.cit.*, pp. 27-57; Di Pego, *op.cit.*, 2016, pp. 43-56; Blanco Ilari, Ignacio "Comprensión y reconciliación: algunas reflexiones en torno a Hannah Arendt", en *Contrastes. Revista Internacional de Filosofía*, vol. XIX-N°2, 2014, pp. 319-338.

538 Birulés, *op.cit.*, p. 49, sobre la distinción de Arendt entre "temor" y "terror". Adriana Cavarero la retoma en *Horrorismo*, Barcelona, Anthropos, 2011.

539 Arendt examina los dos conceptos en los capítulos 3 y 4.

540 Por ejemplo, en Mathieu, Nicole Claude, *L'anatomie politique II*. París, La Dispute, 2014. Agradezco la referencia a Luisina Bolla.

a su juicio constituye "un ejercicio revitalizador" que saca a la filosofía de las aulas a la calle; idea que también encontramos en Judith Butler.

Arendt critica el "pensar del filósofo profesional", porque entiende que "filosofar / pensar" es una actividad humana, posición que Campillo defiende. Los ejercicios de pensamiento, como Arendt los denomina, tienen fuerte coherencia aunque no constituyan lo que tradicionalmente se entiende por un "sistema". Al igual que Kristeva,[541] Campillo busca en el discurso de Arendt la explicación minuciosa de las nociones principales con las que establece la relación entre filosofía-política. De ahí la importancia que conceptos de acción como libertad, identidad, pluralidad, voluntad, poder, mundo o pensamiento adquieran un significado que no se limite a la elucidación misma del concepto sino a la posibilidad de su puesta en práctica. Arendt busca incluso crear nuevos conceptos "para tiempos de oscuridad", por eso sostiene que "Cada ser humano, cada nueva generación, al tomar conciencia de su inserción entre un pasado infinito y un futuro infinito debe descubrir de nuevo y trazar con esfuerzo la senda del pensamiento".[542]

Ahora bien, los desarrollos teórico-políticos de Hannah Arendt la llevan a respetar ciertos binarismos tradicionales, bastante criticados.[543] Uno de ellos, que ya mencionamos, es

---

541 Kristeva, Julia, *Le génie feminine: Hannah Arendt*, París, Fayard, 1999, chap. 1 "La vie est un récit"; interesante biografía que rastrea en la correspondencia y los restos de un diario íntimo los aspectos menos conocidos de su vida, su formación y la génesis de sus libros.

542 Arendt, Hannah, *La vida del espíritu*, cita tomada por Luquín Calvo, Andrea, "Neus Campillo - Hannah Arendt: lo filosófico y lo político", *Daimon. Revista Internacional de Filosofía*, nro. 66, 2015, p. 175.

543 Young, Iris M., *Justice and the Politics of Difference*, New Jersey, Princeton University Press, 1990, pp. 119-120.

público/privado; otro afín es la confrontación entre los aspectos formales y los concretos de las políticas, y sus mutuas implicancias. En 1958, a raíz de los disturbios raciales de "Little Rock", una pequeña ciudad estadounidense de Arkansas,[544] escribió un breve artículo, con ese título, dividiendo el problema en dos aspectos: uno de nivel político-jurídico ligado a la injusticia de la segregación social que se imponía legalmente, y otro de nivel social donde, sobre la base de la legitimidad de la libre asociación, Arendt interpreta el problema de la exclusión, del racismo o de la religión bajo la categoría de libertad de preferencia, lo que marcaría una suerte de modo personal y aleatorio de agrupamiento.[545] Respecto del primer aspecto, la segregación racial (y parece que el espíritu de la afirmación de Arendt incluiría otras segregaciones posibles) en ese momento era legal y por tanto sostiene la necesidad de suprimir o abolir las leyes excluyentes en juego. Respecto del segundo aspecto, ella misma reconoce que la supresión de la ley segregacionista ni evita la discriminación social ni impone de suyo la igualdad social en la medida en que —a su juicio— "el derecho a la discriminación" se deriva del de libre asociación.[546] Distingue entonces "segregación" de "discriminación". Es difícil no coincidir con la primera parte del análisis de Arendt, ya que la ley de por sí no opera mágicamente como regenerativa del tejido social en términos igualitaristas. Sin embargo, nos es difícil

---

544 En 1957, nueve estudiantes negros fueron admitidos por primera vez en un instituto de educación media de Little Rock. La comunidad blanca se opuso, lo que marcó el inicio de una serie importante de disturbios que culminaron con un muy lento proceso de integración racial.

545 Arendt, Hannah, "Little Rock" en *Tiempos presentes*, Barcelona, Gedisa, 2002, p. 97.

546 *Idem*, p. 101.

aceptar como suficiente la segunda parte de su respuesta. ¿Es eso todo; nada puede hacerse contra la discriminación? Iris M. Young trata de dar respuesta a algunas de estas cuestiones, a la vez que se pregunta si un Estado no es acaso responsable de instrumentar políticas públicas que disminuyan o compensen la exclusión social, garantizando a sus habitantes la no-discriminación, por ejemplo, por vía de una educación igualitarista. Ahora bien, por su parte, este tipo de problemas no normativos, ¿siguen siendo filosóficos y hay que enfrentarlos? El debate es amplio. Si la filosofía política ha de ocuparse de ellos, dejamos una pregunta en pie: ¿cómo se puede concretar la no-discriminación? Porque solo cuando hay un "caldo de cultivo" suficientemente sazonado, ciertas leyes se sancionan y se cumplen; aunque no sean las únicas. Cabe claramente en este contexto recordar que Arendt propone "acción" (no contemplación), "política" (no simplemente teoría), siempre apostando al "juicio reflexivo", al "uso público de la razón" en aras del "vivir juntos", evitando la uniformidad y la superficialidad de la sociedad de masas. Precisamente, esta apuesta a la convivencia debe alejarnos del totalitarismo.[547] Arendt le hace frente a ese peligro que acecha constantemente porque, donde sea imposible aliviar la miseria de los seres humanos, allí se agazapa. Considera que no se lo puede evitar sino buscando el antídoto en la propia condición humana; porque el totalitarismo no es una locura ni un producto raro y fugaz sino, por el contrario, forma parte de la cultura de masas y del

---

547 Arendt, Hannah, *Los orígenes del totalitarismo*, Madrid, Taurus, 1999; Kritseva, *op.cit.*, p. 222; Di Pego, Anabella, "Totalitarismo", en Porcel, Beatriz y Martin, Lucas G. (comps.), *Vocabulario Arendt*, Rosario, Homo Sapiens, 2016, pp. 195-209.

carácter consumidor de la sociedad. Para Arendt, el intento de "fabricación de hombres" por medio de la tecnología supone una falsa política. Por eso opone "Una filosofía de la humanidad como alternativa a la fabricación de la humanidad";[548] una filosofía de la humanidad que respete la pluralidad y la interacción entre los individuos. El sujeto de Arendt es un humano entre humanos; su pensamiento es apertura a un espacio público que solo se consigue si se lo construye entre todos de modo radicalmente crítico.

En general, se considera a Arendt una de las filósofas políticas más incisivas de la postguerra, impaciente con el feminismo, reticente a examinar cuestiones de género, identidad y sexualidad, por tratarse de problemas "inapropiados" para la teoría política.[549] Sin embargo, ha sido de "revisión obligada" para las filósofas feministas de las últimas décadas porque —como lo señala Mathieu— el sistema de opresión de las mujeres es el más antiguo y el más expandido; es decir, el más "banal" de los sistemas de opresión. *Banalizado* también, porque su extensión histórica y geográfica lleva a considerarlo, no como

---

548   Luquín Calvo, *op.cit.*, p. 176.

549   Piénsese que, en 1970, Kate Millet publica su *Sexual Politics* acuñando la famosa frase "lo personal es político". Ese "giro feminista" en la lectura de los textos filosóficos escritos por mujeres, generó, por un lado, expectativas "ginecocéntricas", lo que llevó a releer la categoría de "nacimiento" de Arendt como una apuesta "feminista" en oposición a la de "muerte" en Heidegger. Por otro lado, debido a su relato heroico y agónico de la acción política, su aceptación de la distinción tradicional entre las esferas pública y privada (junto con la diferencia entre labor y trabajo en los capítulos 3 y 4 de *La condición humana*), y que no tomó en consideración la situación de las mujeres, se concluyó que mantenía una posición "masculina"; Benhabib, Seyla "La paria y su sombra. Sobre la invisibilidad de las mujeres en la filosofía política de Hannah Arendt", en *Revista Internacional de Filosofía política*, n° 2, 1993, p. 21-35. Honig deja abierta la siguiente pregunta: "¿Cómo cambió la teoría feminista nuestra comprensión de Hannah Arendt?" Cf. Honig, *op.cit.*, pp. 2-9.

un fenómeno situado en la historia, sino (irónicamente) como el orden de la naturaleza de las cosas.[550]

Justamente Arendt desarrolla el concepto de "banalidad del mal" en *Eichmann en Jerusalén*.[551] El juicio al genocida Otto Adolf Eichmann (1906-1962) –detenido en Argentina 1960– se celebró en Jerusalem durante el año 1961 y culminó con su sentencia a morir en la horca. La crónica periodística del juicio, escrita por Hannah Arendt como testigo presencial, se dio a conocer primero en el *New Yorker* para adquirir luego el formato de un libro corregido y ampliado, como ella misma relata en la "Advertencia preliminar",[552] que le publicó Penguin Books en 1963.[553] La versión final del libro consta de quince capítulos, un epílogo, un *post scriptum* y una esmerada selección bibliográfica.

El juicio fue un acto sin precedentes.[554] Más allá de la minuciosa descripción de la sala, de sus personajes fundamentales y de sus actitudes, "en su noción de «banalidad del mal» –pese a lo que digan sus detractores– Hannah Arendt planteó la diferencia entre el análisis de un sistema y el de sus actores. Es a propósito del *actor* Eichmann, un hombre promedio, que ella

---

550   Mathieu, *op.cit.*, p. 160.

551   Arendt, Hannah, *Eichmann en Jerusalén*, Barcelona, DeBolsillo, 2009.

552   Arendt, *op.cit.*, p. 9.

553   Arendt, Hannah, "«What Remains? The Language Remains»: A Conversation with Gunter Gaus", Baehr, Peter (ed.), *The Portable Hannah Arendt*, London, Penguin, 2000; Fine, Robert, "Crimes against Humanity: Hannah Arendt and the Nuremberg Debates", *European Journal of Social Theory*, 2000.3, 3, p. 293-311; Stonebridge, Lyndsey, "Hannah Arendt's testimony: judging in a lawless world", *New formations*, 2009, pp. 78-90.

554   "El texto alemán del interrogatorio grabado por la policía, llevado a cabo del 29 de mayo de 1960 al 17 de enero de 1961, con todas sus páginas corregidas y aprobadas por Eichmann, constituye una verdadera pieza para un psicólogo […]". Arendt, *op.cit.*, p. 77.

habla de la banalidad de las personas "espantosamente normales", que en complicidad con todos los organismos y funcionarios del Estado nazi ponen en práctica la «solución final».[555] "Dijo –relata Arendt– que jamás sintió animadversión hacia sus víctimas [...] y que nunca lo ocultó",[556] *simplemente* cumplió órdenes "que ejecutaba concienzudamente [...]".[557]

"El mal" puede existir como "mal radical", deliberado, que se produce cuando un individuo lo advierte, siente su contradicción interior, y no le hace caso. Pero también puede proceder del no pensar, de no sentir esa alerta sobre la incorrección de una situación, de un hecho. No produce por tanto contradicción interna porque no se lo registra: ese es el "mal banal", que Arendt defiende para el caso Eichmann, al que ve como un experto administrador y un vigilante y eficiente funcionario que organizó la deportación de millones de judíos "hacia su migración forzosa".[558] En efecto, Eichmann poseía algunas cualidades especiales. Reconoce Arendt que "Había dos cosas que sabía hacer bien, mejor que otros, organizar y negociar".[559] "¿Es este un caso antológico de mala fe, de mentiroso autoengaño combinado con estupidez ultrajante?" –pregunta y se pregunta Arendt–, "¿O es simplemente el caso del criminal eternamente impenitente [...] que no puede enfrentarse con la realidad porque su crimen ha pasado a ser parte de ella?". La filósofa opta por considerar tres elementos que facilitaron el autoengaño: que la guerra no era una guerra; que su origen era "el destino" y no Alemania; que era una

---

555   Arendt, *op.cit.*, p. 35; Mathieu, *op.cit.*, p. 160.
556   Arendt, *op.cit.*, p. 52.
557   Arendt, *op.cit.*, p. 59.
558   Arendt, *op.cit.*, pp. 70-71.
559   Arendt, *op.cit.*, p. 73.

cuestión de vida o muerte aniquilar a sus enemigos (los judíos).[560]
Con todo, Eichmann es culpable –concluye– porque siguió y eje-
cutó las órdenes de un estado criminal, como un funcionario
eficiente. Si bien la moralidad pasa por el "respeto a la ley", como
quiere Kant, Arendt recuerda que esa afirmación vale si "esa ley
es respetable".

En *Los orígenes del totalitarismo*, Arendt ya había analizado
el fenómeno novedoso del totalitarismo del siglo XX, basado
en una forma inédita de dominación total sobre la condición
humana en su conjunto, donde no se reconoce la propia humanidad de los hombres y de su mundo. Adscribe (polémica-
mente) esta característica tanto a los fascismos cuanto al co-
munismo. Esto supuso –para Arendt– una ruptura total con
las tradiciones, los criterios de juicio moral, ético, político y
jurídico que habían modificado las categorías de gobierno legal
y poder legítimo, con la consiguiente "pérdida de lo político",
porque el fenómeno del totalitarismo convierte un régimen en
un universo de leyes suprahumanas, que afirma plasmar la justicia en la tierra, sin dejar lugar a la "impredecibilidad de la
acción humana".[561] Con ello desaparece la esfera de la política, y
los campos de concentración constituyen el resultado lógico del
gobierno totalitario: "La insana fabricación en masa de cadáveres es precedida por la preparación, histórica y políticamente
inteligible, de cadáveres vivientes".[562]

Y Eichmann formó parte (eficiente) de ese sistema de terror, al que contribuyó a diseñar con minuciosidad obsesiva y
sin sentir ninguna responsabilidad, reproche o duda de tipo

---

560   Arendt, *op.cit.*, pp. 82-83.
561   Arendt, 1999, p. 601.
562   *Ibidem.*

moral: "utilizó con celo sus dotes de organizador" concluye Arendt.[563] Como no podía ser de otra manera, para reforzar su carencia de "celo" moral, "Las distorsiones de la realidad de Eichmann eran horribles por los horrores que trataban, pero básicamente no eran tan distintas de muchas actitudes corrientes en la Alemania de después de Hitler" —sostiene Arendt—[564], quien luego de pasar por las "fracasadas soluciones" de la inmigración y la concentración, llegó a la "solución final".[565] Arendt considera que se trata de un capítulo en el que la eficiencia de Eichmann "brilla en todo su esplendor", desde la coordinación de los trenes que desembocarían en Auschwitz hasta el diseño e implementación de las cámaras de gas y de los hornos de cremación porque, hasta ese entonces, tanto en "Minsk como en otros campos, se mataba a los judíos con armas de fuego", lo que implicaba, gritos, súplicas, rezos: "Los gritos… Estaba muy impresionado, y se lo dije a Müller cuando le di cuenta de mi viaje".[566] De ahí, Eichmann concluyó que había que implementar otra metodología, más silenciosa pero igualmente (o más) eficiente porque "están convirtiendo a los jóvenes en unos sádicos".[567]

Tal como lo relata Arendt, en el juicio los hechos quedaron firmemente establecidos, pero a partir de allí se suscitaron dos cuestiones jurídicas: "Primero, ¿cabía eximirle de responsabilidad criminal, invocando la Sección 10 de la Ley [de 1950] de aplicación a su caso, por cuanto Eichmann había actuado

---

563 Arendt, 2009, p. 88.

564 Arendt, *op.cit.*, p. 89.

565 Arendt, *op.cit.*, p. 123.

566 Arendt, *op.cit.*, pp. 130-131.

567 Arendt, *op.cit.*, p.131.

«a fin de precaverse del peligro de muerte inmediata»? Segundo, ¿podía Eichmann alegar la concurrencia de circunstancias atenuantes, al amparo de la Sección 11 de la misma ley, debido a que había «hecho cuanto estuvo en su poder para aminorar la gravedad de las consecuencias del delito» o «para impedir consecuencias todavía más graves que las resultantes del delito»?".[568]

Más allá de los dilemas jurídicos, la conclusión de Arendt es que ya "desde el momento en que se pasó la cinta magnetofónica [de unos cinco sobrevivientes] ante el tribunal, la sentencia de pena de muerte era el resultado previsto en el juicio".[569] Frases lacónicas como esta, en la que alude al prejuzgamiento del tribunal, impulsaron una reacción encarnizada contra las crónicas de Arendt, quien mostró poner la "idea de justicia" muy por encima de las leyes de los hombres y del horror. Esta actitud siempre le valió una compleja relación con su comunidad, que tanto ella como posteriormente Judith Butler, examinan con rigurosidad.[570] Las complejas relaciones entre un Estado y una Nación quedaron expuestas como paradojas políticas estrechamente vinculadas a los problemas de la convivencia y la judeidad (*jewishness*), claramente de manifiesto en las reflexiones en torno a "¿Quién eres tu?" –que ya mencionamos– y que en otras obras de Arendt adquieren una aguda presencia.

---

568   Arendt, *op.cit.*, p.135. Butler, 2012, pp. 51, 100, 125, 132, 139, 141, 151-180, 196.

569   Arendt, *op.cit.*, p.137.

570   Butler, *op.cit.*, pp. 24-25, 36-36, 100-102, 120-121, 131-138, 141-150, 152-154. También, Napoli, Magdalena, "Vidas precarias, seres humanos superfluos. Reflexiones butlereanas en torno al concepto de *bare life* en Hannah Arendt", en Femenías, María Luisa (ed.), *Violencias cruzadas*. Rosario, Prohistoria, 2015, pp. 185-197.

Tanto en *Los orígenes del totalitarismo* como en *La condición humana*, Arendt explora el concepto de *seres humanos superfluos*.[571] Para Arendt, aquellos seres humanos considerados superfluos están excluidos del espacio político y por eso devienen en "meramente humanos"; por lo que, paradójicamente, quedan despojados de todos sus derechos. Sin embargo, una vida primero debe ser aprehendida como tal, para que luego se la pueda descartar. Con los *seres humanos superfluos*, sucede en cambio que, excluidos de las relaciones políticas de una comunidad, pierden los derechos que supuestamente les corresponden por ser *humanos*, porque sc les otorgan por ser miembros de una comunidad, es decir, por ser *ciudadanos*, y no por ser *humanos*. Incluso, examina Arendt el deterioro terminológico (que es conceptual) cuando se lo aplica a los apátridas, como ella misma. Se requerían acuerdos internacionales para salvaguardar su estatus legal, inventándose el concepto de «personas desplazadas», con el propósito de evitar el estado de apátrida, invisibilizando así su presencia y negando su acción, como *vita activa*, la vida propiamente humana.[572] De modo que los *seres humanos superfluos* de Arendt están en una situación tal en la que el Estado ha dejado de garantizarles las condiciones básicas de su subsistencia. Precisamente, los campos de concentración constituyeron, en tres pasos, una suerte de fábrica masiva de seres superfluos a los que se despojaba de todo aquello que constituye a un humano. El primer paso es "matar en el hombre a la persona jurídica", dejando fuera de la protección de la ley (por ejemplo, por desnacionalización, como aconteció con

---

571 Derivan de él los conceptos de "vida precaria" de Judith Butler y de "vida nuda" de Giorgio Agamben; Collin, 1999; 2001.

572 Arendt, 2003, pp. 25-26; Napoli, *op.cit.*, p. 189.

las leyes de Neuremberg). Luego, "matar a la persona moral"; es decir, hacer imposible saber si el prisionero está muerto o vivo, privándolo de la muerte en su significado de final de la vida. Por último, muerta la persona moral, se lo debe privar de su identidad, para convertirlo simplemente en un cadáver vivo.[573] Imposible un análisis exhaustivo en el espacio con el que contamos. Pero el planteo que acabamos de hacer abrirá sin duda interrogantes y reflexiones significativas.

Las obras estrictamente filosóficas de Arendt datan del final de su vida. En 1978, se publicó, luego de su muerte, *La vida del espíritu* libro que había proyectado en tres partes: I. *Sobre el pensar*; II. *La voluntad* y III. *La facultad de juzgar*, y que quedó inconcluso.[574] En el primer volumen sostenía Arendt, en una línea muy aristotélica, que las preguntas nacen de la sed de conocimiento y de nuestra curiosidad por el mundo. El deseo de investigar se presenta ante nuestro aparato sensorial y los interrogantes emergen; en principio se responde por la experiencia, pero el deseo de saber y la razón del sentido común se exponen al error enmendable y a la ilusión, del mismo modo en que lo hacen la percepción y la experiencia sensible. Sin embargo, los verdaderos interrogantes nacen de los pensamientos que surgen de la naturaleza misma de la razón.[575] Las cuestiones de significado –continúa Arendt– no se pueden responder ni por el sentido común, ni por la ciencia, que es su forma más refinada. Por el contrario, las preguntas incontestables, sobre el significado del hombre, como un ser

---

573   Arendt, 1999, pp. 367-369; Napoli, *op.cit.*, p. 193.
574   Arendt, Hannah, *La vida del espíritu*, Madrid, Centro de Estudios Constitucionales, 1984 y reediciones.
575   Gleichauf, *op.cit.*, p. 140.

interrogativo, el conocimiento que halla respuesta y el que no, acechan a los hombres que bregan constantemente por responder. Esa parece ser la tarea de la filosofía y de los filósofos,[576] tal como la entendió y la emprendió Hannah Arendt.

---

576 Gleichauf, *op.cit.*, p. 141.

Elizabeth Anscombe
Irlanda, 1919 - 2001

ELIZABETH ANSCOMBE

Gertrude Elizabeth Margaret Anscombe nació en Lime-rick (Irlanda), el 19 de marzo de 1919 y falleció en Cambridge (Reino Unido), el 5 de enero de 2001.[577] Estudió en el St. Hugh's College de la Universidad de Oxford y se graduó en 1941. Discípula directa de Ludwig Wittgenstein (1889-1951), fue albacea –junto con Rush Rhees (1905-1989) y Georg Henrik von Wright (1916-2003)– de su legado filosófico, participando junto con el primero de la esmerada publicación póstuma de sus notas y manuscritos.

Considerada la más importante filósofa británica de la segunda mitad del siglo XX, "Miss Anscombe" –como se la conocía en Oxford– se casó con Peter Geach, también discípulo de Wittgenstein y reconocido profesor de Filosofía y Lógica, con quien tuvo siete hijos. En 1948 se la designó *Lecturer* en Oxford, donde dictó cursos sobre el *Peri hermeneias* [*Sobre la interpretación*] y las *Categorías* de Aristóteles. Junto con su esposo escribió *Three Philosophers: Aristotle, Aquinas, Frege* en 1973. En la Universidad de Cambridge, a partir de 1970,

---

577   Meyer, *op.cit.*, pp. 19-20; Didier, *op.cit.*, pp. 175-176; Gleichauf, *op.cit.*, pp. 146-148.

ocupó la Cátedra de Filosofía –la misma que había ocupado Wittgenstein– hasta 1986, año de su jubilación, en que se la nombró *Honorary Fellow* del New Hall College. Después de su retiro, siguió trabajando intensamente; publicó artículos filosóficos y trabajos en defensa de la doctrina católica contra el aborto, la eutanasia y otros temas vinculados.

En general, se considera que *Intention* (1957) fue su obra más importante, ya que marcó definitivamente a la filosofía de la acción y, de modo más general, a la filosofía del espíritu.[578] En 1981, publicó tres volúmenes de *Collected Philosophical Papers*, entre los que destacamos cuatro artículos fundamentales que abordan: el problema de la conciencia; la forma lógica de las oraciones de acción; la naturaleza del razonamiento práctico y el estatuto del aprendizaje de las prácticas regladas. La influencia del pensamiento de Wittgenstein en su obra está fuera de toda duda. No solo siguió sus conferencias de Cambridge aún después de su graduación, sino que estaba convencida de que esas conferencias la habían liberado de la "trampa del fenomenalismo",[579] convirtiéndose en su discípula más confiable y una de sus mejores amigas hasta la muerte del filósofo. Anscombe, junto con Rush, tradujo al inglés las *Investigaciones Filosóficas* (1953) que Wittgenstein había escrito en alemán. También tradujo sus artículos más importantes que organizó, junto con Rush Rhees, en sendos libros que nombró según el color del cuaderno en el que originalmente habían sido

---

578 Gnassounou, Bruno, "Notes de Lectures" en *Philosophie*, nro. 76, 2003.

579 Anscombe, G.E.M., "Metaphysics and the Philosophy of Mind" en *Collected Philosophical Papers*, Vol. 2, Minneapolis, University of Minnesota Press, 1981, p. ix; Driver, Julia "Gertrude Elizabeth Margaret Anscombe", *Stanford Encyclopedia of Philosophy*, revised on Thu Feb 8, 2018. Disponible en: https://plato.stanford.edu/entries/anscombe/

escritos por Wittgenstein: los famosos *Cuadernos Azul y Marrón* (1958).[580] En 1959, redactó una nueva introducción al *Tractatus* de Wittgenstein (1921) que originalmente se había publicado en 1923 con una introducción de Bertrand Russell. Ese mismo año, publicó una obra introductoria al *Tractatus* en la que discutía y explicaba a la vez aspectos relevantes y a veces oscuros de la obra del maestro, adoptando en general una interpretación nominalista.[581] Tal como lo explicita Kenny, Anscombe no solo comenta los pasajes más complejos y "oscuros" del *Tractatus*, sino que adelanta críticamente sus propias interpretaciones, lo que favorece una suerte de diálogo experto entre la obra de Wittgenstein y la de la propia Anscombe.

En su breve pero rico libro sobre el legado de Wittgenstein,[582] Anthony Kenny describe las clases de Anscombe de la siguiente manera:

> Como estudiante graduado de St. Benet´s Hall, Oxford, de 1957 a 1959, asistí a las clases que sobre Wittgenstein daba Elizabeth Anscombe en una casa externa, fría y ruinosa de Somerville College. A la distancia veo esas clases como el suceso más emocionante y significativo de mi educación filosófica.[583]

---

580 Wittgenstein, Ludwig, *The Blue and Brown Books*, Cambridge, 1958. Escrito entre 1933-1935 y cuya traducción realizó con Rush Rhees.

581 Anscombe, G. E. M., *Introducción al* Tractatus *de Wittgenstein*, Buenos Aires, El Ateneo, 1977.

582 Kenny, Anthony, *El legado de Wittgenstein*, México, Siglo XXI, 1990. Por ejemplo, pp. 30-31 respecto de *Tractatus* 3.1432.

583 Kenny, *op.cit.*, p. 123.

Asimismo, Kenny recuerda que Anscombe partía de las críticas de Wittgenstein a los lenguajes privados, instando a sus estudiantes a manifestar argumentativamente toda su hostilidad, dudas y desacuerdos con esa posición, asumiendo el papel de portavoz de un (supuesto) grupo defensor de tal lenguaje. No había reverencia ante la obra del maestro, sino estímulo y examen crítico implacable, método de notable eficacia para despertar la capacidad argumentativa de sus estudiantes y consolidar sus propias interpretaciones de la obra.

Como el filósofo austríaco, Miss Anscombe creía que la relación entre hablar y actuar es fundamental; entendía hablar como una forma de acción.[584] En *Intention*, un libro de menos de cien páginas que contiene las conferencias que dictó en Oxford sobre el tema, sus aportes a la Teoría de la acción y a la Filosofía de la psicología siguen siendo referencias ineludibles para los interesados en esas problemáticas y para la Filosofía de la mente. Incluso, el filósofo norteamericano Donald Davidson lo consideró el estudio sobre la acción más importante desde Aristóteles.[585] En esa obra –también como Wittgenstein– Anscombe presenta sus ideas de modo sucinto en secciones numeradas, aunque desarrolla su propia aproximación al análisis filosófico en un estilo más directo y argumentativo que el de su maestro.

Algunas de las preguntas más relevantes que Anscombe formula en *Intención*[586] son, en primer lugar, cómo establecemos qué es una acción; cómo distinguimos una acción de un mero

---

584   Gleichauf, *op.cit.*, p. 148.

585   García-Arnaldos, Ma. Dolores, "Elizabeth Anscombe: razones y acciones", en Ríos Guardiola, Mª Gloria, Mª Belén Hernández González y E. Esteban Bernabé (eds.), *Mujeres con luz*, Murcia, EDITUM, 2017, pp. 89-108.

586   Anscombe, G.E.M., *Intención*, (Selección e introducción de Jesús Mosterín), México, Paidós, UAB-UNAM, 1991.

movimiento; cuáles son las condiciones que identifican una acción y cómo caracterizar las acciones intencionales (§26). Otro conjunto de preguntas relevantes es cuál es la relación entre razones y causas de la acción, y si la intención causa la acción (o no); si el deseo causa una acción (o no) y cómo distinguir entre causas de la acción y razones para actuar (§9-10). Además plantea la cuestión del vínculo entre la intención de realizar una acción, es decir, la acción intencional y la razón que justifica o explica tal acción.[587] En suma, *Intención* es un trabajo sobre la naturaleza de la "agencia" (*agency*) a partir del examen y comprensión de la "intención":

> § 1 [...] Podríamos afirmar que «la intención siempre se refiere al futuro». Pero una acción puede ser intencional sin implicar el futuro en modo alguno. Darnos cuenta de esto podría llevarnos a decir que existen varios sentidos de «intención» y quizá que resulta completamente equívoco relacionar al término «intencional» con el término «intención», pues una acción puede ser intencional sin que haya ninguna intención [...].[588]

Anscombe advierte que en el lenguaje cotidiano "intención" se utiliza al menos de tres diferentes maneras:

> *A* está [*is*] *x*-endo intencionalmente [+ adverbio]
> *A* está [*is*] *x*-endo con la intención de hacer *y* [+ sustantivo]
> *A* intenta hacer *y* [+ verbo]

---

587 García-Arnaldos, *op.cit.*, p. 90.
588 Anscombe, *op.cit.*, p. 41.

Anscombe quiere diferenciar entre lo que denomina intención *simpliciter* y actuar intencionadamente.[589] Una de las distinciones que formula es la diferencia entre "intenciones" y "predicciones", ya que ambas se orientan hacía el futuro (§ 2) y exigen creer en un "futuro estado de cosas". Una diferencia crucial entre ambas es la justificación de la predicción. Por ejemplo: "Mañana lloverá", requiere de evidencia. Por el contrario, y en general, justificamos una intención con razones. Para aclarar esto, la solución que propone la filósofa es que "las acciones intencionales son aquellas a las que se puede aplicar alguno de los sentidos de la pregunta "¿por qué?" [§ 6].[590]

Pero, cómo aplicar de forma relevante la pregunta ¿"por qué"? Es decir, por qué en algunos casos no puede hablarse de "acción intencional" y en otros sí. Veamos dos ejemplos:

1- No es intencional cuando alguien no sabe que realiza x.

Edipo, no sabía que mataba a su padre [aunque sí sabía que mataba a un hombre].

2- En cambio, una acción es intencional cuando alguien sabe que realiza x. Edipo sabe que mató a un caminante que le cerró el paso, por lo que discutió con él [pero no sabía que el caminante era su padre].

El problema es que una sola acción puede tener muchas descripciones. Por ejemplo, aserrar una tabla, aserrar caoba, aserrar la tabla de López, hacer rechinar el serrucho, etc. Es "importante señalar que un individuo puede saber que está haciendo

---

589   Anscombe, *ibidem*.
590   Anscombe, *op.cit.*, pp. 53-54.

algo según una cierta descripción (que está aserrando una tabla), [...] pero no según otra (que la tabla es de López o que es de caoba)".[591] Por tanto, no siempre se puede cuestionar la veracidad de una respuesta por el hecho de que el agente desconozca ciertos aspectos que componen su realización,[592] sino que decir que alguien *sabe* que realiza *x* es dar la descripción exacta de la acción bajo la cual se la reconoce. Ahora bien, para entender qué es la intención de realizar determinada acción, hay que entender qué es una acción intencional. Dado que una acción puede tener distintas descripciones –dice Anscombe– conviene señalar que una persona puede saber qué está haciendo según una descripción, pero no según otra, como en el ejemplo de serruchar un tablón o en el caso de Edipo (§6).

Estos pasajes plantean un conjunto interesante de cuestiones respecto de la naturaleza de la intención. Por un lado, no se aplica a algo involuntario. Pero saber si algo es involuntario en alguna de sus acepciones, exige dilucidar, previamente, el sentido de lo intencional o de lo voluntario. Por eso, sólo en algunos sentidos de "involuntario" puede aplicarse la pregunta "¿por qué?". Por ejemplo, con los ojos cerrados sabemos que dimos un puntapié porque el médico nos golpeó la rodilla con su martillo, pero no en todos los casos, con los ojos cerrados, podemos dar cuenta de algo.

Ahora bien, las cosas que se conocen sin observación son relevantes porque las acciones intencionales pertenecen a esta clase; se trata de acciones que se explican sólo por "causalidad mental".

---

591   Anscombe, *op.cit.*, pp. 54-55.
592   *Ibidem.*

Sin embargo, es difícil diferenciar "razón" para actuar de "causa". Veamos unos ejemplos:

¿Por qué gritaste? Porque vi una sombra en la ventana y me asusté.

¿Por qué pusiste cara triste? Porque me acordé de un amigo que murió.

¿Por qué te balanceas de un lado al otro? Porque esta música me apasiona.

Para Anscombe se trata de "causas mentales". Hay causas mentales no solo en el caso de las acciones (me balanceo de un lado al otro) sino también de los pensamientos y de las emociones, aunque en los ejemplos previos no haya un sentido relevante de por qué.

Ahora bien, por un lado, Anscombe parece indicar que alguna razón relaciona los *deseos* de un agente con un cierto estado de cosas; intencionalidad basada en el modelo creencia/deseo que algunos filósofos cuestionan. Por otro, que la descripción de una acción intencional requiere de "razones", que no es lo mismo que "causas". El ejemplo de Anscombe es que cuando alguien tumba un vaso de la mesa, puede dar una explicación del tipo "vi un rostro en la ventana y me sobresalté". Esto brinda una explicación causal de por qué tiró el vaso, pero no da una razón y no da una intención. Arrojar el vaso no fue intencional aunque tuviera una causa.[593] Para nuestra filósofa, una acción en particular sólo puede ser intencional bajo cierta descripción, pero no bajo otras. En el ejemplo de Julia Driver, cuando por la mañana enciende la máquina de café su acción es intencional bajo la descripción "Yo

---

593 Anscombe, *op.cit.*, p. 59. Remite a Wittgenstein, *Investigaciones*, § 476.

enciendo la máquina de café", porque eso es lo que tiene la intención de hacer. Pero –continúa Driver– al mismo tiempo su esposo va a la cocina en cuanto oye funcionar la máquina de café, aunque eso ya no sea intencional.[594] Sin embargo, podríamos conjeturar que en una ocasión determinada, Julia encendió adrede la máquina de café para atraer a su esposo a la cocina. ¿Cómo evaluar las intenciones?, preguntan los detractores de la posición de Anscombe. Sea como fuere, para Anscombe, la "acción intencional" es previa a la "intención de actuar". Es decir, para entender qué es "tener la intención de actuar" se debe entender la "acción intencional". Al realizar una acción intencional, actuamos según razones (especificadas en la pregunta "por qué"). Anscombe misma utiliza el ejemplo de serruchar un tablón, que vimos más arriba, donde "serruchar el tablón" es el acto intencional y "hacer mucho ruido" no lo es. Se sostiene que las intenciones son necesarias para la acción intencional. No obstante, hay acciones no-intencionales que pueden serlo bajo *otra* descripción, como en el segundo ejemplo de las intenciones de Julia. En suma, según Anscombe, una acción intencional es una acción que tiene una explicación verdadera por razones, lo que implica una justificación racional.

Esto supone tener en cuenta las diferentes distinciones que Anscombe establece entre razones, causas, intenciones y deseos. En el ejemplo de Anscombe (§11), cuando asaltan deseos, por ejemplo, de comer una manzana, la persona se levanta, va a la frutera y toma una manzana; de ahí que podría responder a la pregunta sobre qué la condujo a esa acción diciendo que el deseo de comer una manzana le hizo ir a buscarla a la frutera. Pero Anscombe sostiene que no siempre se puede justificar una acción

---

594   Driver, *op.cit.*

a partir de un deseo, puesto que, por ejemplo, pueden llamar a la puerta y levantarse para abrir sin ningún deseo de hacerlo. Así, la intención se distingue de los deseos y de los motivos: "los motivos pueden explicar las acciones, pero no quiere decir que las 'determinen', en el sentido de causarlas" (§12).

Finalmente, Anscombe opta por una teoría no causal de la acción, donde las razones no se consideran causas de la acción pero la justifican.[595] Filosóficamente, la obra tiene, entre otros, el mérito de reintroducir el concepto aristotélico de intención en el campo de la ética,[596] que las teorías conductistas y utilitarias habían dejado de lado.

En un artículo posterior, "The First Person" (1975), Anscombe se ocupa del "yo", continuando algunas indagaciones de Wittgenstein. La filósofa sostiene la tesis de que "yo" no es una palabra referencial,[597] no es un nombre propio y si fuera un pronombre –se pregunta– ¿qué tipo de pronombre sería?.[598] Desde el inicio del artículo, se remonta a Agustín de Hipona, René Descartes y John Locke cuyas contribuciones examina mientras discute las interpretaciones de Saul Kripke. ¿Cuáles son los modos en que "yo", "persona" y "conciencia de mí" se entrelazan? A partir de una concepción indéxica de "yo" y el caso del usuario de "A", quien se refiere a sí mismo como la persona que cae bajo la observación especial de "A", continúa que, por un lado, "A" podría

---

595   En 1963, Donald Davidson propone una teoría causal de la acción en un artículo titulado "Actions, Reasons, and Causes", reeditado en *Essays on Actions and Events*, Oxford, Oxford University Press, 2001, pp. 3-20.

596   Vigo, Alejandro, "Deliberación y decisión según Aristóteles", en *Tópicos* nro. 43, México, 2012.

597   Anscombe, G.E.M., "The first person", en Guttenplan, Samuel (comp.), *Mind and Language*, Clarendon Press, 1975, pp. 45-66.

598   Anscombe, *op.cit.*, p. 62; Kenny, *op.cit.*, pp. 127-128; Wittgenstein, L., *Cuadernos azul y marrón*, Madrid, Tecnos, 1976, pp. 65-110.

tener una referencia garantizada en un sentido semántico: un uso referencial de "A" como descripción definida que garantiza esa referencia única. Por otro lado, que la concepción indéxica queda intacta: la referencia de "A" no se fija por la regla de autorreferencia, por tanto, pregunta, ¿"Yo" y "A" son palabras referencialmente distinguibles? ¿Tienen "A" y "yo" una referencia garantizada en un sentido epistémico inmune a un error de identificación? Puesto que la persona es un ser humano viviente y "Yo soy una persona así", a diferencia de un *ego* cartesiano, un *mí* (*self*) lockeano o un alma aristotélica, ¿cuál es mi relación con mi cuerpo?

Imposible para mí, y en este espacio, desarrollar los aspectos técnicos de los argumentos de Anscombe y sus derivaciones; lo cierto es que cada vez más se reconoce la importancia y la riqueza de su trabajo, tanto para la lógica y la teoría de la acción como para las ciencias jurídicas y la filosofía de la mente. Incluso todos los filósofos posteriores que han examinado los problemas de los que Miss Anscombe se ocupó, han tomado sus escritos como punto de partida obligado.

A lo largo de su extensa carrera, Anscombe escribió pocos libros y todos ellos breves. Centró su producción en artículos cortos –*papers*– cuya extensión era adecuada para que se los leyera en un seminario o en una conferencia. Quizás el más conocido sea "Modern Moral Philosophy", objeto de varios números monográficos en revistas relevantes.[599] Ante todo, recordemos que para Anscombe la "Filosofía moral moderna" es la que media entre Joseph Butler (1682-1752) y los analíticos ingleses, sus contemporáneos. En ese trabajo, Anscombe avanza tres tesis: la

---

599 Anscombe, G. E. M., "Modern Moral Philosophy", *Philosophy* 33, no. 124, 1958, pp. 1-19; cito por la traducción castellana: "Filosofía Moral Moderna", en Platts, Mark, *Conceptos éticos fundamentales*, México, UNAM, 2006, pp. 27-53.

primera es que no resulta beneficioso, en la actualidad [1958], dedicarse a la filosofía moral y es preferible –sugiere– dejarla a un lado hasta que se haya desarrollado una adecuada filosofía de la psicología, notablemente faltante. La segunda es que los conceptos de "obligación" (*obligation*), "deber" (*duty*) –obligación *moral* y deber *moral*–, qué sea "moralmente correcto (*right*) o incorrecto (*wrong*)" y el sentido moral de "debería" (*ought*) tendrían que desecharse, si eso fuera psicológicamente posible, porque son sobrevivientes, o derivados de sobrevivientes, de concepciones más antiguas de la ética y resultan perjudiciales para sus desarrollos actuales. La tercera de sus tesis es que las diferencias entre los escritores ingleses de filosofía moral desde Henry Sidgwick (1838-1900) al presente, carecen de importancia. Rescatando la ética de Aristóteles y su herencia, acepta su distinción entre "ética" (teórica) y "moral" (práctica) y se centra en la noción de "virtud" entendida como excelencia humana,[600] y generada gracias a una norma exterior a la conducta misma. A continuación, Anscombe realiza un breve repaso de la filosofía moral moderna, advierte que David Hume define "la verdad" de tal manera que los juicios éticos quedan excluidos de ella y que [...] define, implícitamente, "pasión" de tal forma que tener la intención de alcanzar cualquier cosa consiste en tener una pasión.[601] Cuestiona también por absurda la noción kantiana de "legislar para sí mismo", porque legislar exige el "poder superior de un legislador".[602] En concordancia con Philippa Foot y Iris Murdoch, cuestiona también el concepto de "placer" y de "felicidad" de John Stuart Mill, poniendo bajo sospecha al

---

600 Aubenque, Pierre, *La prudencia en Aristóteles*, Barcelona, Crítica, 1999.

601 Anscombe, *op.cit.*, pp. 27-28.

602 *Ibidem*.

Utilitarismo por su escasa capacidad evaluativa y la utilización de conceptos débiles (*thin*) en oposición a lo que ella consideraba conceptos fuertes (*thick*). Además, hace notar que ninguno de los pensadores previamente mencionados logró determinar con precisión qué es una acción humana intencional; y por tanto tampoco pudieron explicar cómo la descripción "hacer tal cosa" se ve afectada por el motivo, por la intención o las intenciones de un sujeto, y eso es lo que se exige de una explicación.[603]

Anscombe desarrolla a continuación su segunda tesis: los términos "debe", "ha de hacer", "necesita hacer", "está obligado a", "es correcto que", y similares, han perdido su sentido clásico-aristotélico y hay que indagar cómo sucedió: "entre Aristóteles y nosotros apareció el cristianismo, con su modelo legal de la ética, puesto que el cristianismo deriva sus nociones éticas de la Torah. [...] Como consecuencia, con el predominio durante siglos del cristianismo, los conceptos de estar constreñido, autorizado o excusado, se consolidaron profundamente en nuestro lenguaje y en nuestro pensamiento.[604] Debido al Cristianismo se introducen también los conceptos de "pecado", "culpa", "culpable" y también de "ilícito", "ilegal" e "incorrecto", todos ellos ajenos a Aristóteles. Desde la modernidad, pero sobre todo durante la época contemporánea, los contextos cristianos se diluyeron subsistiendo, sin embargo, cierta terminología obsoleta. No es posible, argumenta Anscombe, tener una concepción legalista de la ética si no se considera a Dios como un legislador, tal y como sucede con los judíos, los estoicos y los cristianos. Sin esa concepción legalista, conceptos como "deber", "corrección" y similares, son ideas

---

603 Anscombe, *op.cit.*, p. 30.
604 *Ibidem.*

vacías debido a la ausencia de los supuestos que les dan sentido y justificación racional: un "deber" sin un legislador superior es un oxímoron; un concepto intrínsecamente contradictorio. Se necesita un predicado genuino y no una palabra que no posee fuerza y que implica sólo "un efecto psicológico fuerte, pero que, no obstante, ya no significa ningún concepto real".[605]

La tercera y última tesis de Anscombe sostiene que la ética británica desde Sidgwick hasta su tiempo presente, no ofrece diferencias importantes: todos comparten una idea común sobre la estructura y moralidad de las acciones humanas. Reconoce que en Sidgwick se produjo un cambio que va del utilitarismo primitivo al "consecuencialismo" y Anscombe considera que esa característica es central a los moralistas británicos contemporáneos. En esa línea, afirma que para sus pares "es bastante obvio que «la acción correcta» se refiere a la que produce las mejores consecuencias posibles" (en términos de las más deseables).[606]

Figura polémica, en esa línea de pensamiento, cuando comenzó la Segunda Guerra Mundial, Anscombe dio a conocer un discutido panfleto argumentando en contra de que Gran Bretaña entrara en guerra. Nuestra filósofa consideraba que la guerra aun siendo "justa" terminaría ganándose debido a medios injustos, que involucrarían ataques contra la población civil, lo que efectivamente sucedió. En consecuencia, años más tarde (1956), se opuso a que Oxford le concediera a Harry Truman —el presidente estadounidense responsable de la decisión de arrojar las bombas atómicas sobre Hiroshima y Nagasaki— el Doctorado *Honoris Causa* de esa Universidad. Al respecto,

---

605 Anscombe, *op.cit.*, pp. 31-32.
606 Anscombe, *op.cit.*, p. 34.

publicó un breve texto titulado *Mr. Truman's Degree* en el que criticaba esa distinción con el argumento de que haber ordenado el lanzamiento de las bombas atómicas sobre ambas ciudades japonesas simplemente constituía un crimen y no merecía por tanto privilegio alguno. Promovió un intenso debate, que si bien perdió, impidió que la votación a favor no se resolviera por unanimidad y, al mismo tiempo, que las víctimas inocentes de la guerra no pasaran desapercibidas.[607] Incluso, mientras se le confería a Truman la distinción, fuera del salón de actos Anscombe se arrodilló y rezó por las víctimas civiles, los niños, los ancianos y las mujeres, sosteniendo "Que los hombres decidan matar inocentes como medio para sus fines siempre es un asesinato […] y no debe hacerse pase lo que pase".[608]

Es decir, en *Mr. Truman's Degree* ya sostiene lo que desarrollará teóricamente más tarde en "Modern Moral Philosophy": que se le concede (a Truman) el honor de un doctorado *Honoris Causa* de Oxford porque en una ética consecuencialista "se puede sostener que es correcto matar al inocente como un medio para un fin, cualquiera que este sea, y que quien mantenga otra opinión está en el error".[609] Ahora bien, en "Modern Moral Philosophy", Anscombe critica también la ética de la responsabilidad por todos los efectos, queridos intencionalmente o no, de la acción voluntaria. Según Anscombe, la ética de la responsabilidad conduce a consecuencias absurdas, al atribuir responsabilidad moral aun donde evidentemente no existe; diluye así la noción misma de

---

607 Rachels, James, *Introducción a la filosofía moral*, México, FCE, 2006, p. 186 y ss.

608 *Ibidem.* Anscombe, G. E. M., "Mr. Truman's Degree" & "War and Murder", University of Minnesota Press, 1981, pp. 51-71; Gordon, David, "Can The State Justly Kill Innocents?", Review of "*War and Murder*" and "*Mr. Truman's Degree*", by G. E. M. Anscombe, *The Mises Review*, 7, nro. 4, 2001, pp. 1-2.

609 Anscombe, *op.cit.*, p. 35.

responsabilidad a situaciones que son claramente diferentes. En especial porque nunca es posible saber a ciencia cierta cuáles serán los resultados últimos de una acción humana.[610] En palabras de Anscombe: yo sostendría más bien que un hombre es responsable de las malas consecuencias de sus malas acciones, pero que no se le ha de otorgar ningún mérito por las buenas consecuencias de ellas, y al revés, que no es responsable de las malas consecuencias de sus buenas acciones.[611]

A continuación, la filósofa analiza varios intentos de conservar el modelo legalista sin un legislador divino:

i) la sustitución de las normas divinas por las costumbres o las "normas" de la sociedad, alternativa que rechaza por carecer de valor;

ii) la existencia de una legislación para uno mismo, que rechaza por absurda;

iii) la búsqueda de leyes de la naturaleza o del universo, que llevaría a resultados contra-intuitivos y que supone una idea de "justicia cósmica", que rechaza;

iv) el recurso a normas contractuales, que rechaza porque nadie puede ser obligado por contrato si no lo ha suscripto previamente;

v) la búsqueda de "normas" en las virtudes humanas, de las que surgirían las normas éticas. Pero en este último caso, las normas morales habrían dejado de tener el sentido de "leyes" y se habría pasado a otro modelo ético.[612]

---

610   La obra de Jean Paul Sartre *El Muro* (1939) es un buen ejemplo de ello.

611   Anscombe, *op.cit.*, pp. 38-39.

612   Anscombe, *op.cit.*, pp. 39-40.

En suma, para nuestra filósofa esta última sería la alternativa de filosofía moral que habría que investigar, y volver con Aristóteles a hablar de "hombres y conductas 'justas' o 'injustas' en lugar de 'correctas' o 'incorrectas'", tratando de promover un "adecuado desarrollo (*flourishing*) humano".[613]

Anscombe elabora sus ideas contra la guerra en "War and Murder" (1961) obra en la que combate el rearme nuclear[614] de la Guerra Fría. Ante la guerra, sostiene, son posibles dos actitudes: una, dejar que el mundo se convierta en una absoluta selva y que el ejercicio coercitivo del poder de los gobernantes sea solo una manifestación más de eso. La otra, que haya quien ejerza el poder, no solo porque es necesario, sino también porque es lo correcto para que el mundo sea mucho menos una jungla de lo que sería si tal poder no se ejerciera; pero en tal caso es necesario que se lo ejerza de modo justo, y ese es el desafío.

Los artículos a los que nos acabamos de referir tuvieron gran influencia en la filosofía moral, dándole un notable impulso a la noción de "virtud ética". A su juicio, todas las éticas laicas carecen de fundamentación, por tanto utilizan conceptos que resultan "baladíes" por falta de fundamento adecuado.[615] Si en el pasado, Dios ocupaba un papel relevante en todos los sistemas éticos, ahora —concluye— la carencia de una fundamentación apropiada vuelve a tales conceptos vacíos. Polémicos artículos que suelen leerse desde dos puntos de vista. Por un lado, aceptándolos como una invectiva directa contra las teorías morales que prevalecían en la década de los años cincuenta

---

613   Anscombe, *op.cit.*, pp. 43-44.
614   Anscombe, G. E. M., "War and Murder", en Stein, Walter, *Nuclear Weapons: A Catholic Response*, London, 1961, pp. 44-52.
615   Anscombe, *op.cit.*, p. 27.

y sesenta del siglo pasado. Por otro, de modo indirecto, en contra de las teorías morales que postulan una estructura legislativa, que naturalmente excedía los cimientos religiosos de la ética. En base a esto –inspirada en Aristóteles– considera que es necesario desarrollar una mirada alternativa sobre el bien, basada en la Psicología moral y la virtud como hechos de la naturaleza humana. De este modo, en "War and Murder", distingue entre la imposición justa de un daño y una injusta. Enraíza esta doctrina del "doble efecto" en otra distinción: de un lado, las consecuencias que se pretenden y se prevén; del otro, las que no pueden ser previstas. Su idea básica es que es peor el daño intencional que el meramente previsible. Por último, para Anscombe, algunas acciones están absolutamente prohibidas porque implican la intención de dañar, aun cuando el daño no se produjera. Truman –insiste Anscombe– tenía la intención de dañar (de destruir) civiles inocentes, por eso lo consideró un asesino.

Profundamente religiosa, en su primer año de universidad se había convertido al catolicismo, y al igual que a la guerra, se opuso fervientemente al control de la natalidad, celebrando en 1968 la declaración de Paulo VI que prohibió los anticonceptivos.[616] En esa ocasión, escribió un folleto explicando por qué el control artificial de la natalidad era ilícito, y aplicó su concepto de "intención" en apoyo de la iglesia católica a la que se acusaba de inconsistencia sobre esa controvertida cuestión.[617]

---

616 Carta encíclica *Humanae vitae* (1968) Disponible en: http://w2.vatican.va/content/paul-vi/es/encyclicals/documents/hf_p-vi_enc_25071968_humanae-vitae.html

617 Anscombe, Elizabeth, "Contraception and Chastity" (1972), *Orthodoxy Today. org* Disponible en: http://www.orthodoxytoday.org/articles/AnscombeChastity.php

Repetimos nuevamente, polémica en sus afirmaciones, decenas de artículos derivaron de sus obras, que instalaron las cuestiones éticas sobre un nuevo suelo teórico. El aliento de sus trabajos impulsó muchas áreas diferentes de la filosofía. La sistematicidad de su pensamiento, el desarrollo de conceptos lógicos y metafísicos, su apuesta por una psicología moral y una ética basadas nuevamente en la "virtud", hacen de su legado uno de los más amplios y profundos del siglo XX.

Lucía Piossek Prebisch
Argentina. 1925

CAPÍTULO 13

LUCÍA PIOSSEK PREBISCH

Lucía Piossek Prebisch (1925) se presenta como "docente tucumana".[618] Se graduó en Filosofía en la Facultad de Filosofía y Letras de la Universidad Nacional de Tucumán [UNT], y es profesora Emérita de la misma casa de estudios. Allí se desempeñó en los máximos cargos docentes en las asignaturas de Filosofía Contemporánea, Filosofía en la Argentina y Filosofía de la Historia. Fue becaria Alexander von Humboldt-Stiftung, experta en Nietzsche, cuando en nuestro medio era poco conocido,

---

618 Piossek Prebisch, Lucía, "Autopresentación", en *La Argentina actual por sí misma*, Tucumán, UNT, 2002; Saladino García, Alberto, *Pensamiento latinoamericano del siglo XX. Antología*, México, UAEM, 2009, p. 603; Didier, *op.cit.*, vol. 3, p. 3461; Smaldone, Mariana, "Una tesis innovadora en la Argentina de los sesenta: fenomenología de la maternidad: Entrevista a Lucía Piossek Prebisch", *Mora*, 19, 2013, pp. 127-136; Jalif de Bertranou, Clara Alicia, "Lucía Piossek Prebisch y sus lecturas filosóficas", *Cuyo. Anuario de Filosofía Argentina y Americana*, v. 32, nro. 1, 2015, pp. 105 a 137; Smaldone, Mariana, "Conciencia y concienciación en Simone de Beauvoir: entrecruzamientos de género y clase. La recepción inmediata en Argentina", Tesis de licenciatura, dirigida por María Luisa Femenías, Facultad de Filosofía y Letras, Universidad de Buenos Aires, Buenos Aires, 30 de marzo de 2017. Repositorio de la F.F. y L (UBA); Femenías, María Luisa, "Tramas de la experiencia: la experiencia de las tramas en Lucía Piossek Prebisch", en Morey, Patricia (comp.), *Estudios feministas, sesgos de género y críticas sociales*, Córdoba, Secretaría de Ciencia y Tecnología, Universidad Nacional de Córdoba, (en prensa).

y traductora para la editorial Sudamericana de muchas obras de grandes filósofos, entre ellos, Karl Jaspers, Émile Bréhier, Johannes Hessen, Hans von Balthasar. Pero sobre todo, fue una prolija lectora, crítica y traductora de la obra de Gabriel Marcel. También analizó el voluminoso legado de Juan Bautista Alberdi y la tradición ensayística argentina. Es miembro correspondiente del Centro de Estudios de Literaturas y Civilizaciones del Río de la Plata en la Sorbone Nouvelle y de la Academia Nacional de Ciencias. Fundó el Instituto de Historia y Pensamiento Argentinos, del que fue su primera Directora, y el Coro Universitario de la UNT, entre otras actividades académicas. Recibió varias distinciones, entre ellas, el Premio Nacional de Ensayo, 2004, por un texto titulado "La consolidación de una identidad y el compromiso de su pertenencia: el caso argentino", en respuesta a una convocatoria de la Academia Nacional de Ciencias de Buenos Aires;[619] y en 2014 el premio Konex de Ensayo a la trayectoria.[620]

Su bajo perfil no debe engañarnos; tiene una extensa y elaborada producción, que nos permitimos organizar en tres líneas fundamentales: el pensamiento argentino y, por extensión, el latinoamericano, en especial la obra de Juan Bautista Alberdi (1810-1884) y de la generación del 37; la filosofía alemana contemporánea, especialmente la obra de Friedrich Nietzsche (1844-1900) y su recepción en Argentina; y, por último, el Existencialismo en general, con especial énfasis en la obra de Gabriel Marcel (1889-1973) y de Simone de Beauvoir (1908-1986).

Esposa de Hernán R. Zucchi (1917-1998), también filósofo —traductor de la primera versión castellana directa del griego de

---

619 Ver: "Distinguieron a la profesora Lucía Piossek Prebisch", *La Gaceta*, Tucumán, 14/8/2005.

620 Ver: https://www.fundacionkonex.org/b4654-lucia-piossek-prebisch

la *Metafísica* de Aristóteles– Piossek se define, simplemente como "docente". En una época en que pocas mujeres ocupaban espacios relevantes en la universidad argentina, Piossek quizá optó –como sugiere para otros casos Josefina Ludmer– por una táctica de resistencia en la que combinó "sumisión y aceptación del lugar asignado por otros".[621] Por un lado, es cierto que al no decirse "filósofa" sino "docente" se inscribe en un trabajo valorado como "claramente" femenino. Pero, por otro lado, desde nuestra perspectiva actual, identificándose con el ensayo, más que con el tratado, su actitud sugiere una firme toma de posición en la que la acompaña, al mismo tiempo, la palabra literaria y la filosófica; el esfuerzo conceptual del filósofo/a y la agudeza sutil del ensayo. O quizá, ¿se podría conjeturar que la filósofa se enmascara de docente, representando un papel que la muestra indirectamente cómplice en el movimiento de esconderse para decir? ¿Como un acto voluntario del constituirse? ¿Como un experimento en el modo de ser lo que no soy, lo que aún no soy?[622] O, en el otro extremo, desde el punto de vista del "espectador", en este caso, de la espectadora de las actitudes humanas, de las dificultades del prójimo, de los límites de la teoría, de los moldes sobre los que se construye el conocimiento.[623] ¿De experiencias pre-filosóficas que ponen en evidencia a seres escindidos? Posiblemente, mejor le cabe el deseo de dejar a los demás la tarea de que la descubran y la reconozcan como filósofa; y trataremos de hacerlo.

---

621   Ludmer, Josefina, "Las tretas del débil", Puerto Rico, *La sartén por el mango*, 1984.

622   Tomamos estas preguntas de Piossek, en "Acerca de la máscara", *IIº Congreso Nacional de Filosofía*, Buenos Aires, Sudamericana, 1973.

623   Piossek Previch, Lucía, *Argentina: Identidad y utopía*, Tucumán, Edunt-Prohistoria, 2009. Prólogo, Roberto Walton (ANCBA-UBA), p. 27.

Sea como fuere, Piossek eligió la peculiar forma del ensayo para sus reflexiones y elaboraciones filosóficas. Ahora bien, como se sabe, la definición de ensayo no es precisa, aunque se relaciona con "examen" y evoca un escrito o artículo breve, conciso y crítico. El ensayo no connota un texto definitivo, cerrado o completo; no pretende ser ni un "tratado" ni un "manual". Más bien, es un escrito más provocador que conclusivo, más polémico que apodíctico, más revulsivo que edificante. Estas caracterizaciones describen bien los artículos de Lucía Piossek, pues sus textos son, por lo general, breves y ágiles, agudos y precisos en su objetivo de discutir críticamente los fundamentos de la cuestión filosófica que la ocupa, sin perder rigurosidad, pero sin sobrecargarlos de apoyaturas eruditas; en general, "dialoga" y construye su texto desde un punto de vista crítico por un camino no convencional para una problemática *canónica*. Si Merleau-Ponty sostuvo que dos o tres ideas filosóficas sostienen una gran obra,[624] Piossek no duda en afirmar, en la misma línea, que "la actividad filosófica y la actividad teatral son perfectamente compatibles", sus ejemplos –no podría ser menos– son Sartre y Camus en su doble actividad de dramaturgos y filósofos. Pero también, Beauvoir, Marcel, Ionesco y Brecht, desde el momento en que "ensayaron" críticamente su actividad dramático-filosófica.[625] Consecuentemente, aproximamos la obra de Piossek –como la de Beauvoir– al género del ensayo, a los moralistas franceses del siglo XVIII y a los filósofos no sistemáticos, nada de lo cual le resta rigor y originalidad.

---

624 Merleau-Ponty, M., *Sentido y Sinsentido*, Barcelona, Península, 2000.

625 Piossek Previsch, Lucía, "Teatro y filosofía", en *Revista de Filosofía*, 12, La Plata, UNLP, 1965. Reeditado por la autora en *De la trama de la experiencia* (Ensayos), Tucumán, 1994, pp. 13-34.

Cuenta Piossek en uno de sus escritos que, al regresar de su estadía en Alemania (1968-1969), decidió ocuparse de nuestras tradiciones y de nuestra identidad. Esta inscripción filosófica en el pensamiento y la tradición latinoamericana, le valió afirmar que se ocupaba de ella porque, en principio, "es nuestra, y como toda tradición solo existe en la medida en que se la reconoce y se la cultiva".[626] Ese es el hilo conductor de su extenso ensayo *Argentina: Identidad y utopía*, donde se ocupa de "pensar al país" en busca de su identidad.[627] Divide la obra en cuatro grandes secciones: la primera, sobre el problema de la identidad del país bajo el signo de la ruptura con España, marcada por la generación del 37, en la figura emblemática de Juan Bautista Alberdi (quizás el apartado más extenso); la segunda, que se centra en la ruptura y el rescate de la tradición en relación al Centenario y la recepción de los nombres más relevantes de la filosofía europea (Unamuno, Bergson, Nietzsche, Spengler); la tercera, vinculada al tema-problema de la identidad y la exigencia de una vida auténtica —*leiv motiv* exitencialista— pero centrada en el peso de la máscara desde sus dos puntos de vista, el del espectador y el del actor (donde retoma otros ensayos previos) y, por último, el problema de la identidad en la utopía y en el mundo globalizado, donde las hipótesis universalistas se ponen duramente a prueba.

Precisa la cuestión metodológica de su abordaje temático, con lo que denomina "dignidad y *optimismo teórico*" (en cursiva en el original) para desentrañar —toma las palabras de Alberdi— la

---

626 Piossek Previch, 2009, p. 27.

627 Piossek Prebisch, Lucía, "Pensamiento filosófico en la Argentina. Su historia: problemas de método", en *Actas del VI Congreso Nacional de Filosofía*, Córdoba, Sociedad Argentina de Filosofía, 1991, pp. 121-127; "La filosofía en Tucumán", *Actas del XIV° Congreso Nacional de Filosofía de la AFRA*, Tucumán, UNT, 2007.

"lógica admirable" con que se despliega la historia.[628] Un primer rastreo le sugiere que "Nuestra breve tradición de pensamiento filosófico nos muestra la inquietud por la identidad como país..." y para examinar el problema de la "identidad" y de las "identificaciones" recurre al análisis de Paul Ricoeur.[629] Bajo la influencia de la noción de identidad-ipseidad, elaborada por el filósofo francés, como *identidad ipse*, el uso del término resultante es la fidelidad a la "palabra dada", como un acto performativo, de promesa o juramento, rescatando su lado objetivo que –según sostiene Piossek– concierne a aspectos estables y distintivos de la comunidad y que pueden considerarse como "identidad nacional". Este tipo de identidad supone la promesa o el juramento de llevar a la práctica una cierta normatividad o institucionalidad, una suerte de "fisonomía" que se considera relativamente estable. Por su parte, el uso subjetivo de la identidad, se relaciona con la posibilidad de "identificarnos" con esa promesa, con esa palabra empeñada, y los sentimientos positivos que genera. Ambos aspectos están, como lo subraya nuestra filósofa, "en una interacción necesaria".[630]

La obra, en su recorrido pendular, va desde los filósofos tratadistas a los ensayistas, desde la recepción de la filosofía en la Academia a su recepción y reelaboración en los poetas en el marco de una vertebración singular. ¿Cómo salir de la utopía ingenua para examinar[nos] con la atención y la reflexión filosófica que merece la cuestión?[631] Según Piossek, durante el siglo XIX se dieron las

---

628 Piossek Previch, 2009, p. 44; de la autora, *Alberdi*, Tucumán, Universidad Nacional de Tucumán, Facultad de Filosofía y Letras, Instituto de Historia y Pensamiento Argentinos, 1986.

629 *Idem*, p. 29. Ricoeur, Paul, *Tiempo y narración*, México-Buenos Aires, Siglo XXI, vol. III, 2006, pp. 629-630; 934-1095.

630 Piossek, *ibidem*.

631 *Idem*, p. 28.

condiciones personales –pero no las sociológicas– para hablar de un tipo de filósofo académico en estrecha vinculación con la institución que enseña o practica directamente la filosofía. Más aún, Piossek se pregunta si en América Latina, durante el siglo XIX, fue posible hablar de un "tipo humano filósofo".[632] Si la respuesta fuera negativa, se estarían dejando de lado muchas obras cuyo pensamiento caló una honda impresión en los pueblos latinoamericanos, auténticas expresiones de experiencias estéticas, religiosas, morales, y políticas, que podrían propiciar una reflexión filosófica posterior: y el ensayo fue su vehículo singular. Por eso, cuando se refiere a la generación del 37, Piossek sostiene que: "Una nueva generación se levanta, llena de virtudes, de actividad y de talentos, que promete a la Patria hermosos días de grandeza y gloria".[633] Pero, en ese sentido amplio, también se puede hablar de un tipo de filosofía, a la que Piossek entiende como un modo de pensar al hombre, al país, a su historia y a su destino, que van de camino a una fundamentación rigurosa, porque están dispuestos para la expresión conceptual y revelan la capacidad de la visión totalizadora sin llegar a ser plenamente filosofía. Este tipo de pensamiento es el que caracteriza el siglo XIX, pensamiento que surge en el ensayo, la novela, la obra teatral, la poesía y los discursos de los hombres de Estado, enriqueciendo enormemente la historia intelectual latinoamericana de ese siglo. En suma, un pensamiento que recoge como propiamente "latinoamericano". Ahora bien, el objetivo de Piossek es otro; no se propone mostrar la influencia de un cierto pensar (paso que –advierte– no dará en esta obra al menos) sino de "comenzar a entender a un pensador

---

632   *Idem*, p. 40.
633   *Idem*, p. 41.

o a algunos de sus textos desde dentro", entendiéndolos como "un cuerpo, por así decirlo, de *pensamiento filosófico*".[634] En esa empresa da cuenta de una notable formación académica, un rigor filosófico inusual y una selección sutil y esmerada de las obras que examina y comenta.

En 2005, Lucía Piossek Prebisch reúne en una compilación editada por la Edunt, sus trabajos (reelaborados y actualizados) sobre la filosofía de Nietzsche, bajo el título de *El «FilósofoTopo»*, donde aborda los aspectos menos conocidos de la obra del filósofo alemán, que ella misma caracteriza como "uno de los lados más oscuros de un filósofo atípico en su tiempo".[635] En el libro presenta una serie de artículos que reformulan textos y conferencias previas, a los que agrega un artículo original sobre la recepción del pensamiento de Nietzsche en la Argentina, centrándose en el análisis de los "medios especializados". Agrega un "Apéndice" con su reconocida traducción del escrito de juventud "Sobre verdad y mentira en sentido extramoral", publicado de forma póstuma, texto que por su parte constituye una clave fundamental a la hora de abordar el problema del lenguaje en la obra nietzscheana.[636] Rescata de Nietzsche, su tan cuestionado estilo, como un modo de dar "maternalmente a luz nuestro pensamiento, con nuestra sangre, nuestro corazón, nuestra fogosidad, nuestra alegría, nuestra pasión, nuestro tormento, nuestra conciencia [y] nuestra fatalidad";[637] estilo que a la vez evoca la tarea mayéutica socrática y el rechazo a la exposición adornada, retórica y sistemática para,

---

634 *Idem*, p. 43, resaltado en el original.

635 Piossek Prebisch, Lucía, *El «Filósofo Topo»: Sobre Nietzsche y el lenguaje*, Tucumán, Facultad de Filosofía y Letras, UNT, 2005, p. 180.

636 *Idem*, p. 130; Cano, Virginia, Reseña en *Instantes y Azares. Escrituras nietzscheanas*, nro. 4-5, Buenos Aires, La Cebra, Primavera de 2007, pp. 251-253.

637 *Idem*, p. 12.

en cambio, adoptar el aforismo que –a juicio de Piossek– "aprieta, encoge escrupulosamente [y] sugiere" los contenidos de todos sus libros.[638] Se trata a su juicio, de un modo de exhibición del "taller de su pensamiento", del que sobre "cada cuestión pueden encontrarse dos afirmaciones opuestas",[639] que Piossek describe desde un punto de vista mesurado, ponderativo y severo. Citando al propio Nietzsche, rescata primero una gran dificultad para acceder a sus concepciones, esto es: "la inactualidad de su pensamiento"; no porque "él no podía comprender su tiempo, sino porque su tiempo no podía entenderlo [a él]".[640] Y fue así, porque arremetió contra el "subsuelo de las creencias" (la *moral*) para manifestarse como "llegado antes de tiempo" o, en sus propias palabras, –que Piossek recoge– como "un póstumo",[641] alguien que ve lo que los otros no ven por exceso de lucidez –de clarividencia–, invitando al experimento "contra-platónico" de aguzar la mirada como el águila para prever las consecuencias futuras de la eliminación de toda metafísica. Hecho histórico llamado *nihilismo*,[642] que –a juicio de Piossek– abre la posibilidad de desarrollar "una filosofía como preparación para la vida y como tentativa de recuperación del mundo sensible";[643] intento que evalúa como "inconcluso" y, en ese sentido, como el legado o la tarea que Nietzsche habría dejado para las futuras generaciones. Quizá por eso, afirma, Nietzsche concibió a la filosofía como "una actividad desmitificadora", cuya imagen es la del *topo* que

---

638   *Idem*, p. 13.
639   *Idem*, p. 15.
640   *Idem*, p. 16.
641   *Idem*, p. 17.
642   *Idem*, p. 21.
643   *Idem*, p. 18.

socava y "destruye precisamente el subsuelo", es decir, el sistema de creencias que garantiza que sus contemporáneos comprendan una obra.[644] Quizá, por eso también, Piossek rescata como tarea propiamente filosófica, una pregunta de Nietzsche (1887): "¿No es acaso deber de toda filosofía examinar las creencias o supuestos sobre los que descansa el movimiento de la razón?".[645] Pocas tareas –concordamos con Piossek– pueden ser más filosóficas que esa, ¿o, no es acaso ese el espíritu de la famosa búsqueda husserliana de "un saber sin supuestos", paradigma de método y de saber filosóficos? En otras palabras, el Nietzsche que más le interesa a Piossek es el que pone al saber histórico ante el tribunal de la vida.[646]

Traductora del alemán de algunos escritos de Nietzsche, como dijimos, Piossek se ocupa y se preocupa por la traducción filosófica, problema sobre el cual vuelve varias veces para vincularlo con la hermenéutica y lo que denomina la "hablabilidad", como condición de posibilidad de la traducción.[647] La traducción, reconoce nuestra filósofa, ha alimentado a los estudiantes argentinos de filosofía por décadas, lo que deriva en "una formación [moldeada] en un clima de extrañeza [...] y de desconfianza" por la palabra escrita.[648] En suma, una doble razón, sin duda filosófica, para alentar la filosofía de la sospecha, por un lado, y el desarrollo de las propias vertientes de pensamiento en lengua y voz propias, por otro.

Vista retrospectivamente, la obra de Lucía Piossek adelantó temáticas, incluyendo un examen de la compleja relación de la filosofía con las mujeres, que examinó junto con la recepción de

---

644   *Idem*, p. 25; Cano, *ibidem*.
645   *Idem*, p. 27.
646   Piossek Prebisch, 2009, p. 211.
647   *Idem*, p. 106.
648   *Idem*, p. 107.

Simone de Beauvoir en la Argentina. A raíz de la publicación de *El segundo sexo*, Piossek se opuso al rechazo de la francesa a la maternidad, que había entendido como un pago a la especie y una fuente constante de "enajenación carnal", "de dolor y de peligro de vida".[649] Piossek presentó, como contrapartida, su tesis fenomenológica sobre la experiencia materna; reflexión esmerada que sólo superan análisis, muy posteriores, de Luce Irigaray o de Julia Kristeva.[650] En efecto, a principios de los años setenta Piossek publicó en *Sur*, la revista dirigida por Victoria Ocampo, un artículo ensayístico titulado "La mujer y la filosofía", donde reconoce que "la filosofía ha estado consustanciada de modo ancestral con lo masculino".[651] Inspirada por el tratamiento que el filósofo existencialista cristiano Gabriel Marcel le habría concedido a la "experiencia de la paternidad", Piossek indaga en su propia experiencia de la maternidad vinculando "corporalidad", "libertad" y "situación", categorías tomadas del Existencialismo: "¿Qué pasa con la mujer y la filosofía?", se pregunta Piossek. "¿Qué pasa cuando decimos, con Gabriel Marcel, «Yo soy mi cuerpo»?".[652] Piossek se centra así en la gestación y la lactancia, actividades solo y propiamente de las mujeres, función que universaliza. Revisa algunas consideraciones sobre el cuerpo y sus potencialidades –*nuestra situación como mujeres*–, contrastándolas con las reflexiones de

---

649   Beauvoir, *El segundo sexo*, Buenos Aires, Siglo XX, 1968, tomo 1, p. 53.

650   Smaldone, *op.cit.*, 2013, pp. 127-136.

651   La versión original se publicó en los números 326, 327, 328, correspondientes a los años 1970 y 1971, y se reeditó en Piossek Prebisch, Lucía (comp.), *De la trama de la experiencia* (Ensayos), Tucumán, 1994, pp. 95-101. Con anterioridad, había presentado "Aislamiento y comunicación. A propósito de la experiencia del cuerpo en la maternidad", en *Aislamiento y comunicación*, Buenos Aires, Sudamericana, 1966, pp. 299-304.

652   Piossek, *op.cit.*, pp. 95-101; Jean Paul Sartre recoge esta afirmación en *El ser y la nada*, Parte III. 2, quien a su vez la toma de Gabriel Marcel. Agradezco esta observación a Lucía Piossek Prebisch.

Maurice Merleau-Ponty, que ya había adelantado en "Aislamiento y comunicación. A propósito de la experiencia del cuerpo en la maternidad", cuya versión preliminar presentó en un encuentro filosófico en 1965.

Piossek narra y (se) narra en primera persona. Al hacerlo, se constituye y emerge en un mundo más acá del teórico, introduciendo la novedad de su experiencia-mujer, y construyendo un espacio propio, enriquecido por la "libertad de pensar".[653] Como la mayor parte de las filósofas que hemos examinado, Piossek se incorpora a sí misma a una larga cadena de pensadoras de la cual genealógicamente se hace parte, y con una profunda conciencia de sí y de su situación. Al narrarse, alienta a las lectoras a identificarse sexo-genéricamente con su espacio experiencial, lo que las obliga a hacerse cargo de que la filosofía también les pertenece. Es decir, Piossek no solo se nutre de las categorías del existencialismo, sino que, lejos de ser una mera receptora-traductora, muestra un trabajo original analizando en la gestación al "otro dentro de mí" como eje de su experiencia. ¿Qué tipo de «otro» es este «otro» que se desarrolla ajeno a mi voluntad, pero inseparablemente ligado a mi cuerpo? ¿Cómo funciona el principio de individuación en este caso? En esa descripción pulcra y en su constante "fidelidad" a la "evidencia de la rebeldía", siguiendo palabras de Merleau-Ponty, Piossek escribe "una verdadera *moral*".[654] Educada en los códigos de una época que le devuelve pocas imágenes de mujeres filósofas (quizá las más fuertes sean Simone de Beauvoir y Simone Weil), Piossek nunca se hizo víctima de esas representaciones de la cultura. Más bien, se configuró

---

653   Palabras que retoma de Alejandro Korn.
654   Piossek Prebisch, Lucía, "El filósofo ante el crimen", 1994, p. 182.

lúcidamente como *una* sujeto-mujer que dialogó –en voz propia– con la filosofía y con los filósofos, con Beauvoir, pero también con Nietzsche, Marcel y Bergson. Como la literata-filósofa francesa, Piossek narra en primera persona del femenino singular, su condición fáctica de existencia libre y, a la vez, capaz de dispositivos de enunciación y de estrategias conceptuales singulares. De ese modo, revisa y rompe estereotipos que el sentido común de su época considera *naturales*, y genera modos alternativos de resolver, enfrentar o inscribirse en la sociedad. Instala miradas alternativas, reestructura las relaciones varón / mujer y contribuye a abrir el camino de la reflexión en cuestiones poco transitadas, que –anticipatoriamente– deconstruye a partir de su propia experiencia. Más aún, al "Todo hombre tiene algo que ver con los otros hombres",[655] Piossek responde comprometiéndose con un mundo humano, donde cada objeto se halla penetrado por significaciones humanas; un mundo hablante, solicitante, exigente, pero al que solo cada individuo puede darle el contenido concreto a su libertad y a la de todos.

Precisamente porque el cuerpo es una *situación*, la sexuación de cada cuerpo es sumamente importante, y si "Yo soy mi cuerpo", Piossek no puede sino apuntar a la ambigüedad de la experiencia de la maternidad, donde "yo soy mi cuerpo, efectivamente; pero mi cuerpo no es mío" [...] es la sede de «otro», está enajenado porque se ha tornado receptáculo y alimento material de «otro»". En esa experiencia –que califica de "humildad ontológica"– reconoce que la situación histórica y fáctica de la maternidad que no les permite a las mujeres olvidar su sujeción a un "orden de la

---

655   Beauvoir, *Para una moral de la ambigüedad*, Buenos Aires, Schapire, 1956, pp. 72-73.

naturaleza con un ritmo compartido con otras regiones de la vida vegetal y animal". Es decir, aun habiendo elegido libremente la maternidad, se produce un fenómeno especial según el cual un "ser humano mujer" reconoce que sus mejores reservas y energías se desplazan hacia los intereses de la especie; deja de ser solo "un individuo" para convertirse, al mismo tiempo, en albergue y custodia de «otro».[656] Emprendiendo una tarea *more* beauvoriano, que la filósofa francesa no llevó a cabo, Piossek sostiene que una experiencia tal, nada desdeñable, conlleva el desafío de pensar filosóficamente cómo afecta al cuerpo ese estar "para" otro, bajo un proceso que una vez iniciado excede la propia decisión, una experiencia propia y única de las mujeres. Aquí, las mujeres deben contribuir a la libertad del pensar a partir de una experiencia específica de su cuerpo como situación y como captación peculiar del mundo. Muy probablemente –sostiene Piossek– la filosofía se alejaría de la orgullosa afirmación masculina de que la persona es, ante todo, *individuo* y *autodeterminación* si hubiera transitado la ambigüedad de esa experiencia.[657]

Piossek anticipa un importante conjunto de tesis sostenidas mucho después por las defensoras de la ética del cuidado, e invita a las mujeres a que desde su situación particular abran sus espacios de libertad y de reflexión. Porque, acaso, "¿Habrá una manera, o maneras, de comprender la realidad para una mujer, condicionada por lo específico de su cuerpo? Y precisando más, ¿habrá algunas experiencias señaladas en relación a tal posible manera de comprender la realidad a partir del propio cuerpo?".[658] El ensayo le permitió ajustar dinámicamente su pluma y aunque,

---

656 Piossek, *op.cit.*, pp. 95-101.
657 *Ibidem.*
658 Piossek Previsch, L., "Notas sobre la experiencia", 1994, p. 125.

al igual que Beauvoir no se reconoce "feminista", la lúcida conciencia de Lucía Piossek, la aleja de frecuentes estereotipos que pregonan pero no actúan con la profunda convicción de que una mujer tiene el derecho y el deber de ejercer su palabra y su libertad.[659] Así, partiendo de conceptos y posiciones existencialistas, Piossek realizó análisis por demás interesantes –anticipándose a Julia Kristeva y a Sylvain Agacinski– en su crítica a la concepción beauvoiriana de maternidad, sin desidentificarse nunca de la figura de intelectual "encarnada"; es decir, de ella mujer intelectual. Ahí donde Hegel negó la eticidad a las mujeres, Piossek, como Kristeva, la restituyó por vía de la maternidad. Por eso, los análisis de Piossek resultan no sólo interesantes en sí mismos, sino que además adelantaron una veintena de años a los que luego se harían muy frecuentes.

---

659   Piossek, 1994, pp. 95-105.

Graciela Hierro Pérezcastro
México. 1928 - 2003

CAPÍTULO 14

GRACIELA HIERRO PÉREZCASTRO

Graciela Hierro Pérezcastro perteneció a una familia católica tradicional. Nació, vivió y murió en México (1928-2003) y fue una importante académica que osó romper con lo que Freud había dictaminado para las mujeres: "el sexo es destino".[660] La trayectoria de Hierro muestra su incansable trabajo académico, su praxis sostenida por los derechos de las mujeres y un estilo de vida coherente, que marcó su quehacer personal y profesional. Se inscribió en la Universidad Femenina "Adela Formoso", donde hizo estudios de grado. Posteriormente –ya casada y con cinco hijos– realizó sus estudios de maestría y de doctorado en la Universidad Nacional Autónoma de México (UNAM), graduándose en 1982.[661] Su tesis de doctorado, titulada *El utilitarismo y la condición femenina*, se

---

660 Careaga Pérez, Gloria, *Graciela Hierro una feminista levantada en armas*, México, Academia mexicana de Ciencias, vol. V, 2006; Dorantes Gómez, María Antonieta, "La condición humana en la obra de Graciela Hierro", en Saladino García, Alberto, *El pensamiento latinoamericano del siglo XX ante la condición humana*, Versión digital, 2006. Fornet-Betancourt, Raúl, *Mujer y filosofía en el pensamiento iberoamericano*, Barcelona, Anthropos, 2009, pp. 99-108; Didier, *op.cit.*, pp. 1983-1984.

661 De un segundo matrimonio nacerá un sexto hijo.

publicó posteriormente con el título de *Ética y Feminismo*.[662] De inmediato comenzó su actividad académica como Jefa de Cátedra del Seminario Interdisciplinario de Posgrado en la Facultad de Filosofía y Letras de la UNAM. En 1978, había fundado la Asociación Mexicana de Filosofía Feminista, afiliada a la *International Society for Women Philosophers* y, poco después, fue la primera Directora del Programa Universitario de Estudios de Género (PUEG), creado por el Rector José Sarukhán en 1992.[663] Realizó numerosos viajes y actividades en beneficio de la consolidación de la posición de las mujeres filósofas en América Latina.[664]

En *Ética y Feminismo*, nuestra filósofa aborda la problemática ética de la mujer en cuatro capítulos: "La condición femenina"; "La moralidad positiva y la condición femenina"; "La ética del interés"; y, por último, "El interés y la condición femenina". Las conclusiones sientan las pautas para una ética feminista del interés.[665] Según Hierro, esta nueva ética surge de la toma de conciencia de las mujeres de su situación de opresión, reforzada por fuerzas culturales que tienden a ejercer la presión necesaria para que no abandonen lo que se define como "su lugar natural",[666] lo que conlleva una asimetría, desvalorización y menosprecio de sus capacidades humanas

---

662   Hierro, Graciela, *Ética y feminismo*, México, UNAM, 1985, p. 138.

663   Acuerdo de Creación del Programa Universitario de Estudios de Género (PUEG), Disponible en: http://www.pueg.unam.mx/images/itpg_unam/Acuerdo%20de%20creacion%20PUEG%20vertical.pdf

664   Graciela Hierro visitó la Argentina en 1987 y dictó el seminario intensivo "Las relaciones entre los géneros", en Facultad de Filosofía y Letras (UBA), durante el primer cuatrimestre. En esa ocasión brindó su apoyo al Área Interdisciplinaria de Estudios de Género, más tarde al Instituto de Estudios de Género, de la FFyL (UBA), y con anterioridad había respaldado la constitución de la Asociación Argentina de Mujeres en Filosofía (1988-1999) y su participación en reuniones internacionales de mujeres-filósofas, formando parte del Comité Académico de su revista *Hiparquia*.

665   Hierro, *op. cit.*, pp. I, 13-44; II, p. 45-51; III, p. 53-91; IV, p. 93-110.

666   Hierro, *op. cit.*, p. 111.

íntegras y, en consecuencia, a una doble moral y código ético.[667] Su obra se basa en el principio de interés (que en nuestro medio denominamos "utilitarismo"), pilar fundamental de la moralidad, que la autora considera fundamental para lograr la mayor felicidad para el mayor número de seres humanos, lo que de por sí constituye un deber moral humano.[668]

Hierro inicia su investigación con una somera descripción de la situación de las mujeres desde la categoría existencialista de "ser-para-otro", lo que de inicio ya la diferencia de la condición masculina, que es predominantemente un "ser-para-sí". Si esto es así, las mujeres quedarían relegadas o excluidas de su reconocimiento como personas morales, de deberes, pero no de plenos derechos. Hierro considera que el "ser- para-otro" se manifiesta en tres categorías fundamentales: *inferiorización*, *control* y *uso*. Estas categorías determinan la opresión de las mujeres, tanto en la familia como en la sociedad en general y el Estado. Una rápida perspectiva histórica, que no excluye a los movimientos marxistas de liberación, contribuye a su análisis. Según Hierro, esas categorías sostienen, debido a "mistificaciones", procedimientos que reafirman los "privilegios femeninos" asentados socialmente como "trato galante", "valoración de las cualidades femeninas *naturales*" tales como la pasividad, la docilidad, la pureza, entre otras. Todas esas "cualidades naturales" relegan a las mujeres al ámbito privado, y al trabajo doméstico no-remunerado y desjerarquizado. La identidad femenina –sostiene Hierro– está mistificada y dominada por relatos que la inscriben en un lugar "privado" devaluado y naturalizado. La autora

---

667   Hierro, *op. cit.*, p. 112.
668   Hierro, *op. cit.*, p. 9.

se propone, pues, abrir un espacio de reflexión sobre ese hecho cotidiano, cuyas conclusiones ofrece a manera de *prolegómenos*.[669]

Como profesora, Hierro trabajó sistemáticamente a los filósofos clásicos y modernos, realizando numerosas publicaciones con objetivos pedagógicos, impresos y difundidos por la editorial de la UNAM.[670]

Entre estos escritos se destaca *De la domesticación a la educación de las mexicanas* (1989), dedicado especialmente a las maestras mexicanas. "Hemos de aprovechar los principios educativos que propone Rousseau, principalmente en su obra *Emilio o de la educación*, pero para las mujeres", afirma Hierro en su *Me confieso mujer*. "Debemos —sostiene— educar a Emilia".[671] Por tanto, su objetivo es acercar a las mujeres mexicanas una pregunta paradojal: ¿hay algo que en verdad pueda llamarse «educación de la mujer mexicana actual», frente a su contrapartida «la educación del hombre mexicano»? Para ella, es verdad que existe esa diferencia en tanto los textos no incluyen a las mujeres, por razones conocidas, problema que se propone desplegar en las páginas subsiguientes.[672] Apelando a la perspectiva de género, Hierro hace explícita la cultura que de "modo silencioso el sesgo hace que las mujeres" sean ignoradas, sean invisibles. En consecuencia, se propone desvelar los "saberes, obras, hechos, acciones, actitudes, costumbres, símbolos,

---

669   Hierro, *op. cit.*, p. 12.

670   Cabe mencionar: "La Filosofía de la Educación de Manuel Kant" (1980); "El concepto kantiano de `universalización´ y su fecundidad para la teoría moral" (1982), "Spinoza y la servidumbre humana" (1985) y "El Leviatán: Hobbes y la obligación moral" (1998), *Naturaleza y fines de la educación superior* (Premio ANUIES, 1982); "Escritos pedagógicos" (1986), "Sobre la enseñanza de la ética en la Universidad (1996).

671   Hierro, Graciela, *Me confieso Mujer*, México D.F. DEMAC, 2004, p. 122.

672   Hierro, Graciela, *De la domesticación a la educación de las mexicanas*, México D.F, Fuego Nuevo, 1981, p. 14. Cf. Tapia González, Aimé, "Graciela Hierro: Filosofía de la Educación en clave de Género", *Estudios de Género*, Colegio de México, 2.5, 2017, pp. 1-21.

tradiciones, rituales, lenguajes, gustos, preferencias, principios y procedimientos que han desarrollado las mujeres".[673] En el capítulo I, recorriendo hacia "el pasado de las mexicanas" desarrolla una crítica feminista de la educación que "tradicionalmente se ha dado a las mujeres", que se ha aceptado como "natural" y que las ha mantenido "en ausencia" dentro de "la creación cultural masculina".[674] Retomando argumentaciones de Simone de Beauvoir (*la mujer no nace, se hace*) muestra cómo las mujeres mexicanas fueron "domesticadas"; es decir, convertidas en mujeres domésticas, confinadas al hogar y a los hijos, elevando por encima de todo la figura de la madre, que cruza todo el territorio y que se asimila, por un lado, a la figura de la Virgen María y, por otro, a las diosas-madre de las culturas antiguas.[675] La figura sincrética emergente es la Virgen María de Guadalupe, arquetipo de la educación femenina, que indica como destino la maternidad y la vida de familia: "Nacemos –subraya Hierro– a lo doméstico y todo esfuerzo educativo se concentra en lograr nuestra exitosa "domesticación".[676] "Nuestra madre Coatlicue, Tonanzin y María de Guadalupe constituyen el arquetipo de la finalidad educativa de las mujeres",[677] afirma entrelazando las tradiciones prehispánicas con la hispánica y rescatando invocaciones maternas de la poesía mexicana para dar cuenta de la dura condición de las mujeres y de la necesidad de obediencia a los mandatos patriarcales.[678] Por eso alienta a las mujeres a revisar

---

673 *Idem*, p. 16.

674 *Ibidem*.

675 *Op.cit.*, p. 21.

676 *Ibidem*. Un proceso sincrético similar examina Sonia Montecinos en *Madres y Huachos, Alegorías del mestizaje chileno*, Santiago de Chile, Catalonia, 2007, pp. 63-91.

677 *Op.cit.*, p. 22.

678 *Op.cit.*, p. 24.

las tradiciones e insta a las intelectuales a poner su capacidad al servicio de la revisión de las etapas educativas de las mexicanas para que sepan –como decía Sor Juana– que hay universidades y escuelas. Mérito de la obra es, sin duda alguna, recoger tradiciones populares, ceremonias y rituales para llevar de la mano a las lectoras a que las reconsideren a la luz tanto de la educación no-formal de la casa como de la formal de la escuela y comenzar a iluminar sus propios deseos y necesidades más allá del "cumplimiento de las labores domésticas propias de su sexo".[679] Rescata además "matrilinialidades" y contrasta las tradiciones prehispánicas con las cristianas para mostrar "lo que salta a la vista": que la educación siempre debe ser examinada críticamente por "sospechosa".[680]

El capítulo II está dedicado a la educación de las mujeres novohispanas. Privadas de acceso a la educación pública y, por lo general, a preceptores privados, Hierro echa luz sobre la tarea poco conocida de la red de "las amigas", mujeres que sí sabían leer y escribir y enseñaban a otras lo que ellas mismas, poco o mucho, conocían de modo informal, a veces incluyendo algo de matemáticas, música u otros idiomas. Una educación simple, pero efectiva, que superaba la meramente religiosa y el coser y bordar que brindaba la iglesia; una vez que sabían leer podían continuar instruyéndose según sus propios medios e intereses. La figura de Sor Juana Inés es trasfondo fundamental de la época, constituye el paradigma de la "mujer sabia" que inspiraba temor y reverencia al mismo tiempo.[681]

El siguiente capítulo se centra en la educación de "las señoritas". Es decir, de las jóvenes de las familias burguesas que aspiraban a una educación más esmerada, incluyendo modales, música,

---

679   *Op.cit.*, p. 31.
680   *Op.cit.*, p. 38.
681   *Op.cit.*, pp. 39-56.

geografía y cultura general. Las órdenes religiosas comenzaron a ofrecer –relata Hierro– este tipo de educación, que logró penetrar fuertemente en las capas sociales más acomodadas.[682]

Los dos últimos capítulos están dedicados a la formación de maestras y es además una suerte de homenaje a Rosario Castellanos (1925-1974) y su filosofía educativa.[683] Rosario Castellanos Figueroa fue una narradora y poeta extraordinaria, considerada una de las escritoras mexicanas más importantes del siglo XX. Creció en la hacienda de su familia en Comitán, Chiapas, trasladándose a México D.F. en 1950, donde se graduó en filosofía en la Universidad Nacional Autónoma de México. Continuó sus estudios en la Universidad de Madrid, donde estudió estética. Trabajó como profesora en la Facultad de Filosofía y Letras de la UNAM, en la Universidad de Wisconsin y en la Universidad de Indiana. Para Hierro, Castellanos representa una figura señera debido a su tarea educativa en beneficio de las mujeres, lo que la lleva a examinar su vida, sus intereses y su extraordinaria contribución a la educación.[684]

Un balance sobre la importancia y la necesidad de una mirada feminista para educar a las mujeres cierra el libro, en la que rescata nuevamente la idea de "ser-para-sí", sentando las bases de una "ética feminista del interés", de raíz utilitarista en la línea de John Stuart Mill. La influencia de John Stuart Mill y de Harriet Taylor en la obra de Graciela Hierro es manifiesta.[685]

---

682 *Op.cit.*, pp. 57-68.

683 *Op.cit.*, pp. 69-89.

684 *Op.cit.*, pp. 90-110. También examina cuestiones educativas con perspectiva feminista en: *Educación y género* (1992), *Perspectivas feministas* (1993) y *Filosofía de la educación y género* (1997).

685 Cf. *El utilitarismo y la condición femenina* (tesis de doctorado), *Ética de la libertad*, México, Editorial Fuego Nuevo, 1990; *La ética del placer*, México, UNAM, 2001; "Ética del Placer" en Femenías, María Luisa (ed.) *Perfiles del Feminismo Iberoamericano*, Buenos Aires, Catálogos, 2002.

Forma parte del "ser-para-sí" reconocer sus propias necesidades y emprender una búsqueda del placer, contra el deber, el dolor y la culpa que, como el examen que tan sistemáticamente lleva a cabo Graciela Hierro a la educación tradicional de las mujeres, permite concluir. De ahí la importancia del placer, que Hierro vincula a los hedonismos filosóficos clásicos. Su interés se centra en una reflexión filosófica de los aspectos relevantes de la moral latinoamericana vigente, utilizando la perspectiva de género, sobre la base de lo que denomina una "ética sexual hedonista", que considera útil para orientar decisiones morales tendientes al logro del desarrollo personal, la posibilidad de entablar relaciones eróticas placenteras, y de contribuir al bienestar social general.[686] Hierro denuncia la "doble moral sexual" y examina el amor libre, el divorcio, la homosexualidad, la contracepción, y otros temas afines, ofreciendo ejemplos de crítica, en base a criterios racionales, que pueden ser utilizados por agentes morales, con el interés de considerar tres niveles de placer, caracterizados como sexualidad, erotismo y placer sexual.

La perspectiva de género es la herramienta fundamental de su análisis, por eso apela a la afirmación de Schopenhauer de que "cada uno tiene la obligación de construirla [la ética] por sí mismo, de sacar por sí solo, del principio supremo que radica en su corazón, la regla aplicable a cada caso que ocurra". Por eso, para Hierro, la ética constituye la reflexión filosófica sobre la moral vivida como procedimiento racional de análisis del significado de los conceptos y determinación de la validez de las decisiones morales.[687] De ahí que Hierro entiende la ética como estudio de la moralidad humana

---

686 Hierro en Femenías, *op.cit.*, p. 317.
687 *Op.cit.*, p. 319.

en términos de su conducta individual, social o grupal, que desemboca en un "arte de vivir".

Según Hierro, la experiencia humana permite ver que hay un sentido básico que nos informa de que las cosas no son como debieran ser. Dado que los seres humanos tenemos conciencia moral, podemos reflexionar sobre lo que nos sucede y también imaginar honestamente mejores alternativas de vida comunitaria, según normas que varían de tiempo en tiempo, de lugar en lugar y que constituyen la suma de las experiencias de la humanidad.[688] Sin duda la moralidad occidental –recuerda Hierro– ha sido influida por la moral judeo-cristiana, pero a su vez la moralidad cristiana ha sido influenciada por las moralidades de todos los pueblos que abrazaron la cristiandad y por las tradiciones clásicas, por tanto no es posible afirmar que sin el cristianismo la moralidad no es posible. Por un lado, todas las sociedades históricas tienen una moralidad y, por otro, la religión necesita del apoyo racional. Sin embargo, la moral sexual de Occidente se ha debatido contra los mandatos religiosos respecto de las relaciones sexuales: deben ser exclusivamente heterosexuales, deben ser monogámicas, deben tener como intención la procreación y no el placer, deben mantener fidelidad aún después del fallecimiento de uno de los cónyuges, no deben mantenerse relaciones con parientes consanguíneos cercanos, entre otros. Todas estas prohibiciones han desembocado en una doble moral sexual, que permite al varón, lo que no permite a la mujer.[689] Y todo ello considerado "tan natural".

Es decir, se desconoce la "interpretación cultural" de las funciones biológicas de los sexos, y de ahí se distingue la moralidad

---

688   Hierro, Graciela, *Perspectivas feministas* (ed.), Puebla, Universidad Autónoma de Puebla, 1993.

689   Hierro en Femenías, *op.cit.*, pp. 321-322.

sexual positiva masculina de la femenina, negándole el placer a las mujeres. En efecto, sostiene Hierro, se controla su cuerpo, sus actividades sexuales, se castiga su fecundidad fuera del matrimonio, porque el poder patriarcal reglamenta el placer femenino de acuerdo con los intereses hegemónicos masculinos, "consumándose así la sexualización del poder" que es en definitiva una "sexualización de la moralidad".[690]

Hierro desarrolla –como dijimos– lo que denomina una "ética sexual hedonista". Defiende el hecho de que la sexualidad, y su diversidad de elección, es una cuestión profunda que atañe a todos y a cada uno, y que "permite expresar en la práctica nuestras convicciones morales más profundas". Si decidimos –agrega Hierro– sobre nuestra conducta sexual y nuestra vida personal, debemos poder decidir también sobre nuestra vida pública haciendo uso de nuestra conciencia moral.[691] Retomando palabras de Spinoza,[692] identifica hedonismo con ética como su lugar, su discurso y su propósito más profundo. Bajo esa perspectiva el placer se considera un bien y el displacer un mal, que debe distinguirse del sufrimiento, materia de enfermedad psíquica y física, que se alivia por el arte terapéutico (medicina, psicoanálisis, psiquiatría). El mal es un intento fallido de alcanzar el bien, y produce remordimiento. Es preciso oír la voz del cuerpo, porque el cuerpo es el yo profundo, la autointuición, la dimensión ética del "adentro", que da lugar a la paz consigo mismo/a. La ética del "afuera" supone la conciliación con los otros. El deber

---

690 Hierro, Graciela, "Género y poder", en *Hiparquia*, V, 1992, pp. 5-18; de la misma autora, "The Ethics of Pleasure", en Femenías, María Luisa y Oliver, Amy (eds), *Feminist Philosophy in Latin America and Spain*, New York, Rodopi, 2007, p. 202.

691 Hierro, *op.cit.*, p. 204.

692 *Ibidem.* Hierro cita: "No llamamos a algo *bueno* porque lo sea, llamamos bueno a lo que deseamos".

se centra entonces en alcanzar el placer; el placer es sobrevivencia, vitalidad, autenticidad, risa, alegría, sociabilidad, erotismo y amor. En suma, todo lo que constituye el bienvivir permeado por la prudencia, la solidaridad, la justicia y la equidad.[693] Todos ellos, atravesados por la responsabilidad de sí y de las y los otros. Las reglas solo son útiles en momentos apurados, cuando no se tiene tiempo para pensar y se actúa obedeciendo a las máximas de conductas que todos poseemos, por ese conocimiento moral que se nos ha inculcado desde temprana edad. Pero, conducta sexual, sexualidad, erotismo y amor no son sinónimos; son experiencias distintas y cumplen funciones diversas. Por eso, retomando a Ovidio, sostiene que solo el amor es maestro de la vida, implica cuidado, responsabilidad, entrega y erotismo; razón por la cual considera que la ética hedonista es acertada para guiar la conducta sexual y la convivencia con los otros. Como seres libres, actuamos y evaluamos nuestras conductas legítimas racionalmente; basamos nuestras decisiones en valores libremente elegidos, apoyándonos en nuestro conocimiento de la realidad y nuestros ideales de vida; todo lo cual conforma nuestra propia dignidad.[694]

La filosofía feminista de Graciela Hierro y su ética del placer han constituido dos herramientas fundamentales para comprender los principales obstáculos que enfrentan las mujeres, así como las múltiples vías a través de las que pueden mirar hacia adelante. La UNAM, y especialmente el PUEG, del que fue su fundadora y directora, se constituyó en "su propio cuarto", por retomar palabras de Virginia Woolf. Alcanzó su independencia, económica, social y

---

693 Hierro, *op.cit.*, p. 205.

694 Hierro, *op.cit.*, p. 206; Fornet-Betancout, *op.cit.*, pp. 102-106; Careaga Pérez, Gloria, "Graciela Hierro: Una feminista ejemplar", Consejo Técnico de la Facultad de Filosofía, UNAM, *Laudatio* al Premio al Mérito Académico. Disponible en: https://www.academia.edu/13189687/GRACIELA_HIERRO_UNA_FEMINISTA_EJEMPLAR

de pensamiento, y construyó respeto y autonomía teórica y personal. Su última obra, *Me confieso mujer*, publicada póstumamente, es una suerte de valiente balance de su vida, sus deseos y sus logros.

Tómate en serio, mujer. Recorre tus caminos interiores, tus sendas prohibidas, rasga tus vestiduras, abre tus heridas, exhibe tus miserias, ostenta tus arrugas, tus carnes flácidas, las redondeces conspicuas. Pierde todas las formas, inventa la tuya. La forma auténtica es tu libertad. Alcanza la rebelión de la feminista, como decimos las maestras del arte de envejecer: la edad no es un secreto vergonzoso. Piensa en la alternativa: la muerte.[695]

La obra es una auténtica reflexión sobre su vida, pero sobre todo sobre la vejez y el lugar que ocupa en el mundo de hoy. Con asombrosa serenidad enfrenta las "fatalidades del cuerpo", el deterioro, las limitaciones, pero también, en perspectiva, los logros. Designa con nombres pregnantes las distintas etapas de su vida, y por extensión de la vida de muchas mujeres, si no de todas: "La mosca muerta" sobre la niña obediente, "La rebelión de la esfinge", etapa en la que se sacude los mandatos familiares y sociales que limitan su libertad; el "Síndrome de la libélula", o de la mujer mayor, que muere y desaparece para el deseo masculino; "Las Reinas", mujeres ancianas (como ella misma se definió a los setenta y cuatro años), que superaban las barreras de la ambivalencia del amor y del deseo.

Tengo la edad anudada al cuerpo. Por las noches me impide respirar […]. El cuerpo se ha llenado de extraños

---

695   Hierro, *op.cit.*, p. 22.

dolores, misteriosas debilidades que interpreto como enfermedades terminales. Fallas del ánimo, disfunciones de los músculos, articulaciones y equilibrios [...]. He desarrollado una indiferencia total a ciertas circunstancias. Me abruman las preocupaciones por minucias, las decisiones sin importancia. Y la calma solo llega cuando leo y escribo [...]. Una vez que recuperamos la paz, cuando el alma alcanza al cuerpo [...]. Entramos en el sentido profundo de la sabiduría que concede la vejez reflexionada [...]. Pero la vida termina. Llega la soledad. No solo en soledad, sino solitaria. Amenazada de peligros insospechados [...] y finalmente, la muerte. Eso es la vida. Nunca alcanzas la plenitud. "Soledad de soledades y todo es soledad". En la poesía está la explicación de la vida y de la muerte.[696]

Como ella misma confiesa, su posición teórica fue la de un feminismo radical de la diferencia, no obstante reconocerse deudora de Simone de Beauvoir, entre otras.[697] Su obra puso en tela de juicio las estructuras ideológicas que colocan a las mujeres en condiciones de desventaja respecto de los varones e identificó en el patriarcado y en el contrato sexual la justificación estructural de la exclusión de las mujeres, razón por la que consideró necesaria una construcción propia de las mujeres, como la alternativa, invitando a la transgresión, pero alertando de los riesgos que implicaba "levantarse en armas".

---

696   Hierro, *op.cit.*, p. 147.
697   Hierro, *op.cit.*, pp. 81-82.

Celia Amorós Puente
España, 1944

CAPÍTULO 15

CÈLIA AMORÓS PUENTE

Entre la producción original actual en lengua castellana, se destaca la obra de Cèlia Amorós Puente.[698] Perteneciente al grupo de intelectuales que enfrentaron las postrimerías de la dictadura franquista, Amorós no solo desarrolló un pensamiento crítico independiente, del que dan cuenta sus numerosas publicaciones, sino que desplegó una tarea formativa que dejó huellas en la Academia española, con epicentro en Madrid, y ramificaciones por toda España y América Latina.

Amorós desarrolló lo que denominó "feminismo filosófico". Porque los derechos de las mujeres no son una concesión de los varones firmantes del Contrato Social sino, por el contrario, aquello que legítimamente siempre les correspondió *como* humanas y que, de diversas maneras, les fue (y es) histórica y filosóficamente sustraído. Por tanto, es necesario desmontar —sostiene Amorós— el

---

698 Posada Kubissa, Luisa, *Cèlia Amorós* (1945), Madrid, Del Orto, 2000; de la misma autora: "El feminismo filosófico de Cèlia Amorós", en *Nómadas*, 44, 2016, p. 221-229; "Filosofía y Feminismo en Cèlia Amorós", en *Labrys, Études féministes/Estudos feministas*, 2006, 2, Disponible en: https://www.labrys.net. br/labrys10/espanha/luisa.htm; "Cèlia Amorós: A modo de semblanza", en María José Guerra-Ana Hardisson (eds), *20 Mujeres del siglo XX*, Tenerife, Caja Canaria-Ediciones Nobel, 2006, vol. 2, pp. 193-213; Femenías, María Luisa, "El Feminismo Filosófico Español", *Actas de las Vº Jornadas de Pensamiento Filosófico Argentino: Su encuentro con España*. Buenos Aires, FEPAI, 1992; Meyer, *op.cit.*, pp. 13-16.

armado de la exclusión y de su invisibilización como *sistema* de dominación. En una estructura patriarcal, las mujeres no son consideradas personas ético-políticas en pie de igualdad con los varones. Amorós define al patriarcado como un sistema (estructural) de dominación "meta-estable e interclasista", que implica formas de codificación radical de los modos históricos que adopta el sistema de sexo-género. Es decir, Amorós emprende una labor filosófica, tamizada por categorías feministas, como un ejercicio de reflexión sobre textos y problemas claves de la filosofía y los modos de negación del lugar de igualdad de las mujeres (y otros grupos excluidos). En la línea de Habermas de acabar con el proyecto inconcluso de la Ilustración, Amorós retoma esa herencia crítica hasta hacerla crítica feminista. De modo que el feminismo filosófico supone revisar la historia del pensamiento,[699] su genealogía, y la actualidad de las problemáticas de las que participa como conciencia crítica y como fenómeno político. En palabras de Amorós:

> He de aclarar, por otra parte, que prefiero con mucho hablar de feminismo filosófico que de filosofía feminista. A la filosofía como tal quizás no sea pertinente adjetivarla. Por otra parte, si distinguimos entre tareas deconstructivas y reconstructivas de la filosofía, quienes a estos menesteres nos dedicamos hemos de confesar que, hoy por hoy, son las primeras las que prioritariamente nos ocupan. Tras siglos de

---

699 Ejemplo de su interés en el tema son: Amorós Cèlia, (coord.), *Actas del Seminario Permanente de Feminismo e Ilustración*, Madrid, Universidad Complutense, 1992 e *Historia de la Teoría Feminista*, Madrid, Universidad Complutense, 1994; y junto con Ana de Miguel, (eds), *Teoría Feminista: de la Ilustración a la Globalización*, Madrid, Crítica, 2005, 3 vols. Y su interés por las mujeres de otras culturas, "Por una ilustración multicultural", *Quaderns de filosofia i ciència*, 34, 2004, p. 67-79; "Crítica de la identidad pura", *Debats*, 89, 2005, pp. 62-72; *Feminismo y multiculturalismo*, Madrid, Instituto de la Mujer, 2007; *Vetas de Ilustración. Reflexiones sobre feminismo e Islam*, Madrid, Cátedra, 2009.

filosofía patriarcal, hecha fundamentalmente –si bien con más excepciones de lo que a primera vista parece– por varones y para varones, la tarea de deconstrucción [...] es todavía ingente. [...] Prefiero, por estas razones teóricas y algunas otras de orden pragmático, hablar más bien de feminismo filosófico [...]. Pues lo que se quiere dar a entender con esta denominación es que el feminismo es susceptible de ser tematizado filosóficamente.[700]

Hablar del feminismo filosófico de Amorós implica romper con los núcleos estancos de reflexión, ya que elabora una trama que es, en definitiva, un "diálogo vivo" con la filosofía, el feminismo y su época, conectando igualdad, argumentación implacable y meticuloso examen analítico. Por ello, entiende que el feminismo filosófico constituye una "crítica de la crítica" en plena crisis de la conciencia europea.[701] Como también lo hizo Mary Waithe, Amorós afirma:

La ausencia de la mujer en este discurso, como toda la ausencia sistemática, es difícil de rastrear. Es la ausencia que ni siquiera puede ser detectada como ausencia porque ni siquiera su lugar vacío se encuentra en ninguna parte; la ausencia de la ausencia [...] es el *logos* femenino o la mujer como *logos*; emerge a veces en el discurso masculino, como una isla en el océano, como lo gratuito y lo inexplicable, lo que inesperadamente se encuentra sin haberlo buscado, y el discurso se configura siempre alrededor de ese islote bajo el

---

700   Amorós, Cèlia, *Filosofía y Feminismo*, Madrid, Síntesis 2000, pp. 9-10.
701   Posada Kubissa, *op.cit.*, 2006, p. 3.

signo de la perplejidad, de un oleaje confuso y recurrente que quiere erosionar y tiene a la vez que reconocer contornos, tallar recortes en el discurso para conceptualizar lo imprevisible, el reino dentro de otro reino.[702]

En pocas palabras, define el feminismo filosófico como un tipo de pensamiento antropológico, moral y político que tiene como su referente la idea racionalista e ilustrada de la igualdad de los sexos. Donde "igualdad" no debe entenderse ni en términos de identidad ni en los de homogeneidad (como hacen algunas lecturas postmodernas) sino, por el contrario, como fuente reivindicativa de legítimos derechos.[703] En palabras de Puleo, en *Hacia una critica de la razón patriarcal*, Amorós instala un nuevo "tribunal de la razón" ante el que comparecerían los discursos filosóficos canónicos para revelar sus complicidades patriarcales.[704] Ahora bien, no se trataba de rechazar la razón y sus productos optando por algún tipo de irracionalismo, sino de depurar la tradición filosófica de su sesgo androcéntrico. Pretendidamente universal y neutra, la filosofía muestra su clara parcialidad de género-sexo. Por tanto, develar ese sesgo es precisamente la apuesta del feminismo filosófico,[705] lo que a su vez abre nuevos espacios-problemas, genera categorías, da cuenta de las marcas de género, y de los numerosos modos en que la

---

702   Amorós, Cèlia, *Hacia una crítica de la razón patriarcal*, Barcelona, Anthropos, 1985, p. 27.

703   Amorós, Cèlia, (coord), *10 palabras clave sobre mujer*, Navarra, EVD, 1995.

704   Puleo, Alicia, "Un pensamiento intempestivo: la razón emancipatoria ilustrada en la filosofía de Cèlia Amorós", en *Isegoría*, 1999, pp. 197-202.

705   Femenías, María Luisa, "El ideal del «saber sin supuestos» y los límites del hacer filosófico", en *Sapere Aude. Revista do Departamento de Filosofia*, Mina Gerais, Pontifícia Universidade Católica de Minas Gerais, v. 3, nro. 3, 1er. sem. Disponible en: http://periodicos.pucminas.br/index.php/SapereAude/index

subordinación, la opresión y la exclusión siguen entretejidas en las sociedades contemporáneas.

La historia de la filosofía se vuelve entonces el modo en que la tradición patriarcal transmite su saber, con exclusión de otros saberes; el modo en que cuenta la historia, olvidando, excluyendo o negando aportaciones que no consolidan ese paradigma. De ahí que Amorós emprenda una doble (si no triple) tarea: reorganizar la genealogía filosófica, rescatar las figuras femeninas y masculinas que bregaron por la igualdad y plantear nuevas lecturas de los clásicos, atenta al sesgo con el que venían cristalizados. Un ejemplo interesante es su reubicación de algunos filósofos del siglo XIX, bajo el rubro de representantes de la "misoginia romántica". Tal es el caso de Sören Kierkegaard, sobre quien escribe un muy rico libro.

Lo que llamamos misoginia romántica en nuestro libro *Sören Kierkegaard o la subjetividad del caballero* es un complejo ideológico que se despliega en varios registros […] Amelia Valcárcel incluye al propio Hegel y a Nietzsche entre los misóginos románticos, y considera esta forma de misoginia como un efecto perverso de la democracia. Como si la idea de igualdad generada por la Ilustración conllevara en sí misma la de desigualdad en relación con la esfera privada de lo femenino, pensada en términos de naturaleza y de rasero diferencial desde el que puede emerger la homologación igualitaria entre los varones.[706]

Es decir, en su extremo, el pensamiento romántico radicaliza la negación absoluta del estatuto de existencia a las mujeres particulares, elevándolas a la categoría abstracta de "Lo femenino" o "La mujer" (el «eterno femenino» del que hablaba

---

706 Amorós Cèlia, *Sören Kierkegaard o la subjetividad del caballero*, Barcelona, Anthropos, 1992, pp. 113-136.

Beauvoir), presentándolas como objeto de un discurso idealizado, ajeno a las mujeres concretas, sus capacidades y sus necesidades. "Lo femenino" queda esencializado y convertido en una "diferencia identitaria", que deja a las mujeres reales subsumidas y, por lo mismo, negadas y atadas en el espacio privado. Ese espacio privado, opuesto al espacio público de los "iguales" es lo que Amorós denomina "espacio de las idénticas", de las mujeres intercambiables, indiferenciadas, con funciones *naturalmente* asignadas.

En *La gran diferencia y sus pequeñas consecuencias...*,[707] Amorós ofrece un cuidadoso debate con las posiciones filosóficas de "la diferencia", en especial confrontación con la filosofía de la italiana Luisa Muraro.[708] El diálogo crítico que entabla converge en la necesidad de seguir en la senda de un feminismo radical, que entiende la urgencia de propugnar un sujeto feminista verosímil capaz de enfrentar las nuevas fórmulas de la dominación patriarcal.[709] El concepto de género, la urgencia de proponer sujetos verosímiles, la diferencia sexual, y el paradigma de la igualdad, entre otros, conforman los ejes conceptuales en los que se mueve la obra. El libro surge del espíritu polémico que caracteriza a su autora que, en un texto de estructura compleja y pormenorizada, retoma múltiples trabajos anteriores. Premio Nacional de Ensayo 2006, la obra tiene como uno de sus objetivos fundamentales examinar la relación problemática de las mujeres con la individualidad y la crítica de los "espacios de las

---

707   Amorós, Cèlia, *La gran diferencia y sus pequeñas consecuencias... para las luchas de las mujeres*, Madrid, Cátedra, 2005.

708   Muraro, Luisa, *El orden simbólico de la madre*, Barcelona, Horas y horas, 1994; Posada Kubissa, Luisa, *Sexo y Esencia*, Barcelona, Horas y horas, 1998.

709   Amorós, *op.cit.*, p. 5.

idénticas". [710] El título hace explícita referencia a *La pequeña diferencia y sus grandes consecuencias*, libro de Alice Schwarzer, que ponía de manifiesto las desmedidas consecuencias de la mera diferencia sexual-anatómica. A los ojos de Amorós esta diferencia creció al amparo del debate "feminismo de la igualdad / feminismo de la diferencia", propio de la España de los noventa. Amorós realiza una detallada genealogía del pensamiento de la diferencia, a partir de su fundadora, la psicoanalista francesa Luce Irigaray. [711] La estrategia de Amorós se articula interpelando las consecuencias que dicha posición ha traído a las mujeres de todo el mundo, sobre todo a partir del avance demoledor del proceso neoliberal de la globalización. La obra está estructurada en cuatro partes: "Para una teoría de los géneros como conjuntos prácticos", "Más allá del sujeto iniciático: por unos sujetos verosímiles", "Diferencias con «la diferencia»", y por último, "Diálogo en la igualdad". [712]

La primera parte, con terminología tomada de Sartre, se abre con un examen sobre el debate en torno a la relación dialéctica entre universales e individuos como únicos sujetos éticos posibles. Concluye aquí dando su apoyo a un nominalismo moderado frente al realismo de los universales que sostiene el patriarcado. [713] El nivel de debate pasa primordialmente por un

---

710   Spadaro, María C., "Reseña", en *Mora*, v.14, 2, F.F. y L. (UBA), jul./dic. 2008, pp. 185-186.

711   Irigaray, Luce, *Speculum*, París, Editions de minuit, 1978; traducción castellana en Madrid, Akal, 2007.

712   *Ibidem.*

713   Amorós también elabora estas cuestiones en: "Rasgos patriarcales del discurso filosófico: notas acerca del sexismo en filosofía", en Durán, María Ángeles, *Liberación y Utopía*, Madrid, Akal, 1982, pp. 35-59; "Notas para una teoría nominalista del patriarcado", en *Asparkia*, Universidad Jaume I°, 1, 1992, pp. 40-60.

lenguaje ontológico, despejando y estableciendo los conceptos que aplicará más adelante. Desemboca así, en primer lugar, en la dinámica paradigmática de los espacios de los iguales y los espacios de las idénticas, en donde muestra las consecuencias políticas de aquellas diferencias conceptuales.[714] Parafraseando a Beauvoir, la fratría no nace: se hace, sostiene que la mujer nace, pero no renace en la fratría de lo político.[715] Llega a ser mujer sin renacer, o quizá precisamente por no renacer, es mujer. En el capítulo siguiente, explica la lógica interna del patriarcado, poniendo de manifiesto –en línea con categorías existencialistas– la dinámica del «grupo juramentado» que, en sus contradicciones y límites internos, queda invadido por figuras femeninas que adquieren la dimensión de "monstruosas": Mme. Roland, Carlota Corday u Olimpia de Gouges, que osaron abandonar su tradicional legitimidad subsidiaria.

La pregunta por la irrupción innegable de las mujeres en la política constituye la clave de la segunda parte del libro: ¿cómo han irrumpido las mujeres?, ¿qué significa esa irrupción?, ¿seguirá la política siendo «La Política»?, son algunas preguntas que guían a la autora para establecer la naturaleza y la estructura del orden que "elidía práctica y simbólicamente a las mujeres", frente a su irrupción y *desorden* se abre un *orden nuevo*. En este contexto aparece el tema de la investidura y cómo la lucha de las mujeres se cristaliza o no en una investidura con reconocimiento.

---

714 También, Amorós, Cèlia, "Espacio de iguales, espacio de idénticas: notas sobre poder y principio de individuación", *Arbor*, nro. 503-504, 1987, pp. 113-128.

715 Sobre la noción de "fraternidad" y "fratría" y sus límites, Cf. Agra, María Xosé, "Fraternidad: un concepto político a debate", en *Revista Internacional de Filosofía Política*, 3, UNED, 1994, pp. 143-166.

La tercera parte apunta sus argumentos contra las militantes de la diferencia, sobre todo, la declaración del "fin del patriarcado" de Luisa Muraro.[716] Amorós no ahorra ironías para desarticular argumentos que, a sus ojos, solo están afirmando la muerte de un patriarcado meramente simbólico, pero que en la vida cotidiana sigue operando con «buena salud», en tanto no perdió eficiencia en la operatividad de sus pactos. El discurso de la diferencia se transforma, así, en un discurso legitimador de la autoexclusión de las mujeres de la arena política y un eje básico de la estructuración de la economía, tanto política como simbólica. En la cuarta parte del libro, Amorós pone en práctica la red de reconocimiento, necesaria para la construcción de las mujeres como iguales y no como idénticas. Al sagaz análisis de Valcárcel del consabido «techo de cristal», que separa a las mujeres del poder, agrega nuevas aristas que enriquecen e iluminan su complejidad. En palabras de Amorós, las mujeres llegan "sin completa investidura", por un lado, como advenedizas, y por otro, disponiendo transitoriamente de un poder no consolidado "en tanto no existe la detentación colectiva del poder de las mujeres", y "no lográndose desactivar los mecanismos conceptuales de inercia".[717] Al final del texto, dedica sendos capítulos a María Antonia García de León, Simone de Beauvoir y María Zambrano. El libro cierra con dos apéndices que, en palabras de Amorós, adquieren relevancia por los contextos en los que fueron expuestos: la Conferencia de Atenas de 1992 y el Foro Social Mundial de Porto Alegre de 2002.

---

716 Muraro, Luisa, *El final del patriarcado*, Barcelona, La Llibreria de les Dones, 1997.

717 Spadaro, *op.cit.*, p. 186.

Ante la imposibilidad de examinar todas las obras de Amorós, pasamos ahora a una cuya impronta y repercusión aún está en juego porque refiere al montaje que conlleva la convalidación de una legitimidad e instala la conformación de un sistema simbólico, situado en el cruce de las experiencias de los sujetos sociales con sus deseos, aspiraciones e intereses cuya eficacia en las modalidades de emisión y de control cambia en función del armazón tecnológico y cultural que asegura la circulación de las informaciones y de las imágenes. En *Mujeres en el imaginario de la Globalización*, Amorós se ocupa de "cómo se convalida la legitimidad del imaginario sobre las mujeres en la era de la globalización" cuestión más que pertinente para los tiempos actuales.[718] Para trazar un recorrido satisfactorio a modo de respuesta a ese interrogante, se aproxima primero al fenómeno de la globalización, en un intento por apurar las velocidades de los ritmos históricos que –al decir de Hegel– siempre preceden a la reflexión filosófica misma, puesto que "el búho de Minerva solo alza vuelo al atardecer". Con todo, esta opción tiene una contrapartida; en tanto estamos inmersos en "la era global" –es decir, somos contemporáneos– la perspectiva tiene, como muy bien lo reconoce Amorós, limitaciones. Sin embargo, las ya visibles consecuencias de la globalización para las mujeres (por ejemplo, la feminización de la pobreza y la violencia extrema) la obligan a elaborar una agenda comprensiva a escala también "global"; donde una de sus preguntas más relevantes es cómo se constituyen las mujeres en sujetos emergentes dentro de este horizonte.

---

718   Amorós, Cèlia, *Mujeres en el imaginario de la Globalización*, Rosario, Homo Sapiens, 2008.

Estas cuestiones iniciales se le imponen tanto intelectual como vitalmente. Por ello, Amorós transita por un conjunto de conceptualizaciones abstractas, algunas de las cuales ya nos son familiares mientras que otras responden a sus reflexiones filosóficas más recientes. Vuelve a defender la denominación de "feminismo filosófico" a fin de subrayar la pertinencia de la variable reivindicativa y crítica del feminismo para recordar con Kate Millet, y en consonancia con las afirmaciones de Michèle Le Doeuff, que "conceptualizar es politizar". Amorós retoma como punto de partida lo que hace años había denominado "una teoría nominalista del patriarcado", de la que se sirve en sus aspectos formales como esquema interpretativo para iluminar ciertas zonas de la globalización y de los modos encubiertos de esencialización de las mujeres.[719] Desde la complejidad de la globalización, vuelve a poner sobre el tapete no tanto las teorías socialistas de "los sistemas duales",[720] que sostienen que capitalismo y patriarcado son analíticamente diferentes aunque convergen en la exclusión de las mujeres, sino los problemas a los que estas teorías intentaron en su momento dar respuesta y que, en buena medida, se han rearticulado con la globalización neoliberal.

En los capítulos en los que dialoga con Donna Haraway –de densa y compleja lectura– analiza la pinza patriarcal que atrapa a las mujeres en el capitalismo tardío y los modos en que los sujetos emergentes de la globalización se ven conjugados en el imaginario *cyborg*. Desde Bruno Latour en *La esperanza de Pandora* a Donna

719 Amorós, Cèlia, "A las vueltas del problema de los universales, Guillerminas, Roscelinas y Abelardas", en Femenías, María Luisa, *Perfiles del feminismo Iberoamericano/vol. 1*, Buenos Aires, Catálogos, 2002, pp. 215-229.

720 Amorós, Cèlia, "Política del reconocimiento y colectivos bi-valentes", en *Logos, Anales del Seminario de Metafísica*, 1, Universidad Complutense de Madrid, 1998, pp. 39-56.

Haraway en *Ciencia, cyborgs y mujeres*, pasando por "Las promesas de los monstruos", pero sobre todo en su *Testigomodesto@segundo_milenio.Hombre-hembra_conoce a oncorratón: Feminismo y tecnociencia* (2004), Amorós explora la convergencia entre ciencia y patriarcado, como sistema –metaestable y complejo– de pactos entre los varones, donde las mujeres de la era global siguen siendo su objeto transaccional. Siguiendo, en parte, la articulación de Haraway –quien a su vez remite a "Press enter" de John Varley–,[721] Amorós examina las narrativas masculinistas "blancas" sobre las condiciones y posibilidades de acceso al cuerpo y a la mente de las mujeres. Si Haraway se centra en obras de S-F, cuyo nivel simbólico de violencia la interpela, Amorós da un paso más y exhibe cómo específicamente la "Mujer del Tercer Mundo", encarnada en las muchachas de las maquilas y en las muertas de Ciudad Juárez, constituyen puntos de emergencia paradigmáticos de la globalización.[722] Se trata de una cultura misógina, racista y sin límites: una cultura excesiva, transgresiva, extravagantemente violenta que provoca –tomando palabras de Haraway– una "ira irreconciliable". La exposición de esas muertes pornográficas, cargadas de odio de género, que sobrepasan los límites de las convenciones (los pactos, en el análisis de Amorós), provocan un placer paranoide que no puede analizarse sin reconocer la necesidad de una relectura y una reescritura feminista, intercultural y transnacional de los hechos; es decir, tan global como la globalización que las provoca.

---

721 Físico y escritor de Ciencia Ficción (S-F), "Press Enter" es una guía de resúmenes y análisis variados.

722 Cèlia Amorós visitó América Latina en varias oportunidades, dictando conferencias y seminarios. Cf. López Fernández-Cao, Marián y Posada Kubissa, *Pensar con Cèlia Amorós*, Madrid, Fundamentos, 2010.

Eso intenta Amorós en la última parte del libro. Analiza en consecuencia la ineludible clave patriarcal que identifica como nacida de "pactos libertinos", que se resuelve en la violencia contra las mujeres de Ciudad Juárez (y de otras muchas ciudades del mundo). En ese marco, discute la noción de "violencia patriarcal" y de "feminicidio", estudiándolos a la luz de pactos emergentes específicos, como lo son los "pactos mafiosos". Retoma críticamente la conceptualización de "amodernicidad" de Bruno Latour y de Donna Haraway, para finalmente apelar a la teoría del Contrato Social (con su subyacente Contrato Sexual, en la línea de Carole Pateman). Así, Amorós revela lo que denomina pacto libertino, transgresor y deudor de un mundo estamentario al que desafía, pero que requiere necesariamente para su funcionamiento. Por eso Amorós considera que, hoy menos que nunca, el feminismo radical de Kate Millet debe ser considerado "una antigualla"; razón por la que propone profundizarlo en el sentido de las oleadas de la globalización. La obra de Haraway aporta –a su juicio– interesantes elementos interpretativos, sobre todo para la elaboración de una teoría de alianzas que potencie la posición de las mujeres, especialmente por su epistemología constructivista, que sintoniza con las posiciones nominalistas de Amorós. Precisamente mantener una actitud universalista es lo que legitima un enfoque liberador para las mujeres de Ciudad Juárez en justa reivindicación de sus DD.HH. y de su calidad de persona. Apelando a la noción de "pacto social", por un lado, y de "pacto libertino", por otro, Amorós replantea el problema de los crímenes. El "pacto libertino" es el que legitima la transgresión de todos los límites; el "pacto mafioso" utiliza a las mujeres como el "objeto" sobre el que se ejerce (impunemente) la trasgresión. Y esto es así en la medida en que el "pacto libertino" incluye miembros no solamente vinculados a "la mafia" sino también al propio aparato del Estado, que se convierte en cómplice a la par que socava su propia integridad contractual. El libro de Amorós se cierra con un apéndice titulado "Feminismo y Nihilismo" en el que realiza una suerte de homenaje a Simone de Beauvoir, en el centenario de su nacimiento.

En suma, la obra trata del problema de la glo-localización (en palabras de Rosi Braidotti) desde diferencias de perspectivas; aborda la cuestión de la "representación" (que Haraway trata en *Las promesas de los monstruos*), a la vez que se pregunta por ¿quién habla por las muertas de Juárez?, ¿quién habla por las mujeres "del Tercer Mundo"? En esa línea, examina el problema de las conceptualizaciones formales *vs* las tradiciones materiales (mitología y machismo) y, respecto del problema de la violencia, analiza cuestiones vinculadas a las diferentes "experiencias culturales" como lugar de la "otredad radical", la inconmensurabilidad y la opacidad que el otro es. Sobre ese transfondo se yergue "lo siniestro" como lo reprimido de la "tradición" que aflora en los crímenes y la "conquista" como modelo de "violencia", y de territorialidad en disputa bajo la experiencia de la "brutalidad", con la escasa sobrevivencia del diez por ciento de la población originaria. Ello dio lugar —agrega Amorós— a "la frontera" como nuevo espacio de disputa de la territorialidad, que se manifiesta en la frontera México-EE.UU., pero que oculta otra multiplicidad de fronteras: lingüística, religiosa, cultural, valorativa, etc., lo que abre la intersección "violencia-sumisión" en un círculo naturalizado de fatalidad, donde las víctimas son "sacrificiales" a los nuevos dioses que crearon los hombres con su sangre.

Presentar brevemente su filosofía no ha sido una tarea fácil, por un lado, porque dada su amplitud y riqueza, tenemos que dejar fuera una buena parte de ella.[723] También dejamos para otra oportunidad los análisis que Amorós hace de la filosofía de Jean Paul Sartre y del existencialismo en general, aunque necesitamos subrayar que su feminismo filosófico se nutre ampliamente de sus obras y de las de Simone de Beauvoir.[724] Por otro lado, también hemos dejado de lado sus aportes a la historia del feminismo, cuyas vetas ha rastreado a lo largo de la historia de la filosofía. Por tanto, solo marcamos algunos nudos de su triple punto de partida: en primer término los conceptos de "igualdad" y de "universalidad", recuperados críticamente por la tradición feminista que nace en el siglo XVIII con la Ilustración.[725] En segundo término, su consistente formación marxista que la sensibiliza de modo peculiar respecto de cuestiones como el trabajo invisible de las mujeres y la feminización de la pobreza, fenómenos que se manifiestan *in crescendo* en nuestra era de la globalización que adopta "la maquila" como su expresión simbólica. Por último, como ya lo hemos señalado, está en deuda con el existencialismo sartreano y beauvoriano del que toma en préstamo algunas categorías pero, sobre todo, los desafíos que exige la *praxis* ante las teorías.

---

723 No nos hemos referido a: *Mujer, participación y cultura política*, Buenos Aires, de la Flor, 1990; *Feminismo: igualdad y diferencia*, México, UNAM-PUEG, 1994; *Tiempo de feminismo*, Madrid, Cátedra, 1997; *Feminismo y filosofía*, Madrid, Síntesis, 2000.

724 Sus trabajos más relevantes al respecto son: *Diáspora y apocalipsis. Estudios sobre el nominalismo de Jean Paul Sartre*, Valencia, Alfons el Magnánim, 2000; Introducción a *Jean Paul Sartre: Verdad y existencia* (Selección, traducción y notas Celia Amorós), Barcelona, Paidós-Universidad de Barcelona, 1996; *J. P. Sartre's political project*. Revisión del libro de Dobson *Jean Paul Sartre and the politics of reason*, en *French politics on Society*, Harvard, Center for European Studies, Summer, 1994; "Simone de Beauvoir, un hito clave de una tradición", *Arenal*, vol. 6, nro. 1, 1999; también sobre la filosofía de Gilles Deleuze y Felix Guattari, *Salomón no era sabio*, Madrid, Fundamentos, 2014.

725 Puleo, Alicia, *La Ilustración Olvidada*, Barcelona, Anthropos, 1993.

NANCY FRASER
ESTADOS UNIDOS, 1947

CAPÍTULO 16

NANCY FRASER

La filosofía política contemporánea reciente cuenta con al menos dos mujeres cuya capacidad conceptual y analítica están ampliamente reconocidas por sus contribuciones teóricas, sobre todo respecto de la justicia social feminista. Nos referimos a Nancy Fraser y a Seyla Benhabib, a quienes nos referiremos en este capítulo y el siguiente respectivamente. Como señala Margot Canaday, ambas han mostrado que la filosofía y las teorías feministas pueden sacar provecho de la metodología posmoderna y de la tradición crítica, posiciones a las que ambas son afines de diferente modo, con importantes beneficios para su comprensión de la realidad y de la vida cotidiana. Cada una de ellas reclama ideas regulativas que permitan contextualizar los juicios normativos de la modernidad y a la vez contrarrestar el escepticismo postmoderno.[726] El trabajo de Canaday se detiene particularmente en *Feminist Contentions*, compilación que Linda Nicholson, a cargo de la introducción, define como "una conversación entre cuatro mujeres, que en 1990 habían dado origen a un simposio sobre

---

726   Canaday, Margot, "Promising Alliances: The Critical Feminist Theory of Nancy Fraser and Seyla Benhabib", en *Feminist Review*, 74, 2003, pp. 50-69.

feminismo y posmodernidad",[727] que el volumen mencionado recoge. Allí, según Canaday, se revisan las posiciones de la modernidad, la postmodernidad, el pragmatismo y la teoría crítica, en lo que considera una "alianza prometedora" dado el intercambio de argumentaciones en respaldo de las diversas posiciones y la exploración de otros aportes a la esfera pública. A continuación, nos centraremos en la obra de Nancy Fraser.

Fraser nació en Baltimore en 1947.[728] Ha investigado siempre sobre ciencias políticas y sociales en la *New School* de Nueva York. Como es bien sabido, la *New School* –fundada en 1919 como *New School for Social Investigation*– representa una suerte de "laboratorio de teoría social", y aunque en 2005 redujo su nombre a *New School*, su marca de investigación de vanguardia –sin discriminación étnica, religiosa, política y sin censura, económica, social, política o educativa– no declinó. Ese es el lugar de trabajo de Fraser, quien se graduó en filosofía en el *Bryn Mawr College* en 1969. Obtuvo su doctorado (PhD) en el *Graduate Center of the City University of New York* en 1980, con especialización en teoría política y social, teoría feminista, siglo XIX y XX del pensamiento europeo y estudios culturales.[729] También es *Einstein Fellow* en la Freie Universität-Berlin y directora de la cátedra "Justice Global"

727 Benhabib, Seyla, Butler, Judith, Cornell, Drucilla y Fraser, Nancy, *Feminist Contentions*, New York, Routledge, 1995, p. 1. Guerra, María José, "Nancy Fraser", en Guerra, María José y Ana Hardisson (eds), *20 Mujeres del siglo XX*, Tenerife, Caja Canaria-Ediciones Nobel, 2006, vol. II, pp. 147-167.

728 Didier, *op.cit.*, pp. 1630-1631. Fraser visitó Argentina varias veces: en 1989, invitada por la Asociación Argentina de Mujeres en Filosofía y por la Facultad de Filosofía y Letras de la Universidad de Buenos Aires; en 2006, invitada por el Doctorado en Género del Centro de Altos Estudios de la Universidad Nacional de Córdoba; en 2010, invitada por la UNSAM y en 2017, nuevamente por la UNSAM.

729 Fraser, Nancy, "Social Justice in the Age of Identity Politics: Redistribution, Recognition, and Participation". *The Tanner lectures on Human Values*, Stanford University Press, 1996, p. 2.

del *Collège d'études mondiales* en París. Es redactora de *Conste-llations, Internacional Review on Critical Theory and Democracy* y colaboradora de la *New Left Review*. Pocas pensadoras actuales leen en conceptos tan claros su propia época.

Fraser ha escrito un conjunto de obras fundamentales, cuyo impulso inicial fue *Unruly Practices* (1989).[730] En sus ocho capítulos, divididos en tres secciones, se compromete con varios aspectos de la teoría social contemporánea, en parte adoptando una posición crítica a los desarrollos de Foucault y a su concepto de poder, a la par que interpela su "conservadurismo" y su concepto de "lenguaje corporal". Fraser presenta una serie de ensayos críticos sobre la base de temas ampliamente debatidos en teoría social y en feminismo. Se pregunta, por ejemplo, "¿Por qué es preferible luchar a someterse? ¿Por qué hay que resistirse a la dominación? Diferenciándose de Foucault, sostiene que solo si se introducen nociones normativas se pueden responder esas preguntas, porque solo las nociones normativas nos guían para saber qué es lo correcto (o no) en el régimen modernidad / poder / conocimiento.[731] Ahora bien, si la soberanía y los mecanismos disciplinarios son elementos constitutivos de los mecanismos generales de poder en una sociedad dada,[732] el sexo no es ajeno a esa ecuación. Por el contrario, cuando se examinan los dispositivos de la sexualidad, queda claro que solo a partir de la noción de "agencia" se pueden identificar los mecanismos de poder.[733] Pero disponer de criterios normativos no implica necesariamente

---

730 Fraser, Nancy, *Unruly Practices: Power, Discourse, and Gender in Contemporary Social Theory*, Minnesota University Press, 1989.

731 Fraser, *Idem*, pp. 28, 32.

732 Fraser, *Idem*, p. 57.

733 Fraser, *Idem*, p. 59.

aceptarlos acríticamente. Por tanto, Fraser propone una teoría crítica, de raíz habermasiana, como marco conceptual para un programa de investigación sobre los objetivos y las actividades de los movimientos sociales que se opongan a identificaciones parciales y acríticas.[734] Por eso, aunque su marco general es habermasiano, lo enriquece con una mirada feminista que sabe distinguir con claridad cómo se construyen las identidades de género femeninas y masculinas en áreas como el trabajo, la administración estatal, la ciudadanía, que atraviesan también la familia y las relaciones sexuales.[735] Es decir, la identidad de género involucra todos los espacios de la vida y sus entornos de intercambio en términos de relaciones de poder.[736]

En la segunda parte de *Unruly Practices*, Fraser revisa la relación entre política y deconstrucción en los textos de derrideanos franceses y en Richard Rorty. En la tercera parte de la obra examina directamente cuestiones de género en la teoría social contemporánea y analiza "la ceguera de género" de filósofos tales como Habermas y Foucault. Para Fraser es de particular interés la relación entre las normas del liberalismo y el problema de qué es el bien y qué es lo deseable, y cómo distinguir las formas de poder aceptables de las no-aceptables; cuestiones que la llevan a evaluar el estatus de la modernidad y el rechazo foucaultiano al humanismo. Circunscripta a la situación estadounidense, Fraser analiza la posición de las mujeres receptoras de programas de ayuda social y de las trabajadoras sociales tanto pagas como

---

734 Fraser, *Idem*, p. 112.

735 Fraser, Nancy, "Crítica al concepto habermasiano de esfera pública", en *Entrepasados*, 7 año IV, 1994, pp. 87-114. Cf. los artículos que se incluyen en Boria, Adriana y Morey, Patricia, (eds), *Teoría social y género: Nancy Fraser y los dilemas teóricos contemporáneos*, Buenos Aires, Catálogos, 2010.

736 Fraser, *Unruly Practices*, p. 126.

impagas. Echa luz sobre la naturaleza y la construcción de los presupuestos sobre los que se basa la previsión social y denuncia que menos del 15 % de las familias estadounidenses cumplen con el ideal normativo del varón proveedor, sus hijos y esposa viviendo en un mismo domicilio.[737] Con ello ilustra la insuficiencia de los programas de desempleo, de previsión social y de salud bajo el esquema de "clientes de la caridad pública", que refuerzan las estructuras patriarcales.[738] Su conclusión pone el acento en la importancia de mantener una mirada de género en las planificaciones públicas, mostrando la importancia de la teoría en el diseño de las prácticas.

Quizás uno de los capítulos más interesantes de la obra sea "La Lucha por las necesidades: Esbozo de una teoría crítica social-feminista de la cultura política del capitalismo tardío".[739] "Necesidades" es un concepto amplio y ambiguo que abre muchos interrogantes: ¿qué son las necesidades?, ¿cuáles son las necesidades de las personas?, ¿para quién "algo" es una necesidad? Las respuestas son múltiples —afirma— pero, en principio, las necesidades son individuales (de personas, como sujeto, que desean conscientemente "algo"), pero al mismo tiempo son sociales, porque un deseo opera solo según un grupo de pertenencia. "El discurso de las necesidades se ha institucionalizado —sostiene Fraser— como un tema central del discurso político." Por tanto es preciso separarse de una conceptualización naturalizada de las necesidades y comenzar a estudiar cómo operan en relación a la satisfacción de

---

737   Fraser, *Idem*, p. 146.

738   Fraser, *Idem*, p. 152.

739   Para reelaboraciones de este problema, Cf. Fraser, Nancy, María Antonia Carbonero Gaumudí, Joaquín Valdivieso (coord.), *Dilemas de la justicia en el siglo XXI: género y globalización*, Palma de Mallorca, Universitat de les Illes Balears, 2011, pp. 97-138.

un deseo, en un determinado grupo social de pertenencia. Las necesidades –continúa– no pueden abstraerse de la sociedad en la que viven los sujetos, de ahí su inscripción política y de ahí también su estrecha vinculación con una praxis propia del espacio en el que cada ser humano actúa. Como la manipulación de los discursos oscurece o tergiversa el debate mismo sobre las necesidades y sus políticas, a Fraser le interesa distinguir entre un sentido institucional (en el que un asunto se considera "político" y se maneja directamente en las instituciones gubernamentales oficiales), y otro sentido considerado discursivo (en el que algo es "político" si se debate en un territorio con /ante distintos públicos, sean amplios, especializados o segmentados). Es decir, "necesidades" son tanto aquellas definidas por los discursos políticos como las planteadas por los diversos públicos, incluidos los segmentados. Por eso, Fraser considera que las mejores interpretaciones de las necesidades son aquellas que se realizan por medio de procesos comunicativos que se aproximen a los ideales de la democracia, la igualdad y la justicia. En ese sentido, tal como lo desarrolla en diversos artículos y capítulos, el pragmatismo, en tanto estudia el lenguaje como práctica social en un contexto social, constituye un modelo privilegiado de análisis e investigación.[740]

Para Fraser, la interpretación actual de las necesidades se vincula a una concepción moderna de la política. Junto con la compartimentación de los espacios (público, económico, político, doméstico) y el intento de despolitizar las necesidades

---

740 *Iustitia Interrupta*, Bogotá, Universidad de Los Andes, 1997, pp. 201-225; Fraser, Nancy "Pragmatismo, Feminism and the Linguistic Turn", en Benhabib, Seyla, Butler, Judith, Cornell, Drucilla y Fraser, Nancy, *op.cit.*,1995, pp. 157-171; y "Usos y abusos de la teoría francesa del discurso", *Hiparquia*, 4, 1991. Disponible en: http://www.hiparquia.fahce.unlp.edu.ar/numeros/voliv /usos-y-abusos-de-las-teorias-francesas-del-discurso-para-la-politica-feminista

—atendiendo a los intereses de ciertos grupos de poder que manejan herramientas discursivas— se pretende imponer una sola interpretación. Si bien interpretar es necesario, la interpretación —a juicio de nuestra teórica— no puede ser estática, ni debe fijarse desde un cierto discurso hegemónico: los derechos, las demandas, las formas normativas están constantemente en un proceso dinámico. Por eso, la tensión por la interpretación no se detiene, salvo que se vuelva hegemónica y se petrifique. Cuando esto ocurre, las otras interpretaciones que también están en juego, aunque marginadas, pueden conducir a una nueva situación que desestabilice la hegemonía interpretativa dominante; en la interpretación de Fraser, tal es el caso de los discursos contrahegemónicos que irrumpen en la esfera pública promoviendo el debate.

En la lectura de la obra de Fraser, Chris Weedon denuncia que ya en la "Introducción", la estadounidense enmarca claramente su trabajo solo en relación con la Academia americana, perdiendo de mira aspectos más amplios del movimiento de mujeres y de las soluciones desarrolladas en otros países.[741] Si bien el objetivo de Fraser es criticar la Academia, Weedon reconoce que leer *Unruly Practices* desde fuera de la situación americana obliga a preguntarse por la importancia de los contextos y de las posibilidades y límites que las políticas, las prácticas y la crítica tienen en EE.UU. ¿Es posible cruzar los límites de las fronteras académicas y del activismo en la educación superior? ¿En qué medida cobran importancia el estilo,

---

741 Weedon, Chris "Review of Fraser's *Unruly Practices*", en *Feminist Review*, 1992, pp. 107-108. Disponible en: https://link.springer.com/content/pdf/10.1057%2Ffr.1992.12.pdf Weedon (Alemania, 1952). Estudió en las Universidades de Southampton y Birmingham, donde se doctoró en Literatura y escrituras de la clase trabajadora. Enseña en Inglaterra y Alemania.

la accesibilidad y la audiencia? ¿Cabe a una feminista, que se define como socialista, presuponer que los lectores/as cuentan con tan considerable bagaje de conocimientos previos? Tal como en otros ensayos, Weedon considera que la obra de Fraser presupone demasiados conocimientos específicos previos, que le impiden divulgar o entablar diálogo con otros contextos sociopolíticos, ajenos a la Academia estadounidense por su situación y sus desarrollos teóricos. Sin mencionarlo, el concepto de "endogámico" flota sobre los análisis que Weedon realiza a la obra de Fraser. Considera asimismo que no obstante haber espacio crítico, este debería admitir un debate más amplio sobre el interés y las políticas que se implementan en otras instituciones de investigación.

En general, hay acuerdo en que Fraser desarrolla una teoría crítica original, feminista y postsocialista, eficaz para evaluar la cultura estadounidense del final del milenio, superando muchas limitaciones de análisis previos. En tanto ensambla técnicas de análisis del discurso, de origen foucaultiano, deconstruccionismo francés, en la línea de Deleuze, y la teoría crítica de Jürgen Habermas, que fusiona desde un punto de vista próximo al pragmatismo de Richard Rorty, como ella misma declara, aborda una gran variedad de problemas con mirada incisiva y original. Examina particularmente aspectos de la dominación y la subordinación, tanto en la era postindustrial y el capitalismo tardío como en el estado burocrático y otras formas afines de organización social. La última sección de *Unruly Practices* está dedicada a integrar las teorías analizadas porque "la política necesita interpretación" y Fraser lo hace desde un ángulo que denomina "feminismo socialista", desarrollado en el último capítulo. Según Ramón del Castillo,

Fraser irrumpe metodológicamente con una comprensión independiente de las corrientes hegemónicas, consolidando una teoría-crítica feminista novedosa e integradora.[742]

Repetidamente, Fraser destaca su deuda con el Pragmatismo, en especial con el de Rorty. Tanto en "Pragmatismo, feminismo y giro lingüístico" y "Usos y abusos de las teorías francesas del discurso para la política feminista" como en el capítulo 2 de *Iustitia Interrupta*, opta por una actitud crítica. Justifica por qué considera que las teorías políticas feministas deberían acercarse más a las teorías pragmáticas del discurso que a las líneas postmodernas.[743] En "Usos y abusos", por ejemplo, se pregunta (retóricamente): "¿Qué quieren las feministas de una teoría del discurso?". Y responde que, sobre todo, una teoría que las ayude a comprender cómo se modelan y se alteran las identidades sociales de las personas a través del tiempo; cómo y en qué condiciones de desigualdad, los grupos sociales —*como* agentes colectivos— se integran y se desintegran; cómo enfrentan la hegemonía cultural dominante y, por último, de qué modo se iluminan las perspectivas de cambio social emancipatorio y las prácticas políticas. Ser mujer o varón es una identidad social; es vivir y actuar de acuerdo a un conjunto de descripciones-prescripciones que surgen de una

---

742   Del Castillo, Ramón, "El feminismo de Nancy Fraser: Crítica cultural y género en el capitalismo tardío", en Amorós, Celia y de Miguel, Ana (eds), *Teoría Feminista: de la Ilustración a la Globalización. De la Ilustración al Segundo Sexo*, Madrid, Crítica, 2005, vol. 3, pp. 61-119; del mismo autor "El feminismo pragmatista de Fraser: crítica cultural y género en el capitalismo tardío", en Amorós, Celia, *Historia de la teoría feminista*, Madrid, Universidad Complutense, 1994, pp. 257-293.

743   Fraser, Nancy "Pragmatismo, Feminism and the Linguistic Turn", en Benhabib, Seyla, Butler, Judith, Cornell, Drucilla y Fraser, Nancy, *op.cit.*,1995, pp. 157-171; y "Usos y abusos de la teoría francesa del discurso", *Hiparquia*, 4, 1991. Disponible en: http://www.hiparquia.fahce.unlp.edu.ar/numeros/voliv /usos-y-abusos-de-las-teorias-francesas-del-discurso-para-la-politica-feminista

reserva de posibilidades interpretativas al alcance de cada agente, en una sociedad dada. Por tanto, para comprender la identidad de alguien en términos de femenino / masculino, no basta –sostiene Fraser– con estudiar biología o psicología. Por el contrario, se deben estudiar las prácticas sociales históricamente específicas (y situadas), que producen y hacen circular descripciones culturales de género, tejidas a partir de prácticas significantes diferentes porque nadie es simplemente "mujer" (o varón). La formación de grupos sociales, con su variabilidad identitaria, exige flexibilidad en los análisis del discurso. Si hay dos modelos básicos –estructuralista y pragmático– Fraser opta por el segundo porque le permite estudiar los discursos como prácticas sociales, históricamente específicas e institucionalizadas como inscripciones políticas y dinámicas de identidades, individuales, grupales o hegemónicas.

El modelo pragmático constituye, a su juicio, un marco comunicativo en el que lo/as hablantes interactúan intercambiando "actos de habla" insertos en instituciones sociales y en contextos de acción. De ese modo, el modelo pragmático ofrece ventajas potenciales a la política feminista: trata a los discursos como contingentes, postulando que surgen, se alteran y desaparecen en el tiempo; tiende a la contextualización histórica y a la problematización del cambio; y entiende la significación como acción más que como representación; porque "se hacen cosas con palabras", como afirmó John Austin.[744] Además, permite ver a los hablantes como agentes plurales socialmente situados en diferentes lugares de enunciación, que asumen diferentes posiciones discursivas de las que pueden desplazarse. Eso permite negar que la totalidad de los significados sociales en circulación constituya un "sistema

---

744   Austin, J., *Cómo hacer cosas con palabras*, Buenos Aires, Paidós, 1968.

simbólico" único, coherente y autoreproductivo; contrariamente, obliga a aceptar conflictos entre esquemas interpretativos y agentes, que se despliegan y teorizan sobre la incidencia del poder en la producción de desigualdad. Fraser insiste en la práctica social de la comunicación; estudia la pluralidad de lugares discursivos, históricamente cambiantes y prácticos; que desembocan en la posibilidad de pensar identidades sociales construidas discursivamente, también cambiantes y complejas, como modo alternativo a identidades genéricas esencializadas.

En *Iustitia Interrupta*, Fraser define su posición con la pregunta:[745] ¿qué es la condición postsocialista? ¿Se trata de un estado de ánimo escéptico o de un conjunto de sentimientos que marcan la situación en la que se encuentra la izquierda, después de 1989?, planteando así dudas auténticas, a la manera de "sombras genuinas que se ciernen sobre las posibilidades de un cambio social progresivo". La obra es un análisis de la situación global actual y de las posibilidades de reconocimiento de las mujeres, su trabajo y sus necesidades dentro del marco presente, tras la caída del Estado de Bienestar a escala internacional y frente al avance de los fundamentalismos.[746] Fraser examina un arco que va desde las políticas de la ciudadanía a las de la identidad, y traduce en tensión el desplazamiento desde la "redistribución al reconocimiento".[747] Ante la dicotomía excluyente "redistribución o reconocimiento", Fraser apela

---

745 Título original: *Iustitia Interrupta. Critical Reflections on the "Postsocialist" condition*, New York, Rouledge, 1997; *Iustitia Interrupta*, Colombia, Universidad de Los Andes, 1997, pp. 3-4.

746 Feder-Kittay, Eva, "Social Policy", en Jaggar, Alison y Young, Iris. M., *A Companion to Feminist Philosophy*, Malden, Blackwell, 1998, pp. 578-579.

747 Femenías, María Luisa y Spadaro, María C., "Feminismo en la sociedad postsocialista: Entrevista a Nancy Fraser", *Mora*, 8, F. F. y L, UBA, 2002, pp. 115-121.

nuevamente a su vena pragmática y resalta la importancia de tomar en cuenta ambas posiciones para más adelante añadir la "representación".[748] Denuncia "la desafortunada unión entre el culturalismo y el neoliberalismo" como una forma de las políticas de la identidad, que tienden a valorizar las diferencias más que a promover la igualdad política y social.[749]

En la última parte de *Iustitia Interrupta*, examina la propuesta de Carole Pateman en *El contrato sexual* y, si bien valora la originalidad y la creatividad de su análisis, critica el presupuesto de su autora de que todas las relaciones se basan en el esquema dominador / dominada, sin tener en cuenta la estructura social, las interferencias del "factor" clase, la etnorraza, el bagaje cultural, la época o la opción sexual de lo/as involucrados.[750] Según Fraser, Pateman solo concibe la relación varón-mujer según el modelo del dominio, de la sujeción, que entiende en términos de "estar sujeta a las órdenes directas de un varón particular" aunque el entramado general de la obra sea más complejo. Por tanto, Pateman establecería una suerte de molde que contendría *todos los significados culturales*, todas las estructuras jerárquicas en relaciones heterosexuales, sin intervención de variables ajenas como la religión, o la diacronía histórica. Para Fraser, ese modelo consolida a las mujeres como pasivas e incapaces de conformar redes de sostén compensatorio y acciones grupales de resistencia. No obstante, subraya que la hipótesis de un

---

748   Fraser, Nancy, "Trazando el mapa de la imaginación feminista: De la redistribución al reconocimiento y a la representación", en Boria-Morey, *op.cit.*, pp. 15-32; Kiss, Elizabeth, "Justice", en Jaggar-Young, *op.cit.*, pp. 496-498.

749   Fraser, Nancy, "Social Justice in the Age of Identity Politics: Redistribution, Recognition and Participation", *The Tanner Lectures on Human Values*, Stanford, Stanford University, 1996; Fraser en Boria-Morey, *op.cit.*, pp. 20-21.

750   Pateman, Carole, *The Sexual Contract*, Stanford, Stanford University Press, [1989] 2018. Traducción castellana *El contrato sexual*, Madrid, Ménades, 2019.

derecho sexual masculino originario es iluminadora respecto de la historia y gestación del contractualismo. En suma, el libro constituye un punto de apoyo sólido para análisis políticos encuadrados en el "feminismo de la igualdad".[751]

Por su parte, en *Escalas de Justicia*, Fraser realiza un esfuerzo teórico para examinar los conflictos sociales de las democracias contemporáneas, esbozando algunas líneas tendientes a su solución.[752] En primer lugar, amplía la muestra de hechos sociales relevantes al incluir los atentados del 11S (caída de las Torres Gemelas) y la transición de Georges Bush a Barak Obama. Al mismo tiempo, ratifica y rectifica algunas de sus conclusiones: por ejemplo, admite que cometió un error al considerar la justicia como bidimensional, tomando solo dos variables: la posición económica (redistribución) y la valoración social (reconocimiento). Agrega entonces a su escenario interpretativo, el colapso de las fronteras de los Estados-nación, que las redes de tráfico (trata, armas, drogas, etc.) internacionalizan *de facto*. Esta internacionalización repercute en la economía, en tanto impacta en el mercado e incide, desde un punto de vista liberal, en la libre competencia y en el sistema de precios. Incide además en la cultura y en la política que, en la era de la globalización, exigen de la justicia una rearticulación tanto a nivel macro como micro. La mirada de Fraser se focaliza en diversos grupos oprimidos —proletarios, mujeres, homosexuales, minorías étnicas, *homeless*, entre

---

751 También abordó estas cuestiones en *Itinerarios de Teoría feminista y de género*, Bernal, Universidad Nacional de Quilmes, capítulo: "Socialismo y postsocialismo estadounidense", (en prensa).

752 Título original: *Scales of Justice, Reimagining Political Space in a Globalizing World*, Columbia University Press, 2008; traducción castellana: *Escalas de Justicia*, Barcelona, Herder, 2008.

otros– que demandan ante los Estados y la opinión pública en general reconocimiento de su situación y redistribución de los ingresos. Fraser contrasta esa situación con una interpretación democrática del principio moral de "igual valor de las personas", por cuanto, "superar la injusticia significa desmantelar los obstáculos institucionales que impiden a algunos participar a la par que otros, como socios con pleno derecho a la interacción social".[753] La injusticia se produce cuando se institucionalizan situaciones que inhabilitan la participación equitativa de unos y otros en la vida social y esto se aprecia claramente desde dos problemáticas claves del siglo XX: la mala distribución y la exclusión de ciertos grupos sociales. Para ir más allá, Fraser toma en cuenta que la política remite a la naturaleza de la jurisdicción del Estado y a las reglas de decisión con que se estructura la confrontación; es el escenario en el que se desarrollan las luchas por la redistribución y el reconocimiento. Por tanto, desde ahí "no solo dice quién puede reivindicar redistribución y reconocimiento, sino también cómo han de plantearse y arbitrarse esas reivindicaciones".[754] Cuando los ciudadanos no acceden a ese escenario en igualdad de condiciones, se produce injusticia política y representación fallida, que lleva a la subrepresentación (como en el caso de las mujeres) como injusticia aun en el marco del Estado de Derecho. Algunos son solo formalmente "ciudadanos" sin poder interactuar como tales porque los sistemas no incluyen efectivamente a las minorías, por lo que su participación es escasa y precaria. La globalización echa por tierra el marco

---

753   Fraser, *op. cit.*, p. 39.
754   Fraser, *op. cit.*, pp. 41-42.

comprensivo del Estado, por tanto los reclamos de justicia y las demandas económicas, suelen caer fuera de sus fronteras; así, "ser ciudadano" ya no garantiza un trato justo, puesto que las arbitrariedades se originan más allá de las fronteras del propio Estado.

Es necesario entonces pensar y afrontar la "crisis de la ciudadanía", porque aunque la cultura de los Derechos Humanos se expande, aún es un principio moral insuficiente, en tanto no dice cómo establecer nuevos marcos políticos frente a la crisis de ciudadanía. Según Fraser, tres sectores –que rechaza– intentan resolver el problema: los liberales, los internacionalistas y los cosmopolitas.[755] Ninguno de ellos problematiza suficientemente la relación entre el "hecho" y el "valor" y toda descripción social implica siempre premisas valorativas. Si, en teoría, se presupone el "igual valor de todos los seres humanos" está claro que de hecho esto no funciona así y por ende hay que pensar en modos de compensación, según lo que Fraser denomina "modelo de justicia anormal": un modelo dinámico y autorregulativo que evite convertirse en paradigma incuestionable. Sugiere, por tanto, adoptar "el principio de todos los sujetos", donde "todos aquellos que están sujetos a una estructura de gobernación determinada estén en posición moral de ser "sujetos de justicia" en relación con dicha estructura".[756] Una de las ventajas es no presuponer vínculos formales rígidos de pertenencia y admitir marcos de diferentes niveles: "En el mundo actual –explica Fraser– todos estamos sujetos a una pluralidad de estructuras de gobernabilidad diferente,

---

755 Fraser, N., "Batallas del feminismo y el sujeto neoliberal", entrevista en *Ñ: Revista de Cultura*, 23 de noviembre de 2014. Disponible en: https://www.clarin.com/rn/ideas/Batalla-feminismo-sujeto-neoliberal_0_rkBEcdqvmg.html

756 Fraser, *op.cit.*, p. 126.

locales, nacionales, regionales o globales. Urge, por tanto, delimitar diversos marcos según el problema de que se trate,[757] propuesta que ha recibido tanto críticas como valoraciones positivas.

En *Fortunas del feminismo*,[758] Fraser presenta a modo de diagnóstico una cronología del feminismo del siglo XX, que divide en tres etapas: redistribución, reconocimiento y, la actual, regida por la representación. Esta última etapa se inició a finales de los 60 y principios de los 70 y generó un limitado diálogo con la Nueva Izquierda, cuya tradición socialista y marxista, es fuertemente androcéntrica. Esos movimientos intentaron ampliar la agenda política de la izquierda, para incluir la violencia de género, la libertad reproductiva y otras formas de silenciamiento cultural de las mujeres, revisando también cuestiones de distribución y de reconocimiento.[759]

Sin embargo, a juicio de Fraser, en referencia a la era Reagan-Thatcher-Bush, la agenda del feminismo se restringió centrándose solo en cuestiones de reconocimiento y abandonando el programa socio-político global. En EE.UU. y el Reino Unido, se produjo un fuerte cambio político y cultural que volvió a imponer un liberalismo tradicional, su individualismo y sus criterios meritocráticos, con importantes secuelas en el resto del mundo. Para Fraser, el segundo período de "reconocimiento" constituye el triunfo del feminismo liberal, que en las universidades se afianzó en términos de feminismo postestructuralista, alentando las

---

757   Fraser, *op.cit.*, p. 129.

758   Fraser, Nancy, *Fortunes of feminism: from state-managed capitalism to neoliberal crisis*, London, Verso, 2013. Traducción castellana: *Fortunas del feminismo*, Madrid, Traficantes de sueños, 2015.

759   Mitchell, M. E, "Review of *Fortunes of Feminism*", en *Marx & Philosophy Review of Books*, January, 2014.

políticas de la identidad y produciendo una alianza espuria entre capitalismo y postestructuralismo. La tercera fase en curso, según Fraser, muestra las fisuras del neoliberalismo, a pesar de que aún mantiene en pie su hegemonía. El feminismo combinó su crítica a la economía política (redistribución) y al orden androcéntrico y sexista (reconocimiento) con un tercer elemento, la organización o la institución de un espacio político, también global, vinculado a la representación. Fraser subraya que esa estrategia debe defenderse en instituciones formales, pero también en espacios informales de opinión pública y sociedad civil. Por tanto, se necesita una política feminista que combine redistribución, reconocimiento y representación.[760] Para lograrlo, Fraser rescata el concepto de "paridad participativa", la que describe como un modo específico de interpretar la idea de igualdad. La idea liberal de "igualdad" se vincula a la meritocracia (cada uno llega hasta donde sus talentos lo lleven), al intercambio del mercado, y a los derechos políticos formales. Con la idea de "paridad", Fraser sostiene que todas las interpretaciones de "igualdad" resultan demasiado estrechas. La paridad participativa es una interpretación radicalmente democrática de la igualdad, que pone el acento en las condiciones materiales y efectivas requeridas para que realmente las mujeres interactúen como pares o como iguales reales en la sociedad. Este aspecto constituye para Fraser "la dimensión utópica de feminismo", difícil de defender en el campo filosófico porque excede lo racional y ancla en la experiencia de desear algo que está "más allá de lo dado", con toda la ambigüedad que ello supone.

Por último, en septiembre de 2018, publicó junto con Cinzia Arruzza y Tithi Bhattacharya un manifiesto titulado *Feminismo*

---

760   Boria-Morey, *op.cit.*, pp. 28-29.

para el 99%.[761] La declaración es una alternativa anticapitalista al feminismo liberal. En primer término, las autoras analizan la relación entre patriarcado y capitalismo, género y clase, tal como se manifiesta en el feminismo internacional, y denuncian la paradoja de que el capitalismo exige que haya reproducción social, relativamente funcional, pero se niega a pagar sus costos. Sobre todo, porque las actividades de la reproducción social tienen baja tecnología y mano de obra intensiva; es decir, son costosas. La forma en que los capitalistas logran mantener los costos lo más bajos posible varía, pero pueden identificarse –sostienen las autoras– algunos fenómenos comunes: aumento en el uso de mano de obra migrante, mal remunerada, sin beneficios sociales o jubilatorios y sin organización sindical; recortes en el gasto social y en los servicios sociales que obligan a las mujeres y las personas feminizadas a realizar más labores gratuitas en el hogar; mercantilización de los aspectos más rentables del trabajo reproductivo social –cadenas de restaurantes, lavanderías, etc.– empleando, una vez más, mano de obra "barata". Es decir, las actividades y el trabajo suponen la reproducción biológica, cotidiana y generacional que implican reproducir personas y vida, y esto no puede (ni debe) limitarse a la *mera* subsistencia o a cubrir meras necesidades de supervivencia. Se deben satisfacer necesidades más complejas ajenas al mercado capitalista.[762] Sin embargo, eso no sucede.

761   Arruzza, Cinzia, Bhattacharya, Tithi and Fraser, Nancy, *Feminism for the 99%: A Manifesto*, London, Verso, 2018, de la presentación participaron Barbara Smith (fundadora del Combahee River Collective y su actual directora Michelle O'Brien. En castellano, cf. Fraser, Nancy "El feminismo del 99% y la era Trump" en Contrahegemonía-web, Disponible en: http://contrahegemoniaweb.com.ar/entrevista-a-nancy-fraser-el-feminismo-del-99-y-la-era-trump/

762   Martínez, Josefina L., "El feminismo para el 99%", *Revista Contexto*, 13 septiembre, 2018, pp. 2-3.

En suma, se puede estar de acuerdo o no con la posición teórica de Fraser pero es imposible dudar del profundo conocimiento que tiene del hecho político y de las formas de presión institucionalizada. Como lo señala Del Castillo, Fraser considera que las teorías sociales históricas y empíricas, que se desarrollan muy apegadas a movimientos sociales, reúnen características tales como revisión, transformación e interconexión con otras prácticas, que permiten la crítica social, la investigación histórica, legal y cultural.[763] Con ello presente, su obra se construye desde las bases mismas de las diversas corrientes teóricas y exhibe una complejidad que pone el acento no solo en la calidad y la coherencia de sus categorías, sino que invita a analizar y desmontar las fuerzas que mantienen a las mujeres en los lugares subordinados, a medida que la feminización de la pobreza y del trabajo avanzan. En palabras de Patricia Morey, la teoría feminista, de la mano de investigadoras como Nancy Fraser, puede colaborar en la construcción de un movimiento de mujeres que, acompañado por otros movimientos sociales, desafíe el sistema macroestructural de exclusiones.[764] Por eso, las presentes dificultades para distinguir al movimiento feminista de otros movimientos sociales constituyen para Fraser un aspecto positivo de los actuales cambios estructurales.[765]

---

763   Del Castillo, *op.cit.*, p. 115.
764   Morey, en Boria-Morey, *op.cit.*, p. 47.
765   Fraser en Martínez, *op.cit.*, p. 2.

Seyla Benhabib
Turquía, 1950

CAPÍTULO 17

SEYLA BENHABIB

El siglo que acabamos de dejar atrás se ha caracterizado, desde el punto de vista filosófico, por un estremecimiento, producto del debate librado entre "modernidad" y "posmodernidad", que finalmente ha abierto nuevos escenarios y desafíos. Seyla Benhabib, de escasa recepción en la Academia argentina, se destaca en el abordaje de ese enfrentamiento teórico con propuestas originales y abiertas al diálogo.

Benhabib nació en 1950, en Estambul, Turquía, de familia judeo-ladina, y es ciudadana estadounidense. Estudió en Brandeis University y en Yale University, donde ahora es profesora.[766] Se especializa en filosofía contemporánea, y su trabajo, en general, está influido por el pensamiento de Jürgen Habermas, Hannah Arendt y la teoría feminista. Próxima al denominado "giro kantiano" es crítica de las éticas comunitaristas y aunque se desprende de los supuestos metafísicos de la modernidad, defiende el racionalismo y la democracia

---

766 De Santibañez, Mariana, *Seyla Benhabib: Aportes de una Teoría Feminista Normativa y Utópica a las Democracias de la Era Global*, Tesis dirigida por M. L. Femenías, presentada ante el Departamento de Filosofía, FFyL (UBA), 6/5/2013, (inédita) Repositorio de la facultad; Didier, *op.cit.*, pp. 479-480.

deliberativa.[767] Siguiendo a Neus Campillo, tomaremos en cuenta sólo algunos de sus aportes más significativos, en principio la noción de "crítica", que diseña en "una constelación de problemas que se articulan entre sí".[768]

Para un análisis exhaustivo de la noción de "crítica" es fundamental su primer libro *Crítica, Norma y Utopía* (1986).[769] La obra está dividida en dos partes; en la primera examina los orígenes de la crítica desde Kant y Hegel, pasando por Marx, que incluye lo que denomina una "filosofía del sujeto". En la segunda parte revisa las transformaciones de la crítica: la crítica instrumental (con un apéndice sobre Lukács, Weber y la Escuela de Frankfurt), la autonomía y autopreservación del *self*, las nociones de razón y el racionalismo modernos, la comunicación y, como cierre, el capítulo octavo, dedicado a la autonomía comunicacional y la utopía. El libro comienza con una pregunta y una sospecha: en tanto el "giro lingüístico" —con su consabido reemplazo del paradigma de la conciencia—[770] y la "teoría crítica social" [o de la sociedad] claramente se expandieron en la última década del siglo XX, Benhabib se pregunta si los esfuerzos de Habermas por basar los fundamentos de la ética comunicativa en la teoría crítica pueden tener éxito".[771] El tipo de pregunta que se

---

767 Campos Quesada, Montserrat, "La democracia deliberativa de Seyla Benhabib: los sujetos políticos y la construcción del diálogo en el espacio público", Barcelona, Institut de Ciències Polítiques i Socials, 2012.

768 Campillo, Neus, "Seyla Benhabib", en Guerra, María José y Ana Hardisson (eds) *20 Mujeres del siglo XX*, Tenerife, Caja Canaria-Ediciones Nobel, 2006, Vol. II, p. 128.

769 Benhabib, Seyla, *Critique, Norm, and Utopia: A Study of the Foundations of Critical Theory*, New York, Columbia University Press, 1986.

770 De Santibáñez, Mariana, "Complementariedades inesperadas entre Judith Butler y Seyla Benhabib: hacia la articulación de una teoría política feminista crítica", en Femenías, María Luisa, Cano, Virginia y Torricella, Paula, *Judith Butler: su filosofía a debate*, Buenos Aires, Editorial de la Facultad de Filosofía y Letras (UBA), 2013, pp. 117-133.

771 Benhabib, *op.cit.*, p. ix.

formula tiene antecedentes históricos, razón por la que sospecha que solo retrotrayéndose a la crítica de Hegel a Kant y a las teorías del Derecho Natural se puede desarrollar una fundamentación normativa alternativa para la teoría crítica.[772] ¿Qué puede aprenderse –se pregunta– y qué se mantiene en pie, en una teoría crítica social que retome la crítica de Hegel a la ética de Kant?[773] Su análisis se centra en el origen y evolución de la noción de "crítica", sin tener pretensiones de secuenciación histórica sino de análisis sistemático. Por eso su objetivo es rastrear el origen y las transformaciones de la crítica, como interés sistemático, sin escribir una historia de la teoría crítica desde Hegel a Habermas.[774] Las dos partes del libro concluyen con una crítica a la razón funcionalista en las sociedades del capitalismo tardío. En suma, el objetivo de Benhabib es hacer una suerte de reconstrucción histórica de las teorías desde un punto de mira sistemático y desde ahí Benhabib investiga los modelos de "agencia humana" y de "autonomía" que proponen las diversas teorías. Detrás de la crítica de Hegel a la ética kantiana hay un modelo de sujeto de la historia –sostiene la filósofa– que se constituye en un proceso histórico o praxis a través del trabajo. Este modelo que denomina "filosofía del sujeto" le brinda a Marx la posibilidad de considerar la emancipación a partir del trabajo, que se mantiene como estándar normativo implícito en Horkheimer al menos hasta 1937.[775]

Sin embargo, según Benhabib, Horkheimer y Adorno conciben la autonomía como una relación de no-dominación y como una

---

772 *Ibidem.*

773 *Ibidem.*

774 Benhabib, *op.cit.*, p. x; Campillo, *op.cit.*, p. 130; Smith, Andrew, "Seyla Benhabib: Foundations for critical Communication Theory and Praxis", en Hannan, Jason (ed.), *Philosophical Profiles in the Theory of Communication*, New York, Peter Lang, 2012, pp. 37-38.

775 Benhabib, *op.cit.*, p. xi; Campillo, *op.cit.*, p. 131.

reconciliación mimética con "el otro" dentro y fuera de nosotros. La contribución de Jürgen Habermas –prosigue– es haber iniciado un desplazamiento crítico del modelo teórico del trabajo a la acción comunicativa. En este contexto, "autonomía" significa "competencia comunicativa" en el examen y justificación de nuestras acciones desde un punto de mira universalista, y con habilidad para actuar según tales bases.[776] La acción social no se define entonces en base a la relación sujeto/objeto sino a la relación sujeto/sujeto, que le es constitutiva como forma de comunicación lingüísticamente mediada.

Este aspecto es relevante para entender la obra posterior de Benhabib y sobre todo su comprensión del feminismo que denomina "interactivo". Benhabib rechaza la filosofía del sujeto de Hegel pero mantiene su ideal de "comunidad ética", de "una vida ética común que una vez más une lo que la sociedad civil moderna ha roto".[777] En consecuencia, el universalismo interactivo recupera un "sí mismo" articulado en dos sentidos: la norma y la utopía, dos conceptos que se refieren a dos visiones de la política. En otras palabras, se trata de "la política de la realización y la política de la transfiguración".[778] Buen ejemplo de esta ecuación es su artículo "El otro concreto y el otro generalizado".[779]

Su reformulación de la teoría de la acción comunicativa tiene como objetivo ofrecer una alternativa a la democracia y al modelo de Habermas. Interesa a Benhabib introducir un ámbito de

---

776   *Ibidem.*

777   Benhabib, *op. cit.*, p. 21; Campillo, Neus "El significado de la crítica en el feminismo contemporáneo", en Amorós, Cèlia (ed.), *Feminismo y Filosofía*, Madrid, Síntesis, 2000, pp. 287-316.

778   Benhabib, *op.cit.*, p. 12.

779   Benhabib, Seyla, "El otro concreto y el otro generalizado. Sobre el debate entre Kohlberg y Gilligan", en *Teoría Crítica /Teoría Feminista*, Valencia, Alfons El Magnànim, 1990, pp. 119-149.

necesidades y solidaridades, utópicamente anticipables, que se exprese según dos principios: respeto moral universal y reciprocidad igualitaria. En las interacciones regidas por el punto de vista del otro concreto, las categorías morales son: responsabilidad, vínculo y deseo de compartir y los sentimientos morales son: amor, cuidado, simpatía y solidaridad. Estos últimos valores suelen atribuirse a las mujeres en las investigaciones de Carol Gilligan en su polémica con Kohlberg sobre el desarrollo moral y la justicia.[780] Benhabib considera que la perspectiva de los derechos y de los deberes, que el universalismo representa, debe incluir también los valores de ética del cuidado y universalizarlos.[781]

Al año siguiente, (1987), junto con Drucilla Cornell, editó una compilación titulada *Feminism as critique. Essays on the Politics of Gender in Late Capitalism*.[782] Se trata de un conjunto de ensayos, emparentados con la tradición marxista, que da cuenta de los aportes del feminismo a la noción de "crítica" y otros temas vinculados a las teorías social y política contemporáneas. Con artículos de la propia Benhabib, y también de Linda Nicholson, Nancy Fraser, Iris M. Young, Maria Markus, Isaac Balbus, Drucilla Cornell y Adam Thurschwell, el libro excede los análisis meramente deconstructivos para impulsar "un proyecto feminista de reconstrucción teórica de la tradición", desvelando "la ceguera y los prejuicios de género de la producción filosófica" contemporánea, constituyéndose en un esfuerzo coherente por "asumir críticamente las tradiciones".[783] Uno de los primeros

---

780 Gilligan, Carol, *La moral y la teoría*, México, Fondo de Cultura Económica, 1983.

781 De Santibañez, *op.cit.*, § II. ii. Dislocaciones de la Razón Patriarcal, pp. 22-36.

782 Traducción al castellano: *Teoría Crítica / Teoría Feminista*, *op. cit. supra*.

783 Benhabib-Cornell, *op. cit.*, pp. 9-10.

conceptos a revisar es el de "producción", basado en el modelo de "un sujeto activo que transforma, hace y conforma un objeto dado", ¿es adecuado –se preguntan– para "comprender actividades como el parto y la crianza de los hijos, el cuidado de los enfermos, la socialización de los niños?", actividades intensamente intersubjetivas que abandonan el esquema sujeto/objeto típico de la noción de "producción".[784] ¿Cuáles son los límites del intento de analogar clase y género? ¿Es cierto –como sostiene Catherine MacKinnon– que "el trabajo es para el marxismo como la sexualidad es para el feminismo" y, por tanto, existe una "expropiación organizada" de la sexualidad femenina? Según la misma relación analógica, ¿son indispensables y suficientes las "relaciones de producción" para generar una "identidad colectiva". Si esto fuera así, ¿hay paralelo con las "huelgas de trabajo doméstico"?[785] Otro aspecto en el que indagan los autores es la distinción entre público y privado. Desde las críticas de Fraser a la caracterización habermasiana de "esfera pública/esfera privada", hasta la sistemática revisión del "concepto normativo de espacio público" que realiza Iris Young, la obra es una contribución fundamental, de gran impacto. Por su parte, Benhabib se centra en las implicancias epistemológicas y normativas de dos conceptos dominantes en la filosofía occidental: razón y racionalidad, que ve identificados desde el punto de vista de la filosofía moral con lo que denomina "punto de vista del otro generalizado", como fuente "incoherente del yo (como un hongo en el lenguaje hobbesiano), una defectuosa noción de autonomía y una concepción no-recíproca de universalidad moral".[786]

---

784 Benhabib-Cornell, *op. cit.*, p. 11.

785 Benhabib-Cornell, *op. cit.*, p. 12.

786 Benhabib-Cornell, *op. cit.*, p. 19.

Nuevamente analiza Benhabib –ahora *in extenso*– algunas de las cuestiones que acabamos de mencionar en *Situating the Self: Gender, Community, and Postmodernism in Contemporary Ethics* (1992).[787] En esta obra, evalúa el legado de las corrientes filosóficas ilustradas y se pregunta por su vigencia en tanto teorías políticas y éticas universalistas. Revisa también las posiciones del comunitarismo, el feminismo y la postmodernidad en un intento por "situar el *self*" (el "sí mismo", el "propio yo" y el del "otro") para defender la tradición moderna frente a las demandas que se le efectúan. Responde con lo que considera una teoría ética y política para los tiempos presentes e integra las principales críticas, enmarcadas en una teoría de la democracia. El resultado es una posición original que muestra que la ética general de la vida humana en sociedad no requiere ni de fundamentalismos metafísicos, ni de "grandes relatos", a la manera de los que Lyotard le critica a la modernidad en *La condición posmoderna*.[788]

Sin que podamos agotar todas sus respuestas, vale la pena señalar que, tras un análisis pormenorizado de la teoría comunitarista –que con Taylor y Walzer logró cuestionar la visión normativa heredada de la Ilustración–, Benhabib repasa las críticas feministas que ponen en evidencia que, sea cual fuere la corriente en cuestión, todas excluyen a las mujeres de la esfera pública y la limitan a una "razón concretista y trivial",[789] lo que invita a plantear los problemas éticos sobre nuevas bases. Para Benhabib, el liberalismo político y el marxismo comparten una "concepción

---

787   Traducción al castellano: *El ser y el otro en la ética contemporánea*, Barcelona, Gedisa, 2006, p. 15.

788   Lyotard, Jean-François, *La condición posmoderna*, Buenos Aires, Planeta-Agostini, 1993.

789   Benhabib-Cornell, *op. cit.*, p. 23.

prometeica de la humanidad",[790] según la cual el género humano se apropia de la naturaleza, obtiene conocimientos y logra mejorar sus condiciones de vida. Ahora bien, la crítica comunitarista considera que se trata de una descripción irreal, en tanto se han producido pérdidas definitivas; a modo de ejemplo, el sentido de comunidad y los valores que surgen de un universo social compartidos.

Un primer problema –advierte Benhabib– es cómo definir "comunitarismo", ya que diversas corrientes internas disienten en puntos significativos. Sin embargo, tienen en común, en sentido estricto, que ninguna elaboró una "teoría de los derechos colectivos" aunque dicen inclinarse hacia "el valor intrínseco de las comunidades", a las que priorizan sobre los individuos. Por eso, Benhabib prefiere dejar de lado las diferencias internas y poner a debate dos críticas fundamentales: la primera al sujeto autónomo constituido previamente a cualquier vínculo social (punto de mira epistemológico); y, luego, a la respuesta integracionista frente a la participativa-deliberativa (punto de mira político).[791] Centrándose en el primer tema de debate –entablado paradigmáticamente por Michael Sandel y John Rawls–, Benhabib acepta la crítica comunitaria a un *self* "sin atributos" como punto de partida.[792]

En la década de los 90, Benhabib sostuvo dos intercambios cruciales para el desarrollo de su pensamiento: uno con el feminismo y el otro en forma de apropiación de algunos conceptos de Hannah Arendt. En el primer caso, la obra central es *Feminist Contentions* (1995), en la que participa junto con Judith

---

790 Benhabib, *op.cit.*, p. 84.

791 Benhabib, *op.cit.*, p. 86.

792 De Santibáñez lo desarrolla en *op.cit.*, pp. 12-14.

Butler, Nancy Fraser, Drucilla Cornell y Linda Nicholson[793] en el debate. Su artículo, titulado "Feminism and Postmodernism" –que da inicio a la compilación– discute con otras teorías feministas contemporáneas y critica tanto el esencialismo como el constructivismo.[794] Analiza el libro de Jane Flax *Thinking Fragments*, y pasa revista a los ítems que la autora consigna –muerte del hombre, muerte de la historia, muerte de la metafísica– para contraponerlos con lo que denomina "la demistificación del tema del sujeto masculino como sujeto de razón",[795] que traduce en la necesidad de no definir a las mujeres de forma rígida, sobre el único eje de una identidad de género y desde un punto de mira femenino/feminista, reduciéndolas a una única perspectiva emotivista sino, por el contrario, como una identidad que se conforma desde una narrativa, pero también desde la historia, la biografía, la autopercepción y la reflexión de segundo orden que cada quien hace de sí.[796]

Benhabib hizo suyas no solo algunas nociones de Hannah Arendt, como la de "identidad narrativa", sino que también le dedicó un número interesante de obras a la filósofa. En 1996, por ejemplo, publicó un libro titulado *The Reluctant Modernism of Hannah Arendt*,[797] en el que, contrariamente a las interpreta-

---

793 Benhabib, Seyla, Butler, Judith, Cornell, Drucilla y Fraser, Nancy, *Feminist Contentions: A Philosophical Exchange*, New York-London, Routledge, 1995. Introduction by Linda Nicholson.

794 Benhabib, Seyla, "Feminism and Postmodernism: An Uneasy Alliance", en Benhabib *et alii, op.cit.*, pp. 17-33, y su respuesta "Subjectivity, Historiography and Politics", pp. 107-125.

795 Se refiere a la obra de Flax, *Thinking Fragments. Psychoanalysis, Feminism and Postmodernism in Contemporary West*, Berkeley, University of California Press, 1990, Benhabib, *op.cit.*, pp. 18-19.

796 Benhabib, *op.cit.*, pp. 109-110, sobre todo en respuesta crítica a Judith Butler.

797 Arendt, Hannah, *The reluctant modernism of Hannah Arendt*, Thousand Oaks, Sage, 1996, reed. 2002.

ciones habituales, no la consideró ni una amante de la tradición griega ni una detractora de la modernidad. Por el contrario, Benhabib la inscribe en un doble legado: por un lado, la filosofía germana de la *Existenz*, sobre todo en la línea de Martin Heidegger y, por otro, su experiencia germano-judía en los tiempos del totalitarismo. En sus análisis, Benhabib reconsidera el concepto arendtiano de "esfera pública", la distinción entre "lo social" y "lo político", la teoría sobre el totalitarismo, su crítica a la noción moderna de Estado, incluidas sus relaciones con el judaísmo y el carácter del Estado de Israel.[798] Al mismo tiempo, Benhabib adoptó la consigna "el derecho a tener derechos" de Arendt.[799]

En 1997 –invitada a las Conferencias Max Horkheimer de la Universidad de Frankfurt– disertó sobre "Igualdad democrática y diversidad cultural en la era de la globalización".[800] Benhabib amplía el tema de estas conferencias en un conjunto de obras dedicadas al multiculturalismo, sobre todo en *The Claims of Culture. Equality and Diversity in the Global Era* y, en 2004, *The Rights of Others*.[801] El tema de la diversidad cultural interesa mucho a Benhabib, en tanto ella misma es un producto de ella. De modo que, dado un marco de pluralidad cultural, dos son las cuestiones que le interesan especialmente: el problema de la identidad y el de la interacción democrática entre las diversas culturas. Respecto

---

798 Benhabib, Seyla, (ed.) *Politics in Dark Times: Encounters with Hannah Arendt*, Cambridge University Press, 2010; también "La paria y su sombra: sobre la invisibilidad de las mujeres en la filosofía política de Hannah Arendt", en *Revista Internacional de Filosofía Política*, Madrid, UNED, 1993, 2, pp. 21-35.

799 Benhabib, Seyla, "És la democràcia un dels drets humans?", *L'Espill* segona època, nro. 34, Universitat de València, 2010, pp. 6-25; también *Los derechos de los otros*, Barcelona, Gedisa, 2005, pp. 26, 99 y 112.

800 Benhabib, Seyla, *Diversitat Cultural /Igualtat Democrática*, Valencia, Tàndem Edicions, 2002.

801 Traducción castellana: Benhabib, Seyla, *Las reivindicaciones de la cultura. Igualdad y diversidad en la era global*, Buenos Aires, Katz, 2006.

del primer tema, su transfondo está marcado por las "luchas por el reconocimiento" (Fraser), los "movimientos por la identidad/ diferencia" (Young), los "movimientos por los derechos culturales y la ciudadanía multicultural" (Kymlicka), en la medida en que dan cuenta de un imaginario propio de nuestro tiempo, en el que la "identidad cultural" ocupa el primer plano del discurso político.[802] Si bien es cierto que la cultura siempre ha sido un indicador de la diferencia social, lo que resulta novedoso es que los grupos que actualmente se constituyen en torno a dichos indicadores identitarios exigen un reconocimiento legal y la intervención de las instituciones estatales para preservar y proteger sus diferencias culturales. La convivencia de estos movimientos plantea a la teoría y a las prácticas de las democracias actuales, no pocos problemas, que Benhabib analiza intentando encontrar un punto medio entre su universalismo ético y el particularismo culturalista. Es decir, identidad cultural y convivencia democrática se entrelazan en un conjunto de desafíos de los que Benhabib se hace cargo e intenta responder.

La cultura se ha vuelto un indicador y un diferenciador de la identidad que puede remontarse hasta los movimientos románticos en el siglo XIX.[803] Según Benhabib, las corrientes culturalistas suelen definir la cultura como la forma de expresión de un pueblo en forma diferenciada respecto de los demás. En este sentido, la cultura incluye relatos y actitudes de segundo orden que implican cierta actitud normativa hacia relatos y acciones de primer orden, postulando un horizonte valorativo en cuya secuencia se distingue lo que se considera bueno de lo malo, lo sagrado

---

802   de Santibáñez, *op.cit.*, pp. 116-149.
803   Benhabib, *op.cit.*, 2006, cap. 1.

de lo profano, lo puro de lo impuro. Dentro de estas fronteras vagas e imprecisas se enmarcan mecanismos de poder que protegen narrativas y rituales de potenciales impurezas y bastardías.[804] Contrariamente a esas concepciones, Benhabib considera a la cultura un conjunto significativo y representacional de prácticas humanas, que implican organización, atribución, división interna de relatos en conflicto y diálogo intra y extra culturales. Ante la expansión de las políticas identitarias, Benhabib denomina "diálogo intercultural complejo" al que, tomando a la cultura como variable fundamental, pero no rasgo único o esencial de un grupo humano (y sin caer en reduccionismos o reificaciones homogeneizantes), propone el diálogo como fuente de organización social y de convivencia pacífica. La filósofa considera que es tarea de las sociedades democráticas generar las condiciones de la igualdad democrática del "Otro", en tanto espacios institucionales imparciales donde la justicia y la libertad no queden subsumidas en una sola cultura sino, a la inversa, que todas las culturas se orienten a la preservación de los seres humanos, la justicia y la libertad. Para ello propone "introducir en el diálogo los dilemas y conflictos morales del mundo vital sin ningún tipo de restricciones impuestas por idealizaciones y experimentos contrafácticos". El punto de partida de Benhabib es lo que denomina un "universalismo interactivo".[805] Por "universalismo interactivo", Benhabib entiende "las diferencias como punto de partida de las reflexiones y de la acción". Por tanto, es necesario aceptar que todos los seres humanos son capaces de sensibilidad, habla y acción con

---

804 Femenías, María Luisa, *El género del multiculturalismo*, Bernal, UNqui, 2007, pp. 36-37, 40-42, *et pass*.

805 Benhabib, Seyla, "El otro generalizado y el otro concreto: la controversia Gilligan-Kohlberg y la teoría feminista", en Benhabib-Cornell, *op.cit.*, pp. 41-42.

otros socios morales y potenciales interlocutores.[806] Para ello es fundamental "aprehender" quién es el otro. Es decir, escuchar su relato de identificaciones autobiográficas como un relato cultural constitutivo que contempla –según Benhabib– tanto la relación individuo/nación como la de general/concreto.

Que la cultura de un cierto grupo se esencialice u homogenice tiene que ver, sin embargo, con una construcción de coherencia y estabilidad que sobreimprime un observador social externo, donde los miembros mismos de esa cultura ven movilidad, desafío a las tradiciones, rituales y símbolos, herramientas y condiciones materiales compartidas y narraciones controversiales como condiciones materiales de la vida. Benhabib recoge también lo que el pensamiento postcolonial ha denominado "cultura del colonizador", en términos más amplios que la mera ocupación territorial. Sin embargo se diferencia de las posiciones multiculturales más difundidas en tanto considera que llevan a un relativismo ético que puede llegar incluso a violar los Derechos Humanos más básicos, como en los casos de mutilación genital femenina o lapidación, casos testigo en sus ejemplos que tienen a las mujeres como protagonistas principales.[807] Apelando a dilemas culturales muestra que las tradiciones son compatibles con su modelo de democracia deliberativa, en tanto se acepten como límite tres condiciones: reciprocidad igualitaria, auto-adscripción voluntaria y libertad de salida y asociación.[808]

---

806 Femenías, María Luisa, "Diálogo cultural complejo: algunas observaciones sobre la propuesta de Seyla Benhabib", Ponencia en *Coloquio de la IADA*, FaHCE, UNLP, 1-4 de julio de 2009.

807 Benhabib, *op.cit.*, 2005, pp. 43, 46, 53, 97-100.

808 Benhabib, *op.cit.*, 2005, pp. 99-100, 103-104, 116, 122-123; 2006, pp. 216-216.

En ese aspecto surge la posibilidad de conjugar feminismo y "universalismo interactivo". Es decir, se aparta del "liberalismo defensivo", que quiere mantener los asuntos multiculturales como una cuestión privada, y de los grupos multiculturales que no aceptan ningún parámetro crítico más allá de sus propias tradiciones. Precisamente en *Los derechos de los otros*, aborda un problema crucial en nuestros días: la paradoja entre los derechos humanos universales y la ciudadanía estatal-nacional, que debe garantizarlos. Para Benhabib, esta tensión, a la que ya se habían referido Kant y Arendt, exige una legalidad internacional que se funde en los derechos humanos y las leyes concretas de las naciones. En *Another Cosmopolitanism* (2006)[809] –que reúne las conferencias Tanner que pronunció Berkeley (Universidad de California) en 2004– Benhabib sostiene que desde la declaración Universal de Derechos Humanos, de las Naciones Unidas en 1948, hemos entrado en una sociedad civil global gobernada por normas cosmopolitas de justicia universal, difíciles de aceptar para algunos en tanto hay sociedades en conflicto con los ideales democráticos. Esta tensión, argumenta Benhabib, nunca podrá resolverse por completo, pero sus tensiones pueden mitigarse gracias a una renegociación constante de los compromisos con los derechos humanos y la autodeterminación soberana. En su segunda conferencia, desarrolla esa idea en referencia a los acuerdos europeos que dieron origen a la Unión Europea, actualmente en crisis, con especial referencia a la actitud de algunos países frente a los grupos de tradición musulmana, a fin de posibilitar una ciudadanía de identidades culturales múltiples. La posición de

---

809   Benhabib, Seyla, *Another Cosmopolitanism*, New York, Oxford University Press, 2006.

Benhabib implica favorecer la emergencia de derechos culturales cosmopolitas, como un proceso dinámico por medio del cual los principios de los derechos humanos se incorporen a las leyes positivas de los estados democráticos, proceso que denomina de "iteraciones democráticas". Es decir, no se trataría de un acto de simple repetición de la norma sino de una política iusgenerativa, que mediara entre las normas universales y la voluntad de las mayorías democráticas.[810] Benhabib sitúa el cosmopolitismo en una filosofía normativa que lleva las normas universalistas de la ética del discurso más allá de los confines de la nación estado, como fundamento ético de la libertad comunicativa. En Benhabib, este modo de "cosmopolitismo" viene de la mano del universalismo interactivo y de la esperanza del futuro, dentro de cuyo orden se ubicarían los distintos pueblos y culturas, como elementos clave para la construcción de una ciudadanía universal, porque "ningún ser humano es ilegal en la tierra".[811]

Como dijimos, uno de los ejes más significativos del trabajo teórico de Benhabib es su contrastación de los casos y las normas con situaciones que involucran los derechos de las mujeres. En 2009, publicó junto con Judith Resnik *Migrations and mobilities, Citizenship, Borders and Gender,*[812] libro que pondera el papel hegemónico que deberá jugar el género en la reformulación de la ciudadanía en un mundo transnacional. Ya en la introducción, está presente la cuestión de género, mostrando la permeabilidad de las fronteras nacionales, la movilidad social y las migraciones

---

810   Campillo, Neus, "Laudatio de Seyla Benhabib", Universitat de Valencia, 29 de octubre de 2010.

811   Benhabib, 2006, pp. 295-296; Delgado Parra, Concepción, "Hospitalidad y Ciudadanía en Seyla Benhabib", México, Universidad Autónoma, 2015.

812   Benhabib, Seyla y Resnik, Judith, *Migrations and mobilities, Citizenship, Borders and Gender*, New York, University Press, 2009.

constantes que convierten a ciudadanos/as plenos en personas carentes de derechos o con sus derechos severamente mermados.[813] No faltan las referencias históricas ni las elaboraciones estadísticas y conceptuales que dan cuenta de los desplazamientos actuales de población en búsqueda de trabajo, huyendo de las guerras, de las hambrunas y de las enfermedades. Las editoras organizaron el libro en cinco partes, donde las y los colaboradores responden al desafío de cumplir con los objetivos de la obra. Sintéticamente, en primer término, cómo evaluar los efectos y consecuencias de los movimientos migratorios con los derechos, la posibilidad de relacionarse con otros pueblos y con otros derechos culturales; los intentos legales y sociales de alcanzar la igualdad de género y de incluir esa perspectiva en los debates sobre el libre tránsito de las personas, la protección de las refugiadas, la soberanía de los Estados y los lazos familiares; la necesidad de investigar tensiones entre migrantes de diferentes etnias, las naciones de origen y las anfitrionas; la importancia de promover en la Academia debates temáticos sobre las fronteras en contextos de movilidad humana, el problema de las identidades culturales, y las construcciones del "Otro". Otra cuestión fundamental que interesa a Benhabib es la vulnerabilidad de los migrantes y de las democracias, cuando surgen tensiones debido a políticas migratorias expulsivas y/o "indeseables"; de ahí cuestiones vinculadas al trabajo, la subordinación, la vulneración de derechos, la esclavitud sexual, el forzamiento a la prostitución que conlleva a la necesidad de que los organismos internacionales intervengan más activamente en los procesos de protección a migrantes, solucionen la situación de

---

813   "Introduction: Citizenship and Migration Theory Engendered", Benhabib-Resnik, *op.cit.*, pp. 1-44.

los apátridas y el desmembramiento de las familias, como acaba de suceder en la frontera mexicano-estadounidense, entre otros debates y propuestas de gran actualidad.

En suma, las contribuciones teóricas de Seyla Benhabib a los Derechos Humanos y a la teoría de la democracia son invalorables. El tamiz basado en los derechos de las mujeres y de los niños, implica un bagaje crítico fructífero que impulsa a reconsiderar la igualdad en un momento de cambio, que convulsiona los inicios del siglo XXI. Lejos del relativismo ético-político, pero también de un *self* autónomo, análogo a un hongo hobbesiano, que no posee ni ataduras ni condicionamientos, las contribuciones de Benhabib aportan a la pluralidad de perspectivas, a la ampliación de la democracia y al reconocimiento universal de los derechos de los Otros tanto como de los propios, en un contexto dialógico, deliberativo y sensible al proceso de informar con claridad a fin de considerar los problemas de interés público. La moralidad cotidiana, donde los desacuerdos son fuente de análisis y búsqueda conjunta de soluciones, es necesaria para el fortalecimiento de la democracia, que depende de la creación de procedimientos, normas y decisiones políticas que también lo sean.[814]

---

814 Benhabib, *op.cit.*, 2006, p. 125. Sus obras más recientes son: *Dignity in Adversity. Human Rights in Troubled Times* (2011); *Ecomolity and Difference. Human Dignity and Popular Sovereignty in the Mirror of Political Modernity* (2013); *The Democratic Disconnect. Citizenship and Accountability in the Transatlantic Community* (2013); *Exile, Statelessness, and Migration. Playing chess with History, Annah Arendt and Isaiash Berlin* (2018).

Judith Butler
Estados Unidos. 1956

CAPÍTULO 18

JUDITH BUTLER

Judith Butler tiene una extensa obra, polémica y aún en curso; es una filósofa joven que, en nuestro país, ha irrumpido tanto en el campo filosófico, como en el feminista y sobre todo en el *Queer*. Nació en Cleveland (Ohio, EE.UU.), en 1956, estudió en la universidad de Yale, y ha recibido numerosas distinciones, premios y reconocimientos, y muchas de sus conferencias y entrevistas pueden verse en YouTube.[815]

La estrategia teórica de Butler es interesante.[816] Por un lado, se posiciona tanto al margen del emotivismo como de posturas feministas que considera *naïve*, como la de la tradición ilustrada, y adopta genealógicamente una línea de filósofos antiilustrados como Hegel y Nietzsche, con elementos de

---

815   Para ampliar este capítulo, pueden consultarse mis: *Sobre sujeto y género. Lecturas feministas desde Beauvoir a Butler*, Buenos Aires, Catálogos, 2000 (y reed.); en colaboración, *Judith Butler, su filosofía a debate*, Buenos Aires, Facultad de Filosofía y Letras (UBA), 2013; con Ariel Martínez, *Judith Butler: Las identidades del sujeto opaco*, La Plata, Editorial de la FaHCE, 2015; en colaboración, *Judith Butler fuera de sí: Espectros, diálogos y referentes polémicos*, Rosario, Prohistoria, 2017.

816   Abellón, Pamela, Femenías, María Luisa y Chiachio, Cecilia, "Es un modo de pensamiento: entrevista a Judith Butler", en *Mora*, F.F. y L (UBA), vol. 22. 1, Jun., 2016, pp. 179-182; Femenías, María Luisa y Casale, Rolando, "Butler: ¿Método para una ontología política?", *Isegoría*, nro. 56, enero-junio, 2017, pp. 39-60.

un Freud tamizado por Jacques Lacan. Por otro lado, parte del giro lingüístico, y adopta elementos de la escuela inglesa (Austin) y de la francesa (Deluze, Derrida).[817] Cuando examina algunos problemas vinculados al cuerpo, se enraíza en la fenomenología de Merleau-Ponty y de Sartre. En menor medida, reivindica narradoras, lingüistas o poetas feministas como Adrianne Rich o Monique Wittig, pivotando su núcleo polémico en filósofas como Beauvoir y Luce Irigaray, por un lado, y Susan Bordo, Nancy Fraser y Seyla Benhabib, por el otro.

En 1986, publica uno de sus primeros trabajos. Se trata de una relectura de Beauvoir, a la que presenta como claro ejemplo de las contradicciones del feminismo ilustrado.[818] Butler lee el *Segundo sexo* centrándose en la famosa afirmación de "mujer no se nace, se hace"; la idea es que una mujer está haciéndose constantemente, afirmación que toma al pie de la letra, por lo que considera que el "hacerse" conlleva una suerte de circularidad. Si no nacemos mujeres, sino que nos hacemos, nos tenemos que hacer en función, o bien de algo que está ya previsto como una meta que indefectiblemente tenemos que alcanzar —y en ese sentido cumpliríamos un objetivo que nos es impuesto—, o bien tendríamos que reconocer que, efectivamente, la naturaleza es destino, y entonces las mujeres no podemos sino "hacernos", lo que ya somos desde un principio.

---

817   Abellón, Pamela, Femenías, María Luisa y Chiachio, Cecilia, "Breve recorrido sobre la influencia de Hegel en la filosofía de Judith Butler. Entrevista a Judith Butler", en *Avatares filosóficos*, nro. 3. 2, 2016; Burgos, E., *Qué cuenta como una vida. La pregunta por la libertad en Judith Butler*, Madrid, Mínimo Tránsito, 2008.

818   Butler, J., "Sexo y género en *El segundo sexo* de S. de Beauvoir", en *Mora*, 4. F. F. y L. (UBA), 1998.

Para leer a Beauvoir desde esa posición, Butler manifiesta influencia de, por lo menos, tres líneas fundamentales. La primera, es la de Luce Irigaray, en *Speculum*, la segunda y en paralelo es la de Adrianne Rich y Teresa de Lauretis, sobre todo en el tema de la heterosexualidad compulsiva. Y, por último, la de Michel Foucault y Derrida.[819] ¿Qué toma de estas tres fuentes? Brevemente, y sin entrar en detalles, de Luce Irigaray le interesa el lenguaje, el discurso, o el habla falologocéntricos. Es decir, centrados en un orden simbólico masculino o fálico. Por tanto, cualquier sujeto que pretenda inscribirse como tal en el discurso, será necesariamente un sujeto masculino y que la ecuación de Irigaray sintetiza como: sujeto = varón; conceptos sinónimos. Rich está presente sobre todo en la idea de la heterosexualidad como disciplinamiento del deseo y la compulsión; porque la base biológica en cuanto tal no define la elección del objeto sexual, u objeto de deseo, sino a partir de disciplinamientos o mandatos culturales.[820] Butler apela a una figura que Freud llamó la etapa del "perverso polimorfo".[821] El bebé es un "perverso polimorfo" porque tiene una sexualidad totalmente difusa y lábil; su deseo se dirige necesariamente al individuo que lo cuida, lo trata bien, le da de comer, se hace cargo de él. Es decir, desea y ama a quien cubre sus necesidades inmediatas sin tener en cuenta su sexo biológico. Por último, la tercera corriente que influye en ella es claramente la posición postmoderna, especialmente Foucault, de quien toma

---

819 Casale, Rolando, "Algunas notas en torno a la crítica: sugerencias de Butler y Foucault", *Sapere Aude*, Belo Horizonte, vol. 5, nro. 9, 2014, pp. 167-183.

820 Rich, Adrianne, *Sobre mentiras, secretos y silencios*, Barcelona, Icaria, 1983; Butler, Judith, *Sujetos de deseo*, Madrid, Amorrortu, 2012; Casale, Rolando y Chiachio, Cecilia, *Máscaras del deseo*, Buenos Aires, Catálogos, 2009.

821 Sobre un examen crítico, Cf. Martínez, Ariel, "Apuntes sobre el cuerpo en el pensamiento de Judith Butler. Aportes del psicoanálisis en la teoría queer", *Affectio Societatis*, vol. 12, nro. 23, 1015, pp. 1-16.

la noción de disciplinamiento, y Derrida, muchos de cuyos análisis tienen fuerte presencia en sus textos.[822] Sin embargo, ella se identifica como posfundacionalista.

Antes de proseguir, debemos aclarar que desde finales de los setenta, se había impuesto la noción de "género", distinguiéndoselo del "sexo".[823] En su versión más ortodoxa, el sexo es lo dado; es biológico y "natural". El "género", por el contrario, es cultural; el modo en que cada quien y en cada época construye cómo *debe ser*. Ahora bien, Butler considera que no hay bases analíticas para distinguir el sexo como lo biológico y el género como lo construido. Lo único que hay son cuerpos que ya están inscriptos culturalmente, desde su nacimiento y aún antes. Es decir, no hay tal cosa como "sexo natural", porque cualquier acercamiento teórico, conceptual, cotidiano o trivial al sexo se hace por y a través de una cultura dada y de sus narrativas. Al describirlo, al pensarlo, al conceptualizarlo, ya lo hacemos desde unos parámetros culturales determinados, con lo cual no es posible distinguir el sexo del género. En general, no hay posibilidad de acceder a "lo natural", por eso, Butler utiliza de manera intercambiable sexo o género, y da cuenta de que los cuerpos están culturalmente construidos.

Retomemos estos hilos: por un lado, Butler acepta una asimilación material entre sujeto y varón. Por otro lado, sostiene una concepción del disciplinamiento del deseo, en términos de "cuerpos deseantes de lo que no son" (o del sexo que no son).[824] Si

---

822   Sabsay, Leticia, *Fronteras sexuales. Espacio urbano, cuerpos y ciudadanía*, Buenos Aires, Paidós, 2011.

823   Santa Cruz, María Isabel *et alii*, *Mujeres y Filosofía*, Buenos Aires, CEAL,1994, vol. 1, pp. 51-52.

824   Butler, Judith, "Variaciones sobre sexo y género: Beauvoir, Wittig y Foucault", en *Teoría feminista y teoría crítica. Ensayos sobre la política de género en las sociedades de capitalismo tardío*. Valencia, Alfons el Magnànim, 1990; de la misma autora: *Sujetos de deseo*, Madrid, Amorrortu, 2012.

hay un disciplinamiento de los cuerpos es porque históricamente, la cultura ha constituido a varones y a mujeres, probablemente con fines de procreación, como sujetos que desean *lo que no son*: una mujer, será un sujeto deseante de varones y a la inversa. Si recordamos la convocatoria de Beauvoir a todas las mujeres para que se conviertan en sujetos libres y transcendentes, como ya lo había advertido Irigaray, la primera objeción de Butler apunta a que precisamente las mujeres no podemos constituirnos, por definición, en sujetos porque equivaldría a constituirnos en varones: el espacio del discurso es simbólicamente masculino: un espacio centrado en la Ley del padre. La apelación de Beauvoir es un imposible; más aún, es perversa. Basada en esta primera crítica, Butler fundamenta el fracaso del movimiento feminista, que viene luchando desde hace siglos por reivindicaciones que nunca terminan de consolidarse. Esto es así, sostiene, porque su intento es un intento por acceder a algo a lo que, de hecho, le es imposible acceder. Otra crítica que le hace a Beauvoir es que, cuando afirma que la mujer "no nace, se hace", genera además dos ámbitos, uno "natural" y otro "cultural", lo que habilita y legitima la escisión entre sexo y género. Sin embargo, el orden que se establece (*sobre* el sexo se construye el género), es en verdad inverso. Es decir, culturalmente se asignan mandatos, rasgos y funciones *a priori* a los sexos. El binarismo, y sus características, que creemos "naturales", no son sino el resultado *a posteriori* del efecto del disciplinamiento que nos constituye en varón o mujer. Esto significa que lo único que tenemos como "dato", es lo "culturalmente" entendido como biológico y como natural. Pensemos como en un juego de la imaginación que trazamos una línea alrededor nuestro, que sólo vemos a través de esta especie de frontera que es la cultura, y que queremos saltar a ese lugar "natural". No es posible. No hay tal lugar natural, acultural. Por el contrario, saltamos de una cultura a otra, pero no a "ninguna"; no existe un lugar privilegiado desde donde se pueda "ver" sin ningún condicionamiento, sin cultura o sin mediatización alguna, "lo natural". No hay, pues, "sexo natural", sino "sexo" tal y como cada cultura lo ha construido. Esto le permite afirmar que no existe un "cuerpo natural"; todo cuerpo es un cuerpo cultural, y tiene en sí mismo las inscripciones narrativas de esa historia. Desde este punto de vista, tampoco hay fundamentos últimos; todo fundamento es contingente, de ahí su alineación con el postfundacionalismo.[825]

La concepción de Butler es muy radical, o al menos lo es en *Gender Trouble*.[826] Sostener que todo es disciplinamiento cultural e inscripción discursiva y que más allá no hay nada que pueda llamarse "natural" es una forma de pensar la realidad que el sentido común considera contra intuitiva. Butler ubica la "diferencia sexual" en ese plano, pues no hay nada más allá de los discursos. Después de todo, ya Wittgenstein había sentenciado: "Los límites de mi lenguaje son los límites de mi mundo".[827] De modo que todas las clasificaciones pertenecen al ámbito del lenguaje y son arbitrarias. Si el sexo en Occidente se resuelve en la construcción binaria varón y mujer, eso no es necesariamente así en otras culturas, que distinguen tres o más sexos-géneros.[828] Cada

---

825 Butler, Judith, "Contingent Foundations: Feminism and the Question of 'Postmodernism'", en *Praxis International*, vol. 11, nro. 2, July 1991, pp. 150-165; Sabsay, *op.cit.*; Cano, *op.cit.*

826 *El género en disputa*, Barcelona, Paidós, 2001. Título original: *Gender Trouble*. Routledge Press, 1999.

827 Wittgenstein, Ludwig, *Tractatus logico-philosophicus* [1923], Madrid, Alianza, 1981, § 5.6; p. 163.

828 Nicholson, Linda "Interpretando o gênero" en *Revista de Estudos Feministas*, vol. 8. 2, 2000.

cultura, cada lengua, tiene una forma de categorizar los sexos, de definirlos. De ahí que *estricto sensu* no haya ni mujeres ni varones, sino construcciones culturales. Este binarismo, siguiendo a Rich, es lo que Butler denomina *matriz de inteligibilidad heterosexual*. El sexo-género no solo se instituyen como binarios, sino que los cuerpos deseantes deben desear lo que no son. La ruptura tanto del primero como del segundo mandato, lleva a Butler a adoptar la noción de *queer* que había acuñado Teresa de Lauretis.[829] La "Teoría Queer" se desarrolla a partir de las elaboraciones de Butler y acentúa la continuidad no discreta del deseo sexual y la resignificación de la sexualidad y de los cuerpos.

Asimismo, Butler adopta la noción de "performatividad" de Derrida. Derrida considera performativa la práctica discursiva que realiza y produce lo que nombra.[830] Si en *Gender Trouble* aproximó la performatividad a la teatralidad o al *art performance*, más tarde la limitó a la lingüística o a los actos de habla.[831] Así, definió la noción de "género" primero como *mascarada* y luego como *ritualización* de una experiencia, bajo ciertas condiciones de posibilidad, para provocar una subversión política de los sexo-géneros en términos de "agentes". Desde esta conceptualización, el primer enunciado performativo "es una niña/o" *anticipa* la serie de conductas que deberán cumplirse para conformar sujetos dimórficamente sexuados, y lo que la sociedad espera de ellos

---

829 De Lauretis, Teresa, "Género y teoría queer", Conferencia, Buenos Aires, Centro de la Cooperación, 2014. Disponible en: https://www.youtube.com/watch?v=SY_5x0BdlFk

830 Abellón, Pamela y De Santo, Magdalena, *Dos lecturas sobre el pensamiento de Judith Butler*, Villa María, IDUVIM, 2015; Butler, Judith, "Performatividad, precariedad y políticas sexuales", AIBR, *Revista de Antropología Iberoamericana*, vol. 4, 3, 2009, pp. 321-336.

831 De Santo, Magdalena en Abellón Pamela y De Santo, Magdalena, *Dos lecturas sobre el pensamiento de Judith Butler*, Villa María, IDUVIM, 2015.

y anticipa como condiciones de posibilidad de ser varón o ser mujer. De este modo, la performatividad de género se produce en un cuerpo que muestra el fracaso constitutivo del régimen citacional heterosexual. Las fórmulas de habla legitimadoras que se construyen por reiteración y persistencia, también producen el efecto de la estabilidad, pero al mismo tiempo abren también la posibilidad de la ruptura. En la interpretación de Butler, esa performatividad es una repetición que instituye sujeto, aunque nunca lo determina por completo.

En *Cuerpos que importan* todo acto es parte de una cadena de citas. No obstante, Butler reconoce que la semejanza entre acto y acto hace que el pasado reiterado se absorba, enmascarado, olvidado, *forcluido* y solo la reiteración adquiera fijeza ontológica. La fuerza o eficacia del performativo depende, entonces, de su carácter *iterable*, de su pasado oculto y de su futuro abierto. Se trata de la sedimentación histórica contenida en la enunciación, donde el sexo es un *punto imaginario* fijado por el dispositivo polimorfo de la sexualidad que Butler propone como punto de la subversión de la identidad sexual a través de la asunción de su carácter ideal. Es una unidad ficcional naturalizada, porque lo que "verdaderamente somos", es lo que "hacemos", y se *hace* y se *funciona* al servicio de relaciones de poder discursivo y hegemónico que ocultan su propia producción.

Es decir, por un lado, el giro performativo des-esencializa los sexos y posiciona la identidad de las personas más allá del sexo binario o de las normas usuales de inteligibilidad. Por otro, es una modalidad epistemológica que desnaturaliza la diferencia sexual y bloquea los debates entre voluntarismo y determinismo, exhibiendo en sentido nietzscheano que *no hay ser detrás del hacer*, como pretende la metafísica de la sustancia. La performatividad de género es una modulación afirmativa, una contracara positiva que afirma el género en sus actos, gestos y realizaciones en el sentido de que la esencia o la identidad que pretende expresar son precisamente los inventos prefabricados y sostenidos por medio de signos corpóreos y medios discursivos. Entonces, la performatividad contiene un doble gesto: admite un sentido crítico que desarticula el marco simbólico heterosexual que inscribe a las personas sólo como mujeres o como varones, y apunta a la reglamentación social (ficcional) que opera como marco para la fabricación del binarismo, cuya coherencia se mantiene gracias al efecto artificial del poder que produce la *apariencia de sustancia*. Ahora, en segundo término, si el género no está ligado al sexo, ni es causal, ni expresivo, entonces es un tipo de acción que puede proliferar más allá de los límites binarios. De hecho, el género en tanto especie de acción cultural corporal exige un nuevo vocabulario, que instituya categorías resignificables, superadoras de las limitaciones sustantivas.

Desde sus primeros escritos, Judith Butler abrió la posibilidad de resignificar los sexo-géneros, en la medida en que dislocó del nivel discursivo cualquier resabio de la metafísica de la sustancia y negó el dimorfismo sexual basado en un sustrato material. Negar cuerpos biológicamente entendidos como "naturales", la llevó a considerar que tanto el sexo como el género son construcciones culturales. Así, Butler sentó las bases argumentativas para la invención del cuerpo *queer* y, consecuentemente, de la teoría *queer*. La propagación del modelo *queer*, basado en un nominalismo radical, favoreció la ruptura con las prácticas políticas tradicionales y las concepciones metafísico-ontológicas de los cuerpos. En tanto Butler concibe a los humanos desde una perspectiva radicalmente anti-esencialista, sienta las bases para la construcción de una ontología de los hechos y de la convivencia, poniendo en juego una amplia gama de identificaciones posibles que rompen con una comprensión rígida, sustantiva, cerrada y esencialista de "sujeto identitario". De este modo, favorece la libertad como un anti-poder, donde cada sujeto, si bien no puede escapar a las normas, se encuentra con su libertad para apropiárselas críticamente, reconstruirlas y reelaborarlas. Por eso, "la ley" es aquello que, al producir "sujetos", se constituye en fundamento de toda agencia, y puede combatir relaciones de poder desiguales, auténtica amenaza a la libertad.[832]

Butler realiza otra crítica fundamental, vinculada a lo anterior: a la noción de identidad. En primer lugar, examina cómo se la ha entendido históricamente, y cuestiona el presupuesto de que las identidades se definan como auto-idénticas, persistentes en el tiempo, unificadas e internamente coherentes. Segundo, analiza de qué modo tales supuestos conforman el discurso de la identidad de género y de las prácticas regulatorias que configuran la división de los géneros binarios. Concluye que esas prácticas constituyen la coherencia interna del sujeto como una persona auto-idéntica. La identidad es, entonces, un ideal normativo más. En general, se entiende a la identidad como estable, fija, a la manera del principio lógico u ontológico de identidad. De ahí se sigue que una vez que alguien tiene cierta identidad, es para toda la vida, lo que la vincula indirectamente con la noción de esencia. Butler crítica la "identidad" así entendida y apela a Gilles Deleuze, para quien la identidad es imposible.[833] Cuando repetimos "yo soy yo", se nos escapa que entre el primer "yo" y el segundo

---

832   Sabsay, *op.cit.*; Burgos, *op.cit.*; Lorey, Isabell, *Disputas sobre el sujeto*, Buenos Aires, La Cebra, 2017.

833   Deleuze, Gilles, *Diferencia y Repetición*, Buenos Aires, Amorrortu, 2002, pp. 21-60.

se instala ya una diferencia (un diferimiento, un corrimiento). Ha transcurrido tiempo y/o espacio de inscripción y, aunque sea ínfimo, implica que la identidad es imposible. Siempre hay un desplazamiento entre la primera mención y la siguiente. Ese desplazamiento, ese corrimiento, es involuntario. Pero, a pesar de ello, constantemente lo reafirmamos porque la repetición no implica la identidad, sino la novedad.

Butler apela entonces a la identificación. Niega la identidad monolítica, densa, espesa, inamovible, y opta por una versión mucho más maleable, moldeable, flexible que afirma, incorpora y expulsa aspectos de sí, en función de unos ideales que cada quien se va proponiendo. El sujeto, al mantenerse uno mismo, lejos de ser estático, se afirma en un proceso constante de hacerse a sí mismo, de construirse, en una especie de intercambio constante entre el adentro y el afuera. Al reemplazar identidad por identificación, resalta la importancia del "equilibrio inestable" como garantía. Es decir, se está en construcción constante, en vinculación con la fantasía y con las identificaciones fantasmáticas, conceptos que toma de Jean Laplanche y de Jean Bertrand Pontalis.[834]

Butler extiende su crítica a la noción misma de sujeto. Ya vimos que, siguiendo a Irigaray y a Wittig, entiende "sujeto" como sinónimo de "varón". Ahora, llama la atención sobre su significación de "sujetado". El sujeto no es el producto de un libre juego, de una teatralización o de un "realizarse". Es aquello que impulsa y sostiene la realización gracias a un proceso de repetición de las normas. Esta repetición instituye sujeto a la vez que es su condición temporal de posibilidad. El sujeto, para Butler, es una

---

834 Butler, "Phantasmatic Identification and the Assumption of Sex," en *Psyke Logos: Norwegian Journal of Psychological Studies*, vol. 15, 1, 1994, pp. 12-29; y *Cuerpos que importan*, Buenos Aires, Paidós, 2008.

producción ritualizada, una reiteración ritual bajo ciertas condiciones de prohibición y de tabú. No obstante, el sujeto nunca
está totalmente determinado por las normas. Esta incompletitud,
esta indeterminación, hace posible la desviación en la repetición
y la ruptura de la norma que permite la reinscripción en nuevos
significados rompiendo contextos previos. Este "estadio de sujeto" es necesario, pues constituye la condición instrumental de la
"agencia", que subraya la capacidad de acción del individuo.[835]
Inspirada en Foucault, Butler caracteriza la agencia como una
práctica de rearticulación o de resignificación inmanente al poder.[836] La agencia no es, por tanto, un "atributo" de los sujetos;
por el contrario, es un rasgo *performativo* del significante político. Cuando el sujeto se torna resistencia, se constituye en agencia
mediante un *giro trópico*.[837] Por eso, para Butler, la agencia está
implicada en las relaciones mismas de poder. Si el sujeto emerge
en el sitio mismo de la ambivalencia, de la indeterminación, y si a
la vez es efecto y condición de posibilidad de la agencia, entonces
la ambivalencia y la vacilación son parte de una dinámica constitutiva y dolorosa de los agentes.

Butler propone una agencia sin sujeto, no sustantiva, no cerrada. La apuntala analizando una obra clásica: *Antígona*, que ha
dado lugar a múltiples interpretaciones, entre otras, la de Hegel,
que le sirve como punto de partida.[838] Butler dice rescatar a An-

---

835   Palabra transliterada del inglés, *agency*, aspecto activo del sujeto-sujetado.

836   Casale, Rolando, "Algunas reflexiones sobre la agenciación", en *Actas de las VII Jornadas de Investigación en Filosofía*, FaHCE, UNLP, 2009.

837   Femenías, María Luisa, *Judith Butler: una introducción a su lectura*, Buenos Aires, Catálogos, 2003, capítulo 4.

838   *El grito de Antígona*, Barcelona, El Roure, 2001; Casale, Rolando, "Algunas notas en torno al mito de Antígona en base al pensamiento de Butler", en Femenías, Cano, Torricella, *op. cit.*

tígona de los discursos seductores y reduccionistas, y escuchar lo que ella misma dice sobre el gobierno de la *polis*, su orden y sus leyes para mostrar la ambigüedad y la inestabilidad de su situación y, de paso, mostrar que no hay respuestas unívocas, claras y coherentes. En *Antigona's claim*, su título en inglés, Butler muestra que tanto la familia como los individuos dependen del poder del Estado que los instituye y legitima. Brevemente, Butler explora los límites simbólicos en los que se inscribe el problema del sujeto-Antígona, como representante de la lógica de "lazos de sangre", lugar ambivalente como pocos para la heroína. Producto incestuoso, que confunde su posición en la familia, muestra, a la vez, la posibilidad política de las mujeres cuando los límites de la representación y de la representatividad quedan al descubierto.

Según Butler, no se puede tomar a Antígona como un caso políticamente ejemplar de figura femenina, que desafía al Estado con un poderoso conjunto de actos físicos y lingüísticos. Por el contrario, Antígona es importante porque muestra que no puede haber familia sin Estado; es decir, sin una política que establezca normas que construyan la inteligibilidad cultural en la que la familia se inscriba y signifique. Así entendido, en Antígona muestra que el parentesco no es una mera relación de sangre, sino una categoría social en la que se inscribe un subtexto de género. Las dos cuestiones que le interesa plantear a Butler son: no puede haber parentesco sin el soporte y la mediación del Estado, y tampoco Estado sin el soporte y la mediación de la familia. Para Butler, en la medida en que Antígona habla en nombre de la sangre, con las palabras de la política y de la ley, asume el lenguaje mismo del Estado contra el que se rebela. Por eso Antígona se sitúa en una posición escandalosa: desde su condición de sujeto=sujetado se constituye en agente. Incluso, no es fácil separar las figuras de

Antígona y de Creonte porque, en nombre del parentesco, Antígona exige su lugar en el lenguaje del Estado y de la soberanía política del parentesco.

Adoptando un emplazamiento masculino, Antígona pone de manifiesto el carácter socialmente contingente del parentesco. Si su crimen fue enterrar a su hermano, Butler sostiene que al enfrentar a Creonte, la acción de Antígona es, en verdad, la apropiación de la autoridad; es decir, de la agencia. Por eso, para Butler, a diferencia de Hegel, Antígona no representa ni la familia ni el parentesco, sino el desafío a una ley que no es siquiera generalizable, porque actúa sólo en su nombre y en nombre de su conflictivo parentesco. Butler subraya que la agencia emerge por el rechazo al rol femenino: asume la masculinidad de la palabra y desplaza la de Creonte. Por tanto, no solo el Estado presupone el parentesco y el parentesco al Estado sino que "los actos" que Antígona actúa en nombre del principio superior de la sangre, se inscriben en otro espacio, confundiendo con su retórica la distinción entre Estado y familia, y reforzando su concepción de que el sujeto siempre tiene una inscripción ambigua, inestable, incoherente, vaga y de fronteras borrosas.

Más recientemente, tras la caída de las Torres Gemelas, Butler ha desplazado sus escritos hacia un conjunto de obras en las que examina, por un lado, la producción de los filósofos de la tradición judía —como Baruj Espinoza, Hannah Arendt o Emmanuel Levinas— y, por otro, la situación de la diáspora judía y del Estado de Israel.[839] En *Parting Ways*, por ejemplo, es la primera vez que le dedica un volumen entero a sus reflexiones sobre la relación entre

---

839   *Parting ways: Jewishness and the critique of Zionism*, New York, Columbia University Press, 2012.

religión y política y, especialmente, a la relación entre sionismo (en tanto postura política) y judeidad, explorando, a la par, la concepción de "Estado", cosa que ya había hecho con anterioridad.[840] *¿Quién le canta al Estado-nación?* es un claro antecedente de esa búsqueda aunque difiere de los análisis de *Parting Ways*. Sin embargo, desde su concepción de fundamentos contingentes, no es posible ni hablar de inconsistencia, ni de continuidad o incoherencia en sus análisis.[841] Pues bien, el capítulo 5 de *Parting Ways* ofrece un claro ejemplo de sus indagaciones; acusada reiteradamente de "anti-judía", separa la noción de judaísmo de la de sionismo, lo que implica examinar y criticar a algunos pensadores que, como Martin Buber, sirvieron de guía al ideario sionista, al menos en sus comienzos. La lectura de los textos de Hannah Arendt la lleva a reflexionar sobre la ciudadanía, la posibilidad de acceso a los derechos, y a revisar cuidadosamente algunos conceptos de su filosofía como el de apátrida y el de refugiado.

Butler sostiene dos hipótesis: la primera, que hay religiones, como el protestantismo en EE.UU., que proporcionan las precondiciones de la esfera pública y que, dentro de ese marco, hay religiones políticamente válidas o legítimas y otras consideradas ilegítimas o amenazantes, entre las que incluye el judaísmo.[842] La segunda hipótesis de Butler sostiene que la judeidad (*Jewishness*) debe establecer alguna relación ética con lo no-judío dada su condición diaspórica.[843] Basándose en Arendt, Butler considera que la mayor dificultad es cómo pueden pensarse los judíos como nación, sin nacionalismo, y cómo hacerlo sin un Estado.

---

840 Napoli, Magdalena en Martínez, Femenías y Casale (comp.), 2017, pp. 103-121.
841 Butler, Judith & Spivak, G., *¿Who sings the Nation-State?*, London, Seagul, 2009.
842 Butler, *op. cit.*, 2012, pp. 114-115.
843 Butler, *op. cit.*, 2012, p. 117.

En la segunda sección del capítulo, Butler sostiene que Arendt, ha buscado establecer "modos de pertenencia" (*belonging*) y formas de política (*polity*) que no se identifiquen con el Estado-nación.[844] No satisfecha con las respuestas de Arendt, establece una diferencia entre Estado, como entidad representante de la Ley, y Nación, como instancia de pertenencia, según la nacionalidad; el primero preserva el interés común, el segundo un interés de parte. Del planteo deriva un problema de "convivencia" (*cohabitation*): nadie puede elegir a aquellos con los que convivirá en la tierra, ni el tiempo, ni el espacio; por eso todos tenemos la obligación moral de facilitar la convivencia y aceptar al otro; la pluralidad es co-extensiva a la vida humana. ¿Se trata de una alternativa sustantiva al universal?

La concepción de Estado que subyace a los textos de Butler no es, por las razones que anticipamos, ni uniforme, ni acabada, ni consistente. Consideramos que precisamente esos rasgos son para Butler la manera de abrirse al diálogo y a la construcción colectiva que, en todo caso, tendría para ella un carácter asambleario.[845] Como frente a problemas políticos específicos no hay soluciones *a priori*, debe haber por tanto un diálogo enmarcado en un proyecto de radicalización y pluralización de la democracia, que comprometa las instituciones para transformarlas y articule las diferencias. Según Butler, tal como se sigue de sus últimos escritos, esa estrategia excede y desborda la demanda de un orden jurídico-institucional, porque –en línea con las

---

844 Butler, *op. cit.*, 2012, p. 131.

845 Butler, Judith, *Cuerpos aliados y lucha política. Hacia una teoría performativa de la asamblea*, Buenos Aires, Paidós, 2017; *Notes Toward a Performative Theory of Assembly*, Cambridge, Harvard University Press, 2015; *Senses of the Subject*, New York, Fordham University Press, 2015; *et alii. Vulnerability in Resistance.* Durham & London, Duke University Press, 2016.

políticas del deseo– las demandas sociales no pueden reducirse a la lógica de la inclusión y de la asimilación a los marcos regulatorios tradicionales.[846]

En síntesis, en toda su obra, la apuesta de Butler es fuerte, y por ese mismo motivo, rica y desafiante. Son valiosas sus críticas a Freud y a Lacan respecto de la constitución del sujeto y de la subjetividad, y sus lecturas de la historia de la filosofía. No se accede a sus análisis sin que dejen huella y, en ese sentido, abre el juego del debate en aquellos aspectos *obvios* que la filosofía y el psicoanálisis suelen dar por supuestos. Respecto de sus textos políticos, próxima a la democracia radical de Chantal Mouffe, e influida por Hegel y Gramsci, abre la discusión a problemas vigentes y a soluciones que, en lo inmediato, son de difícil implementación.

---

846 Nicholson, Malena en Martínez, Femenías y Casale (comp.), 2017, pp. 171-193.

BIBLIOGRAFÍA

Capítulo 1

Filósofas en la Antigüedad Clásica

Acosta, E., "Introducción al Menéxeno", en Platón, *Diálogos II*, Madrid, Gredos, 1983, p. 149-150.

Auffret, Séverine, *Mélanippe la philosophe*, París, Des Femmes, 1987.

Capellà i Soler, Margalida, *Poetes gregues antigues*, Barcelona, Publicacions de l'Abadia de Montserrat, 2004, p. 42-45.

Carlson, Cheree, "Aspasia of Miletus: How one Woman desappeared from the History of Rhetoric", *Women's Studies in Communication*, 1994, p. 26-44.

Didier, Béatrice, Fouque, Antoinette, Calle-Gruber, Mirelle, *Le Dictionnaire universel des Créatrices*, París, Des femmes, 2013, 3 volúmenes.

Diógenes Laercio, *Vitae Philosophorum* en García Gual, Carlos, "Introducción, traducción y notas", a Diógenes Laercio, *Vidas de filósofos ilustres*, Madrid, Alianza, 2007.

Femenías, María Luisa, "Fannia" en Meyer, U. I. y Bennet-Vahle, H. (comps.) *Philosophinnen Lexicon*, Berlin, ein-Fach-Verlag, 1994. p. 129.

Gálvez, Pedro, *Hypatia*, Barcelona, Mondadori, 2009.

García Gual, Carlos, "El asesinato de Hipatia", *Claves de razón práctica*, Nº 41, 1994, p. 61-65.

-----, *Audacias femeninas*, Madrid, Nerea, 1991.

------, *La secta del perro*, Madrid, Alianza, 1987.

Gardella, Mariana y Juliá, Victoria, *El enigma de Cleobulina*, Buenos Aires, Teseo, 2018.

Gastaldi, Silvia, "Reputazione delle donne e carriere degli uomini in Atene. Opinione pubblica, legislazione politica e pratica giudiziaria", *Storia delle donne*, 6/7, 2010/11, p. 63-88.

González Suárez, Amalia, *Aspasia*, Madrid, Ediciones del Orto, 1997.

-----, *Hipatia*, Madrid, Ediciones del Orto, 2009.

Gutiérrez, Mercedes, Jufresa, Montserrat, Mier, Cristina y Pardo, Felix, "Teano de Crotona", *Enrahonar*, 26, 1996, p. 95-108.

Hemelrijk, Emily A., *Matrona Docta. Educated Women in the Roman élite from Cornelia to Julia Domna*, London, Routledge, 1999. Disponible en: https://books.google.com.ar/books?id=p PwDo83kCQoC&pg=PP1&lpg=PP1&dq=Matrona+Docta& source=bl&ots=p_wwkuxnBZ&sig=3wb01Wf3NuVtA5bWY MUnJ-pRraY&hl=es-419&sa=X&ved=2ahUKEwjy0dOi4eDf AhXDCpAKHbkuDmcQ6AEwCXoECAAQAQ#v=onepage &q=Matrona%20Docta&f=false.

Jufresa, Montserrat, "¿Què és ser dona en la filosofia pitagòrica?, en Vilanova, Mercedes, (comp.) *Pensar las diferencias*, Barcelona, Universitat de Barcelona, 1994, p. 85-93.

López McAlister, Linda, "Some Remarks on Exploring the History of Women in Philosophy", *Hypatia* 4, 1, p.1-5.

Madrid, Mercedes, *La misoginia en Grecia*, Madrid, 1999.

Martínez, Antonio, "Hipatia: vista desde el cristianismo", *El Manifiesto*, 11 de noviembre de 2009.

Ménage, Gilles, *Historia mulierum philosopharum*, Trad. del latín de Mercé Otero Vidal, Introducción y notas de Rosa Rius Gatell, *Historia de las Mujeres Filósofas*, Barcelona, Herder, 2009.

Meyer, Úrsula. y Bennet-Vahle, Heidemarie, (comps.) *Philosophinnen Lexicon*, Berlin, ein-Fach-Verlag, 1994.

Montuori, Carolina, "Aspasia e la libertà delle donne nell'Atene classica", *Altmarius, Cultura e spiritualitate*, 3 aprile 2018.

Plant, Ian M., *Women Writers of Ancient Greece and Rome: An Anthology*, University of Oklahoma Press, 2004, p. 76-77.

Platón, *Banquete*, 208d8 "y bien sapientísima Diotima ¿es esto así en verdad?", Madrid, Gredos, ed. vs.

Revista *Hiparquia* Repositorio de la Facultad de Humanidades y Ciencias de la Educación, UNLP, Disponible en: https://www.google.com/search?source=hp&ei=qPIxXJH0BsiTwgTg3rjQDg&q=hiparquia+fahce+repositorio&oq=Hiparquia&gs_l=psy-ab.1.1.35i39l2j0l8.1054.2653..5495...0.0..0.89.722.10......0....1..gws-wiz.....0..0i131j0i10.3BXZpvxGlrw

Rist, J. M., *La filosofía estoica*, Barcelona, Crítica, 1995.

Séneca, *Epístolas*, 70.16.

Sierra González, Ángela, "Las mujeres como sujetos de conocimiento en Epicuro", *Laguna*, 20, 2002, p. 121-131.

Waithe, Mary Ellen, *A History of Women Philosophers*, Dordrecht-Boston-Lancaster, Martinus Nijhoff, 1987, volumen 1.

Wider, Katheleen, "Women Philosophers in the Ancient Greek World: Donning the Mantle", *Hypatia* 1,1, 1986, p. 21-62.

Capítulo 2

Anna Comnena

Browning, Robert, *Georgios Tornikēs: An unpublished funeral oration on Anna Comnena*, London, Trübner, 1962.

Comneno, Ana, *Alexíada* (Introducción, traducción y notas de Emilio Díaz Rolando), Sevilla, Universidad de Sevilla, 1989.

Detoraki, Marina, "Anne Comnène", en Didier, Béatrice, Fouque, Antoinette, Calle-Gruber, Mirelle, *Le Dictionnaire universel des Créatrices*, París, Des femmes, 2013, volumen 1.

Díaz Rolando, Emilio, "La *Alexíada* de Ana Comnena", *Erytheia*, 9.1, 1988, pp. 23-33.

-----, "Ana Comnena y la historiografía del período clásico: aproximación a un debate", en *Erytheia*, 13, 1992, pp. 29-44.

Gouma-Petersdon, Thalia, "Gender and Power: passages to the Maternal in Anna Komnene's *Alexiad*", en Gouma-Peterson, Thalia (ed.), *Anna Komnene and her Times*, New York-London, Garland Publishing, 2000, pp. 107-124.

Ierodiakonou, Katerina y Bydén, Börje, "Byzantine Philosophy", en *The Stanford Encyclopedia of Philosophy*, 2018. Disponible en: https://plato.stanford.edu/entries/byzantine-philosophy/

Iommi Echeverría, Virginia, "La medicina bizantina en los siglos XI y XII a partir de la *Alexíada* de Ana Comnena", en *Byzantion Nea Hellás*, 23, 2004, p. 1-36.

Laiou, Angeliki, "Why Anna Komnene?", Gouma-Peterson, Thalia (ed.), *Anna Komnene and her Times*, New York-London, Garland Publishing, 2000, pp. 1-4.

Ménage, Gilles, *Historia mulierum philosopharum*, Traducción del latín de Mercé Otero Vidal, Introducción y notas de Rosa Rius Gatell, *Historia de las Mujeres Filósofas*, Barcelona, Herder, 2009.

Meyer, U. I. y Bennet-Vahle, H. (comps.), *Philosophinnen Lexicon*, Berlin, ein-Fach-Verlag, 1994.

Preus, Anthony, *Aristotle's and Michael of Ephesus on the movement and the progression of animals* (Translation, Commentary, and Notes), New York, George Olms, 1981.

Talbot, Alice-Mary, "Women's Space in Byzantine Monasteries", *Dumbarton Oaks Papers*, vol. 52, 1998, pp. 113-127.

Thomas, John and Constantinidis Hero, Angela, *Byzantine Monastic foundation Documents* [extract], Washington D C, Dumbarton Oaks Research Library & Collection, 2000, pp. 648-661.

Hildegarda de Bingen

Alic, Margaret, "La sibila del Rin" en *El legado de Hipatia*, México, Siglo XXI, 2014.

Buisel, M. D., "La abadesa de Bingen y su tiempo", *Cuartas Jornadas Interdisciplinarias. Conociendo a Hildegarda*, Buenos Aires, Academia Nacional de Ciencias, 17-18 de septiembre de 2009.

Dronke, Peter, *Las escritoras de la Edad Media*, Barcelona, Crítica, 1995.

Epiney-Burgard, Georgette y Zum Brunn, Emilie, *Mujeres Trovadoras de Dios: Una tradición silenciada de la Europa medieval*, Barcelona, Paidós, 1998.

Feldman, Christian, *Hidelgarda de Bingen: una vida entre la genialidad y la fe*, Madrid, Herder, 2009.

Fraboschi, Azucena Adelina, *Hildegarda de Bingen: la extraordinaria vida de una mujer extraordinaria*, Buenos Aires, UCA, 2004.

Grössmann, Elisabeth, "Hildegarda of Bingen", en Waithe, Mary Ellen, *A History of Women Philosophers*, Dordrecht-Boston-Lancaster, Martinus Nijhoff, 1987, volumen 2.

Hildegarda de Bingen, *El libro de los merecimientos de la vida* (Introducción, traducción del latín y notas de Azucena A. Fraboschi), Buenos Aires, Miño y Dávila, 2011.

-----, *Cartas de Hildegarda de Bingen. Epistolario Completo*, (Introducción, traducción del latín y notas de Azucena Fraboschi, Cecilia Avenatti de Palumbo y María Ester Ortiz), Buenos Aires, Miño y Dávila, 2015.

-----, *Scivias* (introducción, traducción del latín y notas de Antonio Castro Zafra y Mónica Castro), Madrid, Trotta, 1999.

Meyer, U. I. y Bennet-Vahle, H. (comps.), *Philosophinnen Lexicon*, Berlin, ein-Fach-Verlang, 1994.

Pernoud, Régine, *Hildegarda de Bingen, la conciencia inspirada del siglo XII*, Barcelona, Paidós, 1998.

Waithe, Mary Ellen, *A History of Women Philosophers*, Dordrecht-Boston-Lancaster, Martinus Nijhoff, 1987, volumen 2.

Capítulo 3

Christine de Pizán

Beauvoir, Simone de, *La plenitud de la vida*, Buenos Aires, Sudamericana, 1961.

-----, *Le deuxième sexe*, Paris, Gallimard, 1949, vol. I.

Castro Santiago, Manuela, "La filosofía y la literatura como formas de conocimiento", *Diálogo Filosófico*, 60, 2004, pp. 491-500.

Sobre Christine de Pizán

Agós Díaz, Ainoha, *Christine de Pizán: un nuevo modelo de mujer medieval a través de las imágenes miniadas*, Tesis de Máster en Patrimonio, Universidad de la Rioja, La Rioja, España, 2012.

Amorós, Cèlia, *Tiempo de Feminismo*, Madrid, Cátedra, 1997.

Benedictow, Ole. J., "La Muerte Negra. La catástrofe más grande de todos los tiempos", (Traducción y comentarios Susana Suárez) en *Estudios históricos*, Montevideo, Universidad de la República, CDHRP- Año II, 5. 2010.

Kelly, Joan, "Early Feminist Theory and *The Querelle des Femmes, 1400-1789*", *Signs*, 8.1, 1982, pp. 4-28.

-----, "¿Tuvieron Renacimiento las Mujeres?" en Amelang, J. y Mary Nash (ed.), *Historia y género: Las mujeres en Europa Moderna y Contemporánea*, Valencia, Alfons el Magnànim, 1990, pp. 93-126.

Meyer, U. I. y Bennet-Vahle, H. (comps.), *Philosophinnen Lexicon*, Berlin, ein-Fach-Verlag, 1994.

Pernoud, Régine, *Cristina de Pizán*, Barcelona, Medievalia, 2000.

Pizán, Christine de, *Le Livre de la cité des Dames*, Paris, Moyen Âge, 1986.

-----, *El libro de la ciudad de las damas* (Traducción del francés medieval, notas e introducción de Marie-José Lemarchand), Madrid, Siruela, 2000.

-----, *La rosa y el príncipe: voz poética y voz política en las epístolas*, Madrid, Gredos, 2005.

Puleo, Alicia, "El paradigma renacentista de autonomía" en *Actas del seminario permanenete de Feminsimo e Ilustración*, Madrid, Universidad Complutense, 1992, pp. 39-45.

Rougemont, Denis, *El amor y Occidente*, México, Leyenda, 1945.

Santa Cruz, María Isabel, "La idea de la justicia en Platón", *Anuario de Filosofía Jurídica y Social 2*, 1983, pp. 71-96.

Valero Moreno, Juan M., "Denis de Rougemont: La invención del amor", *El texto infinito. Tradición y reescritura en la Edad Media y el Renacimiento*, Salamanca, Seminario de estudios medievales y renacentistas, 2014, pp. 1019-1045.

Viennot, Elianne, "Revisiter la «Querelle des femmes». Mais de quoi parle-t-on?", Saint Étienne, Publications de l'Université de Saint Étienne, 2012, pp. 1-20.

Waithe, Mary Ellen, *A History of Women Philosophers*, Dordrecht-Boston-Lancaster, Martinus Nijhoff, 1987, volumen 2, pp. 312-317.

Juana Inés de la Cruz

Amorós, Cèlia, *Hacia una crítica de la razón patriarcal*, Barcelona, Anthropos, 1985.

Arriaga Flórez, Mercedes, *Mi amor, mi juez*, Barcelona, Anthropos, 2001.

Benítez, L., "Sor Juana Inés de la Cruz y la reflexión epistemológica en el *Primero Sueño*", Heredia, A. y Álvarez, R. (comp.), *Filosofía y Literatura en el Mundo Hispánico*. Salamanca, Universidad de Salamanca. 1997, pp. 315-324.

Femenías, María Luisa, "Philosophical Genealogies and Feminism in Sor Juana Inés de la Cruz", en Salles, A. & Millán-Zaibert, E. (ed.), *The Role of History in Latin American Philosophy: Contemporary Perspectives*, New York, SUNY Press, 2005, pp. 131-157.

-----, "Oí decir que había Universidades y Escuelas. (Reflexiones sobre el feminismo de Sor Juana)", *Orbis Tertius* (UNLP), 2/3, 1996.

-----, "Las filosofías de cocina o acerca del feminismo de Sor Juana Inés de la Cruz", *Deva 0*, (Oviedo), marzo 1995.

-----, "La mujer sin ingenio en el *Examen de Ingenios*", en Amorós, C. (comp.), *Actas del Seminario de Feminismo e Ilustración*, Madrid, Universidad Complutense de Madrid, 1992.

Hicks, Eric y Moreau, Thérèse, "Introduction" en Pizan, Christine de, *Le Livre de la cité des Dames*, París, Moyen Âge, 1986.

Ludmer, Josefina, "Las tretas del débil", en *La sartén por el mango*, Puerto Rico, 1984.

Méndez Plancarte en *Obras Completas de Sor Juana Inés de la Cruz*, México, F.C.E, 1950.

Morkovsy, M. C., "Sor Juana Inés de la Cruz", en Waithe, *op.cit.*, vol. 3.

Paz, Octavio, *Sor Juana Inés de la Cruz o las trampas de la Fe*, Buenos Aires, F.C.E. 1992.

Perelmuter Pérez, R., "La situación enunciativa del *Primero Sueño*", *Revista Canadiense de Estudios Hispánicos*, vol. XI, 1986, 1.

Santa Cruz, María Isabel, "Filosofía y feminismo en Sor Juana Inés de la Cruz" en Santa Cruz, María Isabel *et alii, Mujeres y Filosofía*, Buenos Aires, CEAL, 1994, vol. 2.

-----, "Filosofía y Feminismo en Sor Juana" en: Amorós, C. (comp.), *Actas del Seminario "Feminismo e Ilustración"*, Madrid, Universidad Complutense, 1992, pp. 277-289.

Zanetti, Susana E., *Sor Juana Inés de la Cruz: Primero Sueño y otros textos*, Buenos Aires, Losada, 1995.

Capítulo 4

Oliva Sabuco

Alberó Muñoz, María del Mar, "Las pasiones del alma según Sabuco en su *Nueva Filosofía de la Naturaleza del Hombre*", *Imafronte*, 18, 2006, pp. 7-18.

Balltondre Pla, Mònica, "La nueva filosofía de la naturaleza del hombre de Oliva Sabuco", *Athenea Digital*, nro. 10, 2006, pp. 259-262

Balltondre Pla, Mònica, "El conocimiento de sí y el gobierno de las pasiones en la obra de Sabuco", *Revista de Historia de la Psicología*, 27, 2/3, 2006, pp. 107-114.

Femenías, María Luisa, "Juan Huarte de San Juan: Un materialista español del siglo XVI", *Actas del II° Congreso de la AFRA*. Salta, UNSa, 1991.

Femenías, María Luisa, *Inferioridad y Exclusión: Un modelo para desarmar*, Buenos Aires, Grupo Editor Latinoamericano, 1996, pp. 83-120.

Fernández Sánchez, José, *Ediciones de la obra de Miguel Sabuco (antes doña Oliva)*, Biblioteca Nacional de España, Edición de 1587, catálogo 1963.

Huarte de San Juan, Juan de, *Examen de Ingenios para las ciencias*, Madrid, Jordán & hijos, 1963.

Pretel Marín, Aurelio, "Los últimos «enigmas» en torno a Doña Oliva Sabuco y el Bachiller Sabuco", Albacete, Instituto de Estudios Albacetenses, 2018, pp. 197-225.

Pseudo-Aristóteles, *Fisiognomía*, Madrid, Gredos, 1999.

Quiñones, E., *et alii*, "Huarte de San Juan y Sabuco de Nantes: Dos visiones psicológicas en el Renacimiento español", en Manuel de Valera y C. López Fernández, *Actas del V Congreso de la Sociedad Española de Historia de las Ciencias y de las Técnicas*. Murcia, Vol. III, 1991.

Romero Pérez, Rosalía, *Oliva Sabuco (1562-1620)*, Ciudad Real, Universidad de Castilla-La Mancha, 2008.

Sabuco de Nantes Barrera, Oliva, *La Nueva filosofía de la Naturaleza del Hombre, no conocida ni alcanzada de los grandes filósofos antiguos, la qual mejora la vida y la salud humana*. Madrid, Pedro Madrigal, 2da. Edición, 1588.

Steele, Kathryn Mary, *Feminismo, Avicena y Francisco Vallés en la Nueva filosofía de la naturaleza del hombre de Oliva Sabuco*, Tesis de Master of Arts, Graduate program in French, Italian and Spanish, Calgary University, Alberta, September, 2014.

Vintró, María y Waithe, Mary Ellen, "¿Fue Oliva o fue Miguel? Reconsiderando el caso «Sabuco»", *Boletín del Instituto de Investigaciones Bibliográficas* (México), vol. V.1 y 2, 2000, pp. 11-37.

Waithe, Mary Ellen (b), "Oliva Sabuco's Philosophy of Medicine: Freedom from False Paradigma", Birulés, Fina y Peña Aguado, María Isabel, *La Passió per la Llibertat*, Barcelona, Universidad de Barcelona, 2004, pp. 225-229.

Waithe, Mary Ellen (c), "Freedom is just another Word for Nothing left to lose: Oliva Sabuco's Philosophy and Life", en Bergès, Sandrine y Sianni, Alberto (eds.), *Women Philosophers on Authonomy: Historical & Contemporary Perspectives*, New York, Routledge, 2018.

María de Zayas y Sotomayor

Cortés Timoner, María del Mar, "María de Zayas y el derecho a ser de las mujeres", *Biblioteca Virtual Miguel de Cervantes*, Disponible en: http://www.cervantesvirtual.com/obra-visor/maria-de-zayas-y-el-derecho-a-ser-de-las-mujeres-888791/html/2ed84456-d065-45a9-9e99-7bbd20dde843_4.html#PagFin

Editorial: "María de Zayas y el feminismo que nació en España en el Siglo de Oro", Madrid, *El País*, 22 de mayo de 2018, en ocasión de la Feria del Libro de Madrid, y de la puesta en escena de *Desengaños amorosos* por la compañía de Silvia de Pé.

Navarro Durán, Rosa, «La "rara belleza" de las damas en las novelas de María de Zayas y de Mariana de Carvajal», en Carabí, Ángels y Segarra, Marta (eds.), *Bellesa, dona i literatura*. Barcelona, PPU, 1997, p. 79-86. Versión electrónica de 2013. Disponible en http://diposit.ub.edu/dspace/bitstream/2445/34251/1/Belleza_escrita_femenino.pdf

Solana Segura, Carmen, "María de Zayas", *Lemir*, 16, 2012.

Solana Segura, Carmen, "Las heroínas de las *Novelas amorosas y ejemplares* de María de Zayas frente al modelo femenino humanista", *Lemir*, 14, 2010, pp. 27-33.

Zayas y Sotomayor, María de, (a) *Novelas amorosas y ejemplares*, Julián Olivares (ed.), Madrid, Cátedra, 2010.

Zayas y Sotomayor, María de, (b) *Desengaños amorosos*, Alicia Yllera (ed.), Madrid, Cátedra, 1993.

Capítulo 5

Anna Finch, Vizcondesa de Conway

Alic, Margaret, *El legado de Hipatia*, México, Siglo XXI, 2014.

Conway, Anne, *The Conway Letters: the Correspondence of Anne, Viscountess Conway, Henry More and their Friends, 1642-1684*, (Edition, Translation and notes Marjorie Nicolson y Sarah Hutton), Oxford, Clarendon Press, 1992.

Descartes, René, *Meditaciones Metafísicas*, Buenos Aires, Charcas, 1980.

Duran, Jane, "Anne Viscountess Conway: a seventeeth Century Rationalist", *Hypatia*, 4.1, 1989, pp. 64-79.

Frankel, Lois, "Anne Finch, Viscountess Conway", en Waithe, Mary Ellen, *A History of Women Philosophers*, vol. 3, University of Minnesota, 1991, pp. 41-55.

Gabbey, Alan, "Anne Conway et Henry More: lettres sur Descartes", *Archives de Philosophie*, 40, 1977, pp. 379-404.

Grey, John, "Conway's Ontological Objection to Cartesian Dualism", *Philosophers' Imprint*, vol. 17, 13, July 2017, pp. 1-19.

Hutton, Sarah, "Lady Anne Conway", *Stanford Encyclopedia of Philosophy*, revised, Fri, Mar 7th, 2014.

-----, *Anne Conway: A Woman Philosopher*, Cambridge: Cambridge University Press, 2004.

Lascano, Marcy y Eileen O'Neill, "Anne Conway's Metaphysics of Sympathy", en *Feminist History of Philosophy*, New York, Springer, 2015.

McNamara, Alena, "Anne Conway's Intellectual Neighborhood", Mount Holyoke College, Critical Social Thought Department, Class of 2013, pp. 27, 45.

Mercer, Christia, "Knowledge and Suffering in Early Modern Philosophy: G.W. Leibniz and Anne Conway", en Ebbersmeyer, Sabrina (ed.), *Emotional Minds*, Gottingen, Walter de Gruyter, pp. 179-206.

Merchant, Carolyn, (a) "Anne Conway: Quaker & Philosopher", en Stoneburner, Carol O., Theodor Benfey, Robert Kraus (eds.), *Perspectives on the Seventeenth Century World of Viscountess Anne Conway*. Special issue of the *Guilford College Review*, 23, 1986, pp. 1-13.

-----, (b) *The Death of Nature*, San Francisco, Harper-Collins, 1983.

-----, (c) "The vitalism of Anne Conway: It's impact on Leibniz's concept of the Monad", *Journal of the History of Philosophy*, volume 17, number 3, July 1979, pp. 255-269.

-----, (d) "The Vitalism of Francis Mercury Van Helmont: Its influence on Leibniz", *Ambix*, 26, 1979, pp. 170-183.

Orio de Miguel, Bernardino, (Edición bilingüe. Traducción, introducción y notas) *Principia Philosophae: La filosofía de Lady Anne Conway. Un proto-leibniz*, Valencia, Universidad Politécnica de Valencia, 2004.

-----, "Lady Conway entre los platónicos de Cambridge y Leibniz", *Fragmentos de Filosofía*, Sevilla, 1994, pp. 59-80.

Roldán, Concepción, (a) "La filosofía de Anne Finch Conway: bases metafísicas y éticas para la sostenibilidad", en Puleo, Alicia (comp.) *Ecología y género en diálogo interdisciplinar*, Madrid, Plaza y Valdés, 2015, pp. 101-123.

-----, (b) "Transmisión y exclusión del conocimiento en: *Filosofía para damas* y *Querelle des femmes*", *Arbor, Ciencia, Pensamiento y Cultura*, n° 731, mayo/junio, 2008, pp. 82-94.

Ryle, Gilbert, *El problema de lo mental*, Buenos Aires, Paidós, 1973.

Schroeder, Steven, "Anne Conway's Place: A Map of Leibniz", en *The Pluralist*, vol. 2, 3, 2007, pp. 77–99.

Capítulo 6

Émilie de Chatelet

Alic, Margaret, *El legado de Hipatia*, México-Buenos Aires, Siglo XXI, 1991.

Badinter, Elisabeth, *Mme du Châtelet, Mme d'Epinay ou l'ambition féminine au XVIIIe siècle*, Paris, Flammarion, 1986.

Châtelet, Émilie de, *Discurso sobre la felicidad*, (Introducción de Isabel Morant Deusa), Madrid, Cátedra, 1996.

-----, *Discours sur le Bonheur*, Édition critique et commentée par Robert Mauzi, Paris, Les Belles Lettres, 1961.

-----, *Institutions de Physique*, Paris, 1740; Microfilm, signatura topográfica BH FLL 21283.

Gardiner Janik, Linda, "Searching for the metaphysics of science: the structure and composition of Madame Du Châtelet's *Institutions de Physique*, 1737-1740", en *Studies on Voltaire and the eighteenth Century*, 201, Oxford-The Voltaire Foundation at the Taylor Institution, 1982, pp. 88; 89.

Hagenbruger, Andrea, "How to teach History of Science and Philosophy: a digital case", *Transversal: International Journal for the Historiography of Science*, 5, 2018, pp. 84-99.

Hagenbruger, Ruth, (director) *A History of Women Philosophers and Scientists, Madame Émile Du Châtelet*, Paderborn University, 2017. Disponible en: https://historyofwomenphilosophers.org/ruth-hagengruber/

Iltis, Carolyn, "Madame du Châtelet's Metaphysics and Mechanics", *Studies in History and Philosophy of Science*, 8.1, 1977, pp. 29-47.

Kölving, Ulla (dir), *La Correspondance d'Émilie Du Châtelet* (avec la collaboration de Andrew Brown) Paris, Centre International d'étude du XVIII siècle, 2018.

Le Jay de Gournay, Marie, *Égalité des hommes et des femmes* (1622).

Locqueneux, Robert, «Les *Institutions de Physique* de Madame Du Châtelet ou d'un traité de paix entre Descartes, Leibniz et Newton», en *Revue du Nord*, tome 77, 312, Octobre-décembre, 1995, pp. 859-892.

Mauzi, Robert, *L'idée de Bonheur dans la literature et la pensée françaises au XVIII siècle*, Genève-Paris, Slatkine Reprints, 1979.

Poullain de la Barre, François, *De l'Égalité des deux sexes, discours physique et moral où l'on voit l'importance de se défaire des préjugés* (1673).

Rousseau, Jean Jacques, *Discurso sobre el origen y los fundamentos de la desigualdad entre los hombres*, Barcelona, Península, 1973.

Salvador, Adela y Moledo, María, *Gabrielle Émilie de Breteuil, Marquesa de Châtelet (1706-1749)*, Madrid, Ediciones del Orto, 2003, pp. 11-12.

Villanueva Gardner, Catherine, *Rediscovering Women Philosophers: Philosophical Genre and the Boundaries of Philosophy*, Dartmouth, Westview, 2000.

VV.AA., *Catalogue de l'exposition Emilie du Châtelet*, Université Paris 12 - Val de Marne, 2006.

Wade, Ira O., "Mme. Du Châtelet's translation of the «Fable of the Bees»", en *Studies in Voltaire with some unpublished papers of Mme. du Châtelet*, Princeton, Princeton University Press, 1947.

-----, *The Clandestine Organization and Diffusion of Philosophical Ideas in Frances form 1700 to 1750*, Princeton University Press, 1938.

Waithe, Mary Ellen, "Gabrielle-Émilie Le Tonnelier de Bretetil", en Waithe, *op.cit.*, vol. III, 1990, pp. 127-150.

Zinsser, Judith P, & Hayes, C. Julie, "Emilie Du Châtelet: rewriting Enlightenment philosophy and science", Oxford, University of Oxford Press, Voltaire Foundation, vol. 2006, 1.

Capítulo 7

Mary Wollstonecraft

Amorós, Cèlia y Cobo, Rosa, "III. Mary Wollstonecraft y la *Vindicación de los Derechos de la Mujer*: El acta fundacional del feminismo", en Amorós, Cèlia y de Miguel, Ana (eds.) *Teoría feminista: de la Ilustración a la Globalización*, Madrid, Minerva, Tomo 1, 2005.

Armstrong, Nancy, *Deseo y ficción doméstica*, Madrid, Cátedra, 1987.

Burdiel, Isabel, "Introducción" en Wollstonecraft, Mary, *Vindicación de los derechos de la mujer*, Madrid, Cátedra, 1994, pp. 7-96.

Cobo Bedia, Rosa, "Mary Wollstonecraft: un caso de feminismo ilustrado", en *Reis*, 2000.

-----, "La construcción social de la mujer en Mary Wollstonecraft", en Amorós, Cèlia, (coord.) *Historia de la Teoría Feminista*, Madrid, Universidad Complutense, 1994.

-----, *Democracia y patriarcado en Jean Jacques Rousseau*. Universidad Complutense de Madrid, Madrid, 1993.

-----, "Influencia de Rousseau en las conceptualizaciones de la mujer en la Revolución Francesa", *Actas del Seminario Feminismo e Ilustración*, Madrid, Universidad Complutense, 1992, pp. 185-192.

Condorcet, *Sur l'admission des femmes au droit de cité, en Journal de la Société de 1789*, julio de 1790. Edición facsímil, disponible en: http//oll.libertyfund.org/titles/1014

Coole, Diana, *Women in Political Theory*, Harvest Whaeatsheaf, Lynne Reinner, 1988.

Johnson, Claudia, *The Cambridge Companion to Mary Wollstonecraft*, Cambridge University Press, 2002, pp. xv-xviii.

Jones, Vivien, "Mary Wollstonecraft and the literature of advice and instruction", en Johnson, Claudia, *The Cambridge Companion to Mary Wollstonecraft*, Cambridge University Press, 2002.

Fauré, Christine (ed.), *Enciclopedia histórica y política de las mujeres*, Madrid, Akal, 2010, pp. 129; 231.

Fernández Poza, Milagros, "Estudio Preliminar", en *Cartas*, pp. 9-54.

Locke, John, *Pensamientos sobre la Educación*, Madrid, Akal, 1986.

Sutherland, Kathryn, "Writings on Education and Conduct: Arguments for Female Improvement", en Jones, Vivien, *Women & Literature in Britain 1700–1800*, Cambridge, Cambridge University Press, 2000.

Pateman, Carole, *The Sexual Contract*, Standord, Stanford University Press, 2018.

Puleo, Alicia, *La Ilustración Olvidada*, Barcelona, Anthropos, 2011.

Rowbotham, Sheila, *Mary Wollstonecraft: Vindicación de los derechos de la mujer*, Madrid, Akal, 2014.

Rousseau, Jean-Jacques, *Emilio, o De la educación*, Alianza, Madrid, 1998.

Valenzuela Vila, María del Mar, "La Educación de Emilio: naturaleza, sociedad y pedagogía", *Espéculo. Revista de estudios literarios*. Universidad Complutense de Madrid, 2009. Disponible en: http://www.ucm.es/info/especulo/numero43/emilior.html

Wollstonecraft, Mary, *Vindicación de los derechos de la mujer*, Madrid, Cátedra, 1994.

-----, *Reflexiones sobre la educación de las hijas*, Santander, El Desvelo, 2010.

-----, *La novela de María o Los agravios de la mujer*, Barcelona, Littera, 2002.

-----, *Cartas escritas durante una corta estancia en Suecia, Noruega y Dinamarca*, Madrid, Catarata, 2003.

Woolf, Viriginia, "Four Figures", Disponible en: https://fleursdu-mal.nl/mag/virginia-woolf-four-figures

Capítulo 8

Alejandra Kollontai

Anderson, Bonnie y Zinsser, Judith, *Historia de las Mujeres: Una historia propia*, Barcelona, Crítica, Serie mayor, 2007.

Bryant, Louise, *Seis rojos meses en Rusia*, Ituzaingó, Cienflores, 2018.

De Beauvoir, Simone, *El segundo sexo*, Buenos Aires, Siglo XX, 1972.

Delphy, C., *L`ennemi principal 1. Économie politique du patriarcat, L´ennemi principal, Penser le genre*, París, 1975.

-----, *Por un feminismo materialista. El enemigo principal y otros textos*, Barcelona, LaSal-Edicions de les dones, 1985.

De Miguel, Ana, "El conflicto clase-sexo-género en la tradición socialista", en Amorós, Cèlia, (coord.) *Historia de la Teoría Feminista*, Madrid, Universidad Complutense, 1994.

-----, "La articulación del feminismo y el socialismo: el conflicto clase-género", en Amorós, Celia y de Miguel, Ana (eds), *Teoría Feminista: de la Ilustración a la Globalización. De la Ilustración al Segundo Sexo*, Madrid, Crítica, 2005, vol. 1.

-----, *Alejandra Kollontai (1872-1952)*, Madrid, del Orto, 2000.

-----, "El conflicto clase-sexo-género en la tradición socialista", en Amorós, Cèlia, (coord.) *Historia de la Teoría Feminista*, Madrid, Universidad Complutense, 1994.

-----, *Marxismo y Feminismo en Alejandra Kollontai*, Madrid, Universidad Complutense, 1993.

Engels, F., *El origen de la propiedad privada, la familia y el Estado*, Buenos Aires, Planeta, 1992.

Fauré, Christine (ed.), *Enciclopedia histórica y política de las mujeres*, Madrid, Akal, 2010, pp. 419-433.

Foremann, Ann, *Feminity as Alienation: Women and Family in Marxism*, London, Pluto Press, 1977.

Hartmann, Heidi, "Un matrimonio mal avenido: hacia una unión más progresiva entre marxismo y feminismo", *Zona Abierta*, 24, 1980; pp. 85-113.

Jónasdóttir, Anna, "¿Qué clase de poder es el del amor?, *Sociológica*, año 26, nro. 74, 2011, pp. 247-273.

Kollontai, Alexandra, *Mujer, Historia y Sociedad*, México, Fontamara, 1989.

-----, *Catorce conferencias en la Universidad Sverdlov de Leningrado*, Ituzaingó, Cienflores, 2018.

-----, "The Immorality of the Bolsheviki", en *The Revolutionary Age*, February 22, 1919. Disponible en https://www.marxists.org/archive/kollonta/1918/immoral.htm

-----, *Mujer y lucha de clases*, Barcelona, El Viejo Topo, 2016.

-----, *Marxismo y Revolución Sexual*, Madrid, Castellote, 1976.

-----, *La mujer nueva y la revolución sexual*, Madrid, Ayuso, 1977.

-----, *El amor y la mujer nueva* (textos escogidos), Ituzaingó, Cienflores, 2017.

Lenin, Vladimir, "Las tareas del movimiento obrero femenino en la República Soviética". Discurso pronunciado el 23 de septiembre de 1919, *Pravda* nro. 213, septiembre 25, 1919. Versión digital, 2004.

Lozano Rubio, Sandra, "Las causas de la subyugación femenina: lecciones del feminismo marxista", *Estrat Crític*, año 6, nro. 6, 2012, pp. 213-227.

Marchand, Suzanne & Lindenfeld, David, (ed.) *Germany at the fin de siècle: Culture, Politicas and Ideas*, Baton Rouge, Louisiana State University, 2004.

Meisel Hess, Grete, *The sexual crisis; a critique of our sex life*, Toronto, Robarts, 1917. Disponible en Google Books.

Pateman, Carole, *El contrato sexual*, Madrid, Ménades, 2019.

Petty, Leia, "Kollontai Rediscovered", Disponible en http://socialistworker.org/2014/08/27/kollontai-rediscovered

Rowbotham, Sheila, *Women, Resistence and Revolution*, New York-London, Penguin Press, 1972.

Sierra, Ángela, "Alejandra Kollontai", María José Guerra-Ana Hardisson (eds), *20 Mujeres del siglo XX*, Tenerife, Caja Canaria-Ediciones Nobel, 2006, vol. 1, pp. 81-98.

Stora-Sandor, Judith, *Alexandra Kollontai: Marxisme et révolution sexuelle*, París, Maspero, 1973.

Weinbaum, Batya, *El curioso noviazgo entre feminismo y socialismo*, México, Siglo XXI, 1984.

Weininger, Otto, *Sexo y Carácter*, Barcelona, Península, 1985.

Zetkin, Clara, "Lenin on the Women Question", *International publishers*, 1934.

Capítulo 9

Elvira López

Anales de la Universidad de Buenos Aires, tomo XI-XII; XV, Buenos Aires, Imprenta y Casa editora de Coni Hermanos, 1902.

Andreoli, Miguel, "El feminismo de Vaz Ferreira", *Mora,* 10, 2004.

Arriaga Florez, Mercedes, *Mi amor, mi juez*, Barcelona, Anthropos, 2001.

Augustine-Adams, Kif, "«Ella consiente implícitamente»: La ciudadanía de las mujeres, el matrimonio y la teoría política liberal en Argentina a finales del siglo XIX y comienzos del XX", *Mora*, 10, 2004.

Auza, Néstor, *Revista argentina de ciencias políticas: Estudio e índice general 1910-1920*, Buenos Aires, Academia Nacional de Ciencias, 2008.

Barrancos, Dora, "Cien años de estudios feministas en la Argentina: Homenaje a Elvira López", *Mora*, 8, 2002, pp. 91-92.

----, "Maestras, librepensadoras y feministas en la Argentina (1900-1912)", en Altamirano, Carlos, *Historia de los intelectuales en América Latina*, Buenos Aires, Katz, 2008, pp. 465-490.

Batticuore, Graciela, *La mujer romántica. Lectoras, autoras y escritores en la Argentina: 1830-1870*, Buenos Aires, Edhasa, 2005.

Bosch, Graciela, "De los *gentleman and Scholars* al campo intelectual filosófico", *Revista de Filosofía y Teoría Política*, Anexo 2005. Disponible en: http://www.memoria.fahce.unlp.edu.ar/trab_eventos/ ev.132/ev.132.pdf

Chikiar Bauer, Irene, *Eduarda Mansilla Entre-Ellos*, Buenos Aires, Biblos, 2013.

De Bonald, L., *Du divorce, consideré au XIX siécle relativement à l' état domestique et á l'état public de société*, París, 1801, en *OEuvres Complètes*, París, 1839.

Dumas, Alejandro, (f), *Les femmes qui tuent et les femmes qui volent*, Paris, Calman-Levy, 1880.

Editorial "La Mujer", *Hojas Pan Americanas*, II.6, 1936.

Feijóo, María Carmen, *Acerca de los orígenes del feminismo en la Argentina*, Buenos Aires, Ediciones del Centro Feminista, 1985.

Femenías, María Luisa, "Mujeres (olvidadas) en la historia del pensamiento: Elvira López", en María José Guerra y Ana Hardisson (eds) *20 Mujeres del siglo XX*, Tenerife, Caja Canaria - Ediciones Nobel, 2006, vol. 1, pp. 99-109.

-----, "Balance del Bicentenario al ideario feminista del Centenario", en Varg, M. S. (comp.) *Las mujeres y el bicentenario*, Salta, UN-Sa-Municipalidad de la Ciudad de Salta, 2010, pp. 269-280.

Fouillée, Alfred, *Temperament et charactére selon les individus, les sexes et les races*, París, Félix Alcan, 1895.

Fourier, Charles, *Le Nouveau monde amoureux*, Simone Debout-Oleszkiewicz, s/f.

-----, *Théorie des quatre mouvements et destinées génèrales*, París, 1808.

Fraisse, Genevieve, *Les deux gouvernements: la famille et la Cité*, París, Gallimard, 2000.

Gago, Verónica, "Elvira y la vanguardia prudente del feminismo", *Anfibia*, 8, Disponible en: http://revistaanfibia.com/ensayo/elvira-vanguardia-prudente-feminismo/

Gómez, Amanda, "Elvira López: pionera del feminismo en la Argentina", *Cuyo. Anuario de Filosofía Argentina y Americana*, v. 32, nro. 1, 2015, pp. 17-37.

Guizot, F., *L'amour dans le mariage*, París, Hachette, 1858.

Lavrín, Asunción, *Latin America Women*, West Point, Greenwood Press, 1978.

La voz de la mujer, periódico comunista-anárquico, 1896-97. Terán, O. (ed). Facsímil Universidad Nacional de Quilmes, 1997.

Lobato, Mirta Zaida, "El movimiento feminista y la situación de la mujer en las palabras de Elvira López. Selección documental", *Mora*, 8, 2002, pp. 101-142.

López, Elvira V., *El movimiento feminista*. Tesis presentada para optar por el grado de Doctora en Filosofía y Letras, Buenos Aires, Facultad dc Filosofía y Letras, Imprenta Mariano Moreno, 1901.

------, *El movimiento feminista*, Buenos Aires, Ediciones de la Biblioteca Nacional, 2009.

-----, "Una escuela de filantropía", *Revista de la Universidad*, (UBA), tomo IV, 1905.

-----, "Primer Congreso Internacional de Eugénica", en *Revista Argentina de Ciencias Políticas*, t. V. 1912, pp. 64-74.

-----, "Cultivemos el ideal", en *Revista Argentina de Ciencias Políticas*, tomo III, 1911, pp. 197-213.

Lorenzo, María Fernanda, "Reflexiones en torno al feminismo de comienzos del siglo XX. Las primeras tesis de las graduadas de Filosofía y Letras: María Isabel Salthu, "El problema feminista en la Argentina", Revista *Mora*, vol. 23, nro.2, 2017 pp. 69-83.

Ludmer, Josefina, "Las tretas del débil", *La sartén por el mango*, Puerto Rico, 1984.

Michelet, J., *L'amour*, París, Hachette, 1858.

Navarro, Marysa, "Research Work on Latin American Women", *Signs*, 5.1, 1979.

----, "Cambiando actitudes sobre el rol de la mujer: la experiencia del cono sur a principios de siglo", *Revista europea de Estudios Latinoamericanos y el Caribe*, 1997. 62, pp. 71-92.

Naquet, A., *Le divorce*, París, E. Denter, 1877.

Ocampo, Victoria, "Solicitada de la Unión Argentina de Mujeres", *Claridad*, XVI, 1937.

Oliver, Amy, "El feminismo compensatorio de Vaz Ferreira", en Femenías, María Luisa, *Perfiles del Feminismo Iberoamericano*, Buenos Aires, Catálogos, 2002.

Primer Congreso Femenino, *Historia, Actas y trabajos, Buenos Aires, 1910*, Córdoba, Universidad Nacional de Córdoba, 500 páginas.

Prudhom, P. J., *La pornocratie ou les femmes dans les temps modernes*, París, Lacroix, 1875.

Revista del Consejo Nacional de Mujeres, nro. VI, 1906 y nro. VII, 1908.

Rivarola, Rodolfo, "Nationalité de la femme Argentine mariée avec un étranger", en *Bulletin Argentine de Droit International Privée*, II.1, 1906.

Royo, Amelia, *Juana Manuela mucho papel*, Salta, El Robledal, 1999.

Sosa de Newton, Lily, *Diccionario Biográfico de Mujeres Argentinas*, Buenos Aires, Plus Ultra, 1986.

Spadaro, María Cristina, "Diálogo con Elvira López: la educación de las mujeres o hacia una sociedad más justa", en Femenías, María Luisa (comp.) *Perfiles del Feminismo Iberoamericano*, Buenos Aires, Catálogos, 2002.

-----, "Elvira López y *El Movimiento Feminista*", *Hiparquia*, IV.1, 1991.

-----, "Elvira López y su tesis: *El movimiento feminista*: la educación de las mujeres, camino a una sociedad más justa", *Mora*, 8, 2002, pp. 93-100.

-----, "La Ilustración: un triste canto de promesas olvidadas", *Revista de Filosofía y Teoría Política*, Anexo 2005. Disponible en: http://www.memoria.fahce.unlp.edu.ar/trab_eventos/ ev.132/ ev.132.pdf

Stuart Mill, John & Harriet Taylor, *The Subjection of Women*, 1869, en *Works of J. S. Mill*, Toronto, 1984.

Terán, Oscar (ed.), *La voz de la mujer*, edición facsímil, Bernal, UNQui, 1997.

Tristán, Flora, *Union ouvrière*, París, Daniel Armogathe et Jacques Grandjonc, 1848.

Vaz Ferreira, Carlos, *Sobre feminismo*, Montevideo-Buenos Aires, Ediciones de la Sociedad de Amigos Rioplatenses, 1933.

VV.AA., *La mujer y el feminismo en la Argentina*, Buenos Aires, Centro Editor Feminista, 1980.

Capítulo 10

Simone de Beauvoir

Agencia EFE, "Se cumplen 70 años de 'La invitada', el debut literario de la humanista Simone de Beauvoir", Disponible en: https://www.20minutos.es/noticia/1887314/0/cumplen-70-aniversario/la-invitada-debut-literario/simon-beauvoir-humanista-francesa/#xtor=AD-15&xts=467263

Amorós, Cèlia, "Simone de Beauvoir: un hito clave de una tradición", *Arenal*, 6.1, 1999, pP.113-134.

-----, "Ética sartreana de la ayuda y ética feminista del cuidado", *Investigaciones Fenomenológicas*, 4, pp. 57-85. Sitio: www.uned.es/dpto_fim/invfen/invFen4/celia/pdf

Bauer, Nancy, *Simone de Beauvoir, Philosophy and Feminism*, New York, Columbia University Press, 2001.

Butler, J., "Sexo y género en *El segundo sexo* de S. de Beauvoir", en *Mora*, 4. F. F. y L. (UBA), 1998.

-----, "Variaciones sobre sexo y género: Beauvoir, Wittig y Foucault" en *Teoría feminista y teoría crítica*, Valencia, Alfons el Magnànim, 1990, pp. 193-211.

Cagnolati, Beatriz y Femenías, María Luisa (eds.), *Simone de Beauvoir: Las encrucijadas de* El Segundo Sexo, La Plata, Edulp, 2000.

-----, y Vucovic, Jovanka, "Simone de Beauvoir en Argentina: el rol de las editoriales y de las traducciones en la recepción de su obra" en *Belas Infiéis*, 2019 (en prensa).

Chaperon, Sylvie, *"El Segundo Sexo* 1949-1999: Cincuenta años de lecturas feministas", *Travesías*, 8, 2000; pp. 55-64.

Casale, Rolando, "Algunas coincidencias entre Beauvoir y Sartre sobre el método progresivo-regresivo" en Cagnolati-Femenías, *op.cit.*, pp. 47-54.

De Beauvoir, Simone, *Pour une morale de l'ambigïté - Phyrrus et Cinéas*, París, Gallimard, 1962.

-----, *Para una moral de la ambigüedad*, Buenos Aires, Schapire, 1956.

-----, *Para qué la acción*, Buenos Aires, Siglo Veinte, 1965.

-----, *Le deuxième sexe*, vol. I -II, París, Gallimard, 1997.

-----, *El segundo sexo*, Buenos Aires, Siglo XX, 1972.

-----, *La fuerza de las cosas*, Buenos Aires, Sudamericana, 1964.

-----, *Cartas a Nelson Algren: un amor transatlántico, 1947-1964*, edición y prólogo Sylvie Le Bon-de Beauvoir, Barcelona, Lumen, 1999.

-----, *Final de cuentas*, Buenos Aires, Sudamericana, 1972.

----, *Las bellas imágenes*, Barcelona, Edhasa, 1984.

Delphy, Christine et Chaperon, Sylvie, *Cinquantenaire du Deuxième Sexe, Colloque International Simone de Beauvoir*, París, Syllepse, 2002.

Femenías, María Luisa, "Butler lee a Beauvoir: fragmentos para una polémica en torno del 'sujeto'", *Mora*, 4, IIEGe, FFyL. (UBA), 1998, pp. 3-27.

-----, "Simone de Beauvoir: hacer triunfar el reino de la libertad" en *Oficios Terrestres*, Revista de la Facultad de Periodismo y Ciencias de la Comunicación (UNLP), XIV.23, Primer Semestre 2008, pp. 32-45.

-----, "Simone-Simone: De la *praxis* obrera a la intelectual marxista", *Actas de las Primeras Jornadas CINIG de Estudios de Género y Feminismos*, FaHCE, (UNLP), octubre 29 y 30 de 2009, CDRom.

Ferrero, Adrián, "Narrar el feminismo: Teoría feminista y transposición literaria en Simone de Beauvoir", Femenías, María Luisa (comp.), *Feminismos de París a La Plata*, Buenos Aires, Catálogos, 2006; pp.17-38.

-----, "De la teoría por otros medios: Simone de Beauvoir y sus ficciones", *Clepsydra* 4, 2005, pp. 9-21.

Guadalupe dos Santos, Magda, "A ambigüidade ética da aventura humana em Simone de Beauvoir" en *Cuadernos de Filosofia*, F.F. y L. (UBA), 52, 2009, pp. 57-88.

-----, *Brigitte Bardot e a síndrome de Lolita & outros escritos*, Belo Horizonte, 2018, pp. 43-62.

Hainämaa, Sara, "¿Qué es ser una mujer?: Butler y Beauvoir sobre los fundamentos de la diferencia sexual", *Mora*, 4, 1998, pp. 27-44.

López Pardina, Teresa, "La concepción del cuerpo en Simone de Beauvoir en relación con Sartre y Merleau-Ponty", *Mora*, 7, 2001, pp. 65-72.

-----, "La noción de sujeto en el humanismo existencialista" en Amorós, Celia (ed.), *Feminismo y Filosofía*, Madrid, Síntesis, 2000, pp.193-214.

-----, "Simone de Beauvoir y el feminismo posterior: Polémicas en torno a *El Segundo Sexo*", *Arenal*, 6.1, 1999a; pp. 135-163.

-----, *Simone de Beauvoir (1908-1986)*, Madrid, del Orto, 1999.

-----, *Simone de Beauvoir, una filósofa del siglo XX*, Málaga, Universidad de Cádiz, 1998.

Millet, Kate, *Política Sexual*, Madrid, Alianza, 1995.

Simons, Margaret, *Beauvoir and the Second Sex: Feminism, Race, and the Origins of Existencialism*, Lanham, Rowman & Littlefield, 1999.

Young, Iris M., "Is Male Gender Domination the Cause of Male Domination?" en Joyce Trabilcot (comp), *Mothering: Essays in Feminist Theory*, New Jersey, Rowman & Allenheld, 1983.

Capítulo 11

Hannah Arendt

Aguilar Rocha, Samadhi, "La educación en Hannah Arendt" en *A parte Rei*, 49, 2007, Disponible en: http://serbal.pntic.mec.es/AParteRei/

Arendt, Hannah, *La condición humana*, Buenos Aires, Paidós, 2009.

-----, *Eichmann en Jerusalén*, Barcelona, DeBolsillo, 2009.

-----, "Little Rock" en *Tiempos presentes*, Barcelona, Gedisa, 2002.

-----, *Los orígenes del totalitarismo*, Madrid, Taurus, 1999.

-----, *La vida del espíritu*, Madrid, Centro de Estudios Constitucionales, 1984.

-----, "«What Remains? The Language Remains»: A Conversation with Gunter Gaus", Baehr, Peter (ed.), *The Portable Hannah Arendt*, London, Penguin, 2000.

Bagedelli, Pablo, "Entre el ser y la vida: el concepto de natalidad en Hannah Arendt y la posibilidad de una ontología política" en *Revista Sociedad Argentina de Análisis Político*, vol. 5, nº 1, mayo 2011, pp. 37-58.

Bárcena, Fernando, "Hannah Arendt: Una poética de la natalidad" en *Daimon*, 26, 2002, pp. 107-123.

Baum, Devorah, Stephen Bygrave y Stephen Morton, "Introduction" en *Hannah Arendt 'After Modernity'*, London, Lawrence & Wishart, 2011.

Benhabib, Seyla, "La paria y su sombra. Sobre la invisibilidad de las mujeres en la filosofía política de Hannah Arendt" en *Revista Internacional de Filosofía política*, nº 2, 1993, pp. 21-35.

Birulés, Fina, *Una herencia sin testamento: Hannah Arendt*, Barcelona, Herder, 2007.

Blanco Ilari, Ignacio, "Comprensión y reconciliación: algunas reflexiones en torno a Hannah Arendt" en *Contrastes. Revista Internacional de Filosofía*, vol. XIX, nº 2, 2014, pp. 319-338.

Butler, Judith, *Parting Ways: Jewishness and the Critique of Zionism*, New York, Columbia University Press, 2012.

-----, *Dar cuenta de sí mismo*, Buenos Aires, Amorrortu, 2009.

Campillo, Neus, *Hannah Arendt: lo filosófico y lo político*, Valencia, Universidad de Valencia, 2014.

-----, "Hannah Arendt, tècnica i política", Mètode, Universitat de València, 10/04/2013, Disponible en: http://metode.es/revistas-metode/article-revistes/hannah-arendt-tecnica-y-politica-html

Cavarero, Adriana, *Horrorismo*, Barcelona, Anthropos, 2011.

Collin, Françoise, "Hannah Arendt: La acción y lo dado" en Birulés, Fina (comp.), *Filosofía y Género: Identidades femeninas*, Pamplona, Pamiela, 1992.

-----, *L'Homme est il devenue superflu?: Hannah Arendt*, París, Odile Jacob, 1999.

Di Pego, Anabella, "Comprensión y juicio en Hannah Arendt: El camino hacia una nueva modalidad de pensamiento", en Valente Cavalcante, Cláudia, Glacy Queirós de Roure *et alii*, (orgs.), *Cultura e poder: A construçao de alteridades em tempo de (des)humanizaçao*, Goiânia, Editora da PUC-Goiás, 2016, pp. 43-56.

-----, "Totalitarismo" en Porcel, Beatriz y Martin, Lucas G. (comps.), *Vocabulario Arendt*, Rosario, Homo Sapiens, 2016, pp. 195-209.

-----, *Política y filosofía en Hannah Arendt: El camino desde la comprensión hacia el juicio*, Buenos Aires, Biblos, 2006.

Fine, Robert, "Crimes against Humanity: Hannah Arendt and the Nuremberg Debates", en *European Journal of Social Theory*, 2000.3, 3, pp. 293-311.

Gleichauf, Ingeborg, *Mujeres filósofas en la historia. Desde la Antigüedad al siglo XXI*, Barcelona, Icaria, 2010.

Heidegger, Martin, *Ser y Tiempo*, México, FCE, 1974.

Honig, Bonnie (ed.), *Feminist Interpretations of Hannah Arendt*, Pennsylvania State University Press, University Park, 1995.

Kristeva, Julia, *Le génie feminine: Hannah Arendt*, Fayard, París, 1999.

Lamoureux, Diane, "Françoise Collin, L'homme est-il devenu superflu? Hannah Arendt", en *Clio*, n° 13, 2001, pp. 7-8.

Luquín Calvo, Andrea, "Neus Campillo - Hannah Arendt: lo filosófico y lo político", en *Daimon. Revista Internacional de Filosofía*, n° 66, 2015, p. 175.

Lloyd, Genevieve, *The man of Reason."Male" & "Female" in Western Philosophy*, Routledge, London, 1986.

Mathieu, Nicole Claude, *L'anatomie politique II*, La Dispute, París, 2014.

Millet, Kate, *Sexual Politics*, London, Verso, 1970.

Napoli, Magdalena, "Vidas precarias, seres humanos superfluos. Reflexiones butlereanas en torno al concepto de bare life en Hannah Arendt", en Femenías, María Luisa (ed.), *Violencias cruzadas*, Rosario, Prohistoria, 2015, pp. 185-197.

Sánchez, Cristina, "Hannah Arendt", en Guerra, María José, Ana Hardisson (eds.), *20 Mujeres del siglo XX*, Tenerife, Caja Canaria-Ediciones Nobel, 2006, vol. 1, pp. 125-146.

Stonebridge, Lyndsey, "Hannah Arendt's testimony: judging in a lawless world", en *New formations*, 2009, pp. 78-90.

Young, Iris M., *Justice and the Politics of Difference*, New Jersey, Princeton University Press, 1990, pp. 119-120.

Zamboni, Chiara, *Las reflexiones de Arendt, Irigaray, Kristeva y Cixous sobre la lengua materna*, Buenos Aires, Centro de Documentación sobre la Mujer, 2000.

Capítulo 12

Elizabeth Anscombe

Anscombe, G. E. M., *Metaphysics and the Philosophy of Mind en Collected Philosophical Papers*, vol. 2, Minneapolis, University of Minnesota Press, 1981.

-----, *Introducción al* Tractatus *de Wittgenstein*, Buenos Aires, El Ateneo, 1977.

-----, *Intención*, (Selección e introducción de Jesús Mosterín), México, Paidós, UAB-UNAM, 1991.

-----, "The first person", en Guttenplan, Samuel (comp.), *Mind and Language*, Clarendon Press, 1975, pp. 45-66.

-----, "Mr. Truman's Degree" & "War and Murder", University of Minnesota Press, 1981.

-----, "War and Murder" en Stein, Walter, *Nuclear Weapons: A Catholic Response*, London, 1961, pp. 44-52.

-----, "Contraception and Chastity" (1972), *Orthodoxy Today.org* Disponible en: http://www.orthodoxytoday.org/articles/AnscombeChastity.php

-----, "Modern Moral Philosophy", *Philosophy* 33, nro. 124, 1958, pp. 1-19; traducción castellana: "Filosofía Moral Moderna", en Platts, Mark, *Conceptos éticos fundamentales*, México, UNAM, 2006, pp. 27-53.

Aubenque, Pierre, *La prudencia en Aristóteles*, Barcelona, Crítica, 1999.

Davidson, Donald, "Actions, Reasons, and Causes", en *Essays on Actions and Events*, Oxford, Oxford University Press, 2001, pp. 3-20.

Driver, Julia, "Gertrude Elizabeth Margaret Anscombe", *Stanford Encyclopedia of Philosophy*, revised on Thu Feb 8, 2018. Disponible en: https://plato.stanford.edu/entries/anscombe/

García-Arnaldos, Ma. Dolores, "Elizabeth Anscombe: razones y acciones", en Ríos Guardiola, Mª Gloria, Mª Belén Hernández González y E. Esteban Bernabé (eds.), *Mujeres con luz*, Murcia, EDITUM, 2017, pp. 89-108.

Gnassounou, Bruno, "Notes de Lectures", en *Philosophie*, nro. 76, 2003.

Gordon, David, "Can The State Justly Kill Innocents?", Review of "War and Murder" and "Mr. Truman's Degree", by G.E.M. Anscombe, *The Mises Review*, 7, nro. 4, Winter 2001, pp. 1-2.

Kenny, Anthony, *El legado de Wittgenstein*, México, Siglo XXI, 1990.

Paulo VI, Carta encíclica *Humanae vitae* (1968). Disponible en: http://w2.vatican.va/content/paul-vi/es/encyclicals/documents/hf_p-vi_enc_25071968_humanae-vitae.html

Rachels, James, *Introducción a la filosofía moral*, México, FCE, 2006.

Vigo, Alejandro, "Deliberación y decisión según Aristóteles" en *Tópicos*, nro. 43, México, 2012.

Wittgenstein, L., *Cuadernos azul y marrón*, Madrid, Tecnos, 1976.

Capítulo 13

Lucía Piossek Prebisch

Agacinski, S., *Política de sexos*, Madrid, Taurus, 1998.

Beauvoir, S. de, *Para una moral de la ambigüedad*, Buenos Aires, Schapire, 1956.

Cano, V., Reseña a Piossek Prebisch, Lucía, *El "filósofo topo". Sobre Nietzsche y el lenguaje*, Tucumán, Facultad de Filosofía y Letras, Universidad Nacional de Tucumán, 2005, p. 178, en *Instantes y Azares. Escrituras nietzscheanas*, nro. 4-5, Buenos Aires, La cebra, Primavera, 2007, pp. 251-253.

Corominas, J., *Breve diccionario etimológico de la lengua castellana*, Madrid, Gredos, 1998.

Ferrero, Adrián, "Narrar el feminismo: Teoría feminista y transposición literaria en Simone de Beauvoir", en Femenías, M.L., *Feminismos de París a La Plata*, Buenos Aires, Catálogos, 2006.

Fornet-Betancourt, R., *Mujer y Filosofía en el pensamiento iberoamericano (Momentos de una relación difícil)*, Barcelona, Anthropos, 2009.

La Gaceta, "Distinguieron a la profesora Lucía Piossek Prebisch", Tucumán, 14/8/2005.

Jalif de Bertranou, Clara Alicia, "Lucía Piossek Prebisch y sus lecturas filosóficas", *Cuyo. Anuario de Filosofía Argentina y Americana*, v. 32, nro. 1, 2015, pp. 105 a 137.

Ludmer, J., "Tretas del débil", *La sartén por el mango*, Puerto Rico, 1984.

Merleau-Ponty, M., *Sentido y Sinsentido*, Barcelona, Península, 2000.

Piossek Prebisch, Lucía, "Teatro y filosofía" en *Revista de Filosofía*, 12, La Plata, UNLP, 1965.

-----, "Acerca de la máscara", *IIº Congreso Nacional de Filosofía*, Buenos Aires, Sudamericana, 1973.

-----, "Pensamiento filosófico en la Argentina. Su historia: problemas de método", en *Actas del VI Congreso Nacional de Filosofía*, Córdoba, Sociedad Argentina de Filosofía, 1991, pp. 121-127.

-----, *De la trama de la experiencia* (Ensayos), Tucumán, 1994.

-----, *El "Filósofo Topo": Sobre Nietzsche y el lenguaje*, Tucumán, Facultad de Filosofía y Letras, UNT, 2005, p. 180.

-----, "La filosofía en Tucumán", *XIV Congreso Nacional de Filosofía de la AFRA*, Tucumán, UNT, 2007.

-----, *Argentina: Identidad y utopía*, Tucumán, Edunt-Prohistoria, 2009.

Saladino García, Alberto, *Pensamiento latinoamericano del siglo XIX. Antología*, México, UAEM, 2009.

Sartre, J. P., *El ser y la nada*, Buenos Aires, Losada, 1966.

Smaldone, Mariana, "Una tesis innovadora en la Argentina de los sesenta: fenomenología de la maternidad: Entrevista a Lucía Piossek Prebisch", en *Mora*, 19, 2013, pp. 127-136.

-----, "Conciencia y concienciación en Simone de Beauvoir: entrecruzamientos de género y clase. La recepción inmediata en Argentina", Tesis de licenciatura, Directora: María Luisa Femenías, Departamento de Filosofía, Facultad de Filosofía y Letras, Universidad de Buenos Aires, Buenos Aires, 30 de marzo de 2017.

Capítulo 14

Graciela Hierro Pérezcastro

Acuerdo de Creación del Programa Universitario de Estudios de Género (PUEG), Disponible en: http://www.pueg.unam.mx/images/itpg_unam/Acuerdo%20de%20creacion%20PUEG%20vertical.pdf

Careaga Pérez, Gloria, *Graciela Hierro una feminista levantada en armas*, México, Academia mexicana de Ciencias, vol. V, 2006.

Careaga Pérez, Gloria, "Graciela Hierro: Una feminista ejemplar", Consejo Técnico de la Facultad de Filosofía, UNAM, *Laudatio* al Premio al Mérito Académico. Disponible en: https://www.academia.edu/13189687/GRACIELA_HIERRO_UNA_FEMINISTA_EJEMPLAR

Dorantes Gómez, María Antonieta, "La condición humana en la obra de Graciela Hierro", en Saladino García, Alberto, *El pensamiento latinoamericano del siglo XX ante la condición humana*, Versión digital, 2006.

Fornet-Betancourt, Raúl, Mujer y filosofía en el pensamiento iberoamericano, Barcelona, Anthropos, 2009, pp. 99-108.

Hierro, Graciela, *Ética y feminismo*, México, UNAM, 1985, p. 138.

-----, *El utilitarismo y la condición femenina* (tesis de doctorado).

-----, "La Filosofía de la Educación de Manuel Kant" (1980).

-----, "El concepto kantiano de ‘universalización’ y su fecundidad para la teoría moral" (1982).

-----, "Spinoza y la servidumbre humana" (1985).

-----, "El Leviatán: Hobbes y la obligación moral" (1998).

-----, Naturaleza y fines de la educación superior (Premio ANUIES), México, UNAM, 1982.

-----, "Escritos pedagógicos" (1986).

-----, *Ética de la libertad*, México, Editorial Fuego Nuevo, 1990.

-----, "Sobre la enseñanza de la ética en la Universidad (1996).

-----, *Me confieso Mujer*, México D.F. DEMAC, 2004, p. 122.

-----, *De la domesticación a la educación de las mexicanas*, México D.F, Fuego Nuevo, 1981.

-----, *Educación y género* (1992).

-----, *Perspectivas feministas* (ed.), Puebla, Universidad Autónoma de Puebla, 1993.

-----, *Filosofía de la educación y género* (1997).

-----, *La ética del placer*, México, UNAM, 2001.

-----, "Ética del Placer" en Femenías, María Luisa (ed.) *Perfiles del Feminismo Iberoamericano*, Buenos Aires, Catálogos, 2002.

-----, "Género y poder" en *Hiparquia*, V, 1992, pp. 5-18.

-----, "The Ethics of Pleasure" en Femenías, María Luisa y Oliver, Amy (eds), *Feminist Philosophy in Latin America and Spain*, New York, Rodopi, 2007.

Montecinos, Sonia, *Madres y Huachos, Alegorías del mestizaje chileno*, Santiago de Chile, Catalonia, 2007.

Tapia González, Aimé, "Graciela Hierro: Filosofía de la Educación en clave de Género", *Estudios de Género*, Colegio de México, 2.5, 2017, pp. 1-21.

Capítulo 15

Cèlia Amorós Puente

Agra, María Xosé, "Fraternidad: un concepto político a debate" en *Revista Internacional de Filosofía Política*, 3, UNED, 1994, pp.143-166.

Amorós Cèlia, *Hacia una crítica de la razón patriarcal*, Barcelona, Anthropos, 1985.

-----, "Rasgos patriarcales del discurso filosófico: notas acerca del sexismo en filosofía" en Durán, María Ángeles, *Liberación y Utopía*, Madrid, Akal, 1982, pp. 35-59.

-----, "Espacio de iguales, espacio de idénticas: notas sobre poder y principio de individuación", *Arbor*, nro. 503-504, 1987, pp. 113-128.

-----, *Mujer, participación y cultura política*, Buenos Aires, de la Flor, 1990.

-----, (coord.) *Actas del Seminario Permanente de Feminismo e Ilustración*, Madrid, Universidad Complutense, 1992.

-----, *Sören Kierkegaard o la subjetividad del caballero*, Barcelona, Anthropos, 1992.

-----, "Notas para una teoría nominalista del patriarcado", en *Asparkia*, Universidad Jaume I, 1, 1992, pp. 40-60.

-----, *Historia de la Teoría Feminista*, Madrid, Universidad Complutense, 1994.

-----, "Política del reconocimiento y colectivos bivalentes", en *Logos, Anales del Seminario de Metafísica*, 1, Universidad Complutense de Madrid, 1998, pp. 39-56.

-----, *Feminismo: igualdad y diferencia*, México, UNAM-PUEG, 1994.

-----, *Jean Paul Sartre's political project*. Revisión del libro de Dobson *Jean Paul Sartre and the politics of reason*, en *French politics on Society*, Harvard, Center for European Studies, Summer, 1994.

-----, (coord), *10 palabras clave sobre mujer*, Navarra, EVD, 1995.

-----, *Jean Paul Sartre: Verdad y existencia* (Selección, traducción y notas Celia Amorós), Barcelona, Paidós-Universidad de Barcelona, 1996.

-----, *Tiempo de feminismo*, Madrid, Cátedra, 1997.

-----, "Simone de Beauvoir, un hito clave de una tradición", *Arenal*, vol. 6, nro. 1, 1999.

-----, (coord.) *Filosofía y Feminismo*, Madrid, Síntesis, 2000.

-----, *Diáspora y apocalipsis. Estudios sobre el nominalismo de Jean Paul Sartre*, Valencia, Alfons el Magnánim, 2000.

-----, "A las vueltas del problema de los universales, Guillerminas, Roscelinas y Abelardas" en Femenías, María Luisa, *Perfiles del feminismo Iberoamericano*, vol. 1, Buenos Aires, Catálogos, 2002, pp. 215-229.

-----, "Por una ilustración multicultural", *Quaderns de filosofia i ciència*, 34, 2004, pp. 67-79.

-----, "Crítica de la identidad pura", *Debats*, 89, 2005, pp. 62-72.

-----, *La gran diferencia y sus pequeñas consecuencias... para las luchas de las mujeres*, Madrid, Cátedra, 2005.

-----, y Ana de Miguel, (eds), *Teoría Feminista: de la Ilustración a la Globalización*, Madrid, Crítica, 2005, 3 vols.

-----, *Feminismo y multiculturalismo*, Madrid, Instituto de la Mujer, 2007.

-----, *Mujeres en el imaginario de la Globalización*, Rosario, Homo Sapiens, 2008.

-----, *Vetas de Ilustración. Reflexiones sobre feminismo e Islam*, Madrid, Cátedra, 2009.

-----, *Salomón no era sabio*, Madrid, Fundamentos, 2014.

Femenías, María Luisa, "El Feminismo Filosófico Español", *Actas de las V° Jornadas de Pensamiento Filosófico Argentino: Su encuentro con España*. Buenos Aires, FEPAI, 1992.

-----, "El ideal del «saber sin supuestos» y los límites del hacer filosófico", en *Sapere Aude. Revista do Departamento de Filosofia*, Mina Gerais, Pontifícia Universidade Católica de Minas Gerais, vol. 3, nro.3, 1er. sem. Disponible en: http://periodicos.pucminas.br/index.php/SapereAude/index

López Fernández-Cao, Marián y Posada Kubissa (comps), *Pensar con Celia Amorós*, Madrid, Fundamentos, 2010.

Muraro, Luisa, *El final del patriarcado*, Barcelona, La Llibreria de les Dones, 1997.

Posada Kubissa, Luisa, *Celia Amorós (1945)*, Madrid, Del Orto, 2000.

-----, "El feminismo filosófico de Cèlia Amorós" en *Nómadas*, 44, 2016, pp. 221-229.

-----, "Filosofía y Feminismo en Celia Amorós" en *Labrys, Études féministes/Estudos feministas*, 2006, 2, Disponible en: https://www.labrys.net.br/labrys10/espanha/luisa.htm

-----, "Celia Amorós: A modo de semblanza", en María José Guerra-Ana Hardisson (eds) *20 Mujeres del siglo XX*, Tenerife, Caja Canaria-Ediciones Nobel, 2006, vol. 2, pp. 193-213.

-----, *Sexo y Esencia*, Barcelona, Horas y horas, 1998.

Puleo, Alicia "Un pensamiento intempestivo: la razón emancipatoria ilustrada en la filosofía de Celia Amorós" en *Isegoría*, 1999, pp. 197-202.

-----, *La Ilustración Olvidada*, Barcelona, Anthropos, 1993.

Spadaro, María C., "Reseña", en *Mora*, v.14, 2, F.F. y L. (UBA), jul./dic. 2008, pp. 185-186.

Capítulo 16

Nancy Fraser

Arruzza, Cinzia, Bhattacharya, Tithi and Fraser, Nancy, *Feminism for the 99%: A Manifesto*, London, Verso, 2018.

Austin, J., *Cómo hacer cosas con palabras*, Buenos Aires, Paidós, 1968.

Benhabib, Seyla, Butler, Judith, Cornell, Drucilla y Fraser, Nancy, *Feminist Contentions*, New York-London, Routledge, 1995.

Boria, Adriana y Morey, Patricia, (eds), *Teoría social y género: Nancy Fraser y los dilemas teóricos contemporáneos*, Buenos Aires, Catálogos, 2010.

Canaday, Margot, "Promising Alliances: The Critical Feminist Theory of Nancy Fraser and Seyla Benhabib" en *Feminist Review*, 74, 2003, pp. 50-69.

Del Castillo, Ramón, "El feminismo de Nancy Fraser: Crítica cultural y género en el capitalismo tardío" en Amorós, Celia y de Miguel, Ana (eds), *Teoría Feminista: de la Ilustración a la Globalización. De la Ilustración al Segundo Sexo*, Madrid, Crítica, 2005, vol. 3, pp. 61-119.

-----, "El feminismo pragmatista de Fraser: crítica cultural y género en el capitalismo tardío" en Amorós, Celia, *Historia de la teoría feminista*, Madrid, Universidad Complutense, 1994, pp. 257-293.

Feder-Kittay, Eva, "Social Policy" en Jaggar, Alison y Young, Iris. M., *A Companion to Feminist Philosophy*, Malden, Blackwell, 1998, pp. 578-579.

Femenías, María Luisa, "Socialismo y postnacionalismo estadounidense" en *Itinerarios de Teoría feminista y de género*, Bernal, UNQui, 2019, eBook.

-----, y Spadaro, María C., "Feminismo en la sociedad post-socialista: Entrevista a Nancy Fraser", *Mora*, 8, F. F. y L., UBA, 2002, pp. 115-121.

Fraser, Nancy, "Social Justice in the Age of Identity Politics: Redistribution, Recognition, and Participation". *The Tanner Lectures on Human Values*, Stanford University Press, 1996, p. 2.

-----, *Revaluing French Feminism: Critical Essays on Difference, Agency, and Culture* (coedición, 1992).

-----, *The Radical Imagination: Between Redistribution and Recognition* (2003).

-----, *Redistribution or Recognition? A Political-Philosophical Exchange* (coedición, 2003).

-----, "Reflexiones en torno a Polanyi y la actual crisis capitalista" en *Papeles de relaciones ecosociales y cambio global* (2012).

-----, *Transnationalizing the Public Sphere* (coedición, 2014).

-----, *Domination et émancipation, pour un renouveau de la critique sociale* (coedición, 2014).

-----, *¿Reconocimiento o redistribución? Un debate entre marxismo y feminismo* (coedición, 2017).

-----, *Unruly Practices: Power, Discourse, and Gender in Contemporary Social Theory*, Minnesota University Press, 1989.

-----, "Crítica al concepto habermasiano de esfera pública" en *Entrepasados*, 7, año IV, 1994, pp. 87-114.

-----, "Usos y abusos de la teoría francesa del discurso", *Hiparquia*, 4, 1991. Disponible en: http://www.hiparquia.fahce.unlp.edu.ar/numeros/voliv/usos-y-abusos-de-las-teorias-francesas-del-discurso-para-la-politica-feminista

-----, *Iustitia Interrupta. Critical Reflections on the "postsocialist" condition*, New York, Rouledge, 1997.

-----, *Iustitia Interrupta*, Colombia, Universidad de Los Andes, 1997.

-----, "Trazando el mapa de la imaginación feminista: De la redistribución al reconocimiento y a la representación", en Boria-Morey, *op.cit.*, pp. 15-32.

-----, "Social Justice in the Age of Identity Politics: Redistribution, Recognition and Participation", *The Tanner Lectures on Human Values*, Stanford, Stanford University, 1996.

-----, *Scales of Justice, Reimagining Political Space in a Globalizing World*, Columbia University Press, 2008.

-----, *Escalas de Justicia*, Barcelona, Herder, 2008.

-----, "Batallas del feminismo y el sujeto neoliberal", entrevista en *Ñ: Revista de Cultura*, 23 de noviembre de 2014. Disponible en: https://www.clarin.com/rn/ideas/Batalla-feminismo-sujetoneoliberal_0_rkBEcdqvmg.html

-----, *Fortunes of feminism: from state-managed capitalism to neoliberal crisis*, London, Verso, 2013.

-----, *Fortunas del feminismo*, Madrid, Traficantes de sueños, 2015.

-----, "El feminismo del 99% y la era Trump", en *Contrahegemonía-web*, Disponible en: http://contrahegemoniaweb.com.ar/entrevista-a-nancy-fraser-el-feminismo-del-99-y-la-era-trump/

-----, María Antonia Carbonero Gamoudí, Joaquín Valdivieso (coord.), *Dilemas de la justicia en el siglo XXI: género y globalización*, Palma de Mallorca, Universitat de les Illes Balears, 2011.

Guerra, María José y Ana Hardisson (eds), *20 Mujeres del siglo XX*, Tenerife, Caja Canaria - Ediciones Nobel, 2006, vol. II, pp. 147-167.

Jaggar, Alison y Young, Iris M., *A Companion to Feminist Philosophy*, Malden, Blackwell, 1998.

Martínez, Josefina L., "El feminismo para el 99%", *Revista Contexto*, 13 septiembre, 2018, pp. 2-3.

Mitchell, M. E., "Review of *Fortunes of Feminism*", en *Marx & Philosophy Review of Books*, January, 2014.

Pateman, Carole, *The Sexual Contract*, Stanford, Stanford University Press, [1989] 2018.

-----, *El contrato sexual*, Madrid, Ménades, 2019.

Weedon, Chris, "Review of Fraser's *Unruly Practices*" en *Feminist Review*, 1992, pp. 107-108. Disponible en: https://link.springer.com/content/pdf/10.1057%2Ffr.1992.12.pdf

Capítulo 17

Seyla Benhabib

Benhabib, Seyla, *Critique, Norma and Utopia: A Study of the Foundations of Critical Theory*, New York, Columbia University Press, 1986.

-----, "The Utopian Dimension in Communicative Ethics", en *New German Critique*, nro. 35, 1985, pp. 83-96.

-----, "Introduction: Beyond the Politics of Gender" y "The Generalized and the Concrete Other: The Kohlberg-Gilligan Controversy and Feminist Theory" en Cornell, Drucilla y Benhabib, Seyla (ed.), *Feminism as Critique*, Minneapolis, University of Minnesota Press, 1987.

-----, "El otro concreto y el otro generalizado. Sobre el debate entre Kohlberg y Gilligan", en *Teoría Crítica /Teoría Feminista*, Valencia, Alfons El Magnànim, 1990, pp. 119-149.

-----, "Communicative Ethics and Contemporary Controversies in Practical Philosophy", en *Philosophical Forum*, vol. 21, nros. 1 y 2, 1989, pp.1-32.

-----, *Situating the Self: Gender, Community, and Postmodernism in Contemporary Ethics*, Nueva York: Routledge, 1992. Hay edición castellana en: *El Ser y el Otro en la Ética Contemporánea: Feminismo, Comunitarismo y Posmodernismo*, Barcelona, Gedisa, 2006.

-----, "Feminist Theory and Hannah Arendt's Concept of the Public Space", en *History of the Human Sciences*, nro. 6, 1993, pp. 97-114.

-----, Butler, Judith, Cornell, Drucilla y Fraser, Nancy, *Feminist Contentions: A Philosophical Exchange*, New York, Routledge, 1995.

-----, "Fuentes de la identidad y el yo en la teoría feminista contemporánea", en *Revista Laguna*, Universidad de La Laguna, 1995-96, pp. 162-175.

-----, "Sexual Difference and Collective Identities: The New Global Constelation", *Signs*, vol. 24, nro. 2, 1999, pp. 335-362.

-----, *The Claims of Culture: Equality and Diversity in the Global Era*, New Jersey, Princeton University Press, 2002.

-----, *The Rights of Others: Aliens, Residents and Citizens*, Cambridge, Cambridge University Press, 2004.

-----, "Otro Universalismo: Sobre la Unidad y Diversidad de los Derechos Humanos", en *Isegoría*, nro. 39, julio-diciembre, 2008, pp. 175-203.

-----, "The Claims of Culture Properly Interpreted: Response to Nikolas Kompridis", en *Political Theory*, vol. 34, nro. 3, Junio de 2006, pp. 383-388.

-----, *The reluctant modernism of Hannah Arendt*, Thousand Oaks, Sage, 1996, reed. 2002.

-----, (ed.), *Politics in Dark Times: Encounters with Hannah Arendt*, Cambridge University Press, 2010.

-----, "La paria y su sombra: sobre la invisibilidad de las mujeres en la filosofía política de Hannah Arendt" en *Revista Internacional de Filosofía Política*, Madrid, UNED, 1993, 2, pp. 21-35.

-----, "És la democràcia un dels drets humans?", *L'Espill*, segona època, nro. 34, Universitat de València, 2010, pp. 6-25.

-----, *Los derechos de los otros*, Barcelona, Gedisa, 2005, pp. 26, 99, 112.

-----, *Diversitat Cultural /Igualtat Democrática*, Valencia, Tàndem Edicions, 2002.

-----, *Las reivindicaciones de la cultura. Igualdad y diversidad en la era global*, Buenos Aires, Katz, 2006.

-----, *Cosmopolitanism*, New York, Oxford University Press, 2006.

-----, y Resnik, Judith, *Migrations and mobilities, Citizenship, Borders and Gender*, New York, University Press, 2009.

Campillo, Neus, "Seyla Benhabib" en Guerra, María José y Ana Hardisson (eds) *20 Mujeres del siglo XX*, Tenerife, Caja Canaria-Ediciones Nobel, 2006, vol. II, p. 128.

-----, "El significado de la crítica en el feminismo contemporáneo" en Amorós, Cèlia (ed.) *Feminismo y Filosofía*, Madrid, Síntesis, 2000, pp. 287-316.

-----, "Laudatio de Seyla Benhabib", Universitat de Valencia, 29 de octubre de 2010.

Campos Quesada, Montserrat, "La democracia deliberativa de Seyla Benhabib: los sujetos políticos y la construcción del diálogo en el espacio público", Barcelona, Institut de Ciències Polítiques i Socials, 2012.

Delgado Parra, Concepción, "Hospitalidad y Ciudadanía en Seyla Benhabib", México, Universidad Autónoma, 2015.

de Santibañez, Mariana, *Seyla Benhabib: Aportes de una Teoría Feminista Normativa y Utópica a las Democracias de la Era Global*, Tesis dirigida por M. L. Femenías, presentada ante el Departamento de Filosofía, FFyL (UBA), 6/5/2013, (inédita) Repositorio.

-----, "Complementariedades inesperadas entre Judith Butler y Seyla Benhabib: hacia la articulación de una teoría política feminista crítica" en Femenías, María Luisa, Virginia Cano y Paula Torricella, *Judith Butler: su filosofía a debate*, Buenos Aires, Editorial de la Facultad de Filosofía y Letras (UBA), 2013, pp. 117-133.

Femenías, María Luisa, *El género del multiculturalismo*, Bern UNqui, 2007.

-----, "Diálogo cultural complejo: algunas observaciones sobre Seyla Benhabib", Ponencia en *Coloquio Internacional IADA*, Facultad de Humanidades y Ciencias de la Educación, UNLP, 2009.

Flax, *Thinking Fragments. Psychoanalysis, Feminism and Postmodernism in Contemporary West*, Berkeley, University of California Press, 1990.

Gilligan, Carol, *La moral y la teoría*, México, Fondo de Cultura Económica, 1983.

Lyotard, Jean-François, *La condición posmoderna*, Buenos Aires, Planeta-Agostini, 1993.

Smith, Andrew, "Seyla Benhabib: Foundations for critical Communication Theory and Praxis", en Hannan, Jason (ed.), *Philosophical Profiles in the Theory of Communication*, New York, Peter Lang.

Capítulo 18

Judith Butler

Abellón, Pamela y De Santo, Magdalena, *Dos lecturas sobre el pensamiento de Judith Butler*, Villa María, IDUVIM, 2015.

-----, Femenías, María Luisa y Chiachio, Cecilia "Es un modo de pensamiento: entrevista a Judith Butler" en *Mora*, F.F. y L (UBA), vol. 22. 1, Jun. 2016: 179-182.

_s_, María Luisa y Chiachio, Cecilia, "Breve recorrido so-
_fluencia de Hegel en la filosofía de Judith Butler. Entre-
_a Judith Butler, en _Avatares filosóficos_, n° 3. 2° sem., 2016.

_s_, E., _Qué cuenta como una vida. La pregunta por la libertad en Judith Butler_, Madrid, Mínimo Tránsito, 2008.

3utler, J. "Sexo y género en _El segundo sexo_ de S. de Beauvoir", en _Mora_, 4. F. F. y L. (UBA), 1998.

-----, "Variaciones sobre sexo y género: Beauvoir, Wittig y Foucault" en _Teoría feminista y teoría crítica. Ensayos sobre la política de género en las sociedades de capitalismo tardío_, Valencia, Alfons el Magnànim, 1990.

-----, "Contingent Foundations: Feminism and the Question of 'Postmodernism'." en _Praxis International_, vol. 11, No. 2, July 1991, pp. 150-165.

-----, "Phantasmatic Identification and the Assumption of Sex," en _Psyke Logos: Norwegian Journal of Psychological Studies_, vol. 15, 1, 1994, p. 12-29.

-----, _Gender Trouble_, Routledge Press, 1999.

-----, _El género en disputa_, Barcelona, Paidós, 2001.

-----, _El grito de Antígona_, Barcelona, El Roure, 2001.

-----, _Cuerpos que importan_ [1993], Buenos Aires, Paidós, 2008.

-----, & Spivak, G., _Who sings the Nation-State?_, London, Seagul, 2009.

-----, _Sujetos de deseo_, Madrid, Amorrortu, 2012.

ways: Jewishness and the critique of Zionism, New Yor[k]

_____, Par[t]ia University Press, 2012.

C[

es Toward a Performative Theory of Assembly, Cambridge, [M]assachusetts, Harvard University Press, 2015.

[Se]nses of the Subject, New York, Fordham University Press,

[Vu]lnerability in Resistance, Durham & London, Duke [P]ress, 2016.

[ía] políti- _lucha política. Hacia una teoría performativa_ [Buen]os Aires, Paidós, 2017.

_[...]ra, 2017._ riedad y políticas sexuales", _AIBR, Re-_ _[...]americana_, vol. 4, 3, 2009, p. 321-336.

[...]o, Judith _[...]icos_, Rosa- [...]s en torno a la crítica: sugerencias _[sob]re Aude_, Belo Horizonte, v.5, n.9,

[...]iento de Ju- _[...]ueer", Affec-_ [...]genciación", en _Actas de las VII_ _[...]sofía_, FaHCE, UNLP, 2009.

[...]a de Estudios _[...]l deseo_, Buenos Aires, Catálo-

[...]rcelona, Icaria, [...]eer" Conferencia, Buenos [201]4. Disponible en: https:// [...]dlFk

[...]erpos y ciudada- [...]nos Aires, Amorrortu,

, .María Luisa, *Sobre sujeto y género. (Re)Lectu* *Beauvoir a Butler*, Rosario, Prohistoria, 2013. *ninistas*

udith Butler: Una introducción a su lectura, Buenos Aire tálogos, 2003.

---, Cano, Virginia y Paula Torricella, *Judith Butler, su filoso* *debate*, Buenos Aires, Facultad de Filosofía y Letras (U 2013.

-----, y Martínez, Ariel, *Judith Butler: Las identidades del suje* *co*, La Plata, Editorial de la FaHCE, 2015.

-----, y Casale, Rolando, "Butler: ¿Método para una ontolog tica?", *Isegoría*, nº 56, enero-junio, 2017: 39-60.

Lorey, Isabell, *Disputas sobre el sujeto*, Buenos Aires, La Ceb

Martínez, Ariel, Femenías, María Luisa y Casale, Rolan *Butler fuera de sí: Espectros, diálogos y referentes polém* rio, Prohistoria, 2017.

Martínez, Ariel, "Apuntes sobre el cuerpo en el pensam dith Butler. Aportes del psicoanálisis en la teoría c *tio Societatis*, vol. 12, nº 23, 1015, pp. 1-16.

Nicholson, Linda, "Interpretando o gênero" en *Revis* *Feministas*, vol. 8. 2, 2000.

Rich, Adrianne, *Sobre mentiras, secretos y silencios*, Ba 1983.

Sabsay, Leticia, *Fronteras sexuales. Espacio urbano, c* *nía*, Buenos Aires, Paidós, 2011.

-----, *Parting ways: Jewishness and the critique of Zionism*, New York, Columbia University Press, 2012.

-----, *Notes Toward a Performative Theory of Assembly*, Cambridge, Massachusetts, Harvard University Press, 2015.

-----, *Senses of the Subject*, New York, Fordham University Press, 2015.

-----, *et alii*, *Vulnerability in Resistance*, Durham & London, Duke University Press, 2016.

-----, *Cuerpos aliados y lucha política. Hacia una teoría performativa de la asamblea*, Buenos Aires, Paidós, 2017.

-----, "Performatividad, precariedad y políticas sexuales", *AIBR, Revista de Antropología Iberoamericana*, vol. 4, 3, 2009, p. 321-336.

Casale, Rolando, "Algunas notas en torno a la crítica: sugerencias de Butler y Foucault", *Sapere Aude*, Belo Horizonte, v.5, n.9, 2014, pp. 167-183.

-----, "Algunas reflexiones sobre la agenciación", en *Actas de las VII Jornadas de Investigación en Filosofía*, FaHCE, UNLP, 2009.

-----, y Chiachio, Cecilia, *Máscaras del deseo*, Buenos Aires, Catálogos, 2009.

De Lauretis, Teresa. "Género y teoría queer" Conferencia, Buenos Aires, Centro de la Cooperación, 2014. Disponible en: https://www.youtube.com/watch?v=SY_5x0BdlFk

Deleuze, Gilles, *Diferencia y Repetición*, Buenos Aires, Amorrortu, 2002.

Femenías , María Luisa, *Sobre sujeto y género. (Re)Lecturas feministas desde Beauvoir a Butler*, Rosario, Prohistoria, 2013.

-----, *Judith Butler: Una introducción a su lectura*, Buenos Aires, Catálogos, 2003.

-----, Cano, Virginia y Paula Torricella, *Judith Butler, su filosofía a debate*, Buenos Aires, Facultad de Filosofía y Letras (UBA), 2013.

-----, y Martínez, Ariel, *Judith Butler: Las identidades del sujeto opaco*, La Plata, Editorial de la FaHCE, 2015.

-----, y Casale, Rolando, "Butler: ¿Método para una ontología política?", *Isegoría*, nº 56, enero-junio, 2017: 39-60.

Lorey, Isabell, *Disputas sobre el sujeto*, Buenos Aires, La Cebra, 2017.

Martínez, Ariel, Femenías, María Luisa y Casale, Rolando, *Judith Butler fuera de sí: Espectros, diálogos y referentes polémicos*, Rosario, Prohistoria, 2017.

Martínez, Ariel, "Apuntes sobre el cuerpo en el pensamiento de Judith Butler. Aportes del psicoanálisis en la teoría queer", *Affectio Societatis*, vol. 12, nº 23, 1015, pp. 1-16.

Nicholson, Linda, "Interpretando o gênero" en *Revista de Estudios Feministas*, vol. 8. 2, 2000.

Rich, Adrianne, *Sobre mentiras, secretos y silencios*, Barcelona, Icaria, 1983.

Sabsay, Leticia, *Fronteras sexuales. Espacio urbano, cuerpos y ciudadanía*, Buenos Aires, Paidós, 2011.

Santa Cruz, María Isabel *et alii*, *Mujeres y Filosofía*, Buenos Aires, CEAL,1994, vol. 1.

Wittgenstein, Ludwig, *Tractatus logico-philosophicus* [1923], Madrid, Alianza, 1981. 163.

ÍNDICE